U0648872

MODERN SELLING

新概念教材：换代型系列

高等院校本科市场营销专业教材新系

中国高等院校市场学研究会组编

现代推销学

王旭 主编

第七版

7th edition

吴健安 姜法奎 吴玲 参编

东北财经大学出版社
Dongbei University of Finance & Economics Press
大连

图书在版编目（CIP）数据

现代推销学/王旭主编．—7版．—大连：东北财经大学出版社，
2024.6（2025.11重印）
（高等院校本科市场营销专业教材新系）
ISBN 978-7-5654-5255-0

Ⅰ.现…　Ⅱ.王…　Ⅲ.推销-高等学校-教材　Ⅳ.F713.3

中国国家版本馆CIP数据核字（2024）第086613号

东北财经大学出版社出版
（大连市黑石礁尖山街217号　邮政编码　116025）
网　　　址：http://www.dufep.cn
读者信箱：dufep@dufe.edu.cn

大连天骄彩色印刷有限公司印刷　东北财经大学出版社发行

幅面尺寸：185mm×260mm	字数：380千字	印张：17.75
2024年6月第7版		2025年11月第2次印刷
责任编辑：石真珍　吴　奂		责任校对：那　欣
封面设计：张智波		版式设计：原　皓

定价：49.00元

"高等院校本科市场营销专业教材新系"
指导与编写委员会

总　序

　　东兔西乌，岁月如流。呈现在读者面前的这套"高等院校本科市场营销专业教材新系"，从发轫到今天形成较成熟、完整的新体系，已整整走过了40多个春秋。在这近半个世纪的岁月中，我国社会经济在改革开放浪潮的席卷下，发生了极其深刻的变化，业已嬗变成社会主义市场经济。与这一进程基本同步的市场营销学及其系列课程的重新引进和建设，也从不完善到逐步完善，取得了有目共睹的骄人成绩。溯源徂流，这些成就的获得，与我国市场营销学界的勇于探索及创新是分不开的。

　　早在党的十一届三中全会前夕，我国市场营销学界一些原来从事部门经济教学的同道，就从当时我国传统计划经济体制的"紧箍咒"有所松动、改革开放的红日即将喷薄而出等迹象，见微知著，预期商品和市场的培育问题必将成为我国经济工作的主线，有必要改弦更张，重新引进适应我国商品、市场发展要求的市场营销学及其相关课程。1978年秋，南方的个别高校在制订新的教学计划时，遂将市场营销学、消费心理学、广告学首先列入商学专业的教学计划，并于1979年在校内外先后开设这些课程，受到在校学生及业务部门培训人员的广泛欢迎。

　　改革开放初期，企业开始自主经营、自负盈亏，市场问题日渐凸显，市场营销学已开始派上用场，受到广大工商企业经营管理人员的欢迎，各地开设市场营销学的院校也越来越多，业务部门开办的市场营销学培训班更如雨后春笋。这种喜人形势的出现，与广大市场营销学者的潜心探索和艰辛努力分不开。此时我们的营销学界从无到有，从不成熟到较成熟，很快编写出一批各有特色、繁简不一的市场营销学及某些相关课程的教材，为市场营销学在我国的启蒙和推广作出了初始的贡献。1984年全国高等财经院校市场学教学研究会（此为中国高等院校市场学研究会的前身）及后来的中国市场学会的成立，更有组织地推动了市场营销学教学、科研工作的迅猛发展。20世纪90年代初，各地编写的市场营销学专著及教材达200余种，此时市场营销学在我国已基本普及。

　　随着改革开放的进一步深入，其攻坚战的拉开及商品、市场的大发展，如何与此相适应，使市场营销学在普及的基础上进一步发展，是我国广大营销学者面临的新课题。这包括两方面的具体任务：一是要从着重引进国外教材的"拿来"阶段上升到引进与总结相结合的新阶段，着重探讨和创建更贴近我国国情、对我国企业市场营销活动更具直接指导意义的市场营销学体系；二是要从以市场营销学单科教材或配以少数相关教材为主的"短腿"教材建设，推进到以市场营销学这一主导课程为基础，将各主要市场营销组合因素细化为探讨更深入、内容更专一而又相互紧密联系的系列课程教材建设。经过日益壮大的市场营销学界近10年的共同奋战，这两项任务在20世纪千年纪元结束之际已基本完成，不仅全国出版的市场营销学主教材已累计达300余种，各种新增的分支专业市场营销学教材大量涌现，而且质量和水平都大大提高。

然而，客观形势总是向前发展的，市场营销学的学科建设也永无止境。在21世纪，特别是党的二十大报告中提出了"推进文化自信自强，铸就社会主义文化新辉煌"的重大任务，就"繁荣发展文化事业和文化产业"作出部署安排，市场营销学的学科建设也给自身提出了新的要求和任务，那就是要深入学习宣传贯彻党的二十大精神。21世纪是高新技术的时代，世界经济将经历空前深刻的变化。为迎接这种新的挑战，重要任务之一是要建设一支能适应新世纪科学技术和社会经济大发展环境的未来型企业家队伍。企业家必须重点掌握的市场营销学，在培养未来型企业家的系统工程中，具有举足轻重、功关大局的地位。因此，如何在原教材建设日锻月炼的基础上，以只争朝夕的精神，尽快编写出一套体系更完整、内容更先进、更适合培养未来型企业家的新教材，便成为我国市场营销学界的当务之急。

无独有偶，我国财经类出版社中最具实力和影响力之一的东北财经大学出版社（以下简称东财大出版社）也匠心独运，主动提出要与中国高等院校市场学研究会（以下简称研究会）联合组织编写出版"高等院校本科市场营销专业教材新系"（以下简称"新系"）的设想。这真是一拍即合。在东财大出版社的大力倡导、策划和支持下，研究会从全国各地组织了几十位市场营销学专家，对"新系"的种类构成，教材建设的任务、原则与途径进行了认真、深入和细致的研讨，确定编写相关主干课程的教材。

目前业已推出的这批"新系"教材的主要特点如下：

1. 首创"换代型"：在内容与形式上都有重大更新，符合全国教育工作会议和教育部关于高等院校教学改革与教材建设的最新精神。其内容更新不仅在于完全摆脱了过去部门经济学的"政策学"窠臼，还在于扬弃了改革开放后第一代市场营销学教材中残留的计划经济旧内容，总结和探讨了在当今市场经济和全球化大潮席卷下企业应树立的新营销观念和策略思想，以及应掌握的最新营销理论和技术。其形式更新主要围绕贯彻知识、能力、技术三位一体的教育原则，重塑教材的赋型机制。各门课程教材在结构、栏目、体例和写作风格上均有所突破，大量运用图表、案例、专栏等形式，强化了对学生的素质、知识、操作与创新能力的训练。

2. 中西合璧：结合我国市场营销的国情，大力借鉴发达国家最具代表性、最新版教材之所长。过去我国在引进和建设市场营销学系列课程中，曾有过两种做法或主张，即或者原原本本地"拿来"，或者完完全全地"中国化"。这两者都各有其特定的历史背景和局限性。20世纪70年代末到80年代初，由于我国各级学府久违市场营销学已达30余年，很多人对市场营销学尤其是现代市场营销学为何物知之甚少，并且我国也鲜有市场营销工作的实践和经验，因此强调先原原本本把外国教材引进来，再逐渐消化、融会贯通，可谓顺理成章。不过，这里有个引进版教材不完全适合中国国情的问题。到了90年代，市场营销学及其系列课程已在我国普及，广大工商企业已有大量的市场营销实践和不少成功经验，此时有的同道提出教材建设要搞本国化也是水到渠成。然而，这里也同样有个本国化如何与市场营销学的普遍原理相结合的问题。与上述两种做法或主张不同，本"新系"一方面十分重视总结我国丰富的市场营销实践和经验，将其提升到理论高度；另一方面也充分借鉴了发达国家一些最具代表性和普遍适用性的市场营销学新理论、新技术，力求做到既博采中外所长，又独树一帜。

3.作者阵容强大：众多资深营销学家联袂组成编委会，十余所著名高校管理院系的知名专家、教授领衔编撰。本"新系"整个编撰队伍由来自我国各地不同高等学府的数十位知名专家、学者组成，他们中的大多数是我国一级学术社团——中国高等院校市场学研究会——的核心会员，此外还包括其他学术社团及国内部分高校的著名跨世纪学科带头人。"新系"中的各门课程教材，除各由来自不同学校及具有不同学术专长的多位学者共同承担编写任务外，其主要体系、内容、结构还经编写指导委员会及全体编写人员集体讨论，互提意见和建议，从而很好地发挥了集思广益、增强互补性的作用，使教材质量更上一层楼。

高尔基说过："科学的大胆的活动是没有止境的，也不应有止境。"巴甫洛夫也曾有类似的警世名言："科学需要一个人贡献出毕生的精力""科学要求每个人有极紧张的工作状态和伟大的热情"。本"新系"的建设应该说也是一种科学的大胆的活动，同样不应有止境。我们现在奉献给读者的这套教材，其成就犹如我国著名作家姚雪垠所指出的那样，"都是整个过程里面一个段落的小结，它既是一次小结，同时也是新的开始"。我想，我们全体"新系"的作者都会汲取这些至理名言，以极大热情，通过不断修订，使"新系"的更新与国内外市场营销的学科新发展及实践新探索保持同步，为培养新世纪高素质市场营销专业人才而贡献力量！

何永祺

第七版前言

现代市场营销理论认为，推销是市场营销组合的一部分，是动态的、系统的营销活动过程的一个环节，是市场营销不可缺少的重要机能。推销的重要性在于：它是社会再生产的中心环节，只有通过销售，才能保证社会再生产的顺利进行。由于生产与消费存在时间与空间的差异，消费需求千变万化，生产者与消费者之间的信息沟通既不充分也不及时，难以在时间、空间、品种、花色、规格、质量、数量等方面，做到生产与消费完全一致，这也使推销在市场经济中成为非常必要的手段之一。

推销是一种古老而又普遍的经济现象，也是一类专门的艺术，需要推销人员巧妙地集知识、天赋和才干于一身，在推销过程中灵活运用各种推销原理与技巧。在市场营销组合中，高素质的推销人才往往是成功的重要因素。

本书从推销的职能与特点入手，阐述了推销要素、推销信息、推销环境、顾客心理与推销模式等推销原理；进而从寻找与识别顾客出发，介绍接近顾客、推销洽谈、成交与售后服务等推销方法和技巧；对推销管理的基本内容也做了必要的探讨。全书强调以满足顾客需求为前提、以顾客满意为目标是现代推销活动的核心观念，使市场营销理论与策略在现代推销学中得到更好的贯彻。本书理论与实际紧密结合，既有理论指导，又有实务操作；既可作为市场营销专业的教材，又可供营销人员和企业领导在实际工作中借鉴。

本书初版于2000年问世，自此，本书一直得到营销学界师友和广大读者的关心呵护。在第六版的基础上，第七版围绕"立德树人"根本任务，基于互联网时代人员推销的新变化，又修改了一些原有内容，补充了一些新的内容，融入了党的二十大精神，更新了部分案例资料和参考文献；同时，结合"互联网+"教学方式，在各章增加了数字资源（以二维码的形式呈现），还增加了相关的网络音视频资源链接，供教师和学生教与学使用。

为方便任课教师备课，从第二版开始，本书特地配备了电子课件以及章后习题参考答案，为采用本书做教材的教师提供参考。第七版也对电子课件和章后习题参考答案进行了同步修改，欢迎任课教师登录东北财经大学出版社网站（www.dufep.cn）查询或下载。

本书的编写分工是：云南财经大学吴健安教授执笔第1、4章；云南财经大学王旭教授执笔第2、3、9章，并总纂全书；昆明理工大学吴玲教授执笔第6、8、11章；云南财经大学姜法奎教授执笔第5、7、10章；王旭教授设计制作了全书的电子课件。

本书编者借鉴了国内外推销学领域的诸多著作，从中汲取了智慧和营养，除向已列入主要参考文献中的著作的作者致谢外，谨向推销学领域的师友和先行者致以衷心的感谢。

受编者水平所限，本书可能存在诸多不足，敬请读者批评指正。

编　者

2024年5月

目　录

第1章　推销概述/1

学习目标/1

引例/1

本章知识结构图/2

1.1　现代推销与市场营销/2

1.2　推销原则/8

1.3　推销过程/11

本章小结/14

主要概念和观念/15

基本训练/15

第2章　推销要素/19

学习目标/19

引例/19

本章知识结构图/20

2.1　推销人员/20

2.2　推销品/30

2.3　推销对象/35

2.4　推销要素的协调/38

本章小结/41

主要概念和观念/42

基本训练/43

第3章　推销信息与推销环境/47

学习目标/47

引例/47

本章知识结构图/49

3.1　推销环境分析/49

3.2　推销信息的特征和作用/56

3.3　推销信息的收集和利用/61

本章小结/70

主要概念和观念/70

基本训练/71

第4章 顾客心理与推销模式/74

学习目标/74

引例/74

本章知识结构图/76

4.1　顾客心理与购买行为/76

4.2　爱达模式/85

4.3　迪伯达模式/92

4.4　埃德帕模式/94

4.5　费比模式/96

本章小结/98

主要概念和观念/99

基本训练/99

第5章 寻找和识别顾客/104

学习目标/104

引例/104

本章知识结构图/105

5.1　寻找准顾客/105

5.2　获取准顾客信息的途径/108

5.3　寻找准顾客的主要方法/112

5.4　准顾客资格的认定/119

本章小结/123

主要概念和观念/124

基本训练/124

第6章 接近顾客/127

学习目标/127

引例/127

本章知识结构图/128

6.1　接近准备/129

6.2　约见的内容与方法/133

6.3　接近的目标和方法/139

本章小结/145

主要概念和观念/145

基本训练/145

第7章 推销洽谈/148

学习目标/148

引例/148

本章知识结构图/149

7.1 推销洽谈概述/149

7.2 推销洽谈的程序/155

7.3 推销洽谈的技巧/159

7.4 迪伯达模式在洽谈中的运用/168

本章小结/172

主要概念和观念/172

基本训练/173

第8章 处理顾客异议/176

学习目标/176

引例/176

本章知识结构图/177

8.1 顾客异议的类型与成因/178

8.2 处理顾客异议的原则与策略/184

8.3 处理顾客异议的方法/190

本章小结/194

主要概念和观念/195

基本训练/195

第9章 成交与售后服务/198

学习目标/198

引例/198

本章知识结构图/199

9.1 成交及其策略/199

9.2 成交方法/203

9.3 合同的订立与履行/210

9.4 成交并未结束/215

本章小结/219

主要概念和观念/220

基本训练/220

第10章 店堂推销/226

　　学习目标/226

　　引例/226

　　本章知识结构图/226

　　10.1 店堂推销的特点与方式/227

　　10.2 店堂推销的步骤/229

　　10.3 店堂推销应注意的问题/233

　　本章小结/237

　　主要概念和观念/238

　　基本训练/238

第11章 推销管理/241

　　学习目标/241

　　引例/241

　　本章知识结构图/242

　　11.1 推销计划与推销控制/242

　　11.2 推销人员的管理与激励/248

　　11.3 推销绩效的评估/253

　　本章小结/259

　　主要概念和观念/260

　　基本训练/260

综合案例/263

相关音视频资源推荐/266

主要参考文献/267

第 1 章

推销概述

知识目标：正确理解推销的概念，掌握推销的主要职能和特点，把握推销应遵循的原则。

技能目标：明确推销过程的阶段及其交叉、渗透关系，为学习这门课程奠定基础。

能力目标：树立以顾客的需要和欲望为推销出发点的正确观念，诚信待客，致力于在解决顾客的问题、满足其需求的基础上实现双赢。

引例 @ 　　　　　　　　　　加几个鸡蛋

有两家卖粥的小店。左边这家和右边那家每一天的顾客数量相差不多，都是川流不息，人进人出的。然而晚上结算的时候，左边这家总是比右边那家多卖出了百十元来。天天如此。

于是，我走进了右边那家粥店。服务员微笑着把我迎进去，给我盛好一碗粥，问我："加不加鸡蛋？"我说："加。"于是她给我加了一个鸡蛋。

每进来一位顾客，服务员都要问一句："加不加鸡蛋？"有说加的，也有说不加的，大概各占一半。

我又走进左边那家小店。服务员同样微笑着把我迎进去，给我盛好一碗粥，问我："加一个鸡蛋，还是加两个鸡蛋？"我笑了，说："加一个。"

再进来一位顾客，服务员又问一句"加一个鸡蛋还是加两个鸡蛋？"爱吃鸡蛋的就要求加两个，不爱吃的就要求加一个。也有要求不加的，但是很少。

一天下来，左边这家小店就要比右边那家多卖出很多个鸡蛋。因为左边小店的服务员把顾客"锚定"在"加几个鸡蛋"上，而右边小店的服务员则把顾客"锚定"在"要不要加鸡蛋"上。在前一种情况下，顾客是在"加一个鸡蛋还是加两个鸡蛋"上进行选择（或者调整），而在后一种情况下，顾客是在"加鸡蛋还是不加鸡蛋"上进行选择（或者调整）。

这个案例对销售的启示是：给别人留有余地的同时，更要为自己争取尽可能大的利润空间。销售不仅仅是方法问题，更多的是对消费心理的理解，要善于利用快速决策中顾客不能调整得很充分的特点实现更多的利润。

资料来源　汪祚军. 锚定和调整启发式及其在日常生活中的表现［J］. 大众心理学，2006（3）：40-41.

本章知识结构图 📈

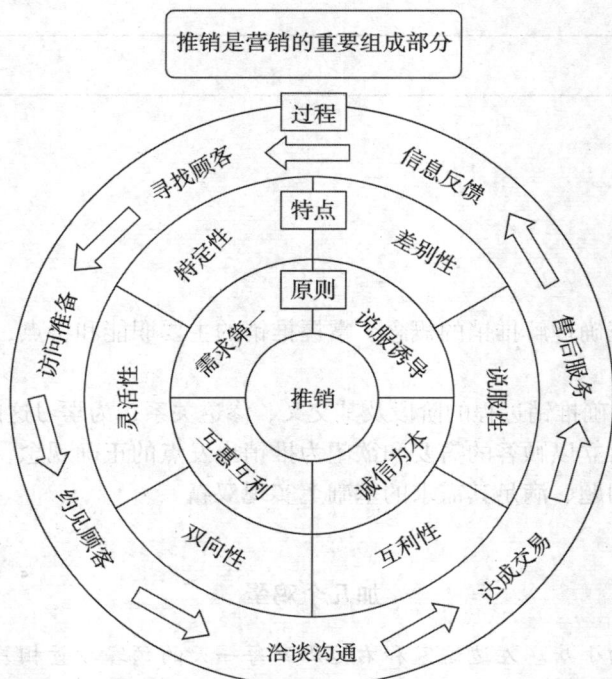

1.1 现代推销与市场营销

1.1.1 推销及其职能

1）什么是推销

从狭义上理解，推销是营销组合中的人员推销，即由推销人员直接与潜在顾客接触、洽谈，介绍商品，进行说服，促使顾客采取购买行动的活动。从广义上解释，推销则不限于商品交换，也不限于人员推销，而是泛指人们在社会生活中通过一定的形式传递信息，让他人接受自己的意愿和观念，或购买商品和服务。就传递信息进行说服，争取同情、理解和被接受而言，广义的推销与狭义的推销是一脉相通的。

推销是一种古老而又普遍的经济现象，其历史同商品生产同样久远。商品生产者把产品投入市场，都希望能通过一定的推销方式把产品尽快销售出去。在中国千百年前的市场上，卖肉者操刀扬声，卖酒者高悬招旗或葫芦，药铺挂木板膏药，车行挂罗圈幌子，都是推销的手段。一幅《清明上河图》，生动地展现了集市上充满商品叫卖声与广告招徕顾客的热闹景象。从更大的范围看，尼罗河畔古埃及的商贩，丝绸之路上的波斯商旅，地中海的希腊船商，随军远征的罗马、阿拉伯商人等，都在从事商品推销。当今社会更是充满推销的世界，生活中处处存在推销。从小贩的街头叫卖，到跨国公司的贸易洽谈，从婴儿的啼笑，到政治家的雄辩演说，都可以被视为推销。婴儿以啼笑引起人们的注意和怜爱，政治家发表政见以争取公众的支持，还有律师陈述辩护词，职员向上司提出建议，主管向部属下达任务……这些都可被视为推销。

【观念应用1-1】

推销的实质——以卖房子为例

对推销的理解是一个发展的过程，它分为三个阶段：

（1）推销的实质是推销产品

在早期人们认为推销的实质是推销产品，因此推销员重点介绍产品的功能、特点、品质，时至今日很多销售员还是这样理解问题。比如推销房子，推销员会说：房型如何合理、房子有何特点、装修有何功能。

（2）推销的实质是满足需求

后来随着学术和实践的发展，营销心理学认为：推销的实质是满足需求。客户之所以关心产品，本质是因为产品能满足需求，而不是需要产品本身。换言之，只要能够满足这个需求，不同的产品也是可以的。比如推销房子，客户实质的需求是：为了满足安定感及安全感，有时还带有社会身份的标识需求，有时还带有投资需求。假定客户买房子的需求是安定与身份标识，推销时就要重点说：住在这里很有安全感，保安24小时巡逻，并且强调这个小区的门和围墙与众不同，让人一看就知道这是一个高档小区。

请注意，如果一个小区要满足客户身份标识需求，就要多花点钱做门和围墙，因为这些"外观"（实物展示）能让人看得到，而内部结构是没有身份标识功能的。

（3）推销的实质是需求满足带来的好感觉

随着学术和实践的发展，管理心理学研究者进一步意识到：客户实质追求的是需求满足带来的良好感觉。于是房子的推销方法又变了：

"王先生，请您闭上眼睛，想象一下您带着您的夫人和孩子在我们小区的竹林小径中散步，风吹动了竹叶，发出沙沙的声音，竹叶中漏下一缕一缕的阳光，非常温馨，您想象一下，深呼吸一口气，闻到的都是那种满含青草味的新鲜空气，您和您的夫人、孩子都会很开心的……王先生买吧。"

资料来源　佚名. 推销的实质（以卖房子为例）［EB/OL］.（2017-12-14）［2023-11-02］. https://www.sohu.com/a/210472965_100031029.

思考题：根据您的认知与理解，您认为应向顾客推销什么？

2）推销的职能

人员推销的职能主要是推销人员通过寻访潜在的顾客，向顾客展示所推销的商品，介绍商品的功能和效用，采用各种推销方法和技巧，帮助潜在的顾客认识商品，唤起顾客的需求，进而促使顾客采取购买行动以满足需求。寻找潜在的顾客是推销的基本职能之一。只有发现了潜在的顾客，才可能进行有效的拜访、沟通，达成交易，实现推销的目标。推销是买卖双方互相沟通、传递信息的过程。推销人员要与潜在的顾客取得联系，向其传播商品的特点、种类、功能、价格等有关信息，了解顾客的需求，通过双方的信息沟通，使潜在顾客认识商品、激发购买欲望、采取购买行动。

广告、公共关系及营业推广等非人员推销方式，其基本职能则是通过报刊、电视、广播、网络等信息载体，以展览会、交易会、广告牌和橱窗等宣传形式，以及有说服力的传播和多种营业推广形式，把有关商品的信息传递给潜在顾客，刺激和唤起其购买欲望，促进顾客购买。

1.1.2　推销的特点

推销是一项综合的艺术，需要推销人员巧妙地融知识、天赋和才干于一身，在推销过程中灵活地运用多种推销技巧。其主要特点是：

1）特定性

推销是企业在特定的市场环境中为特定的产品寻找买主的商业活动，必须先确定谁是需要特定产品的潜在顾客，然后再有针对性地向推销对象传递信息并进行说服。这种特定性要求推销活动必须从推销对象和推销产品的实际出发，"一把钥匙开一把锁"，切忌千篇一律。

2）灵活性

虽然推销具有特定性，但影响市场环境和推销对象需求的不确定性因素甚多，环境与需求都是千变万化的。推销人员必须适应这种变化，灵活地运用推销原理和技巧，恰当地调整推销策略和方法。可以说，灵活机动的战略战术是有效的推销活动的一个重要特征。

3）双向性

推销并非只是由推销人员向推销对象传递信息的过程，而是信息传递与反馈的双向沟通过程。推销人员在向顾客提供有关产品、企业及售后服务等信息的同时，必须观察顾客的反应，调查了解顾客对企业产品的意见与要求。所以说，推销实际上是两个推销主体（推销人员和推销对象）相互进行卖与买的过程。

4）互利性

推销的有效结果表现为卖出了商品，实现了盈利，但推销所要解决的问题主要是满足顾客的需要，因而推销人员必须主动帮助并激励顾客购买。因此，成功的推销需要买卖双方都有积极性，其结果是"双赢"。不仅推销的一方卖出商品，实现盈利，而且推销对象也感到购买商品满足了需求，能给自己带来多方面利益。这样，既达成了今天的交易，也为将来的交易奠定了基础。

5）说服性

推销的中心是人不是物，说服是推销的重要手段。为了争取顾客的信任，让顾客接受企业的产品，采取购买行动并重复购买，推销人员必须将商品的特点和优点耐心地向顾客宣传、介绍。顾客体会到推销人员的真诚，认可产品特性优越，并能为自己带来利益，便会乐于购买，这才是真正的说服而非强卖。

6）差别性

虽然在诸多质量、价格接近的竞争品中，推销人员往往是商品能否被接受的重要因素，但是并非任何产品、任何情况下都要采用人员推销。人员推销的最大弱点无疑是费用偏高，特别是目标市场比较分散时，人员推销的成本更高。一般来说，单位价值高、技术性较强的商品，或是推销对象明显集中、一次成交量较大的商品，适于采用人员推销的方式。

1.1.3 推销与市场营销的关系

1）市场营销的内涵

市场营销学与市场营销均译自英文 marketing。对市场营销的内涵，理解上有一个不断深化的过程。美国市场营销协会（American Marketing Association，AMA）定义委员会在1960年把市场营销解释为："引导商品和劳务从生产者流转到消费者或用户所实施的一切企业活动。"1985年，该协会又将市场营销（管理）定义为："为创造达到个人和机构目标的交换，而规划和实施理念、产品和服务构思、定价、促销和分销的过程。"美国著名市场营销学教授菲利普·科特勒认为："营销管理是关于如何选择目标市场，并通过创造、传递和沟通顾客价值来获取、保持顾客并使顾客得以成长的科学和艺术。"[①]关于市场营销，还有些学者解释为"发现欲望并满足之"：尽你的所能让顾客感到产品的价值、质量和满意程度与他所付出的相符合；应该从顾客开始，而不是从生产过程开始等。2004年AMA在夏季营销教学者研讨会上公布了市场营销的新定义：营销既是一种组织职能，也是为了组织自身及利益相关者的利益而创造、传播、传递顾客价值，管理客户关系的一系列过程。

综观各家之言，可以把市场营销理解为一种动态的管理过程。在市场经济条件下，企业要在激烈的市场竞争中求得生存和发展，必须深入、细致地调查、分析市场消费需求和营销环境的变化，根据营销战略规划与营销目标的要求，结合企业内部资源条件，制定和实施以产品、定价、分销、促销为主要内容的营销组合，力求更好地满足消费者和用户经常变化的需要。因此，企业的市场营销过程实际上是一项系统管理工程。

【推销宝库1-1】
美国市场营销协会对 Marketing 的最新定义

2017年AMA公布了市场营销的新定义："市场营销是创造、传播、传递和交换对顾客、客户、合作者和整个社会有价值的市场供应物的一种活动、制度和过程。"

原文：Marketing is the activity, set of institutions, and processes for creating, communicating, delivering, and exchanging offerings that have value for customers, clients, partners, and society at large.（Approved 2017）

现代市场营销不仅包括企业的产品流通过程，而且包括企业的产前活动和售后活动。也就是说，某种产品的市场营销活动过程比这种产品的流通过程更长，市场营销并不局限于商品交换。但是，企业营销活动的全过程都与市场、交换紧密联系，都是

---

① 科特勒，凯勒. 营销管理：精要版［M］. 王永贵，华迎，译. 6版. 北京：清华大学出版社，2016：4.

为了实现潜在交换，市场营销的核心观念就是交换。交换是人们取得满足需求和欲望的产品的多种方式之一，只有当人们决定通过交换来满足需求和欲望时，市场营销才会产生。正常的交换应使双方的境况比交换前更好，或至少不会更差。为使交换成功，市场营销人员必须首先研究对方需要什么，分析双方各自希望给予对方和从对方那里得到什么，力求交换的结果对双方都有利。这就是市场营销活动中著名的"双赢"原则。

2）市场营销与推销的区别

市场营销是一个含义比推销更广的概念。现代企业的市场营销活动，包括市场营销调研、选定目标市场、产品开发、定价、分销、促销，以及售后服务等。推销仅是市场营销活动的一部分。菲利普·科特勒指出："从管理的角度定义，营销经常被描述为'推销产品的艺术'。然而当人们得知营销最重要的内容并非推销时，不免大吃一惊！推销只不过是营销冰山上的顶点。"①正因为如此，管理学大师彼得·德鲁克说："营销的目的就是要使推销成为多余……理想的营销会产生一个已经准备来购买的顾客。"

早期的市场营销与推销几乎是同义语。比如，第二次世界大战前的英文词典曾将marketing释义为"营销"或"推销"，以致迄今国内外仍存在营销即推销的误解。实际上，市场营销与推销存在原则上的区别：市场营销重视买方的需要，认真考虑如何更好地满足消费需求，根据顾客的需要设计产品，讲求产品质量，增加花色品种；根据顾客的需要定价，使顾客愿意接受；根据顾客的需要确定分销渠道，处处方便顾客；根据顾客的需要进行促销，及时传播消费者希望得到的市场信息。而传统的推销，还没有把促销当作市场营销的一个组成部分，重视的是卖方的需要，以推销出现有的产品、实现企业盈利为主要目标。可见，市场营销的出发点是市场（需求），传统推销的出发点是企业（产品）；市场营销以满足消费者的需要为中心，传统推销以推销企业现有的产品为中心；市场营销采用的是整体营销手段，传统推销侧重于推销技巧。

现代推销观念视推销为市场营销组合的一部分，是动态的、系统的市场营销活动过程的一个环节，也是市场营销不可缺少的重要机能。

3）推销是市场营销的重要机能

不论人们对推销的地位、作用如何评说，推销都是市场营销不可缺少的重要机能。日本著名企业家松下幸之助曾说过，营销是为了卖得更好。推销的重要性体现在以下几方面：

首先，销售是社会再生产的中心环节，只有通过销售才能实现可能产品到现实产品的转化，解决社会总产品的实现问题，使社会再生产和扩大再生产顺利进行。当生产的规模不大，产量不多甚至供不应求，流通范围很小时，生产者可以按一时、一地的市场需要去组织生产，只要产品质量、性能符合当地市场的需要，价格合理，是可

---

① 科特勒. 营销管理 [M]. 梅清豪，译. 11版. 上海：上海人民出版社，2003：12.

以自诩"酒好不怕巷子深",用不着花多大力气去推销的。然而,大生产必将形成大市场。马克思主义认为,每一种商品都必定要投入市场,而真正形成大市场的,只有大量生产的消费品或者是作为工业原料的产品。在生产社会化高度发展的市场经济条件下,生产者力求通过大批量生产去降低成本,赢得竞争优势,流通必须面向全国乃至世界市场,把产品推销到一切对它存在有效需求的地域,这无疑需要把推销作为市场营销组合的重要一环。

其次,由于生产与消费存在时间与空间的差异,并且消费需求千门万类、日新月异,生产者难以做到完全适应需求的变化、在质与量上使生产与消费完全一致,只有成功的推销,才能真正做到在适当的时间、适当的地点,以买主乐意接受的价格和方式,把符合需要的产品传递到顾客手中。这种成功的推销,既可以是把已生产出来的产品尽快推销出去,也可以是尽量争取企业经过努力能够保证供给的订单。在需求相对稳定的情况下,按订单生产无疑最有利于消除生产与消费之间的种种矛盾,也最有利于提高营销各环节的效率和经济效益。但在更多的情况下,生产者并不能完全按订单生产,很多产品生产出来后有待推销;或是中间商按需求预测去订货,货到后也需要推销。

最后,生产者与消费者之间的信息不对称,信息沟通既不充分也不及时,这使得同一商品往往存在此处积压、彼处脱销的情况,而推销有助于解决这一问题。从实现商品(服务)推销的意义上说,推销是指推销人员通过说服和帮助促使潜在顾客采取购买行动的活动过程。推销作为一种复杂的活动过程,既包括由推销人员向顾客传递信息并由买主向卖主反馈信息的双向沟通过程,又包括推销人员向顾客提供技术与咨询服务以及双方情感交流的过程。推销人员所采用的手段必须是针对顾客的内在需要和疑虑,进行耐心的说明和说服,传递充分和可靠的信息,充当顾客的导购参谋和服务员,取得顾客的信任,摒弃强行推销或任何欺诈。推销的目的是促进顾客购买,达成交易。在顾客购买前要力求让顾客乐意接受该种商品(服务),使顾客相信它能给自己带来好处;在顾客购买后还要追踪了解顾客在消费过程中的实际感受,力求消除购后的不和谐感,使顾客不仅在使用中获得一定满足,而且在心理上真正满意,建立品牌忠诚度,成为重复购买者。简言之,推销就是通过说服促成顾客购买的活动过程。

【观念应用1-2】

带货逻辑与营销逻辑

带货逻辑更像场景行为,在直播场景下,主播通过情绪渲染、价格锚定和直播间流量快速成交,短时间内快速提升销量打造爆品效应,同时通过直播间向平台店铺引流,提升店铺权重,从而产生示范效应。带货逻辑非常考验主播的情绪渲染力、拿下低价力和流量基数。

而营销逻辑更像长线操作,通过营销提升产品乃至品牌知名度和美誉度,进而长线提升品牌影响力和用户认可度,最终导向销售。

资料来源 TOP君. 首秀过后,老罗还好使吗?[EB/OL]. (2020-04-11)[2024-03-21]. https://www.yubaibai.com.cn/article/5598885.html.

思考题:带货逻辑和营销逻辑有什么联系?

1.2 推销原则

在推销的过程中，推销人员必须坚持以顾客为中心，遵循以下原则，把握好言行的尺度，建立顾客对推销人员及其产品的信心。

1.2.1 需求第一

顾客的需要和欲望是市场营销的出发点，也是推销的出发点。产品是满足人们需要的有形物质与无形服务的综合体。顾客购买某种产品或服务，总是为了满足一定的需要。因此，推销人员必须认真了解顾客的需要，把推销品作为满足顾客需要的方案向顾客推荐，让顾客明白它确实能满足其需要。顾客只有产生需要才能产生购买动机并作出购买行为。满足需要，是顾客购买的基本动机。一位推销员若不能真切地了解顾客的内在需要，并在推销品与顾客需要之间成功地架设起一座桥梁的话，则推销是不可能成功的。

人类的需要是指没有得到某些基本满足的感受状态。推销人员不仅要了解推销对象是否具有支付能力，而且要了解推销对象的具体需要是什么，既了解他们共同的需要，又了解他们特殊的需要，熟悉自己的顾客，把顾客的需要放在第一位，向顾客推销适合的产品或服务。

1.2.2 互惠互利

推销固然是说服顾客采取购买行动的过程，为再生产顺利进行创造必要的条件，实现生产为消费的目的，并使生产经营者获得利润，但对顾客而言，顾客通过购买也必须能满足消费需求和获得利益。推销的实质是交换，其结果要对双方有利，使买卖双方都比达成这笔交易前更好。互惠互利原则是指在推销过程中，推销人员要以交易能为双方都带来较大的利益或者能够使双方都减少损失为出发点，不能从事伤害一方或给一方带来损失的推销活动。要知道，顾客都关心自己的利益。顾客之所以进行购买，就是因为交易后得到的利益大于或等于他所付出的代价。因此，推销人员在推销活动中要设法达成自己和顾客双方所追求的目标，实现"双赢"是培养长久客户之计，是顾客不断购买的基础和条件，也是取得顾客口碑传颂效果的基础和条件。要成为受欢迎、被期待的推销人员，就必须设法为顾客提供利益，也就是设法使顾客从购买中得到其预期的好处。

推销人员在把握互惠互利原则时，切不可将它仅仅理解为对顾客的让利或赠奖的利诱。实际上，与顾客有对产品功能（使用价值）的需要以及除此之外的多种需要相适应，顾客追求的利益也是多方面的。推销人员在努力实现互惠互利时，必须善于识别顾客的核心利益，并与顾客加强沟通。

推销人员必须在推销之前分析交易活动的结果能给顾客带来的利益。顾客追求的利益既有物质的，也有精神的。商品不同，带给顾客的利益就会有差异。不同的顾客对同一商品会产生不同的价值判断，对需求强烈的商品，价值判断较高；反之，则较低。推销人员要在准确判断推销品给顾客带来的利益的基础上找到双方利益的均衡点，开展双赢推销活动。在进行利益判断时，一个优秀的推销人员，不仅要看到当前的推销利益，而且要看到长远的推销利益；不仅要看到直接的推销利益，还要看到间接的推销利益。要多因素综合评价利益均衡点，不能以某一次交易的成功与否来判断推销利益的大小，要坚持用能给顾客带来的利益引导顾客成交。充分展示商品或服务能给顾客带来的利益，是引导顾客购买的重要途径。这种展示越充分、越具体，顾客购买的可能性就越大。

【推销宝库1-2】

赫克金法则

美国的一项调查表明，优秀推销员的业绩是普通推销员业绩的300倍。资料显示，优秀推销员与长相无关，也与年龄大小无涉，和性格是内向还是外向无关。那么，究竟什么样的人才能成为优秀推销员呢？美国营销专家L.赫克金有句名言："要当一名好的推销员，首先要做一个好人。"这就是赫克金营销中的诚信法则。

资料来源　门睿. 劳心者定律漫画读本 [M]. 北京：经济日报出版社，2005：111.

1.2.3　诚信为本

诚信是古今中外任何一个民族都应遵从的一种基本道德，社会上人与人之间、团体与团体之间，如果没有诚信，不讲信用，是无法进行交往与合作的。在市场经济条件下，任何企业和推销人员，要想取得顾客的信任，必须以诚信为本。"信"是儒家的"五常"（仁、义、礼、智、信）之一。《说文解字》解释："信，诚也。""信"就是"诚"。孔子认为，"信则人任焉"，诚信就能得到信任。正如哲人所说："诚心待人，人亦诚心待我。"

诚信经营被奉为中国传统的经商之道。孔子曰："人而无信，不知其可也。"企业不讲信誉，是无法立足商场的。推销者不讲信誉，是不可能取得推销对象的信任的。古代中国人做交易，没有什么契约，只要彼此口头一句话，便互相信任。市场经济是契约经济，经济合同是各个经济实体相互联系和相互配合的主要纽带，合同把千千万万个经济实体的经济活动连接起来，形成一个市场的整体。信守合同是市场经济正常运行的关键，买卖双方必须重合同、守信用，推销者兑现有关承诺才能树立良好形象，取得社会信任。儒家认为，诚信具有重要的社会功能。《吕氏春秋·离俗览·贵信》记载："故《周书》曰：'允哉允哉，以言非信，则百事不满也'，故信之功大矣……信之所及，尽制之矣。"不讲诚信，必将一事无成；坚持诚信为本，方能取得成功。

诚信的基本含义为诚实，不疑不欺，在人际交往中，言而有信，言行一致，表里如一；在推销过程中，不提供伪劣产品，不从事欺骗性活动，不传播虚假信息。著名企业家包玉刚从小就受到"做人诚实可靠，做事规规矩矩"的训诫，并受益终身，成就辉煌业绩。他把讲信用看作企业经营的根本。他说，纸上的合同可以销毁，但签订在心上的合同是撕不毁的，与人之间的友谊应建立在互相信任的基础上。

推销人员要与顾客建立良好的人际关系，要以诚待客，关心顾客，关心顾客的事业和生活，并信守各项交易条款，按时、按质、按量兑现自己的承诺，哪怕是一次礼节性的拜访，也要遵守约定的时间。

【推销宝库1-3】
推销人员必备的道德素养
诚实守信是现代推销人员必备的基本道德素养。天下顾客不可欺，得道者多销，失道者寡销，无道者难销。精诚所至，金石为开。大道销天下，得顾客者昌，失顾客者亡。只有诚实推销，才能取信于顾客，建立和发展良好的客户关系，降低推销风险和成本。

忠诚守密也是现代推销人员应该具备的一种道德素养。

资料来源　黄恒学．现代高级推销理论与技术［M］．北京：北京大学出版社，2005：37．

1.2.4　说服诱导

说服诱导意指推销人员以语言和行为将自己的意见通过各种方式传递给顾客，主动引导推销过程朝自己预期的效果发展。

人员推销是推销人员向顾客主动出击的一种推销方式，从这种意义上讲，顾客是相对被动的。一次获得圆满结果的推销，是推销人员成功地引起顾客的注意，有效地激发顾客对推销品的兴趣，从而唤起顾客的购买欲望，并及时促成顾客的购买行为的结果。在这个过程中推销人员要对顾客进行巧妙的说服、诱导，使顾客自觉地参与到推销活动过程中；否则，一位有备而来的推销人员与一位无备而待的顾客是不可能进行一次融洽的谈话的。

几乎所有的推销专家都认为，推销是一种十分讲究技巧与方法的活动，推销的技巧和方法又具体体现在推销人员说服与诱导顾客的能力上。推销人员通过有效的诱导，能使顾客愿意接受自己的拜访，愿意倾听自己的推销陈述，使顾客充分地了解推销品，使推销的进程按自己的意愿推进。经由有效说服，推销人员方能有效地消除顾客异议，建立顾客对自己及推销品的信心。

说服与诱导是现代推销的基本手段。在现代市场经济条件下，推销人员与顾客是平等的两个交易主体，推销人员既不能强迫顾客购买推销品，也不能靠乞求获得订单，更不应以欺骗的手段取得推销成果。因此，每一位推销人员都要努力提高自己说服与诱导的能力。

推销人员要掌握和运用说服诱导原则，要避免与顾客进行任何争论，更不要逼迫顾客作出购买决定。合格的推销人员必须了解，各种形式的倾力推销都会给推销工作带来危害。第一次世界大战后是倾力推销盛行的时期。特别是在美国，有这样一个信条：一个最理想的推销人员，必须能够冲破一切推销阻力，征服买主，成功地向任何人推销产品。在训练时，推销经理就是让推销人员掌握这种倾力推销法，冲破各种形式的推销障碍，甚至采取最极端的做法，不择手段地去进行推销。向顾客乞求，玩弄顾客的感情，央求顾客发慈悲，也是倾力推销法的表现。这类推销人员认为，顾客只要对所购买的产品略感满足，就会很快把推销员究竟是采取什么方法把产品推销给他们的事置于脑后。然而，顾客的实际购后感受使顾客很快就学会了如何保护自己，并很快形成抵制倾力推销的壁垒。顾客特别讨厌那些欺诈的和强制的推销方法。"吃一堑，长一智"，吃过亏的顾客总是处处留意，谨防第二次吃亏上当。

符合商业道德的说服诱导有助于恢复人们对推销人员的信任。推销人员必须努力去做有利于顾客和自己所代表的公司的事，决不做对顾客无益的交易。任何一位正派的推销人员，都必须使用对顾客负责的推销方法，坚持用诚实的态度因势利导，说服顾客自愿购买推销品。推销人员如果发现他所推销的产品可能对顾客无用，即便顾客完全信赖他，也不应强求顾客接受他的产品。

1.3　推销过程

1.3.1　推销的基本过程

完整的推销过程一般包括寻找顾客、访问准备、约见顾客、洽谈沟通、达成交易、售后服务、信息反馈七个阶段。

1）寻找顾客

寻找顾客是指寻找有可能成为潜在购买者的顾客。开展推销，首先要明确应向谁推销，这是不言而喻的。推销人员应建立一个潜在顾客的名单及档案，并加以分类，作为开发的目标，据以收集有关顾客的尽可能详尽的信息。顾客名单应当包括三个部分：首先是新顾客。推销人员必须不断地寻找新的潜在顾客，防止推销活动停滞不前。如果只满足于原有的数量可观、关系良好的顾客，忽视新顾客的开发，必然是把新市场拱手让给竞争者。其次是那些因各种原因未继续购买产品的老顾客。他们有的已成为竞争者的顾客，其中不乏等待推销人员再次造访的老主顾。推销人员应鼓起勇气再次拜访他们，弄清他们停购本企业产品的原因，尽最大努力寻求机会比竞争对手更好地满足他们的需要。最后是现有顾客。他们永远是推销的重要目标。现有顾客是提高市场占有率的基础和起点，也是推出新产品、新创意或推广新用途的首选目标。推销人员在努力开发新顾客的同时，必须对老顾客给予必要的关注，因为同一位老顾客打交道比同一位陌生的顾客打交道要容易得多。

在建立顾客档案的基础上，推销人员在拜访前还必须在所有潜在顾客中寻找最有可能购买的顾客，主要是找出具有支付能力和特定需求的人选，并能找出影响购买决策的人选。目标顾客的筛选过程见表1-1。

表1-1　　　　　　　　　　　　　　　目标顾客的筛选过程

程序	标准	问题
初选：全部顾客	顾客的购买力	哪些顾客值得进一步分析
二选：一般顾客	市场需求	哪些顾客对推销品有特定需求
三选：种子顾客	购买决定	哪些顾客有购买的决定权
四选：重点顾客	适合购买	哪些顾客适合购买特定产品

2) 访问准备

访问准备是指为直接推销活动做好必要的准备。推销如战斗，准备阶段即推销活动的备战阶段。访问准备包括资料准备和策划准备两个方面，具体又包括以下五点：

（1）了解自己的顾客。在正式推销之前，推销人员必须了解推销对象的有关情况，做到心中有数：关于顾客个人的信息，如顾客的家庭状况、爱好以及在企业中的位置等；关于顾客所在企业的信息，如企业规模、经营范围、推销对象、购买量、追求的利润率、企业声誉、购买决策方式及选择供应商的要求等。

（2）了解和熟悉推销品。对推销品的信心应建立在相信它能真正满足顾客的需求的基础上。对产品的了解程度是衡量一位推销员是否称职的重要标志。推销人员不仅要了解产品的性能，而且要熟知产品是如何制造出来的，厂家能提供哪些配套服务，以及产品的使用和维修等知识。对于一些技术含量高的产品，如果推销人员具备丰富的专业知识，在推销中运用得当，就会收到意想不到的好效果。

（3）了解竞争者及其产品。为了适应竞争，推销人员必须对竞争者的经营策略及其产品做认真分析，学习竞争者的长处，找出推销品的优点与特色，以便在推销过程中用适当的方式表达出来。

【思考与研讨1-1】

甲厂农用车的维修费用比乙厂同类产品的维修费用低得多，甲厂的推销人员在介绍时怎样讲最为得体？（   ）

A.乙厂的车质量不过关，维修花费大，买了不合算

B.我厂的车使用得当，注意保养，维修费用较少

C.我厂的车质量胜过乙厂，不像他们的车爱进修理厂

【答案】B

（4）确定推销目标。企业规定推销人员在一定时期内所要完成的推销任务，是推销人员开展业务活动的行动目标和方向。确定推销目标时，不仅要考虑市场的需求、企业的供货能力、经济效益的高低，还要综合分析推销人员的实际能力及实施推销策划的水平，以利于激励推销人员积极有效地去努力实现目标。

（5）制订推销方案。除做好访问前的一般准备工作外，推销人员还需根据推销目标进行周密的安排。首先是访问的路线，一般要按地区、行业、消费者对产品的反应等，作出先后安排和重点选择。其次是访问的流程，要根据产品的特点与顾客的需求，确定交谈的步骤。如果顾客拒绝面谈，应采取哪些应急方法，使顾客转变态度；准备向顾客介绍哪些方面的情况；如果产品正是顾客所需要的，应用哪些有说服力的资料和实例，让顾客产生信任感；准备选择什么时机、以什么方式向顾客谈及十分敏感的商品价格、付款方式、售后服务等问题；如顾客提出异议或其他方面的要求，应采用何种方式给予答复，是坚持己见，还是求大同、存小异，或是作出必要的让步；若未能达成交易，应怎样结束面谈，为今后再次接触留有余地。

3）约见顾客

约见是推销人员事先征得顾客同意见面洽谈的过程。推销人员做好必要的准备和安排后，即可约见顾客。约见是推销接近的开始，约见成功是推销成功的一个先决条件。

4）洽谈沟通

推销洽谈是推销过程的一个重要环节。洽谈也称面谈，但不一定是面对面的洽谈。推销洽谈是推销人员运用各种方式、方法、手段与策略去说服顾客购买推销品的过程，也是推销人员向顾客传递信息并进行双向沟通的过程。

5）达成交易

达成交易是推销过程的成果和目的，无疑是推销活动中最重要的一部分。达成交易是指顾客接受推销人员的建议购买推销品。只有成功地达成交易，推销才真正成功。在推销活动中推销人员要正确处理顾客异议，并不失时机地说服顾客作出购买决定，完成一定的购买手续。

6）售后服务

达成交易并不意味着推销过程的结束，售后服务同样是推销工作的一项重要内容。成交以至收款、交货后，售货方能兑现其他承诺，使顾客满意，就比较好地反映了厂商的信誉。例如，履行包安装调试、包退换、包维修、包培训的服务承诺，做好索赔的处理工作，以及定期或不定期地访问顾客，实行跟踪服务等，都是关系买方利益和卖方信誉的售后服务工作。

7）信息反馈

推销人员每完成一项推销任务，不仅要做好售后服务，进行推销工作检查与总结，还必须继续与顾客保持联系，加强信息的收集与反馈。及时反馈推销信息，既有利于企业修订和完善营销决策，改进产品和提高服务质量，也有利于更好地满足顾客需求，争取更多的"回头客"。

1.3.2 推销各阶段的交叉渗透关系

就一项推销业务来讲，推销过程的七个阶段固然有先后之分，但就整个推销工作而言，这七个阶段存在互相交叉渗透关系。

1）推销各阶段的工作，不仅是继起的，而且是并存的

正因为如此，推销工作，往往需要人员、团队之间进行分工与协作。一般是要有专人收集信息，为寻找顾客、访问准备、向生产厂家和企业领导层进行信息反馈提供依据。约见顾客、洽谈沟通和达成交易，多由专业推销人员负责，推销人员需要不断总结经验，提高业务能力。经常性的售后服务更要由专设和特约维修网点来提供，方便顾客，有利于增强顾客的购买信心。

2）推销各阶段的工作，互相交织和渗透

信息收集是贯穿于推销全过程的任务。寻找顾客、访问准备当然需要收集和利用信息，约见顾客、洽谈沟通和达成交易，以及售后服务的过程，也都是收集信息的过程。例如，在约见顾客、洽谈沟通时往往能从顾客的反应中获得真实、可靠的第一手资料；达成交易和售后服务的记录，能够反映顾客需要什么、欢迎什么以及产品存在

哪些方面的问题。约见顾客与洽谈沟通的过程，不仅是实施推销策略、实现推销目标的过程，而且是检验它们的过程。目标是否切合实际，策略是否可行，实践是对它们进行检验的最好标准。实践和检验的结果，应作为重新制定或修正推销目标和策略的主要依据。一次成交，进而兑现承诺、做好售后服务，既是推销的结果，也是下一次推销的起点。顾客在达成交易后，特别是在产品使用中获得利益，对售后服务感到满意时，很可能会重复购买。

【观念应用1-3】

观念决定收益

在某城市有两个擦皮鞋的人。甲喊"擦鞋，擦鞋"。乙则喊"赴约会之前先擦鞋"。结果，乙的收入高于甲。致使二人收入产生差异的原因是他们所持的推销观不同。

推销观指推销员从事推销活动的指导思想。它影响推销员对推销原则、推销方法和推销技巧的选择和应用，推销观的不同决定了推销效果的不同。

目前，在企业推销实践中，存在两种完全不同的推销观：一是强力推销观，把推销理解为企业的"卖"，即推销是企业出售产品的活动；二是以顾客为中心的推销观，把推销理解为顾客的"买"，即推销是使得顾客购买产品的活动。前者是站在企业的立场上，强调如何将产品销售出去，设法使自己赚更多的钱，其重要特点为没有顾及消费者的需求；后者强调的是，一切推销策略的运用，旨在满足顾客的需求和解决顾客的问题，借以达到企业获利之目的。

由此可见，强力推销观不是指导推销员搞好产品推销的好观念。甲的收入之所以不及乙，正是由于甲所持的正是强力推销观。而乙所持的却是以顾客为中心的推销观，这正适合于当今顾客的购买心理及其消费需求。

资料来源　高金章. 推销案例及其分析［J］. 郑州航空工业管理学院学报，1993（1）：33.

思考题：你如何理解"观念决定收益"？

本章小结

狭义的推销是指人员推销，即由推销人员直接与潜在顾客接触、洽谈，介绍商品，进行说服，促使顾客采取购买行动的活动。

人员推销的职能主要是推销人员通过寻访潜在的顾客，向顾客展示所推销的商品，介绍商品的功能和效用，采用各种推销方法和技巧，帮助潜在的顾客认识商品，唤起顾客的需求，进而促使顾客采取购买行动以满足需求。

推销是一项专门的艺术，在推销过程中要灵活运用多种推销技巧。推销的主要特点是特定性、灵活性、双向性、互利性、说服性、差别性。

推销是市场营销组合的一部分，是市场营销活动过程的一个环节，同时也是市场营销不可缺少的重要机能。

在推销过程中，推销人员必须坚持以顾客为中心，遵循需求第一、互惠互利、诚信为本、说服诱导的原则。完整的推销过程，一般包括寻找顾客、访问准备、约见顾客、洽谈沟通、达成交易、售后服务、信息反馈七个阶段。就每一项推销业务而言，这七个阶段有先后之分，但就整个推销工作来讲，这七个阶段存在交叉渗透关系。推销各阶段的工作，不仅是继起的，而且是并存的，互相交织和渗透。

　　理解什么是推销以及推销的主要职能和特点，把握推销应遵循的原则，明确推销过程各阶段的任务及其相互联系，将为学习现代推销学奠定基础。

主要概念和观念 🗂

□ **主要概念**

　　推销　市场营销　推销原则　推销过程

□ **主要观念**

　　市场营销是一种动态的管理过程。

　　推销产品的使用价值观念。

　　互惠互利观念。

基本训练 👥

□ **知识题**

　　1.1　阅读理解

　　1）什么是推销？

　　2）何谓推销原则？

　　3）完整的推销过程包括哪些具体环节？

　　4）人员推销的主要职能是什么？

　　5）推销的特点有哪些？

　　1.2　知识应用

　　1）在面对推销人员推销表1-2中列出的各项推销品时，顾客真正需要的是什么？

表1-2　　　　　　　　　　　　　　**某些推销品的顾客需要**

推销品	顾客需要
移动电话	
电动剃须刀	
电冰箱	
针灸按摩器	
食具消毒柜	
自动洗衣机	
折叠式衣柜	
方便食品	
燕麦粉	

2）一家旅游顾问公司在某四星级酒店举办展示活动，除了播放相关图片、视频外，主要介绍并推广"时间分享、度假拥有"项目，向应邀参加者推销银卡、金卡、钻石卡。卡片的有效期分10年和25年两种，购卡者每年可在世界各地该公司联络的星级酒店免费住宿一周（成人2~4人加小孩2人），按卡别入住单价250~700元的客房。当天购卡价格为人民币1.5万~3.8万元，如次日购买则加价20%。此外，购卡者每年要交一定的会员费。各种卡均可转让。几位推销人员对约请的推销对象进行问卷调查，其中几个调查项目的情况见表1-3。

表1-3   问卷调查表

约见者	家庭人口	月收入（元）	年外出旅游时间（天）	旅游预算（元）	住宿费（元）
张××	3	18 000	20	16 000	5 000
王××	2	6 500	15	10 000	2 500
李××	3	30 000	20	35 000	10 000
赵××	4	35 000	15	30 000	8 000

你认为最有可能的推销对象是：

A. 张××   B. 王××   C. 李××   D. 赵××

3）上例中各推销员将问卷交给财务经理，财务经理与约见者正式洽谈。财务经理认为前三位约见者均非所要寻找的顾客，便用以下几句话结束洽谈：

（1）"时间分享、度假拥有"卡对旅游者来说是一种超值享受，自己不用还可以转让，并有可能升值。请考虑后决定是否购卡。今天不买，以后也还会有机会。

（2）持"时间分享、度假拥有"卡外出旅游比参加旅行团要自由得多，条件也好得多，持卡者还可以得到其他服务和优惠。

（3）看来你今天是不准备买卡了，那么我也就没有必要做进一步介绍，以免浪费你和我的时间。

你认为上述用语何者较为适当？

4）推销就是要：

（1）将顾客不需要的产品也能卖给他们。

（2）将顾客可用可不用的产品卖给他们。

（3）将肯定能满足顾客某种需要的产品卖给他们。

你认为哪种看法正确？

□ 技能题

1.1 规则复习

1）推销原则

在推销过程中，推销人员必须坚持以顾客为中心，遵循需求第一、互惠互利、诚信为本、说服诱导的原则。

2）推销过程

完整的推销过程一般包括寻找顾客、访问准备、约见顾客、洽谈沟通、达成交易、售后服务、信息反馈七个阶段。

1.2 操作练习

1）实务题

（1）举例说明市场营销与推销有什么区别。

（2）违背推销原则的危害是什么？

2）综合题

搜寻一则招聘广告，设计推销人员的面试方案并加以模拟演练。

□ 能力题

1.1 案例分析

<h3 style="text-align:center">推销的自我探索</h3>

顺德特种变压器厂是跻身红岗工业区的佼佼者之一，曾被誉为"南粤第一家"。

顺德特种变压器厂依靠高素质的人才和群体的智慧，从德国、瑞士引进先进的设备和技术，注重消化吸收，在生产作业中严格把关，先后开发出几百种规格的变压器，满足了国内外用户的多样化需求，产品绝缘水平高于国际标准。

顺德特种变压器厂的特征是"四新"，即厂子新、产品新、市场新、推销人员新。面对竞争激烈的市场，该厂以市场为导向，以技术进步为依托，以质量为主导，以提高经济效益为中心，一手抓营销促生产，一手抓管理求效益。

该厂领导认为，推销工作的对象是人不是物。要搞好推销工作，必须要求推销人员有理、有利、有节地去宣传企业、宣传产品、宣传自我，把产品的推销过程当作推广企业形象的过程。

重视售前售后服务，是这个厂推销工作的一大特点。服务工作涉及方方面面，对顺德特种变压器厂及其产品来说，核心是技术服务，这就要求推销人员既要懂专业技术，又要了解用户需求，与用户有共同的语言，帮助用户对选用推销品建立足够的信心。该厂选用的24位推销员，拥有大专及以上学历的占绝大多数，思想、技术、身体素质都很好，成为企业形象推广的一支精干队伍。

该厂利用多种机会捕捉瞬息万变的市场信息，同时向社会传播企业产品的信息。他们先后在沈阳、武汉、长沙、海口、天津、昆明等城市召开产品发布会，在电视台节目中宣传企业和产品，均取得了良好的效果。

面对强手如林的竞争性市场，该厂注意摆正自己的位置。厂领导带领一班人马分赴全国各地向同行厂家征求意见，同行中的"老大哥"厂家称赞顺德的这个"小弟弟"不愧为后起之秀。

可靠的质量、成功的推销、周到的服务，使顺德特种变压器厂的产品遍布大江南北，沿海都市，并远涉重洋，初步占领了目标市场。很多知名单位都采用了该厂产品，普遍反映良好。

该厂实现了惊人的效益，企业各项指标表现很好，实现了跳跃式发展。

问题：

1）顺德特种变压器厂的推销工作涉及推销过程的哪些阶段？

2）为什么说推销工作的对象是人不是物？

3）顺德特种变压器厂的售后服务有何重要性？

案例分析提示

1.2　网上调研

就推销在个人成长、企业发展、社会进步等方面的作用进行网上调研。

1.3　单元实践

选择以往所见的推销人员的一次推销过程，模仿并点评该推销人员的工作。

第 2 章

推销要素

学习目标 ◎

知识目标：认识到推销对象包括个人用户与组织用户，理解推销方格理论、顾客方格理论和吉姆公式的基本内容。

技能目标：准确地理解推销品的层次及推销活动中质量与实用性的关系，明确推销要素之间的相互关系及各推销要素在推销活动中的地位，了解推销人员的基本礼仪，掌握推销方格与顾客方格分析工具。

能力目标：努力培养自身的推销意识与素养，加强推销训练，在此基础上提高自身的实际推销能力。

引例 @   值得信任的销售人才

陈实先生是一家文教器具公司的销售人员，在陈先生看来赢得客户的信任是成功推销的关键。在别人问他如何看待信任这个问题时，他解释道："对我来说，信任是非书面的协议，其中一方要履行一系列双方已认同了的义务，另一方要完成一套双方已同意了的行为，这是履行'合同'的关键部分——不担心另一方的变化。你相信我一定会完成承诺要做的一切事情，我相信你也会同样如此，这就是我对信任的理解。"

根据陈实先生的观点，销售人员必须作出特别努力来展示其可信度。他认为，诚实的销售人员没有任何东西可以隐瞒，在处理所有事情时与顾客直来直去。当他第一次与一个非常有潜力的客户联系时，他就是这样做的。他从不担心与客户见面但没有成交这个问题，如果客户对购买地球仪和地图不感兴趣，他不会放弃，不会认为自己与客户见面是在浪费自己和他人的时间。

为了赢得客户的尊敬，陈实先生准备了符合购买者情况并具有他自己个人风格的销售演讲词。他说："根据客户对利益的考虑，我通常能区分我所接触的客户属于哪种类型。有些人希望了解商品的价格底线，他们想知道我销售的商品能得到的毛利率是多少，我就告诉他们。如此一来就建立了彼此的信任关系，因为他们看到我提供的是即时、快捷和诚信的服务。"

在与客户建立信任关系时，必须注意一些容易被忽视的细节。他认为，推销人员不要使用"跟您说实话"这样的语句，因为这种说法似乎含有对客户诚实度不够高的意思。他还认为销售人员不要对购买者提出的问题作出虚假的回答，他建议可以这样回答一个送货方面较为棘手的问题："您想要在2月20日前收到这么多数量的地球仪，我不知道有没有这么多的现货，也不知道还会发生什么问题。我回公司核实一下，如果有什么问题我今天就与您联系，您看行吗？"

最后，坚持不懈地做那些向客户反复承诺的事情，这是赢得客户信任最根本的原则。"我会按您的要求去做，并以尽可能快的速度完成。您可以放心，我们会成为很好的生意伙伴的。"

陈实先生是当今商业社会成功的销售人员当中一个很好的典型例子，他把推销视为长期赢得购买者信任、实现买卖双方共赢的过程。

本章知识结构图 📈

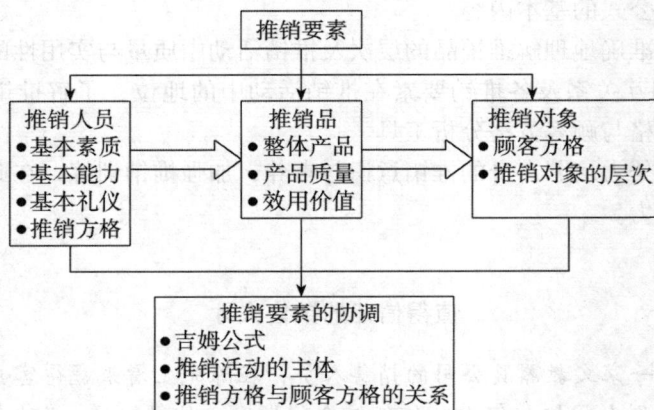

任何企业的商品推销活动都少不了推销人员、推销品和顾客，即推销主体、推销客体和推销对象构成了推销活动的三个基本要素。商品的推销过程，就是推销人员运用各种推销术，说服推销对象接受一定物品的过程。因此，要在推销活动中尽量协调好三者之间的关系，保证推销目标的实现。本章阐述推销的三个要素及其相互关系。

2.1 推销人员

在推销的三要素中，推销人员是推销活动的主角。推销人员是指主动向推销对象销售商品的推销主体，包括各种推销人员。推销学将推销人员作为研究对象之一，主要探讨推销人员应具备的基本素质与能力、推销人员的基本礼仪与推销心理类型（推销方格理论）。

2.1.1　推销人员应具备的基本素质

到底什么样的人适合做推销工作呢？这是任何一家企业的人力资源主管在选拔推销人员时都想知道的答案。较为理想的推销人员，主要应该具备以下基本素质：

1）责任意识

推销工作是一种创造性的劳动，同时也是一种艰苦的脑力和体力劳动，因此要求推销人员具有强烈的事业心、高度的责任感。

（1）强烈的事业心。推销人员应该热爱自己所从事的推销事业，奋发向上，不折不挠，有强烈的成就事业之心，真正做到干一行、钻一行、爱一行，并力争成为推销队伍中的尖兵。推销人员必须树立正确的推销观念，把满足顾客消费需求作为推销工作的起点，诚心诚意为顾客着想，真心实意为顾客服务，把推销商品与解决顾客的实际问题有机地结合起来。推销人员应摒弃推销工作中的一切不正当的推销方法与手段，杜绝弄虚作假、坑蒙拐骗、以次充好、见利忘义、损公肥私等。推销人员应该懂法、守法，遵循国家的政策法规，做到合法经营，不应该以损害长远利益来换取个人眼前私利。

（2）高度的责任感。推销人员是企业的代言人，推销人员的一言一行都关系到企业的声誉与形象，同时推销活动也是企业与顾客进行沟通的一种有效方式。首先，推销人员必须千方百计、想方设法完成销售任务，这是推销人员的主要工作。其次，推销人员要在推销活动中为企业树立良好的形象，与顾客建立和保持融洽的关系，不能为了实现推销定额而以损害企业形象、信誉作为代价。最后，推销人员还应对顾客负责。现代营销观念认为，推销人员推销给顾客的商品应该是真正满足顾客需求、能够为顾客解决实际问题的产品，要把企业销售利润的实现作为顾客需求得以满足的"副产品"。因此，推销人员的责任具有双重性：一方面推销人员需要站在企业的角度，为实现销售目标与树立良好形象尽心尽力；另一方面推销人员也是顾客的代言人，肩负着向生产者诉说和反映顾客意愿的任务。

2）知识丰富

推销是一项极富创造性与挑战性的工作，因而推销人员除具备高度的责任意识外，也要拥有广阔的知识视野。推销人员所接触的顾客成千上万，各种各样的心态都有，推销人员必须在较短的时间内迅速作出判断，并确定推销的方式与技巧。尽管文化素质高并不一定意味着推销绩效好，但如果推销人员具备丰富的文化知识，取得良好推销成果的可能性要大得多。可以说，高的文化素质是取得良好的推销绩效的必要条件，特别是当顾客的文化素质也较高时，但高的文化素质并非取得良好的推销绩效的充分条件，例如，向食品店送面包、挨门挨户推销或店堂销售时，这些任务对文化素质没有那么高的要求。

推销人员需要的基本知识主要有下列方面：

（1）企业历史与背景。这包括企业的创建时期、发展历程、经营理念、规章制度、惯例、营销战略与策略等。推销人员有必要掌握企业创建与发展方面的背景材料，这样在与老顾客交谈时，既显得推销人员知识渊博，又因为这些老顾客与企业交往多年，或多或少有某些怀旧情结，从而有利于营造融洽的谈话氛围。另外，推销人员的头脑中如能贮存着企业发展壮大的背景知识，也有利于增强推销人员对企业的自豪感与归属感，以利于他们在同顾客接触时尽心尽力地做好推销工作。

（2）产品知识。首先，推销人员应熟悉产品的生产流程与方法。例如，当顾客因嫌价格高而与推销人员讨价还价时，推销人员就能用所熟悉的产品生产流程，向顾客解释因为产品的生产要经过很多的生产工序、采用特殊加工方法，所以产品的价格略高一些。其次，推销人员应掌握产品的技术性能，包括产品的原材料和技术参数、性能特色，能满足顾客什么样的用途要求等。最后，推销人员应了解产品的使用与维修方面的知识。推销人员向顾客推销不常买的且价格昂贵的产品时，通常要亲自示范操作，经常走访顾客以了解使用情况，并能够及时为顾客解决一般性的技术问题。

（3）市场知识。推销人员应接受一定程度的专业教育和培训，掌握必要的理论知识与实务技能，包括市场营销理论、市场调研方法、推销技巧等专业知识，熟悉或了解有关的政策法规。

（4）顾客知识。推销人员还要懂得消费者行为与选择方面的知识，以便分析顾客的购物心理，采用合适的推销手段。

（5）竞争知识。这包括行业的市场结构、竞争状况、定价策略等方面的知识。

3）身体强健

推销工作既是复杂的脑力劳动，也是艰苦的体力劳动，强健的体魄是成功推销的基础与前提。推销的工作性质决定了推销人员必须经常外出走访顾客，必要时还得携带样品、目录、说明书等；很多产品都需要推销人员进行安装、操作、维修等高强度的体力与脑力劳动；与顾客接洽的整个推销过程更是斗智斗勇，需要充沛的精力做保证。因而，即使推销人员具备了高度的责任意识与扎实的文化知识，如果没有强健的身体和旺盛的精力，推销设想与计划只不过是空中楼阁、海市蜃楼。

4）外向心理

推销是一种面向千百万人的工作，要求推销人员具备以下心理特质：

（1）性格外向。一般来说，性格外向的人易于与他人接洽，也擅长言辞，易接受别人，也能较快地被别人接受，有利于向陌生顾客开展推销工作。对推销人员来说，他们主要考虑的是与顾客接触面的大小，而不是深交。因此，外向型性格的人比较适合从事推销工作。

（2）自信心强。推销人员应该充满自信，不管遇到多么大的困难，推销人员都应敢于面对和解决，都能完成推销任务。自信源于丰富的阅历、积少成多的工作经验及学习总结。在推销生涯的早期阶段，由于根底太浅，推销人员尚未积累起足够的经验，自信心可能不会很强。当取得一定成绩、能力也得到不断增长时，推销人员还必须有耐心和宽容心。要是容不得顾客挑剔的眼光，推销人员的经验与成绩可能永远也不会达到极点。

（3）良好的个性品格。推销人员应履行自己的承诺，让顾客感觉到自己是一个值得信赖的人。如果推销人员经常失信违约，不遵守诺言，就会使竞争者轻易地抢走顾客，也不利于建立长期稳定的客户关系。做到诚实、言行一致，是推销人员优良品格的最基本要求。

【观念应用2-1】

责任心

有责任心首先是对自己负责

一个人要懂得尊重自己的感情，尊重自己的理想，珍惜自己的宝贵年华和生命的活力，从自己的理想出发来安排现实生活。责任感的形成是一个人成熟的标志，无论你做什么工作，其实都是为自己而工作。如果一个人什么也没有做好，没有得到大家的认可，那么，他就是对自己不负责任。最终，受影响最大的还是自己，绝不会是别人。

有责任心是对自己所在的集体负责

一个人有没有责任心，决定着他在工作中的态度，决定着其工作业绩的好坏。一个人如果没有责任心，那么他极可能不会取得好的成绩。有了责任心，他才会认真地思考，勤奋地工作，细致踏实，实事求是；才会按时、按质、按量完成任务，圆满解决问题；才能主动处理好分内与分外的相关工作，从事业出发，以工作为重，不论有人监督还是无人监督都能主动承担责任而不推卸责任。就个人来说，不论你是一名默默无闻的普通员工，还是大权在握的领导者，都应有责任心，凡事尽心尽力，以主人翁的身份和态度积极投身到企业建设中去，在企业发展中寻求自己的成长。

有责任心是成就事业的可靠途径

责任心会激发人的勇气，唤起智慧，积聚力量。人有了责任心，面对再危险的工作也能降低风险；人若没有责任心，再安全的岗位也可能会出现险情。人的责任心强，再大的困难也可以克服；人的责任心差，再小的问题也可能酿成大祸。

资料来源　张琼. 大学生职业核心能力培养［M］. 上海：同济大学出版社，2010：80-81.

思考题：推销人员有责任心应体现在哪些方面？

2.1.2　推销人员应具备的基本能力

推销人员除具备上述基本素质外，还应有以下的基本能力：

1）良好的语言表达能力

推销人员的接洽工作总是从交流沟通开始的，这要求推销人员准确地表述所要推销商品的信息，同时也能使推销对象清楚地理解和明白推销标的物。如果推销人员逻辑性差、思路不清、语言贫乏、词不达意、笨嘴拙舌，那么顾客是不可能接受他的，也不可能接受他所推销的商品。优秀的推销人员应该是具有天赋的演说家，也是富有激情的"辩才"，能言善辩，同时又是最忠实的听众，善于倾听顾客的意见。

2）较强的社交能力

推销商品的活动是一个信息沟通的过程，也是对推销人员社交能力的现场检测。推销人员必须通晓所有的沟通技巧，善于与人交往，同时还能维持和发展与顾客之间长期稳定的关系。有时候推销人员与顾客的接洽是突然发生的，来不及也不容许进行接触前的准备，因而推销人员必须以"全能运动员"的素质对付各种突发情况。

3）敏锐的洞察能力

推销人员应该是揣摩顾客心理的行家里手，具有洞察细微事物的慧眼，通过对顾客所处环境的观察与分析，与顾客的接触和交流，依据顾客的手势、表情、心境等表现，在头脑中快速形成印象并作出判断。因而，优秀的推销人员应该具备洞察顾客心理活动的能力，对细枝末节有较强的敏感性，就像一台 X 光机一样能够较准确地透视顾客的一言一行，并能针对顾客心理活动采取必要的刺激手段，转变顾客看法，变潜在需求为现实需求，并扩大其需求。下面这个小故事说明敏锐、准确的洞察力有助于生意的达成，没有什么不可改变，关键是看待问题的角度：有一对夫妇逛商场，妻子看中一套高档餐具，坚持要买，丈夫嫌贵，不肯掏钱。导购一看，悄悄对丈夫说了句话，他一听马上掏钱。是什么让他立马转变？导购员对丈夫说："这么贵的餐具，您太太是不会舍得让您洗碗的。"

4）快捷的应变能力

推销人员应该逻辑缜密、思路清晰、适应性强、反应敏捷，善于应对和处理困难与不利局面，具有变被动为主动的能力，能在山穷水尽之时找到柳暗花明之路。推销人员虽然在与顾客接触前都对推销对象做过一定程度的研究，进行了接洽前的准备，制订了推销方案，但由于实际推销时面对的顾客太多，无法把所有顾客的可能反应都在事前全部列举出来，必然会出现一些意想不到的情况。对于这种突然的变化，推销人员要理智地分析和处理，遇事不惊，随机应变。

【微型案例 2-1】

机敏的钢化玻璃杯推销员

一名推销员正在向一大群顾客推销一种钢化玻璃杯，他首先是向顾客介绍商品，宣称其钢化玻璃杯掉到地上是不会碎的，接着进行示范表演，可是碰巧拿到一只质量不合格的产品。只见他猛地向地面一扔，杯子"砰"的一声全碎了。真是出乎意料，他自己也十分吃惊，顾客更是目瞪口呆。面对这样尴尬的局面，假如你是这名推销员，你将如何处理呢？这名富有创造性的推销员急中生智，首先稳定自己的情绪，笑着对顾客说："看见了吧，这样的杯子就是不合格品，我是不会卖给你们的。"接着他又扔了几只杯子，都获得了成功，博得了顾客的信任。这位推销员的杰出之处就在于他把本来不应该发生的情况转变成一个事先准备好的推销步骤，真是做得天衣无缝。

资料来源 佚名. 推销贵在话巧说［J］. 演讲与口才，1992（11）：38.

5）高超的异议处理能力

推销人员始终是推销活动的中心，应该掌握洽谈的主动权，营造适合推销交谈的氛围，按照推销进程的需要控制谈话内容。但这并不是说推销人员就要包揽全部谈话，事实上应把大多数机会让给顾客。在顾客对产品的质量、价格、式样等提出异议时，推销人员应区别对待，不能统统都认可或完全拒绝。一方面，如果顾客的异议是合理的，同时也是推销人员能够解决的，就应该设法为其解决；另一方面，有些无心购买的顾客，提出诘难只是为不买找一个借口，这时就不能一味地迁就，要和这样的顾客达成一笔交易很可能需要很长时间，而用同样的时间或许可以找到更多的顾客，达成更多的交易，从时间效应上看一味迁就是得不偿失的。因此，推销人员应掌握一定的处理异议的方法，在实践中提高处理异议的能力。

【推销宝库2-1】
汽车推销明星的推销原则

- 热情奔放。
- 推销人员是企业战争中第一线的战士。
- "偷懒"是推销人员的致命伤。
- 多工作，几近疯狂地工作。
- 走访，要忍受客户冷酷的回拒。
- 要有炽热、强烈的人生目标。
- 浪费时间是推销人员最可怕的陷阱。
- 要成为受人欢迎和期待的推销人员。
- 有超群的贩卖实力。
- 最佳推销人员是承受最多委屈的人。

2.1.3 推销人员的基本礼仪

推销人员所代表的不仅仅是自己，其一言一行、一举一动都代表着企业的形象，并将影响顾客、竞争对手、供应商、经销商等各种微观层次的社会公众。为了树立良好的形象，有利于推销工作的开展，推销人员应关注推销的基本礼仪，在推销商品前先把自己推销给顾客，顾客接受了推销人员这个人，才可能接受他所推销的商品。所谓推销自己，也就是要推销自己的言谈举止、仪表风度、个性品质、态度信心、处世原则和价值观念等。

推销人员的礼仪主要包括以下几个方面：

1）仪表与服饰

推销人员讲究自身的仪表与装束并不是本末倒置，也不是为了显摆，而是为了在推销商品时更好地展现自己，不必为自己的仪表分心。一位推销员应该给顾客留下什么样的第一印象？富有魅力的仪表、得体的服装和恰当的装饰构成深刻的第一印象，使顾客产生深入交往下去的兴趣。这里强调三者一致，即仪表、衣着与打扮的有机协调，让人产生良好的整体感受，展示推销人员的整体气质、风度和精神面貌。

适宜的衣着是体现仪表美的关键，推销人员必须注意自己的服饰。服饰没有固定的模式，应该根据预期的场合、所推销的商品类型等灵活处理。一般来说，推销人员的服饰应与走访对象的身份特征基本吻合，如果反差太大，推销对象就可能难以接受推销人员及其推销的商品，甚至产生不良情绪，不易形成和谐的推销氛围。如果一名推销员衣着华丽、珠光宝气地去走访农户，那无疑是"自寻绝路"。如果走访对象是高层管理者，则应注意服饰的品牌、质地。推销人员的服饰还应与推销对象所在的场合相一致。如果推销对象是在工作场所，则穿着应较为正式；如果走访对象是在家里，则穿着应当休闲一些。推销人员应注重自身的整洁状况和卫生习惯，尤其是男士应经常修理胡须、头发，给人以精神饱满的感觉，不修边幅、邋里邋遢会使对方感到不舒服。

总之，精干的外表、匀称的体型、得体的服饰会给顾客一个良好的整体形象，有利于推销活动的推进。

2）说话语气与交谈习惯

推销人员注重仪表与穿着以给顾客留下良好的第一印象，这较为重要，但要想让对方敞开心灵的大门，推销人员的言谈举止则起着决定性作用。如果说仪表是取得与顾客交谈机会的钥匙，那么言谈举止是征服顾客并取得其信任的推进器。要想真正赢得顾客的信任，推销人员要靠自己的气质与风度吸引顾客，营造顾客愿意进行诚挚交流的情境。

从言谈方面来说，交谈的艺术与技巧在今天显得尤为重要，因为当今通过洽谈成交的销售活动比其他任何一种成交方式都多得多，尤其是现代化通信工具的运用，大大提高了洽谈成交的比例。移动互联网和微信等即时通信工具的普及，使得许多交易在极短的时间内就有望达成。这就要求推销人员加强自身的语言训练，增强表达能力，积累交谈技艺，掌握谈话重点。

在行为举止方面，推销人员应该注意养成良好的习惯，以下准则可供参考：

（1）进门前，无论门是关闭的还是开启的，都应先按门铃或轻轻敲门，然后站在离门稍远一点的地方；

（2）看见顾客时，应该点头微笑作礼；

（3）在顾客未坐定之前，不应该先坐下；

（4）用双手递送或接受名片；

（5）绝对不能任意抚摸或玩弄顾客桌上的物品，更不能把顾客的名片当玩具玩；

（6）用积极关心的态度和语气与顾客谈话；

（7）落座要端正，身体稍往前倾；

（8）认真并善于听取顾客的意见，眼睛看着对方，不断注意对方的神情，一定要给顾客足够的发言时间，切忌只按自己的兴趣一味地讲下去；

（9）不卑不亢，不慌不忙，举止得体，彬彬有礼；

（10）有节度的动作；

（11）站立时上身稳定，双手安放两侧，不要背手；

（12）当顾客起身或离席时，应该同时起立示意；

（13）回答时，以"是"为先；

（14）告辞时，应向对方表示打扰的歉意，感谢对方的交谈与指教。

除遵守以上准则外，推销人员还应避免和克服一些不良习惯，例如，不停地眨眼，摸鼻子，挖鼻孔，发出怪声，咬嘴唇，舔嘴唇，抓头搔耳，吐舌，耸肩，脚不停地敲击地板，不停地看表，皮笑肉不笑，东张西望，慌里慌张，耐性极差等。

3）其他礼节

（1）打招呼的礼节。打招呼时，应根据顾客的性别、年龄等特征，使用适当的称谓，并因时因地确定一句适宜的问候语；问候一定要亲切热情，发自内心，而不是一种表面的敷衍，要真正从情感上打动顾客。

（2）招待顾客进餐的礼节。推销人员请顾客进餐时，应注意：

①选择宴请地点时要考虑顾客心理；

②菜肴要适合顾客的口味，最好由顾客点菜；

③陪客人数要适度，一般不能超过顾客人数；

④破除陈规陋习，劝酒要适度，更不能醉酒；

⑤最好自己单独去结账；

⑥宴毕应请顾客走在前面。

（3）使用电话的礼节。推销人员给顾客打电话时，应主动说明自己的身份、目的；讲话不要啰嗦，声音适度；通话过程中应讲"请""谢谢"等礼貌用语；打完电话应等对方挂断后，再轻轻地挂断电话；打错电话，应表示歉意；如果是接电话，应及时拿起话机，热情接听，不要冷嘲热讽或语气傲慢。

【微型案例2-2】

最好的介绍信

一位先生在报纸上登了一则招聘广告，要雇用一名办公室秘书。有50多人前来应聘，但这位先生却选中了一个男孩。他的一位朋友问道："为什么选中了那个男孩？他既没有介绍信，也没有人引荐。"这位先生说："他带来了许多'介绍信'。他在门口蹭掉脚上的泥土，进门后随手关上了门，这说明他做事小心仔细。他看到那位残疾老人时，立即起身让座，这表明他心地善良，体贴别人。进了办公室他先脱去帽子，回答我提出的问题干脆果断，这证明他既懂礼貌又有教养。其他所有人都从我故意放在地板上的那本书上迈过去，只有他俯身拣起那本书，并放回桌子上。当我和他交谈时，我发现他衣着整洁，头发梳得整整齐齐，指甲修剪得干干净净。难道这不是最好的介绍信吗？"

资料来源 黄恒学. 现代高级推销技术——测验与训练［M］. 武汉：湖北科学技术出版社，1988：182.

2.1.4 推销方格理论

推销人员在推销过程中一般从三个不同的角度关注销售的问题：一是从短期实现销售目标的角度出发，只关注销售额，忽视顾客的实际需要，为达到销售额目标不惜采用一切手段；二是从长期实现销售目标的角度出发，强调产品的实际功效，甚至不惜亏本迎合顾客的需要，一味地迁就、讨好顾客，对于能否完成销售任务不作考虑；三是从长期与短期实现销售目标的角度出发，既强调推销品要能满足需求，为顾客解决实际问题，也重视销售目标的实现。美国著名管理学家布莱克（Blake）和蒙顿（Mouton）在其管理方格（managerial grid）理论的基础上，根据推销人员对顾客与销售的关注程度，提出了推销方格（sale grid）理论。这一理论建立在行为科学基础之上，着重分析推销人员与顾客、销售额之间的关系，以此规范推销人员的行为，指出最适宜的推销类型。

在推销工作中，推销人员通常需要在完成销售任务与满足顾客需求之间寻求平衡。不同的推销人员，对这两方面的侧重程度也有所不同。有时候，这两种目标吻合度高，推销人员等同地对待它们；有时候，推销人员比较注重其中的一个目标，而忽视另外一个目标。布莱克和蒙顿根据推销人员对这两种目标的重视程度，将推销人员的心理分为事不关己型、顾客导向型、强力推销导向型、推销技术导向型和解决问题导向型。这种推销心理的划分称为推销方格理论，如图2-1所示。

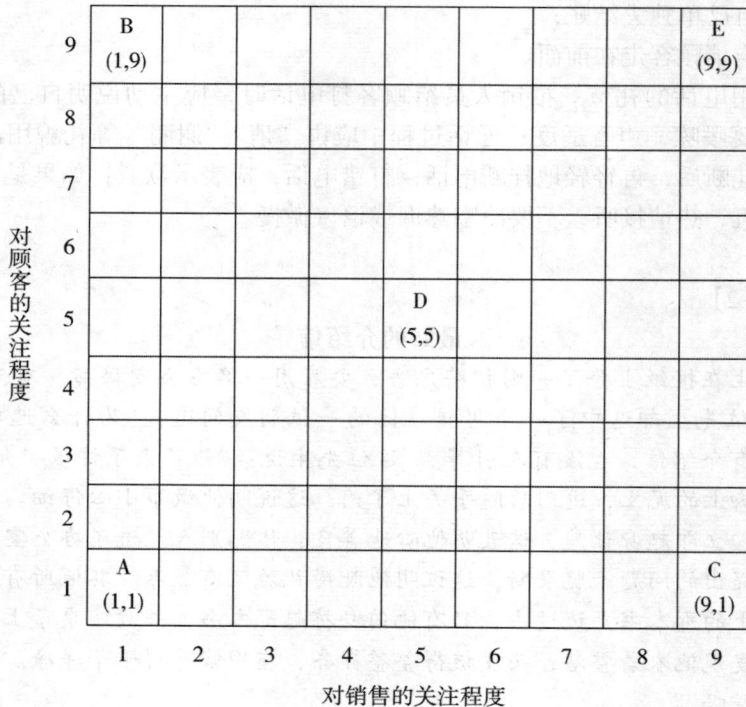

图2-1 推销方格

在推销方格中，横坐标表示对销售的关注程度，纵坐标表示对顾客的关注程度。数值越小，说明对这个方向的关注程度越低；数值越大，说明对这个方向的关注程度越高。

1）事不关己型

事不关己型是图2-1中的A方格，其坐标位置对应于（1，1）。有着这种心态的推销人员既不关注顾客的需要，也不关注销售。这样的推销人员没有明确的工作目标，缺乏强烈的成就感，对于顾客的实际需要毫不关心，对于能否完成销售任务也毫不在乎，他们只是将产品摆放在顾客面前，能卖就卖出去一些，不能卖也就罢了，缺乏积极进取之心。产生这种心态的原因可能有两个方面：一是推销人员主观上努力不够，缺乏成就感，毫无进取之心；二是推销人员所在企业的工作压力不够，没有明确的激励手段与奖惩措施。针对这两方面的原因，企业在选拔推销人员时，一方面要注意吸收有强烈事业心的人来充实销售队伍；另一方面，要建立一套完整的奖惩制度，给予推销人员必要的激励和压力，调动推销人员的主观能动性。在激励手段的运用中，不仅要重视金钱效应，也要重视精神、心理等方面的刺激，对推销人员的推销成果应予以充分的肯定，并提拔出类拔萃者充实管理层，使推销人员的自我潜能得到充分的挖掘。

2）顾客导向型

顾客导向型是图2-1中的B方格，其坐标位置对应于（1，9）。有着这种心态的推销人员一味地重视与顾客构建良好的人际关系，不管顾客提出的要求与异议是否合理，都一味地让步与迁就，希望给顾客留下良好的印象，试图凭借这种私人感情促使顾客购买所推销的产品，对于公司的销售目标则考虑不多，甚至根本就不予考虑。这种心理类型的推销人员把建立和维持良好的人际关系作为推销工作的第一目标，为了达到这个目标可以不考虑推销工作本身的实际绩效。这样的推销人员充其量是一个交际活动者，算不上一个称职的推销人员。

3）强力推销导向型

强力推销导向型是图2-1中的C方格，其坐标位置对应于（9，1）。有着这种心态的推销人员有着较强的工作成就感，关注自己的推销业绩，以完成或超额完成销售任务作为推销工作的首选目标，忽视或完全不关注顾客的需要与心理。在推销过程中，为了达成一定数量的交易额，他们往往千方百计地说服顾客购买，向顾客发动攻心战，采取咄咄逼人的推销攻势迫使顾客就范。这种强力推销的方法与顾客导向型刚好相反，容易引起顾客的反感，使成交率大大降低，即使顾客第一次购买了，也难于使顾客重复购买，很难长期占领市场。从推销学的角度来看，这种类型的推销人员也不能算理想的推销人员。

4）推销技术导向型

推销技术导向型是图2-1中的D方格，其坐标位置对应于（5，5）。有着这种推销心态的推销人员既比较重视销售效果，也比较关注顾客。在推销过程中，这种推销人员既不是一味地取悦顾客，也不是强行向顾客推销，而是采取一种中间的推销技术，稳扎稳打，力求成交。为了提高推销的绩效，他们十分注意顾客的购买心理，研究推销技术，注重迎合顾客心理。当顾客提出异议时，他们往往采取折中的态度，尽量避免出现不愉快的情况，以便顺利地完成销售任务。从现代推销学的角度来看，这种推销人员可能是一位业绩卓著的成功者，但未必是一位理想的推销专家，因为他们只关注顾客的购买心理，而不设身处地去考虑顾客的实际需要，他们费尽心机劝说顾客高高兴兴购买的可能是一些顾客并不需要的东西，并非真正满足了顾客的实际需要，因而长期成交的可能性较小。

5）解决问题导向型

解决问题导向型是图2-1中的E方格，其坐标位置对应于（9，9）。有着这种推销心态的推销人员既关注顾客，也关注销售效果；既关注顾客的购买心理，也关注顾客的实际需要。这种类型的推销人员善于研究顾客的购买心理，发现顾客的真正需要。他们往往把自己所推销的产品或服务与帮助顾客解决实际问题、克服困难有机地结合起来，顾客问题得到圆满解决即意味着推销目标的实现。从现代推销学的角度来看，持有这种推销心理的推销人员是最理想的推销专家。他们不忘自己的推销职责，也不忘顾客的实际需要；他们了解自己的推销品，也能体谅顾客的难处。他们在推销工作中积极进取，奋发向上，热情接待顾客，急顾客之所急，想顾客之所想，通过与顾客共同磋商帮助顾客作出合理的购买决策，使双方都受益。

【微型案例2-3】

解决问题导向的推销

NCR公司（全美收银机公司）的推销人员在推销收银机时，帮助超级市场或杂货商店建立自动售货系统，帮助它们布置收款处，计算卖肉、卖罐头各需要多大的地方，并告诉经营者如何布置是最有效的。他们出主意说，在超级市场一进门的地方放置面包、饼干等点心，家庭主妇先见到这些点心一定会买的，如果放在里面，她们已经买了其他东西，钱用得差不多了就不会买了。他们把销售收银机的目标融入解决经销商的实际问题中。

资料来源　中国工业科技管理培训中心. 市场学［M］. 北京：企业管理出版社，1981：115.

2.2　推销品

推销品是推销活动中的客体，是现代推销学的研究对象之一。所谓推销品，是指推销人员向推销对象推销的各种有形与无形商品的总称，包括有形商品（commodity）、服务（service）和观念（idea）。因而，商品的推销活动是对有形商品与无形商品的推广过程，是向顾客推销某种物品使用价值的过程，是向顾客提供服务、向顾客倡导一种新观念的过程。从现代市场营销学的角度看，向顾客推销的是整体产品（total product），而不仅仅是具有某种实物形态和用途的物理意义上的产品。

2.2.1　整体产品

整体产品是指提供给市场以满足购买者某一需求或欲望的有形与无形的任何东西，它包括具有特定形态、体积、重量、味道、色彩、式样等能用人的感官感知和触摸到的一切有形物，也包括一些不能触摸的思想、观念、主意、服务等无形的东西，它能满足顾客心理的需要。

整体产品包括核心产品、形式产品与延伸产品（附加产品）三个基本层次。

核心产品是指推销品给顾客带来的基本效用或利益，是顾客购买商品的根本驱动力。顾客购买某种商品并不是为了占有产品本身，而是通过商品或服务的使用解决顾客面临的实际困难与问题，或者心理上获得某种满足与享受，因而推销人员应善于发现顾客购买某种商品的真实需要。

形式产品是指核心产品借以实现的具体形式。不论是有形还是无形的产品，都具有可以为消费者所识别的外观特征，这些特征反映在产品或服务的质量、式样（形态）、品牌、特色和包装上。由于核心产品的基本效用与利益必须通过某种形式才能得以实现，因而推销人员应着眼于产品能为顾客带来什么样的利益，寻找实际利益得以实现的形式，满足不同顾客对不同形式的需求。

延伸产品是指推销形式产品时顾客所能获得的附加利益的总和，包括各种服务和观念。由于顾客需求是一个完整的系统，有着各种不同的需求层次，推销人员还得随同形式产品的出售向顾客提供必要的服务，引导顾客的消费观念，当好顾客的参谋，消除顾客的疑虑。

掌握整体产品的含义，应注意产品整体性与层次性的统一。所谓产品能满足顾客的需求是指所有层次的需求都得到充分的满足。整体产品的原理，要求推销人员在推销活动中，首先要注意分析顾客购买产品所追求的基本效用与利益，其次要满足不同层次、不同类型顾客对外观、形式、心理的追求，最后要向顾客提供服务和进行观念引导。这三者密不可分，推销人员应善于把商品的推销与顾客需要的满足联系起来。

【微型案例2-4】

马桶科技

中国大多数的卫生间是干湿不分的，所以松下进入中国做的第一件事情是通过创新解决防漏电的问题。第二件事情，中国北方的水质是很硬的，把马桶盖卖给中国消费者要解决抗硬水技术的研发问题。同时，马桶盖还可以干什么？早晨坐在那里，除了每天听听吴晓波以外，它还能帮你测量体脂、做尿检等，并把数据上传到云端。新发布的一体机还在材料上做了突破，以有机玻璃替代陶瓷生产马桶，更加节能环保，抗污性也更好。

过去4年由于这些技术变革，中国、外国的卫浴企业让马桶盖这个行业的年销量从100万只增加到了550万只，这个景象是技术在推动产业的进步。

资料来源　吴晓波. 预见2020［EB/OL］.（2019-12-31）［2024-03-21］. https://baijiahao.baidu.com/s?id=1654402188940387129&wfr=spider&for=pc.

2.2.2　产品质量

产品质量是顾客作出购买决策前必然要考虑的因素，但不是唯一的因素，也不是最重要的因素。顾客关注质量，并不意味着推销人员要一味地宣传产品如何优质，而忽视顾客的需要。推销人员到底怎样把握质量的内涵？推销过程中顾客需求与产品质量到底孰轻孰重呢？为了解决这些问题，有必要先从产品质量的含义谈起，再分析质量与需求在推销活动中的重要性。

所谓产品质量，是指向顾客提供的产品或服务的内在特质与外在感观的总和。如前所述，整体产品包含三个层次，质量是形式产品的内容之一，要使顾客需要真正得到满足，质量是基础。对产品"质量"内涵的理解，应从顾客的角度去考虑。由于顾客使用产品的条件、时间、场合等环境因素不同，因而每一位顾客对产品质量的内涵规定都是依据自身的感觉而不是厂商的意愿来进行理解的。同样的产品在不同顾客心目中的"质量"可能是不同的。推销时，应因人、因时、因地分析推销品的质量是否符合顾客使用的要求。

理解产品质量要注意区分产品质量与实用性这两个不同的概念。质量是产品的内在特性或内在价值，实用性则是产品对顾客某种特殊需要的适应性。在向顾客推销时，产品实用性是比产品质量更为重要的因素，任何产品不管质量怎样，都必须符合顾客的特殊需要。如果顾客对某种产品没有需求，即使产品质量再好，也不能成为推销品。企业重视产品质量问题，不是说在推销过程中无中生有、以次充好，不是用花言巧语去欺骗顾客，而是在生产前、生产中和生产后都必须对产品质量严加控制、把关。

在推销洽谈中，质量不是交谈的重点，推销人员应把焦点集中在产品的实用性上，强调产品为顾客解决实际问题的能力。例如，在推销中可以强调，使用我们的产品，可以使顾客更加漂亮，可以提高工作效率，可以减轻家庭的烦琐劳动，可以节省更多的时间与钱财……这样往往比单纯宣传产品的质量更能吸引顾客的注意。

【观念应用2-2】

ChatGPT不是万能的

2023年2月9日，发表在美国《科学公共图书馆·数字健康》杂志上的一篇文章提到，ChatGPT参加了美国执业医师资格考试。这项以高难度著称的考试，共350道题，内容涵盖基础科学、生物化学、诊断推理和生物道德学。ChatGPT未经专门的培训或强化，经过两名评审员打分，三部分的成绩接近或超过了及格门槛，并表现出了高度的一致性和洞察力。

这款聊天机器人写诗、写小说、敲代码，几乎无所不能，掀起一场AI风暴。比尔·盖茨称赞说，ChatGPT将会"改变我们的世界"。但OpenAI首席执行官山姆·奥特曼也承认，ChatGPT虽然很酷，却频繁出现错误信息，经常宕机，是个"糟糕的产品"。

在一次采访中，奥特曼说，现在推出的ChatGPT只是70分版本，还在准备建立更加强大的模型以及在研究更多东西，"不把这些东西拿出来的原因是，人们会认为我们有一个完整的通用人工智能（AGI），准备好按下按钮，这还差得远"。

资料来源　杨智杰. ChatGPT：是AI进化革命还是又一场泡沫？[J]. 中国新闻周刊，2023（6）：36-39.

思考题：如何看待人工智能的优势与劣势？ChatGPT最好的应用场景在哪些行业或领域？

2.2.3　推销品的效用价值

从推销学的角度来看待与认识产品整体，以此把握产品的推销是至关重要的。人们购买某种商品或接受某种服务，目的在于通过商品或服务的消费满足个人或组织某一方面的需要，解决个人或组织在某一方面存在的困难或问题，购买商品与接受服务只不过是达到这一目的的手段。因而，推销人员不应单纯向顾客推销商品，而应借助所推销的产品设置合理的诱因，利用适当的环境，想方设法唤起消费需求，促成顾客为满足现在或将来的需求而产生购买欲望。推销人员要把推销商品放在次要的地位，重要的是向顾客推销产品的使用价值观念。推销人员必须善于巧妙地把产品的使用价值观念传递给顾客，也必须善于分析各种产品的使用价值，还要精于把产品的基本效用与顾客的基本需要结合起来，只有这样才可能成为成功的推销人员。

首先，推销人员自身必须认识到产品的基本效用，同时也应让顾客知晓产品的使用价值。任何一种产品或服务，都有其特定的用途，但顾客并非只需要生产商最初为产品设计的用途。由于使用者的时间、地点、条件等有差异，产品也就有着许多不同的使用价值，只有让顾客也明白这种使用价值观念，顾客才会购买。任何产品都有若干种使用价值，具体选择哪一种作为推销的卖点，要依不同的顾客及其需求而定。譬如，有四位顾客购买汽车，但他们各自的需要和目的却大相径庭。第一位顾客可能是作为一项投资，第二位顾客可能是出于显示身份的社会需要，第三位顾客可能是由于工作的需要，第四位顾客可能是为了旅游享用。表2-1列举了某些产品的使用价值。

表2-1 **某些产品使用价值表**

推销品	推销品的使用价值
计算机	工作效率高、簿记可靠
保险	减少发生意外事故带来的损失，保障个人权益
豪华汽车	旅游安全舒适，有气派
洗碗机	省力
电动剃须刀	节省时间
化妆品	使皮肤柔嫩、光滑
家具	令人感到舒适
方便食品	食用方便，便于储存
服装	漂亮，保暖
教育	谋求好职业、晋升与自我实现的阶梯
彩票	公益，娱乐
割草机	庭园娱乐，业余消遣
缝纫机	用物美价廉的材料做称心如意的服饰

资料来源 戈德曼. 推销技巧——怎样赢得顾客［M］. 谢毅斌，王为州，张国庆，译. 修订本. 北京：中国农业机械出版社，1984：5.适当改写。

其次，向各个层面的顾客尤其是最终使用者推销产品时，应推销产品的使用价值观念。如果购买者不是最终使用者，而是经销商或其他组织，是不是也应向他们推销产品的使用价值观念呢？有些向经销商推销商品的推销人员说："经销商购买的只是具体的产品，而不是产品的美观、声誉和安全。他们并不使用这些产品，而只是把产品转卖出去。产品的使用价值观念对经销商无关紧要。"这样的认识能站得住脚吗？不能！因为经销商是最终使用者的代言人，他们帮助所有使用者买到产品的使用价值，最终使顾客的实际问题得以解决。因而，经销商购买的是成功销售、赢得顾客和获取利润的方法。所以，推销人员越是竭力帮助经销商做好销售工作，推销人员自身的推销工作也就会越顺利、越有成效。

再次，强调推销品能使顾客获得某种益处，能给顾客提供解决问题的方法。不论是个人还是组织，在其发展的过程中都将面临若干问题。个人可能要处理工作、生活、友情等问题，组织则面临效率、财力、成本、盈亏等经营管理问题。推销人员应该不失时机地靠近这些个人或深入到这些组织中去，通过提供推销品的使用价值及时为顾客排忧解难。譬如，同一个计算机厂家的两个推销人员，可能取得截然不同的业绩，单纯推销计算机的推销人员一年可能只获得屈指可数的订单，而通过推销计算机向顾客提供问题解决方案的推销人员一年可能获得几千台甚至几万台的订单。

最后，强调有形产品和无形产品同样具有使用价值。推销保险、金融、旅游、咨询等服务产品时，推销人员也一定要向顾客推销产品的使用价值观念，向顾客提示接受此服务后在生理和心理上可以获得的利益、效用。

【观念应用2-3】

精准分析产品利益点，打造其独特的卖点魅力

产品卖点中有哪些利益点能够引起消费者的关注呢？让我们一起来探讨一下。

首先，帮助用户是一个非常重要的利益点。一款产品若能够帮助用户解决问题或提供快乐，必将引起人们的共鸣和认同。例如，一款智能健身手环不仅可以帮助用户监测运动数据，还能提供个性化的运动建议，使用户更好地管理和改善健康状况。这样的产品不仅让用户感到快乐和满足，也传递出正能量，使用户感受到关爱，从而赢得更多消费者的青睐。

其次，帮助用户打造形象也是一个重要的卖点。消费者购买产品，往往希望通过产品来实现个人形象的塑造和改变。以化妆品为例，一款能够修饰皮肤瑕疵、提亮肤色的产品，将成为许多消费者追求的目标。通过产品的使用，消费者可以呈现更加自信和美丽的形象，从而提升自我价值和自信心。这种产品卖点能够满足消费者对于自身形象塑造的追求，因此备受消费者青睐。

最后，产品的价值和功效也是非常重要的利益点。消费者愿意为有价值、有功效的产品付出更高的价格。举例来说，一款高效清洁的家电产品可以帮助消费者节约时间和精力，提升生活质量。这种产品不仅具有实用性，还能够促进家庭和谐和工作效率的提高。当消费者了解到产品的这些价值和功效时，他们一定会认为产品物有所值，并主动购买。因此，在介绍产品价值和功效时，我们必须坚持实事求是的原则，确保消费者对产品有准确的认知。

总之，产品的利益点决定了产品的卖点。通过帮助用户、打造形象以及体现价值和功效等方面，产品可以更好地吸引消费者的关注。当消费者意识到产品与自己的需求和价值观相符合时，他们将更加倾向于积极地选择购买。因此，产品开发者和销售者应该充分挖掘产品的独特利益点，从而打造出更吸引人的产品卖点，促进消费者积极购买。

资料来源　直播间搭建运营小百科．精准分析产品利益点，打造其独特的卖点魅力［EB/OL］．（2023-10-19）［2023-11-01］．https://baijiahao.baidu.com/s? id=1780178361285898512.

2.3 推销对象

推销对象就是产品和服务的潜在购买者。根据顾客在产品或服务的购买过程中表现出的不同目标、不同时间和不同场景等，可以将顾客划分为不同的购买类型，推销人员只有了解顾客的这些类型，才能够有针对性地开展推销工作。

2.3.1　顾客方格理论

顾客准备采购商品时，心里至少装着两个目标：一是所购商品能满足自身（家庭）或组织的需要，解决面临的困难或问题；二是希望与推销人员建立良好的长期关系，以便于日后的合作，甚至为了达成此目标而愿意作出一定程度的让步。简言之，上述两个目标可分别归纳为对购买的关注与对推销人员的关注。由于社会、经济、文化、性格及时间等特征方面的差异，不同的顾客对这两方面的重视程度也不同。有时候他们对这两种目标的追求强度是一致的，既关注自己的购买，也注重推销人员的推销；而有些时候，他们对两种目标追求的强度是不平衡的，可能比较关注其中的某一个目标，而忽视或完全不顾另一个目标。根据顾客对购买与推销人员的关注程度，参照推销方格的做法，可将顾客的购买心态分为漠不关心型、软心肠型、防卫型、干练型与寻求答案型五种类型，这被称为顾客方格（customer grid）理论，如图 2-2 所示。横坐标用 1~9 表示对购买的关注程度，纵坐标用 1~9 表示对推销人员的关注程度。数值越小，说明对这个方向的关注程度越低；数值越大，说明对这个方向的关注程度越高。

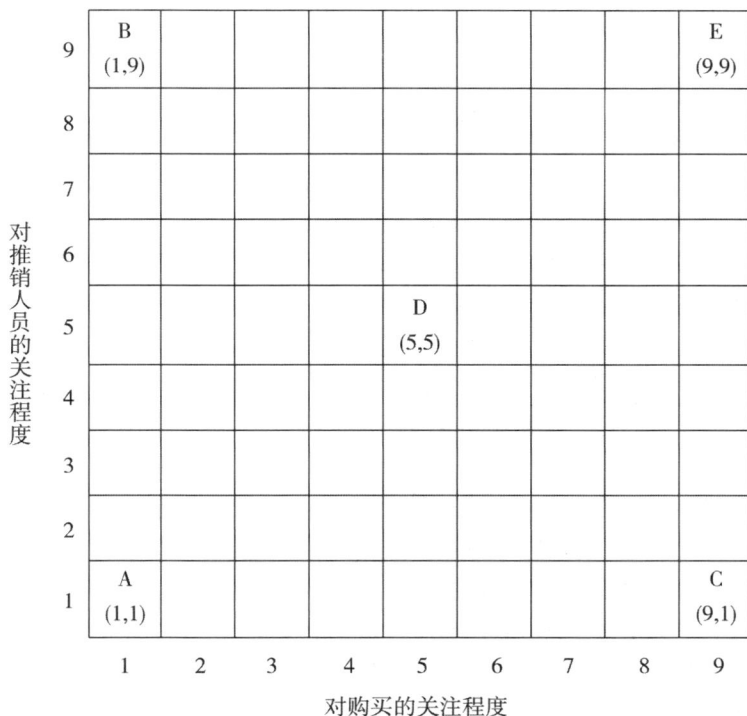

图 2-2　顾客方格

1）漠不关心型

漠不关心型是图2-2中的A方格，其坐标位置为（1，1）。有着这种心态的顾客既不关注推销人员，也不关注购买行为。这种类型的购买者一般都是受人之命，往往是按图索骥，自己没有购买决策权。如果购买情况（条件）与委托人的交代不同，则拒绝购买；或者因为害怕承担风险，避免引起麻烦，往往把购买决策权推给上级主管或其他人员，自己只做一些询价或搜集资料等辅助性工作。从心理上分析，由于该类型的采购者购买的不是自己需要的物品，因而对购买持消极态度，既不热心，也不想承担责任，他们往往把购买行为视为应付差事，同时也把这种购买看成一桩麻烦事，能推就推，万不得已才承接，因而也就不会主动寻找推销人员。他们把推销人员看成找麻烦的人，尽量回避，以推脱购买责任。

2）软心肠型

软心肠型是图2-2中的B方格，其坐标位置为（1，9）。有着这种心态的顾客极为重视与推销人员建立融洽的关系，而对于自己的购买行为则很不关注。软心肠型的顾客极易被说服，一般不会拒绝推销品，对推销人员的友好"报之以李"。推销人员只要善于处理人际关系，给软心肠型的顾客留下深刻印象，打动顾客的心，顾客就会觉得推销人员所推销的商品也一定不会错，在信任推销人员的同时也就对其推销的商品确信不疑。软心肠型的顾客较为注意推销人员的言谈举止，重视建立感情，对于推销氛围十分敏感，他们宁愿花钱买推销人员的"和气"与"热情"，而不愿出钱买"气"受。在整个购买过程中，他们重感情、少理智，可能会购买一些自己不需要的物品，或者尽管需要这些东西，但实际上并不需要那么多。产生这种购买心理的原因很多，可能是顾客同情推销人员，也可能是顾客的个性心理特征的表现。

3）防卫型

防卫型是图2-2中的C方格，其坐标位置是（9，1），恰好与软心肠型的购买者相反。持这种心理的顾客，极其重视自身的购买行为，而对推销人员极不关注，甚至对推销人员抱着敌对的态度，时刻都提防推销人员的"侵袭"。在这种类型的购买者眼中，推销人员都是不可信赖的人，只会耍嘴皮子，蒙骗顾客。他们认为最佳办法是在心理上筑起一道自我保护墙，只有自身关注购买行为，才可免遭上当受骗。产生这种购买心理的原因也很多，主要是传统观念或先验性感受所带来的偏见。针对这种类型顾客的购买心理，推销人员首先应该推销自己，要以实际行动说服和感化顾客，使顾客对推销人员产生信任，消除顾客的偏见。

4）干练型

干练型是图2-2中的D方格，其坐标位置为（5，5）。持这种心理的购买者既关注自己的购买行为，也关注推销人员的推销工作。这种类型的顾客往往依据自己的知识、经验来选择品牌，决定购买数量；他们既重感情，也重理智；他们愿意听取推销人员的购买建议，但又不轻信推销人员的允诺；他们的购买行为不被传统的偏见左右，但又在很大程度上受时尚、流行趋势的影响。持这种购买心理的顾客都比较自信，往往自己作出购买决策，尽量避免受推销人员的影响，但他们购买的东西也不一定是自己确实需要的东西，有时只是为了抬高自己的身份，满足虚荣心。对待这种顾客，推销人员应该摆事实、出证据，客观分析竞争品及自身产品的优缺点，帮助购买者分析购买何种品牌能获得较大的实惠，让顾客自行判断后作出购买决策。

5）寻求答案型

寻求答案型是图 2-2 中的 E 方格，其坐标位置为（9，9）。持这种心理的顾客既高度关注自己的购买行为，又高度关注推销人员的推销工作。顾客的购买决策往往是理性分析的结果，而不是凭感情冲动。他们明确自己需要用什么商品或服务去解决面临的问题，而且也希望购买到自己需要的东西，欢迎能够帮助自己解决问题的推销人员；他们善于独立分析、思考与判断，对广告宣传和推销人员的许诺并不盲目轻信，对于符合需求的商品与服务，积极与推销人员合作，当机立断地作出购买决策；遇到意外的问题，他们会主动要求推销人员协助解决，但不会提出无理的要求。对于这种顾客，推销人员应该认真分析顾客所遇问题的关键所在，真心实意地为顾客服务，利用所推销的产品或服务为顾客排忧解难。如果推销人员知道顾客并不需要自己的产品，就应该停止推销工作。不管推销人员的推销手段如何高超，向寻求答案型顾客推销他们不需要的东西，是不会获得理想的推销效果的。优秀的推销人员应该是解决顾客问题的行家里手，当好顾客的参谋，主动为顾客提供各种服务，通过双方紧密配合，既满足顾客的需要，又取得良好的推销效果。

2.3.2 推销对象的层次

依据购买者所购物品的性质及使用目的，可把推销对象分为个人用户与组织用户两个层次。个人用户接受某种推销品是为了自己或家庭成员消费使用，而组织用户购买某种推销品是为了维持日常生产、转售或满足开展业务的需要，通常有营利或维持正常业务活动的运转的动机。个人用户的全体构成消费者市场，组织用户的全体构成组织市场。由于推销对象的特点不尽相同，因而采取的推销策略也有所差异。

1）个人用户

个人用户是为了自己或家庭而采购产品的购买者。个人用户一般购买量小、频率高、流动性大，属于非专家购买，一旦产生需求就希望立即得到满足，对便利品愿意接受替代品，易受推销活动影响，在很多场合的购买行为都是由情境因素所引发的。针对上述购买特点，推销人员在向个人用户推销时，应该首先明确推销对象是谁，抓住采购者的心理活动特征及购买行为特点实施推销策略。以家庭为单位的购买决策，很容易分辨出购买者——推销对象——是谁。例如，在男人购买领带、女人购买化妆品这种简单的购买情境中，购买者就是决策者与使用者，其购买行为受社会、经济、文化、心理等方面的影响，推销人员应针对这种层次的推销对象实施推销技巧与策略；对于单价高、不经常购买，且具有一定风险的耐用消费品，个人用户的购买行为则较为复杂，购买者未必是决策者或最终使用者，购买决策通常由家庭成员共同作出，每一个人的意见、看法都会影响购买决策，推销人员不但要抓住采购者，而且要善于影响发起者、使用者与决策者等有关人员，这时推销对象要扩大和延伸，不能只关注采购者，而要面向一个决策群体。

【观念应用2-4】

顾问式推销

专业推销与过去相比正在变成一个顾问式过程。随着商业脚步的不断加快，个体购买者在他们所购买的所有商品方面都成为专家是困难的，这就需要顾问式推销法的介入。

当购买者认识到自己面临的问题但不知如何解决时，我们的销售人员可以提供一个量身定做的解决方案。该方案必须符合购买者的预算，并且必须同购买者的目标和战略保持一致。销售人员在售后也要确保顾客在需要接受培训和服务时问题得到解决并做到让顾客满意。顾问式推销使得销售变得重要，但是真正的重点是放在提供专业知识上，这些专业知识能帮助顾客提高公司的经营效率和生产率。

资料来源　英格拉姆，等. 销售管理：分析与决策［M］. 李桂华，译. 北京：电子工业出版社，2003：42.

思考题：顾问式推销适用于哪些场合？

2）组织用户

组织用户是为了生产经营或业务需要而购买产品的机构团体。他们主要采购各种工业原料、半成品、材料、零部件或各种消费品供进一步转售。组织用户采购数量大、次数少，采购人员接受过专业训练，熟悉所购产品的性能与特点，重视产品质量，价格效应、促销宣传对购买者影响相对较小，影响购买决策的人员众多，组织用户的购买一般属于理智型购买。因此，向组织用户推销时，正确地把握并影响推销对象，可以起到事半功倍的效果，形成稳固的购销关系。

组织采购决策比家庭采购决策要复杂得多，任何一个环节都可能成为推销的瓶颈。组织采购决策的参与者包括使用者、影响者、决策者、批准者和采购者。由于组织市场的采购者并非使用者、决策者、批准者，在产品技术性能、规格型号的选择方面要受到设计人员、技术人员强有力的影响，在产品的实用性、便利性上受生产工人的影响。因而，推销人员向组织用户推销时必须弄清楚：谁是购买决策的主要参与者；购买决策的各类参与者对购买决策的影响分别表现在哪些方面；购买决策的各类参与者影响力怎样；购买决策的参与者用什么标准来评估购买行为；如果购买决策参与者众多，推销人员应怎样集中力量对付那些影响购买决策的主要人物。除此之外，推销人员还应定期检查他们对推销对象的影响及所做的假设，并依据变化了的情况调整对策。总之，推销人员应根据组织市场的特点，分析组织市场用户购买决策的参与者及其影响力，采用解决问题导向型推销。

2.4 推销要素的协调

商品推销少不了推销人员（推销主体）、推销品（推销客体）及顾客（推销对象）三个基本要素，如何实现三者的协调，保证顾客实际需求得以满足，企业销售任务得以完成，成为广大推销人员共同关注的问题。

2.4.1 吉姆公式

吉姆（GEM）公式也可称为"产品（G）、公司（E）、推销人员（M）"三角公式，如图2-3所示。

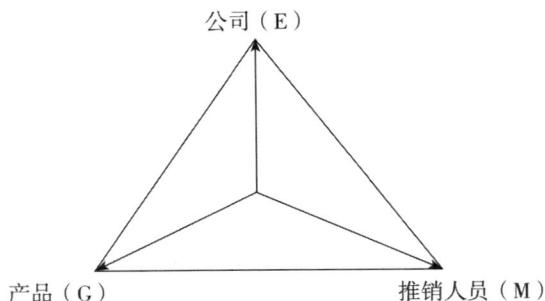

图2-3 吉姆公式

吉姆公式表达的意义是：推销人员必须具有说服顾客的能力，推销活动应建立在相信自己所推销的产品、相信自己所代表的公司、相信自己的基础上。产品、公司、推销人员被定义为吉姆公式的三个要素。推销人员只有对自己所推销的产品、自己所代表的公司、自己本身确信不疑，才会对推销活动充满信心，由此才可能使推销获得成功。

要使推销人员相信他所推销产品的价值，首先，要在事实的基础上向推销人员进行说明，将自身产品与同类竞争品加以比较，使推销人员清楚地知晓所推销产品的优点，从而对产品的价值有一个全面的认识。其次，要不断地向推销人员反馈所推销产品的信息，使推销人员了解到所推销产品已成功地打入了哪些地区和市场。推销人员掌握了有关产品的市场信息后，就可以在推销洽谈中增强信心，有利于说服顾客。最后，推销人员在推销前应当亲自试用一下产品，并且学会怎样欣赏产品。总之，推销人员应当相信所推销的产品是好产品，应通过接触生产部门、设计部门及有关专家，访问使用本产品的顾客，收集用户评价与感受来增强对产品的自信心。

要使推销人员充满自信，既要让推销人员相信自己是合适的推销人选，自己完全有能力把产品介绍给顾客，还要让推销人员相信公司对他是充满信心的，使之放心大胆地去工作。推销人员只有建立起并保持这种自信心，才能从根本上保障推销工作的顺利开展。如果推销人员带着可能一无所获的想法开展业务洽谈，那么他在洽谈开始前就已经失败了；如果推销人员根本不关心顾客是否购买产品，那么顾客就会更不在乎；如果推销人员对自己的推销目的不清晰或缺乏自信，那么顾客也会产生同样的疑惑。

推销人员应当相信自己的公司。如果一家公司受到顾客的尊重与信任，那么受聘于公司的推销人员也会从中受益，强化推销成功的自信心，更加深信自己的推销能力。因而，公司应当有计划地对推销人员进行认真的培训与指导，使他们了解公司的声誉、历史、规模与发展，共同树立良好的形象，塑造特色。

2.4.2　推销活动的主体

如何把握和理解推销人员、推销产品及推销对象三要素的地位与关系？怎样看待三者对推销活动的影响？三者分别扮演什么样的角色呢？

在推销活动中，推销三要素缺一不可，要有机协调，但每一个要素所扮演的角色及所处的地位是不相同的。推销活动是推销人员在一定推销环境里，运用各种推销技术和推销手段，说服推销对象接受推销客体（推销产品）的过程。推销人员在推销活动中起到关键的作用，是推销活动的主体，是联系企业与顾客的桥梁和纽带。推销人员在整个推销进程中始终处于支配的地位，他们协助顾客明确购买商品的目的，使顾客通过购买、使用商品而获益，为顾客解决实际问题；在顾客需求处于潜在状态时，推销人员运用推销技术，诱导顾客把潜在需求转变为现实的需求；推销人员帮助顾客分析同类商品中使用何种商品受益最大、实惠最多，以此推动顾客作出有利于企业的购买决策；推销人员依靠创造性劳动，实现企业的销售目标，同时满足消费者的需求；推销人员说服顾客，提供周到的服务来达成交易。总之，没有推销人员就不可能进行有效的商品推销活动。

要成功地推销商品，首先，推销人员要成功地推销自己，注意推销礼仪与文明礼貌，给顾客留下良好印象；其次，要树立正确的推销观念，以企业的长期目标作为行动指南，重视企业的长远利益与发展，不仅仅以短期销售额作为推销目标；再次，要掌握必要的推销技巧，卓有成效地开展推销；最后，要以正确的态度对待顾客，树立了解顾客需要、帮助顾客解决问题的观念，把商品推销与收集信息、开展技术服务结合起来。

【观念应用2-5】
市场、产品和推销员，谁重要？

有一天，一家公司的几位推销员聚在办公室争论一个问题。

甲说："要想把推销工作搞上去，关键在于推销员，如果大家工作不努力，业绩就肯定上不去。"

乙说："我不同意你的观点，我认为关键还是产品，如果公司的产品难以满足顾客需求，就是把推销员累死也未必能销售出去。如果我们公司的产品都像××（某畅销产品）那样，你就是不去推销，也会有人找上门订购，何劳我们如此辛苦？"

丙说："关键还是要看市场，假如什么都短缺，还怕卖不出去？要是回到多年前，我们公司也没有什么销售科，产品不是样样卖得好好的，顾客想买还买不着呢！"

资料来源　王国梁. 推销与谈判技巧［M］. 北京：机械工业出版社，2003：1-2. 做适当删改。

思考题：你认为市场、产品和推销员，谁重要？

2.4.3　推销方格与顾客方格的关系

从现代推销学角度来看，推销人员不仅要有正确的推销心理，而且要善于洞察顾客的购买心理，根据具体的推销对象采用推销技法。推销心理越接近于解决问题导向型，推销人员越可能取得好的推销绩效。推销人员应该加强自身修炼，培养良好的个性心理品质，使自己成为帮助顾客解决问题的行家里手，既重视顾客的利益，也关注自身的推销成绩。

推销人员不但要有正确的推销心理，还要与顾客心理相适应。从这一点来看，解决问题导向型的推销心理无疑是最理想的，但并非只有持有这种推销心理的推销人员才可能获得成功。这是因为顾客的心理类型是多样的，并不能要求推销人员以一种推销心理去面对多种顾客心理。一个顾客导向型的推销人员尽管算不上理想的推销专家，但如果他面对的是软心肠型的顾客，双方相互关心体谅，照样可以达成交易，收到预期的效果。因此，客观上存在推销心理与顾客心理的匹配协调问题，强求推销人员对所有顾客都采取一种推销心理模式并不可行。推销方格中的推销类型与顾客方格中的顾客类型之间的组合匹配情况见表2-2。

表2-2　　　　　　　　　**推销类型与顾客类型的组合匹配情况**

推销类型 ＼ 顾客类型	漠不关心型（1，1）	软心肠型（1，9）	干练型（5，5）	防卫型（9，1）	寻求答案型（9，9）
解决问题导向型（9，9）	√	√	√	√	√
强力推销导向型（9，1）	⊙	√	√	⊙	⊙
推销技术导向型（5，5）	⊙	√	√	×	⊙
顾客导向型（1，9）	×	√	⊙	×	⊙
事不关己型（1，1）	×	×	×	×	×

注："√"表示可以有效地完成推销任务；"×"表示不能完成推销任务；"⊙"表示介于上述两种情况之间，可能完成推销任务，也可能无法完成推销任务。

资料来源　黄恒学. 现代高级推销技术［M］. 武汉：湖北科学技术出版社，1987：80.

本章小结 ✎

本章主要阐述推销三要素（推销人员、推销品、推销对象）及其相互关系。

推销人员是指主动向推销对象销售商品的推销主体。一名优秀的推销员，在思想素质上应具备强烈的事业心、高度的责任感；在知识文化上，应熟悉有关企业、产品、市场、顾客及竞争方面的知识；在身体条件上，应具有强健的体魄；在心理特质上，应努力培养外向型性格特征，增强推销的自信心，养成良好的个性品格。除此之外，推销人员还应练就良好的语言表达能力、较强的社交能力、敏锐的洞察能力、快捷的应变能力、高超的异议处理能力，以适应形形色色的顾客。推销人员是企业的"外交官"，应懂得自身的仪表与服饰、说话语气与交谈习惯、打招呼、招待顾客进餐、打电话等的基本礼仪。

推销品是指被推销对象所接受的各种有形与无形商品的总称，包括产品、服务和观念，具有核心产品、形式产品与延伸产品（附加产品）三个基本层次。整体产品思想要求推销人员在推销活动中，首先，要注意分析顾客购买产品所追求的基本效用与利益；其次，要满足不同层次、不同类型顾客对产品外观、形式的追求；最后，要向顾客提供服务和进行观念引导。三个层次密不可分，推销人员应善于把商品推销与满足顾客需要联系起来。

产品质量是指向顾客提供的产品或服务的内在特质与外在感观的总和。理解产品质量的内涵，要从顾客的角度去考虑，因人、因时、因地分析推销品的质量是否符合顾客使用的要求。质量是产品的内在特性或内在价值，实用性则是产品对顾客某种特殊需要的适应性。向顾客推销时，产品实用性比产品质量更为重要，应把焦点集中在产品的实用性上。首先，推销人员自身必须认识到产品的基本效用，同时也应让顾客知晓产品的使用价值；其次，向所有购买者推销产品的使用价值；再次，强调推销品能使顾客受益，能给顾客提供解决问题的方法；最后，强调有形产品和无形产品同样具有使用价值。

依据购买者所购推销品的性质及使用目的，可把推销对象分为个人用户与组织用户两个层次。由于推销对象的特点不尽相同，推销人员采取的推销策略也有所差异。

吉姆公式也被称为"产品、公司、推销人员"三角公式，表明推销活动应建立在推销人员相信产品、相信公司、相信自己的基础上。在推销三要素中，推销人员起到关键的作用，是推销活动的主体。

推销人员不仅要认识自己的推销心理，还要善于洞察顾客的购买心理，根据具体的推销对象采用相应的推销技法。根据推销活动中推销人员对销售和顾客的重视程度，可以将推销人员的心理分为事不关己型、顾客导向型、推销技术导向型、强力推销导向型和解决问题导向型，这被称为推销方格理论。只有解决问题导向型的推销人员才称得上推销专家。根据顾客对购买与推销人员的关注程度，顾客购买心理可以分为漠不关心型、软心肠型、防卫型、干练型与寻求答案型，这种划分被称为顾客方格理论。从现代推销学角度来看，推销心理越接近于解决问题导向型，持这种心理的推销人员就越可能取得较好的推销绩效，但也需要与顾客心理相适应。这是因为顾客的心理是多样的，并不能要求推销人员持一种推销心理去面对众多的顾客心理。

主要概念和观念

□ **主要概念**

推销人员　推销方格　产品实用性　产品效用价值　顾客方格　吉姆公式

□ **主要观念**

推销人员应具备的素质、能力。

推销人员应知晓的基本礼仪。

推销人员是推销活动中的主体。

推销的成功取决于推销品以及推销心理与顾客心理的匹配情况。

基本训练 👥

☐ **知识题**

2.1　阅读理解

1）推销人员应具备哪些基本素质与能力？

2）推销方格理论与顾客方格理论的着眼点分别是什么？

3）你如何看待向顾客推销产品效用价值的观点？

4）推销对象包含哪些层次？

5）吉姆公式表述了什么样的思想？

2.2　知识应用

1）推销要素是指（　　　）。

A.推销人员　　　　　B.推销机构　　　　　C.推销品　　　　　D.推销对象

2）"推销人员的责任主要表现在完成公司的销售定额上。"这种说法是否正确？为什么？

3）"无论推销什么商品，也不论面对什么推销对象，只要有较高的学历，就一定能够取得很好的推销绩效。"你如何评价这种观点？

4）要想在推销事业上有所成就，推销人员应培养什么样的心理素质？

5）推销人员除具备基本的思想、文化、身体及心理素质外，还应练就的技能有（　　　）。

A.语言表达能力　　　　　B.社交能力　　　　　C.洞察能力

D.应变能力　　　　　E.异议处理能力

6）根据推销方格理论，持有何种类型的推销心理才可能成为推销专家？为什么？

7）为什么必须向顾客推销整体产品？

8）请指出以下商品的使用价值观念：

A.手表　　　　　B.大学教育　　　　　C.别墅　　　　　D.旅游

9）顾客在购买过程中是否只关心自己的购买？

10）试列举出下列商品购买决策的可能参与者：

A.足球比赛门票

B.家用小汽车

C.建筑公司用钢材

D.机床

11）吉姆公式也被称为（　　　）三角公式。

A.推销人员、推销品、推销对象　　　　　B.产品、公司、推销员

C.兴趣、欲望、购买　　　　　D.爱达

12）为什么推销人员必须具备一定的素质和能力？推销人员应具备哪些素质，练就哪些技能？

13）"推销人员最重要的是要善于推销商品，不用关注自身仪表和礼节。"这种说法是否准确？为什么？

14）为什么推销人员必须在完成销售任务与满足顾客需求之间寻求平衡？

15）在推销洽谈中是重点宣传产品的质量还是向顾客推销产品的实用性？为什么？

16）向组织用户大量推销商品时，应把握好哪些环节？

17）你认为谁是推销活动的主角？谁是主导？

18）为什么推销心理必须与顾客心理相适应？

□ 技能题

2.1 规则复习

1）在推销三要素中，推销人员是推销活动的主导，也是能否达成交易的关键。

2）要提高推销绩效，推销人员必须提高自身的素质与能力，注意推销礼仪。

3）推销品是满足顾客需求、帮助顾客解决问题的载体。

4）推销对象分为个人用户与组织用户两个层次。由于两种推销对象的购买特点不同，购买决策的参与者、影响决策的程度和复杂性也不同，因而采用的推销手段也不相同。

5）吉姆公式要求推销人员必须具有说服顾客的能力，推销活动应建立在推销人员相信自己所推销的产品、相信自己所代表的公司、相信自己的基础上。

2.2 操作练习

1）实务题

应该向顾客推销什么

张先生是一家小家电公司的推销人员。他在向顾客推荐电饭煲、电熨斗时，强调他们公司的产品质量稳定可靠、构造复杂精密，并且列举出产品的七八条突出的优点。张先生在介绍产品时，条理清晰、分析透彻，顾客听后完全同意他的观点。在成交提议的设计上，张先生也动了一番脑筋，提问方法巧妙灵活。以下是张先生和顾客的对话：

张先生：您同意我们的产品质量是一流的？

顾　客：完全同意。

张先生：据您所知，还有比我们的产品质量更好的电饭煲、电熨斗吗？

顾　客：我不了解。

张先生：那么，您能设想还有哪家公司能提供更好的电饭煲、电熨斗吗？

顾　客：我想那是不可能的。

张先生：我们的价格和折扣有问题吗？

顾　客：没问题。价格公道，折扣合理。

张先生：那您分别需要多少呢？

顾　客：我现在还不想买。

问题：张先生的试探结束了，但他没有促成顾客购买。为什么会出现这种事与愿违的结果？张先生的做法是否有问题？

2）综合题

哪些人影响组织购买决策

王先生力图向一家纺织公司推销一种新染料。王先生知道，要想说服该公司订货，就必须首先说服它的车间工长，因为向工业公司推销新产品时，推销阻力主要来自车间工长。于是，王先生先找工长谈话，以便各个击破，稳住人心。经过多次尝试，王先生终于说服了两位工长，并且使这两位工长认识到使用这种新染料的好处。这家纺织公司的购货代理人对王先生态度友好，不偏不倚。王先生特意安排了一次会议，以促成该公司购买他推销的新染料。除了两位工长外，应邀参加会议的还有公司的两位技术经理和实验室的一位负责人。会议前，王先生同两位工长讨论了他们在会上应持什么态度和应当发挥什么作用的问题，两位工长爽快地答应了。但在会上，别人不征求两位工长的意见，两位工长就一言不发，即使说上几句，也是前言不搭后语。可以说，两位工长的所谓支持实际上是帮倒忙。

问题：你知道这是为什么吗？

□ 能力题

2.1 案例分析

精明强干的销售工程师

IBM的创始人托马斯·沃森爵士本人就是一位超级销售人员，他曾当过某家大公司的全国销售经理，并由此积累了商品营销方面的丰富经验。沃森创建的IBM公司之所以能获得如此巨大的成功，最重要的一点或许是他对销售代表极高的期待和评价。所有的销售代表都知道，他们可以和IBM公司的任何厂家通电话，随时都可以获得经理们或技术专家们对他们的关注。正是由于沃森开创的这一优良传统，公司历届的董事长人选都无一例外地来自销售机构，这已成为IBM公司的又一特色。

IBM公司的销售队伍堪称计算机行业中的最佳团队。正如一位工业研究人员指出的那样，公司首先考虑雇用的是那些具有良好素质、曾获得极高成就的人，然后不断努力将他们培养成比其他同事更加优秀的人才。根据一位IBM发言人的说法，公司技校招生人员一般招收"具有一定技术背景，在技术学校的平均成绩在3.5分或以上，并有良好的交往技能、目的高度明确的人"。所有候选人都得参加信息处理能力测试（IPAT），以确定他们是否具有学习和理解技术信息的能力。

IBM将培训工作看成影响销售队伍成功的关键因素。培训内容包括基础训练结合课堂作业、与资深销售代表一起顶岗工作，时间持续9~15个月不等。等到接受培训的人员登上雇员分配名单时，他们就会感到自己是佼佼者中出类拔萃的人物，浑身充满了使命感和热情，并立志充分发展世界上最美好的事业。

IBM通过个人表现计划来监测并激励每一位销售代表。每个销售代表都要在计划中陈述总收入目标和非收益目标，公司还就诸如推销区域管理、营销管理、顾客满意程度和在同事中的领导地位等标准对每个销售代表进行评估。

对于IBM销售队伍的能力和奉献精神，从未有人提出过异议，但这也不一定能保证销售的成功。20世纪70年代，IBM把精力集中在计算机的竞争力上，部分地忽视了顾客的需求，于是IBM的主席约翰·F.艾克斯便发布了这样的一项指示："深入到顾客的头脑中去，集中问题，解决问题。"同时，建立新的营销队伍，帮助顾客安装计算机和软件系统，甚至帮助顾客安装竞争对手所销产品的系统。

IBM转向以顾客为目标的营销方式，得到了广泛的认同。公司机构调整后，原产品销售部门便由两个以顾客为目标的部门所替代，出售IBM所有的产品。全国营销部销售的对象是大、中、小型顾客；全国客户部的服务目标则为具有"综合信息需要"的那些经过选择的大客户。1986年，IBM开始设立面向特定产业部门的销售办公室，关注顾客更加细化的需求。

资料来源　张保林. 中外最新市场营销案例［M］. 南京：南京大学出版社，1990：317-319.

问题：

1）IBM声称在招聘人员时，寻求的是有能力学习技术信息的大学毕业生，他们为什么需要这类人员？

2）在进入管理机构前，IBM销售员需要获得哪些重要经验才能成为公司的董事？

3）当IBM将销售人员的目标从以生产线为导向调整成以顾客为导向时，所有的销售人员都必须了解范围广泛的产品情况。这是不是一个潜在的问题？为什么？

案例分析提示

2.2　网上调研（作为"单元实践"准备的调研活动训练）

上网分别搜寻移动通信设备、汽车、保险三个行业招聘销售人员方面的资料。这些行业通常对招募的销售人员做哪些培训和要求？

2.3　单元实践

1）结合网上调研结果，针对上述三个行业对推销人员素质、能力方面的要求及对推销人员培训的内容撰写一份调研报告，并提出结论与建议，掌握目前企业对推销人员的基本要求和特殊要求。

2）参加一次商品促销活动，然后以自己的切身感受为主，撰写2 000字左右的推销活动心得，阐述推销的真谛。

第 3 章

推销信息与推销环境

学习目标 ◎

知识目标：识记推销环境、推销信息概念，理解推销信息的特征及对推销活动的作用。

技能目标：认识和了解推销环境对推销活动的影响，学会分析推销环境的方法；掌握第一手资料与第二手资料的来源渠道、收集和使用方法。

能力目标：能够积极适应推销环境的变化，善于运用推销信息辅助推销方案的制订和实施，主动采取措施防范或减少环境对推销活动可能造成的损失。

引例 @   **快速变化的环境下你应该掌握哪些能力**

面对大环境的快速变化，每个人几乎都在挣扎着、抗争着，绝大多数人都无法预知未来世界的变化到底有多大、有多深、有多高、有多厚。

不过，古语有云："以不变应万变。"无论环境如何变化，有些事物却是不变的。譬如，人要吃饭、要健康、要娱乐、要交友，这些都是人的天性，是不变的。而人又是适应能力最强的动物，人就是在不断适应变化的环境中进化过来的。如何才能以不变应万变？做好哪些不变的准备，应对未来、应对变化？这是我们每个人都迫切需要思考的问题。笔者认为，我们需要掌握以下"不变"的能力：

1）学习能力

从农业时代、蒸汽机时代、电力时代到信息时代，再到未来的智能时代，每一个时代的人都需要学习，不学习就无法适应时代的要求，因为每一代人、每一个人都要适应因时代变化而变化的组织形式、劳动规则和生活方式。

要适应时代就是要适应那些具有时代特色的组织形式、劳动规则和生活方式。农业时代的组织是家庭、家族，工业时代的组织是工厂、公司，信息时代的组织是社群、圈子。

从文化层面讲，农业时代的人们需要的是经验，工业时代的人们需要的是知识，信息时代的人们更需要的是创意。所以说，学习能力是每一个现代人必备的能力。什么是学习能力？学习能力包括注意力、集中力、阅读力、理解力、记忆力、想象力、思维力、创造力以及感觉统合能力，只有具备了这些能力才会在听、说、读、写、计算、理解、梳理分析方面提高学习效率。笔者认为，学习能力的培养最重要的一点就是培养自己的阅读习惯和思考习惯，通过阅读你可以掌握知识，通过思考你可以培养自己独立分析问题，判断事物的对错、真假、优劣的能力。同时，学习是为了更好地学习。

2）演说能力

在工作当中你是否会遇到这样的问题：想说明自己很有创意的点子，可是因为表达不善、词不达意而被上司否决；自己公司的产品明明品质优良，却因为推销的时候逻辑思维混乱、语言不畅而没有成交；自己是管理者，站在台上却面红耳赤、口干舌燥、紧张失语；自己明明是老板，影响力却不如其他管理者？所有这些，都是因为自己词不达意、语不明理、演说不佳，结果错失良机。

事实也是如此，不懂恰当地表达，或者被人忽略，或者得罪人而不自知；懂得表达的人，才能建立高质量的人脉圈，抓住一个个重要机会，最终获得成功。不会表达的人，在职场中可能会处处碰壁，成为透明人；会表达的人，可能在三分钟内就打动面试官；会阐述的人，可能寥寥几句话就总结汇报完；会演讲的人，可能在商务谈判中三言两语就达成交易。

3）写作能力

写作是现代人必备的工作技能。提高写作能力不是朝夕可以达到的，最重要的是坚持写作，其次是必须掌握基本方法。

4）洞察能力

洞察能力是透过现象看本质的能力。要学会用心理学的原理和视角去归纳总结人的行为表现，最简单的就是要做到察言观色。洞察能力就是摆脱已有经验的束缚，直接发现事物内在的本质，并用这种发现去指导人的行为。

5）分析能力

分析问题是日常职场、商务活动的重要环节，分析问题的能力也是每一个现代人必备的能力。提高分析能力可以从以下四个方面着手：

首先，遇到问题后要分析问题的属性。例如，是人的问题还是事的问题？如果是人的问题，那么是态度问题、技术问题，还是能力问题？如果是事的问题，那么是哪件事或哪一环节的问题？

其次，分析问题的严重程度。分析问题有多严重进而应采取什么力度的解决方法。这样就不会因为问题太大但解决力度太轻而不能根治，或者问题太小而被忽视，或者避免因高估问题的严重性而小题大做导致资源浪费。

再次，从源头遏制问题成因，将问题消除于萌芽之中。提高因果分析能力，就是要善于根据事件发展过程，找出可能导致问题产生的每一个细节，从而优化和改善这些环节，避免再次由此将问题扩大，并为在以后的行为活动中避免同类问题的产生打下良好的基础。

最后，问题产生后，要根据问题现状以及已有发展过程预测问题的发展趋势，提醒相关人员在下一个可能涉及的环节采取必要的预防措施，将问题的潜在危害降到最低。

6）思辨能力

有思辨能力的人能够运用信息、资料、经验分析问题、解决问题。思辨能力是指通过对事物或问题进行分析、归纳、推理、评估、演绎，最终解决问题形成决策或结论的能力。

资料来源　梁胜威.快速变化环境下你应该掌握哪些能力［EB/OL］.（2019-10-22）［2024-03-21］. http://www.emkt.com.cn/article/669/66900.html.

本章知识结构图

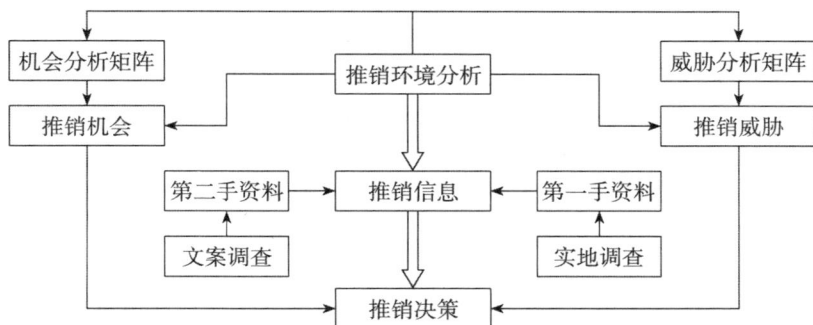

推销活动总是在一定的环境中进行的，要使推销活动得以顺利进行，推销人员要在进行推销环境分析的基础上，收集、整理、提炼信息，提前采取措施减少和防范环境对推销活动的不利影响，正确地运用推销信息辅助推销方案的制订和实施。

3.1　推销环境分析

推销人员在职业生涯中从来就没有失败的经历是不可能的，关键在于从挫折中总结经验教训，在不断积累推销经验的同时，加强对推销环境的研究，提取有助于推销活动开展的信息并用于推销实践，以此来提高推销成功的概率。因而，推销环境分析是减轻推销盲目性、提高推销绩效的有力手段。

推销活动受到推销要素、推销环境等因素的影响，我们把制约和影响推销活动的各种外部因素称为推销环境。构成推销环境的因素众多、影响复杂且难以把握，推销人员必须善于分析推销环境，从性质和数量上把握环境变化带来的机会与威胁，并主动地适应环境的变化。

3.1.1　环境对推销活动的影响

企业的外部环境主要包括人口环境、经济环境、社会文化环境、政治法律环境、科学技术环境及竞争环境等，是企业推销活动不可控制的因素。

1）人口环境对推销活动的影响

（1）人口总量及其增长状况。在人均国民收入水平一定的情况下，人口总量及其增长状况决定了一个国家的市场容量及其发展趋势。

（2）人口的性别、年龄、迁移构成及人口分布。不同的性别、年龄结构，必然造成对某些产品的不同需求，如女性比例较大的国家对妇女用品有较大的需求，年轻型人口国家对文教用品、玩具等商品的需求量大，而年老型人口国家则必然对医疗、养老与护理的需求量大。人口迁移构成与人口分布必然影响不同地区的需求，造成市场的集结与分化。譬如，人口城市化造成城市商品房需求剧增，房地产业的机会也就增多，而在城市家电商品需求达到饱和后，需求的重心必然向农村转移。

（3）目标市场的人口数量、分布与结构等。针对目标市场人口因素的分析，能够为推销什么、销售多少等决策打下坚实的基础。

2）经济环境对推销活动的影响

（1）人均国民收入。通过了解人均国民收入的资料，可以掌握一个国家的总体市场规模、消费水平与消费结构，为制定推销品的数量与档次决策提供依据。

（2）目标市场顾客的购买力。它反映一定时期内的顾客购买总额及构成。掌握这方面的资料，能为推销品的发展方向与数量提供决策依据，也为选定推销对象提供依据。

3）社会文化环境对推销活动的影响

社会文化环境是指在一个国家或地区的范围内，人们的价值观、审美观、民族、宗教、风俗习惯等的集合体，它们在一定程度上影响人们的消费水平和生活方式。不同国家或地区社会文化环境的差异，必然表现在消费观念与消费行为上，这就要求推销人员在推销前掌握各地社会文化环境的不同特征，有针对性地采取不同的推销对策。

4）政治法律环境对推销活动的影响

政治法律环境指国家政治制度、政府对经济干预的程度、有关经济的政策和法律法规等，它们都直接或间接地影响企业或行业的发展，从而也影响相关产品的销售。推销人员应有较强的预测能力，能够预见目标市场政治经济生活的变动趋势，掌握相应的法律法规，在商品推销中主动去适应环境和市场需要。

5）科学技术环境对推销活动的影响

科学技术的发展水平及应用状况，不仅影响到企业新产品的开发，而且也直接影响到推销技术的水平与发展。从一定意义上说，没有先进的科学技术，就不可能设计研制出效率高、费用低的新产品，也就无法打入别国市场。技术的发展现状与趋势对推销活动的影响，主要表现在：

（1）科学技术的发展水平影响和制约着推销品性能及推销难易程度。一个国家或地区的科学技术水平越高，开发新产品的能力就越强，产品的性能也就越优良，产品也就越能为用户所接受，同时由于国家或地区人口素质较高，理解与接受推销人员理智性推销的能力也越强。

（2）科学技术的发展状况与趋势影响着推销人员的推销方式与推销技术。在科技发展的低水平时期，推销人员更多采用的是强力推销的方式，不管顾客的实际需要与心理，也不愿从顾客的角度去考虑问题，更不愿帮助顾客解决问题。随着科学技术的发展，推销活动更具有科学性和理性，推销人员向顾客提供充足的产品信息，准确地把握顾客的心理特征，致力于解决问题式的推销。

（3）科学技术的发展也影响到推销手段的先进性。以前，推销人员给人们留下的是"两条腿、一张嘴，拿着样品到处跑"的形象，推销活动强度大，工具简单，效率低下。随着科学技术的发展，一些先进的设备与手段被应用到推销活动中，如幻灯片、电影、电视、便携式计算机、投影仪及在线销售等，对商品的展示直观方便，增强了顾客的参与意识，激发了顾客的购买欲望。通过运用现代化的通信工具，如移动电话、微信和网络等，推销人员以前要花几天时间才能完成的顾客访问，在短短的几分钟之内就可完成，节省了时间，提高了效率。基础设施的完善和交通工具的发展，也使得推销人员与顾客之间见面所需时间大大缩短，沟通成本也大大降低。

6）竞争环境对推销活动的影响

对于竞争环境的研究，不仅要从厂商数量、价格手段方面来分析，还要从产品特色和非价格手段等方面来做深入研究。一种设计不合理、使用不方便、价格高昂、信息沟通又少的产品，推销人员不可能顺利地推销出去。对于竞争环境的研究主要有以下两方面的内容：

（1）竞争者是谁。根据迈克尔·波特竞争战略的观点，企业不同程度地面临四个层面的竞争：生产完全相同产品的直接竞争者、生产同类型产品（但规格型号不同）的侧翼竞争者、生产替代品的间接竞争者和争夺消费者同一项消费计划的准竞争者。只有先弄清企业在某地域范围内的竞争者层次，推销人员才能找到本企业的威胁与挑战来自何方，从而及早采取对策，稳住老顾客，吸引新顾客。

（2）竞争者状况。推销人员不但要熟悉自身的产品，还应设法摸清竞争者的生产方式和技术、产出规模、价格水平及广告促销的策略等。在推销商品时，顾客通常会拿推销人员的商品与竞争品进行对比，如果推销人员对竞争品的情况一无所知，一味只强调自身产品好，故意贬低竞争品，又缺乏有说服力的依据，那就只能是"王婆卖瓜"。另外，掌握竞争品的推销手段也是很重要的一个问题，只有在了解竞争者的推销策略后，才能依据自身的目标，有选择地予以反击。

【观念应用3-1】

高德、百度地图靠啥盈利

相信大多数人的手机里，都会装一个地图导航App。

在手机必备软件里，除了微信、支付宝、输入法、浏览器外，应该就是地图导航软件了。

根据艾瑞的统计数据，地图导航App排在前两名的是：高德地图和百度地图。

那问题来了：高德地图、百度地图下载和使用都免费，那它们靠什么盈利呢？

从时间上看，这得分几个阶段：

第一阶段，车载地图时代：赚汽车厂商的钱。早期的地图厂商，如高德、凯立德，主要依赖车载导航市场赚钱。随着时代发展，高德也杀入互联网地图和手机导航地图行业，算是转型最成功的传统地图厂商。

第二阶段，互联网时代：赚线下商家的钱，另外还卖地图服务。美食、住宿、出行、购物、娱乐、生活、景点等，随便一个频道引入付费排名、标注，带来的就是白花花的银子。还有对外提供地图数据、地图服务、导航服务，也是一大盈利手段。

第三阶段，移动互联网时代：赚"眼球"不赚钱。地图业务经常作为大企业的一个基础业务，只负责吸引用户，高德和百度都是如此。

前些年，地图业务被寄予很大希望：成为O2O的入口。经过多年实践，大家发现这个O2O入口不成立，阿里巴巴收购高德后，砍掉其O2O部分，让它专注于地图业务本身。

用户体量如此大的地图产品，是可以给家族其他产品引流的。一个互联网产品，一旦用户上亿，基本就不用担心商业问题，巨大的用户量本身就是巨大的价值。大企业本身就是多条业务线综合发展的，有的业务负责吸引用户（流量），有的业务负责盈利。高德地图在阿里巴巴旗下，百度地图在百度旗下，其地图业务完全可以为其他产品导流。

如果地图产品不以盈利为目的的话，那么它可以作为O2O服务的入口。购物、餐饮、住宿、出行……随便哪个领域都有巨大的想象空间。以出行功能为例，可以接入共享单车，可以接入网约车，可以接入旅游公司，基本覆盖了骑行、打车、公交、自驾、客车、火车、网约车等出行方式。

资料来源　小麦很酷. 高德、百度地图，几亿人用却不收费！那靠啥盈利？[EB/OL].（2018-04-11）[2024-03-20]. https：//baijiahao.baidu.com/s？id=1597232190621931417&wfr=spider&for=pc.

思考题：高德地图和百度地图是靠什么盈利的？这对推销有何借鉴意义？

3.1.2　分析推销环境的方法

如前所述，企业应运用各种技术分析那些影响推销业务的主要环境因素的变化，借此辨明显现的或隐藏的机会与威胁。

1）机会分析法

推销人员应善于辨识推销机会，即使得企业的推销活动有吸引力和竞争优势的地方。对推销机会的捕捉主要是运用机会分析矩阵（opportunity matrix）（如图3-1所示）进行，即根据推销业务对企业的吸引力（如购买额的大小、长期客户的可能性、客户的财务能力等）和成功概率将可能的机会加以分类，以便确定最佳的推销机会。

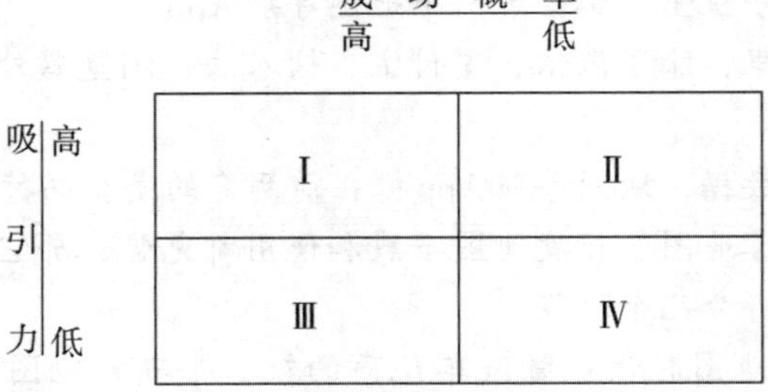

图3-1　机会分析矩阵

从图3-1可见，第Ⅰ种情况（吸引力、成功概率都高）是企业最佳的推销机会，第Ⅳ种情况（吸引力、成功概率都低）的机会最差，第Ⅱ种和第Ⅲ种情况介于最佳与最差二者之间。

推销成功概率的高低不仅取决于企业产品、价格、信誉、服务等方面的竞争力的大小，还取决于企业是否拥有差别化的竞争优势。只有拥有特色优势，且推销人员素质高、能力强，才能将此优势转化为订单。

2）威胁分析法

除了抓住一切可以利用的机会外，推销人员也应尽力避免推销环境可能给企业造成的威胁，即可能不利于企业的推销活动的因素或趋势。对推销威胁的识别主要是采用威胁分析矩阵（threat matrix）（如图3-2所示），即根据威胁对企业的危害程度和发生概率加以分类，以便判断各种不利因素，从而采取有效措施加以避免或使损失减少到最低限度。

危害程度 \ 发生概率	高	低
高	风险业务	困境业务
低	理想业务	成熟业务

图3-2　威胁分析矩阵

从图3-2可以看出，风险业务，威胁发生的概率高且危害程度高，企业应高度重视这种业务的动态，提前拟订应变计划，说明威胁来临之前如何采取防范措施，使危害程度降到最低；成熟业务，威胁发生的概率低，危害也小，可以不予考虑；理想业务，尽管威胁发生的概率高但其危害程度很低；困境业务，威胁发生的概率低，但一旦发生危害很大。对于后两种业务，企业可以不制订应变计划，但应密切监测可能的变化，以防事态扩大。

3）优势分析法

推销人员除了识别出市场环境中有吸引力的机会外，还要分析是否具备利用此机会的能力，其差别竞争优势到底有多大。当然，影响推销成功的各个因素并非同等重要，推销人员需要依据对企业而言每一个因素的重要性及企业在这一因素上所具有的优势大小分别制定不同的推销策略，如图3-3所示。

重要性 \ 优势	大	小
高	A.尽量保持	B.竭尽全力
低	C.矫枉过正	D.影响甚微

图3-3　优势-重要性矩阵

由图3-3可见，A方格表明，对企业而言这一因素很重要，而且在这一因素上企业具有明显的优势，企业必须尽量保持住这种优势；B方格表明，对企业而言这一因素很重要，但在这一因素上企业无优势可言，企业必须竭尽全力提高这方面的竞争力，强化其相对优势；C方格表明，在这一因素上企业具有明显的优势，但顾客并不看重，说明企业可能在产品设计开发及包装方面有误，没有抓住顾客需求的关键点；D方格表明，这一因素对企业而言重要性很低，而且企业在这方面优势小，说明这是无关大局的次要因素，对商品推销活动影响甚微。

推销人员在对企业及其产品的优势与弱点进行分析时，不要因拥有优势而沾沾自喜，也不必对所有弱点都过于忧虑，因为任何企业及其产品都存在自身的优势和弱点。在制定推销策略的时候，对企业而言重要的是要明确自己是否具备那些获取成功所必须具备的竞争优势，要发展哪些自身本没有优势的领域。例如，某公司的管理层有两种意见：一部分人要求公司坚持生产工业电子设备，因为公司在此领域有明显的竞争优势；另一部分人则极力主张公司应进入它并不具备推销优势的智能手表、个人电脑及其他消费品领域。后来的实践表明智能手表、个人电脑及其他消费品领域的经营很不理想。该公司的错误不在于进入了这些它不具有优势的领域，而在于它缺乏在这些领域应该具备的优势和顺畅的销售网络。

3.1.3 环境的动态稳定性及应对策略

1）推销环境的动态稳定性

商品推销活动的影响因素有很多，而且各种因素相互影响、相互制约。推销人员应通过对推销环境的研究，弄清楚推销环境对推销活动的有利与不利之处，加强对环境因素的识别与预测，增强应对环境变化的能力。

推销环境随着社会经济、科学技术的变化和时代变迁而不断地变化，不同的国家可能有着不同的推销环境，而不同的推销环境又必然会形成不同的推销观念、推销方式与推销手段。因此，人口、经济、社会文化、政治法律、科学技术和竞争等方面的各种因素都在不断变化和发展，这种持续发展变化的特征就是推销环境的动态性。对于推销环境的发展变化，推销人员必须在头脑中树立应变观念，想方设法地去适应变化，并在一定程度上采取某些手段改变或控制部分环境因素。推销环境的发展变化总是在一定时空上实现的，总有一个从量变堆积到质变的飞跃过程。在推销环境发生质变前，推销人员应把握住推销环境的"惯性"特征，加紧商品推销。推销环境在一定时期内维持不变的特征，称为推销环境的稳定性。一旦推销环境发生了质的变化，推销人员必须主动去适应这种变化，采用新的推销方法与手段。

总之，推销环境的变化是绝对的，一定时期内维持不变是相对的。推销人员应充分认识到推销环境的这种动态稳定性，既要根据推销环境的改变采取新型的推销手段与推销方式，又要懂得推销手段的改变不可能一蹴而就，应在推销环境未发生重大变革以前，使用切实可行的方式与手段尽量扩大推销品的销售。

2）应对推销环境变化的策略

面对推销环境可能给推销活动带来的威胁，可采取以下策略去适应环境的变化：

（1）积极防范策略。推销人员抱着积极适应环境的态度，力争避免或限制不利因素的发展，使损失尽量减少。例如，通过沟通、建言等方式向政府反映某种法规、政策的实际效果，从而建议政府完善相关政策来化解环境的威胁。

（2）缓和化解策略。通过改变推销策略与推广手段，减轻和化解环境因素所形成的威胁。例如，推销人员通过积极、认真地处理顾客投诉，变坏事为好事，把顾客的不满转化为提升企业形象的契机，运用危机公关手段再次赢得良好的口碑。

（3）转移撤退策略。企业将产品转移到其他地域市场，或进入其他盈利更多的产品行业，实行多角化经营。例如，由于我国国内市场环境的变化，消费者减少了对传音手机的需求，在国内需求大幅度萎缩的情况下，传音将其业务转移延伸到非洲市场。

【观念应用3-2】
ChatGPT和我们的未来

ChatGPT毫无疑问是人工智能领域的重大突破，正如很多人所说，它的突破或许并不显著地体现在技术进步上，而是在于它成功让人工智能产品以一种用户可以接受的形态进入大家的生活。对大部分人来说，它比我们之前的任何产品都更接近"通用人工智能"。

同时，不可否认的是，ChatGPT依然存在很多问题。ChatGPT依然是一个基于统计规律的大语言模型，它有人类无懈可击的语言天赋，但是只能做联想而不能完成"逻辑推理"。从这个角度来讲，ChatGPT会倾向于制造出令人信服的回应，当然其中可能包含"生成的"几个事实错误、虚假陈述和错误数据，因为作为一个自然语言处理模型，它也不知道高达数十PB的无监督训练数据里什么是"事实"，这更像一个有点滑头的"虚拟助手"。另外，因为在训练过程中，为了识别人类指令而注入过大量"指令"知识，ChatGPT会对"指令"本身非常敏感，但同时对一些上下文无关、需要"事实依据"做判断的歧义词识别率不高。

但是这些问题似乎不难解决。目前的ChatGPT依然只是离线版本。在我们看到的Bing（在线版本）的一些应用示例里，部分问题似乎已经被缓解。事实上，如果ChatGPT能够对信息源进行可信度分级，并且在生成的回答中列出参考信息源，回答的可信度问题应该会得到一定程度的规避。如果能在未来接入一些专家构建的专业知识库（比如金融知识图谱），它就可以被转变为特定领域的"专家"。

对大多数普通人来说，ChatGPT都是一个合格的助手，因为所有关于人类语言的技能它都很精通（或者在可见的未来里会很精通），比如归纳总结、翻译、书写文章、风格修正、润色、写代码等，因而，从事这些工作的劳动者如果不能掌握将ChatGPT作为助手的技能，也许就将成为最早被机器取代的人。

然而，即便如此，我始终认为，AI替代的不是简单的某个行业，而是不会使用AI的从业者。AI带给人类的意义也不是替代我们的工作，而是让我们从一些重复性工作解放出来，让人类去真正思考"什么铸就了人类的唯一"。

这或许才是千万年以后，人类回望时间长河，在被历史冲刷下还能保留，甚至愈发辉煌的人类丰碑。

资料来源　崔原豪．ChatGPT：一场新的工业革命，会有多少人会因此失业？［EB/OL］．（2023-02-16）［2023-10-31］．https://new.qq.com/rain/a/20230216A05UBX00？pgv_ref=aio2015&pt-lang=2052.

思考题：ChatGPT 对人类生活、工作的影响体现在哪些方面？你认为，作为销售人员应如何利用 ChatGPT 带来的机遇，同时避免所形成的威胁？

3.2 推销信息的特征和作用

当今社会是一个信息化社会，推销人员要认识信息的特征，明确信息对推销工作的重要性。

3.2.1 推销信息的特征

数据（data）是指信息源发出的各种信号、消息及其所揭示的内容，一般通过声音、语言、文字、符号、图像、互联网、磁介质、光盘等形式表现出来。信息（information）是指经过加工处理后对于接收者具有某种使用价值的那些数据、消息、情报和知识的总称。并不是所有数据都称得上信息，只有对某种活动有指导性的数据资料才算得上信息。因而，当今是数据"爆炸"与信息"贫乏"共存的时代。

从推销学的角度定义的信息，是指从海量数据中提取出来的对推销活动有价值的数据与资料。推销信息属于商业信息的范畴，是反映在一定时间、范围等条件下与推销活动有关的商品供给、需求，以及消费方面的各种消息、情报、数据、资料和知识的总称，它附着在纸质、电视、广播、口碑、硬盘、网络存储器、建筑物、公共设施等介质上，通过传播而被人们所理解、接受和使用。

推销信息是一种稀缺资源，需要付出一定的代价才能获得。它具有以下主要特征：

1）识别性

信息可以通过人的感觉器官来识别，运用大数据技术对信息加以收集、整理、分析、检索，可以提高推销人员鉴别和运用市场信息的能力。尽管对推销活动有直接或间接影响的信息对所有推销人员都是公开的、平等的，但信息的识别性特征并不能保证所有的人都能提炼出对推销活动有用的信息，因为每一个人对信息的敏感性、运用人脑和设备加工处理信息的能力是不一样的，这在客观上影响了推销人员的推销绩效。

【微型案例3-1】
张三和李四的识别能力

张三和李四同一天到公司上班，李四一再被提拔，张三却一直在基层。张三实在忍无可忍，他大胆地指出总经理偏爱吹牛拍马屁的人，而辛勤工作的人却得不到提拔。总经理听他讲完后说："好吧，也许你的话是对的，不过我很想证实一下，你现在到集市去看看有什么买的。"

张三很快从集市回来，说刚才集市上有一农民拉了车土豆在卖。

"一车大约多少斤？"总经理问。

张三立即赶回去，过了一会儿回来说，车上有40多袋土豆，每袋约20斤。

"多少钱一斤？"总经理问。张三又要跑回去，但总经理把他拉住了。他派人把李四叫来，对他说："李四先生，你马上去集市看看今天有什么买的。"

不一会儿，李四回来了，他向总经理汇报说集市上只有一个农民在卖土豆，有40多袋，共800多斤，价格适中，质量很好，他已经带回几个土豆请总经理过目。他还了解到这位农民下午还要拉一车西红柿上集市，据说价格还可以，他准备再和这个农民联系一下。

资料来源　洪如蕙．高中信息技术教学活动设计［M］．上海：上海科技教育出版社，2008：1-2. 做适当改写。

2）转换性

信息可以在各种介质之间相互转换，目的是更好地实现信息的沟通，使信息资源得到有效传递和充分利用。例如，文字、图片、音频、视频等形式与计算机代码、通信信号之间是可以互相转换的，对它们还可进行加工处理以满足新的需要。因而，推销人员必须了解各种信息存在的方式，并善于挖掘使用其传载的信息内容。

3）处理性

人类可以按照既定的目标要求，对数据资料进行收集、整理、加工、概括，通过处理分析，去粗取精，去伪存真，由此及彼，由表及里，使资料或者精炼浓缩，或者延伸扩充，变成对人类有用的信息情报。受人的主观意志的影响，每个人对原始资料的加工处理都可能带有一定的主观性，因而推销人员在使用信息时应考虑到这种特性。

4）传递性

信息是可以通过口碑或特定传输介质进行传递的。由于信息具有传递性，推销人员可以利用各种传播媒体及人际关系渠道传播有关商品和服务的信息，特别是现代信息技术的发展，扩大了信息传递的广度，加深了信息传递的深度，加强了推销人员对市场的了解，同时也大大方便了潜在买主。

5）共享性

同一信息可以被多个企业利用，也可以被同一企业的若干推销人员共同使用。例如，某地市场对某种商品的需求大，这一信息可能很多企业都知道，大家都共享这一资源，并向此市场推销符合其需求的产品。

6）时效性

信息的时效性是指信息发挥的价值只是在一定时间范围内有效，超越此期限，其情报价值就将衰减或完全丧失，甚至起负面作用。信息共享性与信息时效性并不矛盾，在某一时刻前信息是可以实现共享的，过了这一时刻，信息的价值就可能丧失。因此，推销人员不能完全依靠经验和历史数据来判断市场形势、制定推销决策，必须善于捕捉最新的市场信息。谁首先获取信息并在推销过程中加以运用，谁就有可能抢得先机。在大数据时代，推销人员要学会通过移动终端掌握实时信息，以指导推销决策。

【微型案例3-2】

循表夜涉

原文：

荆人欲袭宋，使人先表澭水。澭水暴益，荆人弗知，循表而夜涉，溺死者千有余

人，军惊而坏都舍。向其先表之时可导也，今水已变而益多矣，荆人尚犹循表而导
之，此其所以败也。

译文：

楚国人想要偷袭宋国，派人先在滍河里做标记，滍河的水面突然涨起，楚国人不
知道这件事，沿着原来做的标记在夜间涉水，结果淹死的人有一千多，士兵发出的尖
叫声如同房屋倒塌的响声。以前他们在滍河做标记的时候，是可以根据标记渡水的。
如今，水位已经改变了，河水暴涨了很多，楚国人仍然按照原来设置的标记渡水，这
正是他们失败的原因啊。

资料来源　吕不韦. 吕氏春秋［M］. 张双棣，等译注. 北京：中华书局，2007.

7）依附性

信息既不是物质，也不是能量，不能够单独存在，必须借助于某种物质载体才能
贮存、传递和检索。除了运用人脑贮存有限的信息外，有必要运用各种容量大的介
质，如光盘、硬盘、云盘、微缩胶片、磁带、纸张及分布式存储器等，将信息贮存起
来，供检索和决策使用。

【微型案例3-3】

一张图片所承载的信息

我偶然在一位朋友的朋友圈看到一张照片：一位母亲正在自己的客厅里给儿子做
手工面条（如图3-4所示）。这张照片给我的印象很深。

图3-4　做手工面的母亲（张玉军摄）

从符号学的角度来讲，整个画面的主体是一位女性老人。在这里，老人一方面是
意味着经验丰富、给人安全可靠的符号，另一方面还有女性和母爱的成分在里面。除
此之外，"她"又是一个正在衰老的符号。衰老的背后，其实还潜藏着让人珍惜当下
和她在一起的好时光之意。当然，这里呈现的还有中国女性、亚洲老人、家庭文化、
普通人家的生活场景等信息。

桌子上的食物，可理解为安全符号，这是最基本的食品保障。照片发生的空间很
有意思。凭常识判断，这里不应是厨房，而是一个类似客厅的地方。这张照片已经泄
露了摄影师本身所属的阶层。因为，在一个极为富有的家庭里，多数人的厨房会很

大，足以有太多的空间供人使用。所以，这张照片又向我们传递了另一个信息：这是一个典型的中国中等收入家庭的生活空间。

之所以断言，判断依据是：除客厅临时被挪作厨房使用外，还随处可见一些基本信息：比较好的装修，家里的电视机，电视机下面的火烈鸟模型，墙边的花盆，老人身后的墙上的装饰。凡此种种，都可以传递出这家人的生存状态：既不是大富大贵，也并非贫穷阶层。这应该是一个生活相对富足的普通中国人家。画面里还有一台电视机，电视机里面正在播放一辆车。我不懂车，但知道它代表着财富，暗示着人们的向往和向人们传递着欲望。

资料来源 安光系. 读照片，如何读？读什么？［N］. 中国摄影报，2018-03-16（9）.

3.2.2 推销信息的作用

在推销的准备阶段，需要收集大量有用的资料，并进行加工处理，对推销活动作出可行性研究，寻求推销活动的最佳方案。因而，掌握推销信息是提高推销工作效率和成功率的必由之路，能够降低推销风险，最大限度减少推销成本，提高推销决策的准确性，增进推销效益。推销信息的具体作用主要表现在以下几方面：

1）推销信息是制定和实施推销决策的基础与前提

推销决策包括决定推销目标、推销队伍、推销对象、推销品、推销方式等，推销人员只有通过对推销环境进行研究，掌握他们所面临的环境发展趋势，明确消费者的需求、心理、行为等信息，才能因地制宜地制定相应的推销决策。

2）推销信息有利于发掘与鉴别推销机会

一位推销员在一定时期内走访顾客的数量是有限的，推销人员进行推销可行性研究，可以发掘更多的潜在买主，并确定顾客购买的可能性，从而增强推销人员推销走访的目的性，提高推销效率，减少或避免无效的走访。

3）推销信息有利于提高成交率

推销人员在推销洽谈前应了解顾客先前的供应商是谁，双方为何解除了购销关系，了解顾客使用本产品的目的、条件等，以便在洽谈中陈述产品怎样帮助顾客解决实际问题；推销人员应了解顾客对价格、交货方式与速度、服务等方面的要求，以便在交谈中掌握主动权；推销人员应了解购买方的主要人员是谁，以便在洽谈中集中精力影响主要决策者。因而，推销准备工作做得越充分，顾客信息掌握得越多，洽谈成功率也就越高。

4）推销信息有助于提升企业竞争力

通过推销可行性研究，推销人员能够识别和发现现实竞争者与潜在竞争者，能够了解竞争品与自身产品在性能、利益等方面的差异，能够认清企业的相对优势与劣势。掌握这些信息，推销人员可以有的放矢地与购买者进行信息沟通，真正做好顾客的参谋，并把竞争的外部压力转化为推销人员自身的动力，使企业竞争能力日渐提高。

5）推销信息有利于提高推销效益

通过推销可行性研究，推销人员能够预见到在推销环境、推销对象及推销活动中可能遇到的困难，尽量在实际走访前做好准备，减少走访的次数，节省走访的时间，使每一次走访都不会"放空"，都有着有形或无形的收益，提高推销效益进而提高企业营销效益。

总之，推销可行性研究越充分，掌握的信息越多，对推销活动可能出现的困难考虑越充分，推销人员在推销过程中排除困难的信心就越强，解决问题的方法越多，推销效率越高，推销效果也越好。

【观念应用3-3】

信息就是金钱

"信息就是金钱"已成为现代企业的一个基本理念。然而，更多的信息本身并不是金钱，它只是一种"提示"，一条"线索"，一次可供赚钱的"机会"，只是告诉你有一堆蕴含有金粒的黄沙，需要你做一番艰苦的淘洗工作，去完成由"黄沙"到"黄金"的"转换过程"。

所以，从某种意义上讲，信息就是商机。抓住了商机，也就等于抓住了金钱。这里有一个非常著名的例子。美国著名企业家哈默有一次在苏联结束商务活动准备回国的时候，顺路走进了一家文具店买一支铅笔，价格是50卢布，相当于美国的10倍。此外，他还买了一支擦不掉笔迹的化学铅笔。售货员说："看你是外国人，我就卖一支给你。可我们存货不多，照规矩只卖给老主顾。"哈默由此获得了一条宝贵的信息：在苏联，有一个巨大的潜在铅笔市场。他敏锐地意识到一个重要的商机来了。于是，他立即到政府相关部门申请了一张生产铅笔的许可证。后来，他在苏联办的铅笔厂，成为世界上最大的铅笔厂之一。

这一事例生动地告诉我们，要善于发现信息，善于捕捉信息，还要善于利用信息，使之真正转化为金钱。但是，生活中往往有这样的情况：同一件事情，同一条信息，在有些人眼里是金钱，是宝贝，是商机，他们将其紧紧抓住，为我所用；而在有些人眼里，却什么也不是，他们任它在眼皮底下悄悄滑过。二十多年前，欧盟实行统一货币，并公布了新货币的式样。对于这样一条几乎人人皆知的信息，世界上大多数人都没有看到其间存在的商机，可独具慧眼的温州人却看到了。他们根据新欧元的尺寸，及时制造了一种专放欧元的票夹，大受欧盟各国欢迎。这条尽人皆知的信息，竟然成了他们的滚滚财源。

诚然，信息是金钱，但并非所有信息都是金钱。在这个信息爆炸的时代，各种信息鱼龙混杂，许多虚假的信息、无用的信息，甚至是欺诈、有害的信息夹杂其中。所以，我们对各种信息要进行一番"去芜存精，去伪存真"的筛选，从中寻找最有效、最有价值、最适合自己的信息，为我所用。如果说，金子总是埋在黄沙中的话，那么，金钱也总是藏身于信息之中。

资料来源　杨明. 信息就是金钱——三谈"君子爱财，取之有道"[J]. 国际市场，2005（10）：60-61.

思考题："信息就是金钱"对推销工作有什么启示？

3.3　推销信息的收集和利用

习近平总书记强调指出，调查研究是谋事之基、成事之道，没有调查就没有发言权，没有调查就没有决策权；正确的决策离不开调查研究，正确的贯彻落实同样也离不开调查研究；调查研究是获得真知灼见的源头活水，是做好工作的基本功；要在全党大兴调查研究之风。习近平总书记这些重要指示，深刻阐明了调查研究的极端重要性，为全党大兴调查研究、做好各项工作提供了根本遵循。[①]销售工作也不例外，同样需要有效收集顾客信息，利用信息有的放矢地实施产品或服务的推销。

3.3.1　推销信息的来源与使用

推销活动需要的信息非常多、来源分散，有时甚至会出现相互矛盾的信息，要求推销人员充分做好接近前的市场调研工作，善于通过洽谈捕捉顾客需求、产品使用情况、待解决问题等方面的信息，同时对获得的信息快速地进行处理分析，并与商品推销活动实现无缝对接，激发潜在顾客的购买欲望和兴趣，促成最终的交易。

推销过程需要的信息主要来源于文案调查与实地调查，推销人员必须掌握一定的调查技术，不仅要善于收集信息，更重要的是善于使用信息。

1）文案调查与第二手资料来源

（1）文案调查与第二手资料

文案调查，是指通过收集、整理和分析现成的各种文献资料就能达到调研目的的调查。文案调查所获取的数据资料称为第二手资料（secondary data），也叫现成资料。

第二手资料来源于过去，是以前为了其他的研究目的而留存下来的，对今天的推销决策仍有某些参考价值。尽管第二手资料源于历史文献，但并不是说这样的资料没有价值，也不能说第一手资料（primary data）比第二手资料准确、可靠得多。如果通过收集、整理和分析第二手资料，就能满足推销决策的需要，就没有必要花费时间、精力、金钱去收集第一手资料。另外，借助第二手资料的收集方法可以指导收集第一手资料的项目设计，帮助确定抽样方案等。

（2）第二手资料的来源

第二手资料依据其来源可分为内部资料（internal data）与外部资料（external data）。内部资料是指由企业市场营销信息系统所提供的反映内部经营状况方面的资料；外部资料是指由企业外部有关组织机构所保存的全部资料。

内部资料主要来自四个层面：①会计部门。从中获取成本、销售收入、价格、费用、利润等有关信息。②销售部门。从中获取销售记录、顾客名单及其变动、中间商经销情况、顾客的反馈意见、促销方式的运用情况等内部信息。③信息部门。伴随信息技术的发展，绝大多数的企业都创建了线上与线下整合的销售系统，通过网络渠道可以搜集顾客痕迹信息，运用大数据分析技术提炼顾客相关信息，为潜在顾客做适时适地的信息推送。④其他部门。除上述部门外，其他部门以前的发展规划、调研报告、各种文件、会议材料等也是内部资料的可能来源。

外部资料来源主要有：①网络搜索；②计算机数据库；③政府机构公布的统计资料；④图书馆；⑤行业协会；⑥市场调查机构；⑦电视台、电台、报社、广告公司、出版社、杂志社等传媒机构；⑧国际组织。

（3）第二手资料的审核和使用

进行第二手资料调研的初衷，或者是为了解决一般性的问题，或者是为了解决某个特定问题，都具有自身的目的性和适应性，因而，应对已经得到的第二手资料进行审核，鉴别其准确性及可用性。

通常应从以下五个方面来审核第二手资料：①资料来源的权威性。多使用国际组织、政府部门发布的官方信息，对于其他来源的资料应认真鉴别其准确性和倾向性。使用资料时，要考虑机构的一贯信誉，因为各种传媒、调研机构都有自身的观点和倾向，难免失之公允。②资料初始研究目的。在使用历史资料时，推销人员应当考察现在的调查目的与以往的是否有类似之处，如果相差甚远，则需要考虑能否使用这些资料。③使用的调查方法。如果过去的资料在样本选择、资料整理与分析中使用的方法不科学，即使没有偏见，也不能保证资料的准确性。因此，必须对第二手资料的调查方式与方法作出分析判断。④指标统计口径。一般政府公布的统计资料是针对全社会的，很难满足推销人员对某个特定问题的需要，推销人员通常需要进行再加工。另外，资料中的指标统计口径也可能不适应现在的需要，推销人员要在真正理解原有指标的定义、范围、计算方法等基础上，掌握转变的技巧与办法。⑤时效性。一定的信息资料只能反映一定时期内的情况，不可能永远都适用，失去效用后的信息资料就成了垃圾。随着时间的推移，推销环境表面上可能没有发生什么变化，但事实上可能已有了质的变化，仍然沿用过时的资料去判断和实施推销决策就可能犯致命的错误。

2）实地调查与第一手资料来源

（1）实地调查与第一手资料

尽管通过文案调查取得第二手资料的速度快、费用少、时间短，但当某些推销决策需要市场最新动态趋势的信息而又没有现成资料可以利用时，就必须组织实地市场调查，以掌握分析当前问题所需要的最新信息。因而，实地调查是为了获取某个特定决策问题所需的最新信息而开展的调研活动，通过实地调查取得的反映当前特定问题的信息资料就称为第一手资料。

（2）第一手资料来源

实地调查是基于涉及企业产品推销活动方面的决策需要进行的调查，一般由企业自身进行，企业也可支付费用委托专业的市场调研公司来完成。

拥有资金、技术和人员的大企业可以设置自身的调研部门，负责企业的调研工作；没有设立专门调研部门的企业也可以委托专业的市场调研公司来完成必要的调研项目。许多企业的推销人员在完成销售任务的同时，都必须兼做信息员、服务员的工作。

大量的中小企业不需要也没有必要"养"一批专职的市场调研人员，当企业自身无力完成第一手资料的搜集工作时，可借助专业的市场调研公司，专业的市场调研公司的形式主要有：①市场调查公司——专门经营各种市场调研业务；②广告公司——除主营广告代理业务外，也设有市场调查部兼营调研业务；③经营顾问公司——以办理企业经营指导业务为主，同时也办理市场调查业务；④咨询公司——除为企业提供咨询服务外，也承接市场调查的有关业务。

【推销宝库3-1】

顾客电子档案

顾客电子档案是现代推销人员的一种有效的推销工具，可导入移动设备随时携带。在实际推销工作中，推销人员可以根据具体需要来确定顾客资料卡的格式。一般来说，顾客资料卡包括下列内容：

（1）顾客基本资料：顾客名称或姓名；购买决策人；顾客等级；顾客地址、电话、电子邮箱、个人微信号、企业微信号等。

（2）顾客购买资料：需求状况；财务状况；经营状况；采购状况；信用状况；对外关系状况。

（3）资料卡相关资料：业务联系人；建卡人和建卡日期；顾客资料卡的统一编号；备注及其他有关项目。

【观念应用3-4】

做决策前需要多少信息？

今天中午吃什么？你在餐厅里左顾右盼，犹豫再三，难以作出选择。需要作出决策时，人们通常会搜寻相关信息。但是，他们在作出最终决定之前需要考虑多少信息呢？他们如何确定自己掌握的信息是否充分呢？信息量（样本量）的多少对于决策质量的高低至关重要，但我们却对做决策时需要多少信息所知甚少。

根据解释水平理论（construal level theory，CLT），人们对某一事件的反应取决于对该事件的心理表征。当我们觉得自己离某个决策情境的心理距离很近时，我们对这种决策情境很熟悉，就很有可能凭喜好和经验作出选择，而不会去搜集更多信息。

样本大小与决策：在决策时依赖大样本是明智可取的，但是抽样的范围对决策质量也很重要。你不能根据在北京的大样本调查结果而在上海作出投资决策。有时，小样本同样重要，比如工作中的一次重大失误可以为以后的工作带来很有价值的教训。此外，搜集大样本数据非常耗费时间、精力和金钱。因此，在做决策时需要考虑多种因素，选择恰当的样本。

心理距离与对样本的选择：在决策时，人们感受到的心理距离可近可远，比如，今天是你的生日，你决定要去你最喜欢的一家餐厅与朋友相聚，这件事在心理距离的4个维度（时间、空间、社会距离、概率）上离你都很近；如果几个月后是你同学的生日，而他在遥远的另一个城市，他邀请你到时候去参加他的生日聚会，让你挑选餐厅，这时你就会觉得这件事离你很远。对于心理距离很近的事件，你会凭个人喜好和经验做决策。以前述两种情况为例，在第一种情况下，你可能会很干脆地选自己最喜欢的餐厅，而在后一种情况下，你可能会看很多关于餐厅的评论。根据解释水平理论，我们对感觉离自己比较近的事物会使用低水平的解释，即具体的、情景化的、涉及实际功能的解释，这时我们只考虑一些因素就做决策；我们对感觉离自己比较远的事物会使用高水平的解释，即抽象的、脱离语境的、示意性的解释，这时我们要考虑很多因素才作出决策。

资料来源　HALAMISH V，LIBERMAN N. How much information to sample before making a decision？It's a matter of psychological distance［J］. Journal of Experimental Social Psychology，2017，71（7）：111-116.

思考题：什么是心理距离？它对推销工作有什么启示？

3.3.2　收集推销信息的方法

收集推销信息的方法，是指推销人员在实地调查过程中向被调查对象收集第一手资料的各种具体办法的总称，主要有询问法、观察法和实验法三大类。推销人员应根据调查目的、调查内容与被调查对象的特点来选用。

1）询问法

询问法是调查者通过口头、电话或书面等信息传递形式，向被调查者了解情况、收集资料的各种调查方法的统称。采用询问法进行实地调查，通常要事先设计好调查表（也叫问卷），以便围绕调查主题有序地进行提问。按调查者与被调查者之间询问的方式不同，询问法又可分为人员访问法、电话访问法、邮递调查法、留置调查法和网络调查法。

（1）人员访问法，即调查者与被调查者面对面地进行交谈，由调查者根据事先拟好的调查表提出问题，让被调查者回答，并予以记录的方法。人员访问法可以分为个人访问与群体访问两种。个人访问形式，便于调查者说明调查的目的、要求和沟通信息，在访问过程中调查者可以根据进程灵活处理，而且能够观察到被调查者态度、心理等的变化，判断其回答的真实性，更重要的是保证调查方案的顺利实施，提高回收率。群体访问形式，适合于集思广益的讨论式调查，相互启发能使调查更为深入，而且节省调查费用，但被调查者之间也可能相互影响，不易发挥主观能动性，所以群体访问邀请的人数不能太多，一般以3~5人为宜。

（2）电话访问法，即调查人员根据抽样设计的要求，用电话向被调查者询问情况的一种调查方法。这种调查方法主要适用于探测性研究，或与其他的调查方法结合运用，一般旨在初步了解产生问题的原因。

（3）邮递调查法，即由调查者将设计好的问卷邮寄给被调查者，由被调查者填好后寄回，经过统计整理得到调查结果的方法。

（4）留置调查法，即调查人员将调查表当面交给被调查者，并详细说明调查目的和要求，由被调查者事后自行填写回答，再由调查人员在规定时间收回的一种调查方法。

（5）网络调查法，即通过网络来收集有关资料的调查方法。主要有以下两种具体方式：

①电子邮件调查法，即把需要调查的问题制作成E-mail问卷，通过E-mail传给被调查者，由被调查者填答完毕后发回的调查方式。进行电子邮件调查，首先要掌握一份电子邮件地址名单，其次要设计电子邮件问卷，并以纯文本显示问卷，被调查者在指定地方输入问题的回答，然后按下"回答"键。

②互联网调查法，即使用超文本标记语言（HTML）把问卷设置在一个网站上或嵌入到网页中，将碰巧浏览者或每隔n个浏览者作为调查对象，并使选定的调查对象在该网站（或网页）上完成问卷填答并提交的方法。随着互联网技术的发展，电子问卷可以在PC端和移动端发布，例如腾讯问卷、问卷星等，用户还能浏览关于问卷回答的简单统计分析结果。

各种询问法的特点比较见表3-1。

表3-1　　　　　　　　　　**各种询问法的特点比较**

方法	优点	缺点
人员访问法	具有可观察性、可控性、灵活性，应答率高	对调查人员的素质要求高，受人为因素的影响较大，调查范围较广时，费用较高
电话访问法	调查速度快，费用少，能调查远距离的被调查者，获得不便于当面提问的问题的回答	通话时间受限，只能对简单问题进行调查，无法找到涵盖所有电话的号码簿，应答率低
邮递调查法	调查范围较广，费用较低，被调查者有充裕的时间回答问题，便于调查结果的统计整理	问卷回收率较低，影响样本的代表性，调查的周期较长，被调查者可能曲解问卷中的问题而影响调查质量
留置调查法	介于人员访问法与邮递调查法之间，兼具两种方法的优点，可以当面回答被调查者提出的问题，应答者有充分时间独立思考，发挥了自身的主观能动性，问卷回收率较高	调查范围有限，费用较邮递调查法高
电子邮件调查法	辐射范围广、访问速度快、匿名性好、费用低	难以找到电子邮件地址清单，样本代表性差，不能自动实现跳答和逻辑判断，问卷长度有限
互联网调查法	具有电子邮件调查法的所有优点；还可以设置按钮、选项框和数据输入域，自动实现跳答，防止应答者误答，自动识别答案的有效性；多媒体效果好	样本代表性较差，无法判断应答的真实性，安全性也是一个潜在的问题

2）观察法

观察法是在不向当事人提问的条件下，调查者通过自身的感官或专用仪器设备记录被调查对象的行为、反应或感受，然后对收集到的资料进行分析，以掌握有关推销信息的方法。推销人员在市场调查中常用的观察法有：

（1）个人观察法，即调查者以普通消费者的身份亲临现场，用自己的体验和观察作为调查结果的方法。例如，企业要了解它的经销商对顾客的服务态度，就可以派人以顾客的身份去购买商品，观察、了解经销商的言行，并作出评价。

【观念应用3-5】

生活中的观察法

推销人员可以运用多种观察方法搜集潜在买主的相关信息，并由此判断他是否可能成为准顾客。推销人员在拜访零售商时，应当留意货架上所摆商品的品牌，这些品牌可以充分显示出这位零售商的经营思想和经营策略。从店里的货架摆设、商品配置和店铺的总气氛，能判断出店主是个雄心勃勃的人还是个稳扎稳打的人。观察下属对老板的态度，能看出老板的为人，也许老板在推销人员面前显得盛气凌人，但如果下属对他毫无惧色，便可以判断老板的粗暴态度是假装的。

思考题：推销人员在拜访零售商时还可以观察哪些方面？

（2）痕迹测量法，即依据事件发生后残留的痕迹进行观察、测量，以获取信息资料的一种调查方法。例如，很多汽车销售商一般都兼营汽车修理业务，为了了解在哪个电台上做汽车广告效果较好，他们就观察、记录来修理的汽车的收音机频率都停在什么位置上，通过整理分析就可知道汽车用户经常收听的是哪个电台，从而就能决定在哪个电台做汽车广告比较适宜。

（3）机器观察法，即在调查现场安装监听、监视的仪器设备，调查者不必亲临现场就可对被调查者的行为和态度进行观察、记录和统计的方法。

观察法的优点是：由于被调查者没有意识到自己正在被观察，调查结果比较真实；用仪器观察和记录资料较为客观，没有调查者的主观倾向。观察法的缺点是：只能观察事物的表象和结果，难以了解被调查者的心理和动机；与询问法相比，花费较多，耗用时间较长；调查者事先往往难以预料调查现场在哪儿。

3）实验法

实验法是指在给定条件下，通过实验对比，对市场经营活动中变量之间的因果关系及其发展变化加以观察分析的一种方法。实验法通常在商品质量、包装、设计、价格、广告宣传、陈列等改变时使用，推销人员借此可以了解这些因素的变化对销售的影响。实验法的关键在于能否较好地控制外部变量，真正地研究实验因素对因变量的影响。由于实验只是对实际市场环境的模拟，实验与实际市场环境之间必然存在差距。在采用实验法时，应重视各种因素的影响性质与程度，力争使实验环境与实际环境有较好的一致性。

实验法有很多实验设计方案，如拉丁方实验、交互实验、正交实验、控制组与实验组实验等，但事实上要与实验室的实验严格一致是办不到的，因而在实际运用中多采用的是类似实验法。

3.3.3　怎样利用推销信息

【推销宝库 3-2】
　　要管理好一个企业，必须管理它的未来，而管理未来就是管理信息。

　　　　　　　　　　　　　　　　　　　　　　　——〔美〕马里恩·哈珀

　　企业的竞争优势更多地来源于如何使用市场信息而不仅仅在于是否拥有市场信息。

　　　　　　　　　　　　　——〔美〕文森特·巴拉巴，杰拉尔德·萨尔特曼

　　对于收集到的数据资料，推销人员必须掌握必要的处理分析方法，去粗取精、去伪存真，从"大数据"中提炼出"小数据"，把信息有效运用到推销活动过程中，实现信息资源向推销绩效的转变。常用的数据处理分析方法有：

　　1）综合加工法

　　综合加工法是根据推销决策对信息的使用要求，对收集到的各种零星、散乱信息加以综合梳理、加工，以提炼出对解决问题有帮助的新信息的方法。综合加工法绝不只是把支离破碎的数据资料简单地加以堆积，而是通过人脑或借助计算机等手段对资料进行再加工的过程，具有知识价值成分和创新元素，是真正对解决推销活动中面临的问题有指导作用的信息。推销人员能了解到顾客对产品、服务方面的很多抱怨和意见，但这些抱怨和意见有些是合理的，有些并不合理，推销人员必须善于总结和归纳，提炼出顾客反映的真实信息。

　　2）相关推断法

　　相关推断法是依据因果性原理，从已知相关的社会经济现象和经济指标的发展变化资料推断所关注目标的未来发展变化趋势的方法。例如，根据过去若干年的资料发现，某地区的社会商品零售额与社会商品购买力有关，在掌握未来社会商品购买力的前提下，就可以利用二者之间的相关关系估算出这一地区社会商品零售额及其变化趋向。相关推断法主要用于分析判断市场的发展变化趋势、国家政策对市场的影响、商品的产销变化趋势等。

　　在运用相关推断法时，首先，应根据理论分析和实践经验，找出影响所关注目标的各种因素；其次，依据所关注目标与影响因素间的相关程度与方向，对目标作出推断。相关推断法具体包括以下两种方法：

　　（1）时间关系推断。某种经济现象在其他一些经济现象出现变动后，相隔一段时间必然会随之发生变化，这种相关的变动关系，称为时间上的先行后行关系。时间上的先行后行关系反映了因果联系的时间顺序，通常把先行的经济指标称为领先指标，把后行的经济指标称为滞后指标，把间隔的时间称为滞后时间。例如，基本建设投资增加了，在相隔一定时间后，随着办公楼或民用住宅的竣工，对办公自动化设备、家具、家用电器等商品的需求量必然会增长。在推销活动中，可以根据某些经济指标或产品需求之间的先行后行关系，从已知相关的领先指标或先行产品的变化来推断所要

预测的滞后指标或后行产品的变动趋向，也可以从已知相关的滞后指标或后行产品的变化来推断所要预测的领先指标或先行产品的变动趋向。如果经济现象之间的原因与结果先后出现的间隔时间很短，或者几乎同时出现，则称两者在时间上是平行关系。例如，基本建设投资增长的同时，必然伴随对建筑材料需求的大幅度增长。

（2）变动方向推断。经济现象之间存在时间上的先行后行关系或平行关系，经济指标也表现出变动方向的差异。两个经济指标之间的相关变动方向同增或同减的关系叫作正相关关系。从商品种类上看，具有正相关关系的往往是一些互补商品，如汽车的购买数量增加必然带来汽油销售量的提高。两个经济指标之间的相关变动方向一增一减的关系叫作负相关关系。从商品种类上看，具有负相关关系的一般是替代商品，如随着计算机的普及，许多烦琐的手写工作都被计算机替代，对各种书写笔的需求减少。因此，利用经济现象之间的正相关与负相关关系，在已知某种经济现象的趋势时，就可对另一种经济现象的发展变化趋势作出质与量上的分析判断，从而掌握产品推销的先机，制订有效的推销计划。

【微型案例3-4】
一个女推销员的逻辑推断

一个女推销员在向一位律师推销复印机。律师说，他的事务所不需要复印机，而且也买不起复印机。女推销员顶住了律师的当头一击，并以律师的秘书上月在附近复印社复印文件的数量摧垮了律师的防线。女推销员之所以敢顶住律师的拒绝，是因为她在前期准备时获得了律师秘书复印资料的信息，同时也知道这位律师小有名气，也很能赚钱。只要他愿意买，什么他都买得起。

通过对获得的资料进行分析和简单的推断，女推销员自然可以断定律师确实需要也买得起一台复印机。

资料来源　韩建中. 实用销售——美国七十年营销经验结晶〔M〕. 北京：红旗出版社，1992：94.

3）对比类推法

对比类推法是把研究目标同其他类似经济变量加以对照分析，以此来推断研究目标未来发展趋向的一种方法。根据比较对象的不同，对比类推法主要包括以下具体方法：

（1）各国之间同一经济现象的类推。把研究目标与国外同类指标或事物的发展过程、发展趋势进行比较分析，找出二者之间的共同规律或发展态势，并用国外经济指标已经呈现的规律与趋势对研究目标的发展变化趋向作出推断。例如，用国外家用汽车业的发展历程推断我国家用汽车市场达到饱和的时间。值得注意的是，这种推断是以假定我国与其他国家的国情相似为前提的，但事实上国情存在较大差异，因而在推断研究目标及其变化趋势时一定要把不同国家之间的国情差异考虑进去，推断结果也只能供推销决策参考。

（2）国内不同地区同一经济现象的类推。把某个地区所要研究的事物或经济指标同国内其他地区同类事物或指标的发展过程进行比较，找出某些共同的变化规律，借以对研究目标作出某种判断。这种类推法与国内外同种事物的对比类推相同，但由于是一个国家内经济变量间的类推，有更多的共性，因而对比类推的效果要更好些。例如，已知某种服装在一线城市的流行时间和趋势，就能对该服装在二线城市可能流行的时间和趋势作出推测。

（3）关联产品之间的类推。把拟研究开发和推销的产品同以往生产的某种在生产条件、最终用途、分销渠道等方面有关联性的产品相互对比，以找出作为研究对象的产品的发展变化方向和趋势。这种方法通常用于新产品开发及上市预测，即通过对已知产品市场生命周期曲线的绘制与分析，了解新产品未来在市场上的销售情况和变化趋势。采取这种方法推断时，产品之间要具有一定的相似性，要考虑新产品与已知产品可能存在的销售差异，并进行修正。

4）追踪反馈法

追踪反馈法是将正在实施的推销计划作为源头，顺藤摸瓜，追踪研究，监测推销方案的实施及顾客消费使用的全过程，从中收集有关反馈信息用以改进和指导推销活动的一种方法。例如，期刊、报纸的推销人员可以随同期刊、报纸的销售发行，附上一份读者意见反馈表，请求读者就办刊方向、栏目设计、版面风格、销售方式等发表意见，并反馈到编辑部，以便改进和提高办刊质量，更好地服务于读者。

5）信息碰撞法

信息碰撞法是对表面上看似互不相干的信息进行创造性的嫁接组合，由此产生新的信息，并运用到推销活动中去的方法。信息碰撞法不是原始数据资料的简单叠加，而是原有信息的量变积累过程，同时也是推销人员运用知识、智慧对原始材料进行加工处理的过程，要求推销人员发挥创造性的思维，点燃思想的火花，由此引发心灵的碰撞，当到达一定程度后即引发质变——产生新的信息。

【观念应用3-6】

整合创新

台灯与时钟是两种不同的产品，并没有什么必然的联系，但推销人员观察到很多顾客同时需要这两种产品。经过仔细分析，推销人员终于提炼出"二合一"的设想，并反馈给产品研发部门。产品很快投产上市，既满足了顾客需求，又拓宽了产品的市场，推销的阻力也就大大减少。

多年前，日本索尼公司的"随身听"产品就是来源于"步行"和"音乐"的组合。推销人员偶然看到一些年轻人手提录音机听音乐、跳舞，通过仔细琢磨形成了"随身听"的产品构想，并反馈给产品设计部门，形成了独特的"随身听"市场。后来，随着电子技术的发展，"随身听"的体积变得越来越小，演变出很多品种，包括CD、MD、MP3、MP4等。

这两个例子都说明，不是每个受市场欢迎的产品都是全新的产品，只要对现有的产品进行巧妙的构思与组合，也可能会诞生一个新产品。创新孕育于整合之中！

思考题：你还能举出其他通过巧妙构思和组合诞生新产品的例子吗？

本章小结

推销活动受推销要素及推销环境两大方面的影响。制约和影响企业推销活动的各种有利或不利的外部因素的总和，称为推销环境。人口、经济、社会文化、政治法律、科学技术及竞争等环境因素对推销活动都有直接或间接的影响，推销人员必须掌握利用机会分析矩阵、威胁分析矩阵、优势-重要性矩阵分析推销环境的方法和思路，主动地适应环境的变化。

数据指信息源发出的各种信号和消息及所揭示的内容，一般以语言、文字、符号、图片、音频和视频的形式存在；信息指经过加工处理后对于接收者具有某种使用价值的数据、消息、情报和知识的总称，附着在纸质、磁介质、硬盘、网络存储器等载体上。推销信息属于商业信息的范畴，反映在一定时间、范围等条件下与推销活动有关的商品供给、需求及消费方面的各种消息、情报、数据、资料和知识的总称。推销信息是一种稀缺资源，具有识别性、转换性、处理性、传递性、共享性、时效性、依附性等主要特征。推销信息的作用表现为：推销信息是制定和实施推销决策的基础与前提，有利于发掘与鉴别推销机会、提高成交率，有助于提升企业竞争力和提高推销效益。推销人员掌握信息的本质就是降低推销活动中的不确定性，提高推销成功率。

文案调查和实地调查是获取推销过程所需要的数据资料的主要方法。通过文案调查得到的第二手资料，是以前为其他研究目的而储存保管起来的各种文献资料，要审核后方能使用，切忌不管具体条件胡乱地套用。对于推销中所面临的新情况、新问题，推销人员必须采取实地调查收集第一手资料，了解最新的市场动态及顾客情况。收集第一手资料的方法主要有询问法、观察法和实验法。对于收集到的第一手资料和第二手资料，推销人员还必须懂得加工处理的技术和方法，善于利用信息，实现推销信息资源向推销绩效的转变。

主要概念和观念

□ **主要概念**

推销环境　文案调查　第二手资料　实地调查　第一手资料　推销信息

□ **主要观念**

环境分析的目的在于捕捉最佳的销售机会，避开潜在的销售威胁。要认识到推销环境是在不断变化中保持相对稳定的，应充分利用"稳态期"来增进销售。

推销信息主要源于文案调查收集到的第二手资料和实地调查取得的第一手资料。

第一手资料主要通过询问法、观察法和实验法三大类方法来收集。

推销信息的利用没有固定模式，综合加工法、相关推断法、对比类推法、追踪反馈法及信息碰撞法只是一部分将信息用于推销活动中的方法。

基本训练

□ 知识题

3.1　阅读理解

1）影响推销活动的主要环境因素有哪些？

2）适应推销环境变化有哪些主要的对策？

3）简述推销信息及其特征。

4）怎样认识信息在推销活动中的作用？

5）什么叫第二手资料？可通过哪些渠道收集第二手资料？

6）通常采用哪些方法来收集第一手资料？

7）利用推销信息的主要方法有哪些？

3.2　知识应用

1）为什么要研究推销环境？

2）为什么说推销环境的变化是绝对的，在一定时期内维持不变是相对的？

3）"环境对推销活动的影响是短暂的，推销人员根本无法适应推销环境的迅速变化。"你如何看待这种观点？

4）有人说："信息是一种稀缺资源，因而信息也是有价的。"你如何评价这种观点？

5）"信息的识别性特征表明，所有推销人员都能够得到他们所需要的信息。"你同意这种说法吗？为什么？

6）"输入的是垃圾，输出的也是垃圾。"这句话阐明了关于信息的一种什么思想？

7）试举例说明信息是对事物不确定性的降低。

8）第一手资料反映的是当前市场最新状态和变化趋势，第二手资料却是为其他的研究目的而收集的现成资料，能否据此认为第一手资料一定比第二手资料重要？

9）"第二手资料主要是从企业外部收集的。"这种说法是否正确？为什么？

10）"由于对方是老顾客，长期购买我公司的产品，因而只要按照往年的规格发货就行了。"从信息的特征及第二手资料分析，这种观点的主要错误有哪些方面？

11）第一手资料反映的是市场的（　　　　）。

A.历史情况　　　　B.最新情况　　　　C.未来情况　　　　D.过去情况

12）"对企业推销业务所面临的各种威胁，企业都必须密切关注并制定防范措施。"这种说法对不对？为什么？

13）对于技术变革快的产品，如计算机软件、智能手机，推销人员为什么必须掌握最新的市场信息资料？

14）为什么说推销信息是对推销活动不确定性的降低？

15）为什么必须对收集到的第二手资料进行审核？通常要审核哪些方面的内容？

16）面对一个不断变化的市场，为什么掌握第一手资料比第二手资料更加重要？

17）"推销信息的利用没有固定模式可循，关键是要发挥发散性思维的作用。"这种说法的合理之处与不当之处分别是什么？

□ **技能题**

3.1 规则复习

1）推销环境分析的目的在于识别推销的机会与威胁，通过机会分析矩阵、威胁分析矩阵和优势–重要性矩阵来具体评价企业可能面临的销售机会与潜在威胁。

2）推销信息属于商业信息的范畴，是反映在一定时间、范围等条件下与推销活动有关的商品供给、需求及消费方面的各种消息、情报、数据、资料和知识的总称。

3）推销信息具有识别性、转换性、处理性、传递性、共享性、时效性和依附性等特征。

4）文案调查收集的是第二手资料，实地调查收集的是第一手资料。

5）采用询问法、观察法和实验法来获取第一手资料。

6）推销人员要认真鉴别市场信息的真伪，判断其可靠性和准确性，运用综合加工法、相关推断法、对比类推法、追踪反馈法及信息碰撞法来加工处理信息。

3.2 操作练习

1）实务题

（1）假设你是国内一家主营厨具设备的公司的地区推销经理。请问：

①你会关注哪些方面的信息？列举出你所关注的信息类型。

②你会登录哪些网站去搜寻这些信息？

对你所收集到的资料进行整理加工，写出有助于你开展推销活动的研究报告。

（2）假设你正在推销一种自动打包密封设备，你潜在的顾客是一个汽车玻璃刮水器的生产商，该生产商每天要运送给顾客大约 5 000 箱刮水器。一台自动打包密封设备的成本是 125 000 元，担保使用寿命是 5 年，如果安装了该设备，刮水器生产商期望每箱运输成本能节约 8 分钱。你在推销洽谈中如何利用这些信息？你将如何根据这些信息描述产品的主要卖点？

2）综合题

登录 CNKI 数字图书馆（http：//www.cnki.net），收集有关推销信息和推销环境方面的研究论文，对这一领域的研究做一篇文献综述。

□ **能力题**

3.1 案例分析

足球俱乐部的市场研究

你就职于一个著名的足球俱乐部。该俱乐部有一个非常受欢迎的网站和一个成功的在线商店——销售衣服和俱乐部的纪念品。你热衷于扩大在线商店销售的产品范围。你的兴趣在于开发足球系列产品的手机应用软件，包括俱乐部的新闻报道、比赛和球票通告、可下载的铃声和屏幕背景（墙纸），以及一系列应用程序——小件物品存放 App、赛事 App 和新闻中心 App。同时，你对于足球相关产品、足球产业市场等背景资料也感兴趣并进行研究，以便形成一份足球系列产品的商业推广方案提供给财务总监，俱乐部将决定是否在新的领域继续探索。

问题：

1）你准备用什么方法收集相关文献资料？

2）请你陈述选择这些方法的理由。

3）你准备提出哪些对策和建议来扩大足球相关产品的市场？

案例分析提示

3.2　网上调研（作为"单元实践"准备的调研活动训练）

上网分别搜寻智能手机、汽车内燃机、银行三个行业的现状及发展趋势方面的资料，至少写出其中一个行业的研究报告，要求阐明研究背景、收集资料的范围、研究方法、导出结论的过程、结论及建议。

3.3　单元实践

1）结合上述网上调研结果，阐述你所撰写研究报告的行业面临的推销机会与威胁，说明你分析判断的依据。

2）收集电信业的第二手资料，阐述你对移动数据流量推销的构想。

第 **4** 章

顾客心理与推销模式

学习目标 ●

知识目标：理解马斯洛需求层次论和奥尔德弗 ERG 理论，认识和了解顾客购买行为的基本模式和各种类型，了解爱达模式、迪伯达模式、埃德帕模式和费比模式的内涵。

技能目标：学会分析顾客心理，掌握爱达模式、迪伯达模式、埃德帕模式和费比模式在推销中的运用。

能力目标：能运用"5W1H"法分析顾客购买行为，懂得顾客的购买心理与购买行为是复杂多变的活动过程，成功的推销应针对顾客的具体情况，灵活运用恰当的推销模式，说服顾客采取购买行动。

引例 @　　　　　　　关心别人的需要是推销成功的关键

秋日的上午，阳光斜落在肩，我走进那家食品店。我打算向他们的老板约翰·斯科特先生推销保险。下面是我们的谈话。

"斯科特先生，我叫乔·库尔曼。您曾向我们公司要一些材料，现在给您送过来。这是您签名的名片。""年轻人，你们公司不是答应给我准备一些商业文件吗？这并不是我要的材料。""斯科特先生，您要的那些商业文件我们公司的确没有。不过，它为我提供了接近您的机会。您看是否可以给我一点时间，为您讲一讲人寿保险？""啊，你看，我很忙，这还有 3 个人呢。跟我谈寿险是浪费时间。你看，我已经 63 岁，早几年我就不再买保险了，以前买的已经开始偿付。我的儿女已经成人，他们能够照顾好自己。现在，只有我妻子和一个女儿同我一起住，即便我有什么不测，她们也有钱过舒适的生活。""斯科特先生，像您这样成功的人，在事业或家庭之外，肯定还有些别的兴趣，比如对医院、宗教、慈善事业的资助。"我一边说，一边拿眼看他。他没发话，我心里就有了一点底，继续说："斯科特先生，通过我们的计划，不论您是否健在，您资助的事业都会继续下去。7 年之后，假如您还在世的话，您每月将收到 5 000 美元的支票，直到您去世，这将是一大笔钱。如果您用不着，怎么样都可以；但如果您需要的话，那可就是雪中送炭了。"斯科特先生看了看表，说："如果你能等一会儿，我想问你几个问题。"

20 分钟后，我又坐在斯科特面前。"库尔曼先生，你刚才讲到了慈善事业。不错，我资助了3个人，每年花费很多，这件事对我很重要。你刚才说如果我买了保险，那3个人在我死后仍能得到资助，究竟是怎么回事？你还说倘若我买了保险，7年后，每月就能得到5 000美元的支票，我总共要花多少钱？"6 672美元。""哦，我花不起那么多钱。"

接下去，我要把问题引向他的兴趣所在，那是推销成功的关键，我就问他资助那3个人的事。果然他很乐意，唠唠叨叨说了一大堆。从他说话的速度看，他确实很忙，但不是在忙工作，而是忙他的兴趣。他说他一直没有机会去看那3个人，由他儿子照料着，他打算今年秋天去看看。他还讲了其他很多事，都跟那3个人有关。我抱着浓厚的兴趣倾听，然后说："斯科特先生，您去时可否带上您一家人？您现在作出妥善安排，若您发生不测，他们仍可以按月收到支票，而不至于青黄不接。您还可以把这个消息告诉那3个人。"他又开始抱怨支出太多，我们的话题由此多起来。我顺势问了他很多问题，都是关于他兴趣的。

结果怎么样？他买了6 672美元的保险。我拿了支票，故作镇定地走出他的办公室，出了店门，就一路奔跑，把支票紧紧抓在手里。我哪里是在跑，简直是在飞。就在两年前，我的愿望还是得到一份搬运的工作。可现在，我竟签下了公司有史以来最大的一笔人寿保险，6 672美元（约相当于1996年的128 753美元）。我激动得吃不下饭，第二天凌晨才睡着。

几周之后，波士顿举办全州推销大会，我应邀演讲。完毕，克雷拉·霍西克，全州最有名望的推销前辈来向我道贺。他的年龄几乎长我两倍，他跟我聊了很久，教给我与人相处的秘诀，我大受教益。在后来的日子里，我对那些秘诀体会更深。老前辈说："我一直很疑惑，你怎么能肯定你会卖出那份保险？"

我问他的用意。他解释说："你知道吗，推销的秘诀在于找到人们心底最强烈的需要，并帮他们满足它。刚见到斯科特先生时，你并不知道他想要什么，你发现他的需要只是碰巧而已，接着你设法帮他得到了它。你们聊天，你不断提问，使谈话一直围绕着他的需要，这就是你成功的原因。如果你想让推销变得容易，就该记住这一原则——发现人们的需要，并满足它。"

经验之谈：如果你不关心别人的需要，凭什么指望别人会关心你的需要？

资料来源 库尔曼. 美国金牌推销员的成功秘诀［M］. 孙奇，译. 北京：中国长安出版社，2004.

本章知识结构图

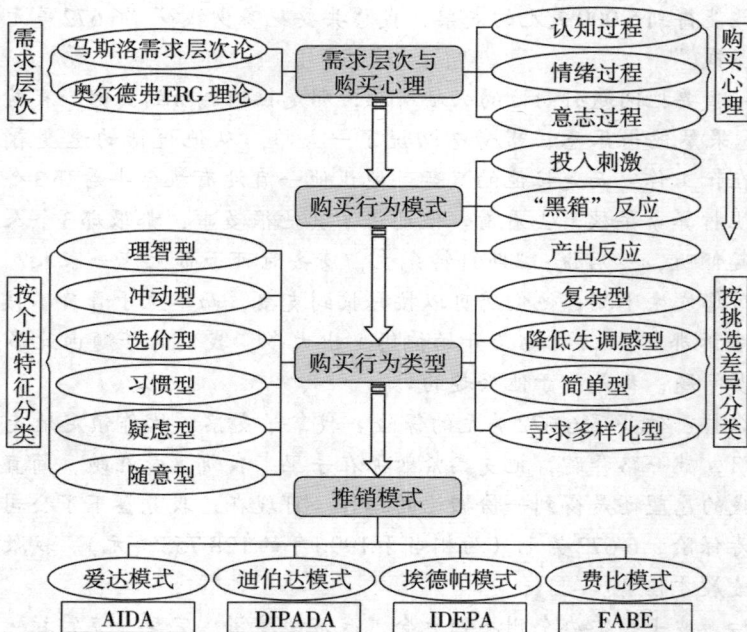

认真研究和认识顾客，是推销取得成功的基础。推销人员应当在销售之前深入了解顾客，掌握顾客的购买心理和购买行为，能够针对顾客的具体情况熟练地运用恰当的推销模式。只有这样，推销人员才可能取得良好的推销业绩。

4.1 顾客心理与购买行为

推销既是一个由信息的输入与输出导致"买"与"卖"的过程，也是一个了解、尊重顾客并参与顾客的调整观念与行为的心理活动的过程。因此，推销人员应当在掌握顾客的购买心理和行为客观规律的基础上，灵活地应用推销技巧，保障推销活动的成功。

【微型案例4-1】

处处留个心眼儿的王永庆

王永庆十五岁时从学校毕业了，便开始在茶园做杂工。接着他又在嘉义县的一家米店当起了学徒。但只做了一年，他就决定自己开米店。

老板好当，好老板却不好当。此时，嘉义县虽然不大，却已经有大小近三十家米店了，米行的竞争已经十分激烈。当时王永庆是个只有二百元本钱的小老板，要在竞争激烈的米行立住脚，可以说他丝毫不占优势。他只能在一条不起眼的巷子里租一个特别小的店面，这样小又没有名声的米店，谁会主动光顾呢？所以在刚开张的那段日子里，他生意冷清、门可罗雀，如果这种情况继续下去，房租都有可能成为很大的问题。

别看王永庆才十六岁，他却能冷静地分析自己家米店没生意的原因。首先，他注意到隔壁的日本米店，顾客因为习惯的原因，喜欢去那里。进而，他考察了城里其他米店的情况，基本上把每家米店的经营特色都琢磨了一遍。这时，王永庆发现自己对手的实力真是不可小瞧，然而他是不会轻易放弃的。

年轻气盛的王永庆开始了自己独特的上门推销服务，他亲自背着米挨家挨户地去推销，这样一天下来，不仅把自己累得半死，买米的人也不多，这是怎么回事呢？连着几天晚上王永庆都睡不着，是呀，谁会轻易相信一个小商贩的上门推销呢？那么该怎样取得对方的信任和认同呢？

王永庆翻来覆去地回忆自己推销时的一举一动和对方的反应，最后王永庆决定还是在自己的米上做文章。原来当时，因为大多的稻田还是靠农民的双手来收割，加工的技术也很落后，所以米里往往会存留很多小石子或土块等杂物。这样，人们在做饭的时候，都必须把米淘好几次，他总是会听见主妇们抱怨买的米不干净，淘起来太费事。想到这个细节，王永庆立刻来了精神。

大早上，他就和两个弟弟开始忙活了，他们细心地把米里的秕糠还有小石子等杂物拣出来，然后再卖米。

王永庆这样做的时候，有人问他："你这样做，米的分量就会比你进货的时候少了，这样你不是要少挣很多钱吗？"

王永庆笑着说："有时候钱不是这样计算的，只有我的米质量比别人的好，大家才会买我的米，如果我的米卖不出去，利润再大也没有用，做生意得实实在在，这样挣的钱才稳当。"

这话一传十，十传百，没多久，王永庆的米质量好的消息就被大家传了个遍，再加上价钱并没有因为米的质量好而提升，所以大家都乐意来他这里买米，米店的生意就这样渐渐红火了起来。

王永庆实在是个有心人，他一边卖米，一边和顾客聊天，不久，他就把经常来买米的顾客的习惯和家中情况了解了个大概。于是，针对一些年龄比较大的顾客，他就开始了特殊的服务——主动送米上门，这下，大大方便了那些老年人。

老人们直夸这个小伙子懂事、体恤顾客、细心、待人热诚。于是，老人们又给王永庆提出了一些新的建议，比如说，希望王永庆能够提供更多的有特色的服务。

于是，就出现了下面的现象：王永庆送米，不仅把米送到顾客家中，还会主动将米倒进米缸里。如果看到主人家的米缸里还有陈米，他一定会将陈米倒出来，仔细地把米缸擦干净，然后再把新米倒进去，最后才将陈米放到新米的上面，主人家看到这种情形，不由得心生感动。因为这样周到的服务，王永庆却没有另外多收任何费用。

细心的王永庆还会把顾客的米缸容量悄悄记在心里，在闲话家常中问清顾客家里平常有多少人吃，具体到有几个大人、几个小孩，甚至是顾客家中每个人的饭量如何，他都会了解得一清二楚，然后细心地推算出下次买米的大概时间，仔细地记在自己随身带的本子上。估计时间到了，不用等顾客上门买米，他就会主动将米按需要送到顾客家里去。

这样,王永庆的米店由最初的每天卖不到十二斗,到每天能卖一百多斗。而且生意形成了良性的循环后,王永庆又开始筹办碾米厂,进而又经营起了木材生意。这个没有高学历的老板却有着世界性的眼光,最终成了世上最有名的商人之一。

资料来源　佚名. 从小处做起的王永庆［EB/OL］.（2023-07-25）［2023-11-03］. https：//www.sohu.com/a/706078693_121124293.

正是因为知道"千里之行,始于足下",所以王永庆能够从一个小学徒最终成长为"经营之神"。他并非有三头六臂,甚至比别人的条件更恶劣,之所以能成功,是因为他能认真对待每一件事情,认真思考每一件事情,处处留心。

4.1.1　需求层次与购买心理

1）需求层次

推销人员将商品或服务推销给消费者的过程,也就是推销人员刺激消费者的消费需求并使消费者产生购买动机的过程。消费者是否采取购买行动,是由消费者自己和推销人员所进行的推销努力两个因素共同制约的。从消费者自身来看,至关重要的是有没有特定的消费需求动机和由此而产生的购买欲望,以及是否有足够的购买能力。而对于推销人员来讲,关键在于能否理解特定消费者的特定消费需求并有效地刺激需求促成消费者采取购买行动。因而,无论是消费者还是推销人员,能否达成交易,核心问题是需求。

（1）马斯洛需求层次论。美国心理学家亚伯拉罕·马斯洛（Abraham H. Maslow）于1943年提出的人类需求动机理论为推销人员分析目标消费者的需求提供了理论依据。消费者的购买行为,实际上是消费者解决他的需求问题的行为。不同的人有不同的需求,人们在生理上、精神上的需求具有广泛性与多样性。由于每个人的具体情况不同,需求问题的轻重缓急和解决顺序自然有所不同,客观上,也就存在一个"需求层次"。马斯洛把人们多种多样的需求,按其重要性和发生的先后顺序大体分为5个层次:生理需求、安全需求、社交需求、受尊敬需求和自我实现需求。

【推销宝库4-1】

2023年前三季度居民收入和消费支出情况

1）居民收入情况

由图4-1可见,2023年前三季度,全国居民人均可支配收入29 398元,比上年同期名义增长6.3%,扣除价格因素,实际增长5.9%。分城乡看,城镇居民人均可支配收入39 428元,增长（以下如无特别说明,均为同比名义增长）5.2%,扣除价格因素,实际增长4.7%;农村居民人均可支配收入15 705元,增长7.6%,扣除价格因素,实际增长7.3%。

按收入来源分，2023年前三季度，全国居民人均工资性收入16 747元，增长6.8%，占可支配收入的比重为57.0%；人均经营净收入4 643元，增长6.7%，占可支配收入的比重为15.8%；人均财产净收入2 554元，增长3.7%，占可支配收入的比重为8.7%；人均转移净收入5 454元，增长5.8%，占可支配收入的比重为18.6%。

2023年前三季度，全国居民人均可支配收入中位数24 528元，增长5.4%，中位数是平均数的83.4%。其中，城镇居民人均可支配收入中位数35 242元，增长4.3%，中位数是平均数的89.4%；农村居民人均可支配收入中位数13 396元，增长5.7%，中位数是平均数的85.3%。

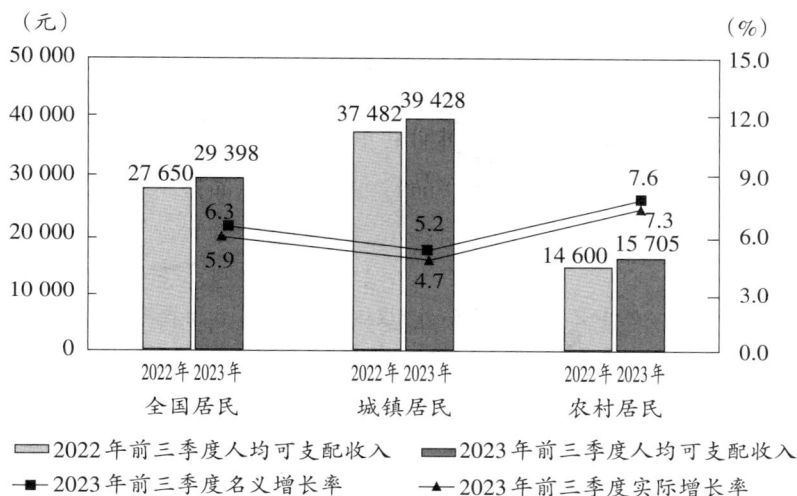

图4-1　2022年前三季度、2023年前三季度全国及分城乡居民人均可支配收入与增长率

2）居民消费支出情况

由图4-2可见，2023年前三季度，全国居民人均消费支出19 530元，比上年同期名义增长9.2%，扣除价格因素影响，实际增长8.8%。分城乡看，城镇居民人均消费支出24 315元，增长8.6%，扣除价格因素，实际增长8.1%；农村居民人均消费支出12 998元，增长9.3%，扣除价格因素，实际增长9.0%。

2023年前三季度，全国居民人均食品烟酒消费支出5 794元，增长6.7%，占人均消费支出的比重为29.7%；人均衣着消费支出1 055元，增长6.5%，占人均消费支出的比重为5.4%；人均居住消费支出4 514元，增长6.4%，占人均消费支出的比重为23.1%；人均生活用品及服务消费支出1 120元，增长7.4%，占人均消费支出的比重为5.7%；人均交通通信消费支出2 605元，增长11.3%，占人均消费支出的比重为13.3%；人均教育文化娱乐消费支出2 084元，增长16.4%，占人均消费支出的比重为10.7%；人均医疗保健消费支出1 835元，增长15.0%，占人均消费支出的比重为9.4%；人均其他用品及服务消费支出522元，增长17.4%，占人均消费支出的比重为2.7%。

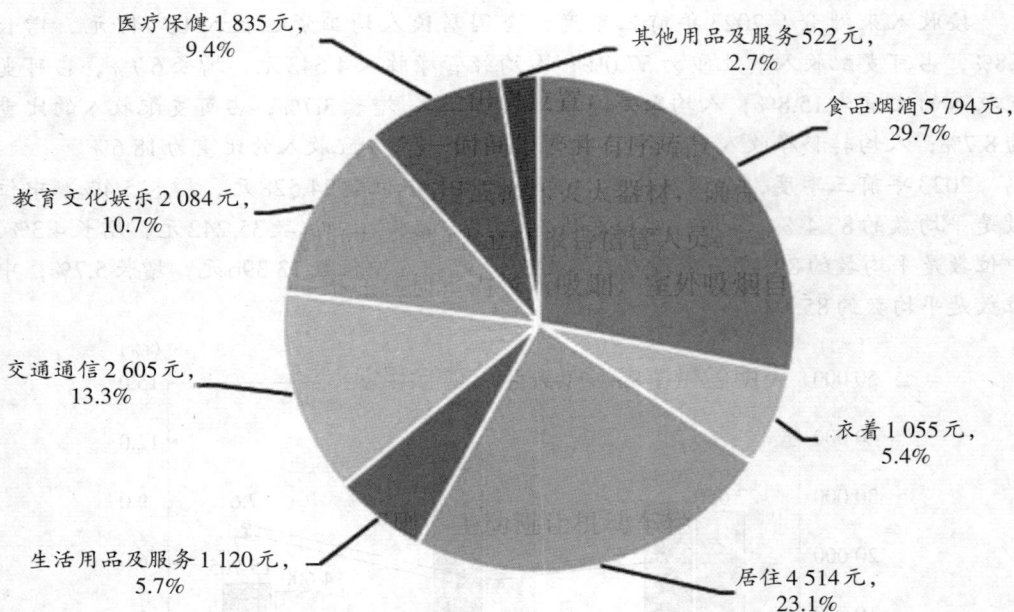

图4-2 2023年前三季度居民人均消费支出及构成

资料来源　国家统计局. 2023年前三季度居民收入和消费支出情况［EB/OL］.（2023-10-18）
［2023-11-03］. http://www.stats.gov.cn/sj/zxfb/202310/t20231018_1943659.html.

（2）奥尔德弗ERG理论。马斯洛的理论有一定的合理因素，他在一定程度上指出了人的需求变化的一般规律，以及需求结构中各种需求之间的关系，可用于分析消费需求及消费者行为的发展趋势。但是，马斯洛的理论在探讨需求从一个范畴到另一个范畴的运动时，有某些不足之处，可用美国另一位心理学家奥尔德弗的ERG理论加以补充。

奥尔德弗认为，人同时存在三种需求，即存在（existence）的需求、关系（relationship）的需求和成长（growth）的需求。他同时还提出了三个概念：①"需求渴求"。同一层次的需求中，某个需求只得到少量的满足时，一般会产生更强烈的要求，希望得到更多的满足。由此推论，此时消费者的需求不会指向更高层次，而是停留在原有的层次，从量和质方面发展。②"需求升级"。较低层次的需求满足得越充分，对高层次的需求越强烈。可以推论，此时消费者的需求将指向高一层次。③"需求膨胀"。较高层次的需求满足受挫后，会导致较低层次需求的急剧膨胀和突出。换言之，消费者会以更多的支出投入到这一较低层次的需求当中。

奥尔德弗指出了这样一个事实：需求的变化不仅基于"满足—前进"，而且完全可能"受挫—倒退"。它有助于我们科学地认识需求对消费者行为的影响。

上述理论的指导意义在于，它不仅要求推销人员重视消费者的需求，而且提供了分析消费者需求的具体方法。推销人员可以根据上述理论指导推销实践，在推销实践中注意以下几点：

首先，在实施推销活动之前要分析、确定目标顾客的需求状况。顾客的需求状况是决定其购买行为的首要因素。目标顾客对推销人员所推销的产品没有需求，推销人员做再大的推销努力也于事无补。

其次，应当注意年龄、文化程度、职业、职务、收入和社会经济发展状况等因素对消费者需求的影响。推销人员可根据上述社会人文因素进行市场细分，确定各细分市场消费者群的不同需求，有针对性地开展推销活动。

再次，要抓住不同消费者群体的主导需求。推销人员要注意准确分析不同消费者群体的主导需求是什么，也就是抓准不同消费者群体必须得到满足的主要需求，这样也就抓住了推销机会。

最后，注意发展高层次的需求。随着社会的进步和经济的发展，人们低层次的需求被满足以后，高层次的需求成为消费热点。推销人员在确定推销策略时，应注意开发一般消费者的高等级需求，尤其是向成功人士推销能给他们以精神满足的产品和服务。这样，推销人员将争取到更多的成功机会。

【思考与研讨4-1】

张先生原住房已较宽敞，现谋求迁往别墅区，此类需求属于（　　　）。

A.安全需求　　　　　　B.社交需求　　　　　　C.生理需求

D.受尊敬需求　　　　　E.自我实现需求

【答案】D

2）购买心理

推销人员在分析、把握顾客消费需求的同时，还应当掌握消费者的购买心理。消费者购买心理是指消费者在购买商品时心理现象对客观现实的动态反映。消费者在实施购买活动时，其多种多样的心理现象无论复杂还是简单，都是周围客观现象在头脑中的反映。这个心理变化的过程，可以概括为彼此有一定区别，同时又相互依赖、相互促进的三个阶段，即认知过程、情绪过程和意志过程。

（1）认知过程。这一阶段又可分为感性认知和理性认知两个小阶段。消费者首先通过感官感觉到商品的个别属性，然后再通过记忆、联想、对比，对感觉到的材料进行分析、比较、抽象、概括、判断、推理以至想象，从而对商品形成一个比较全面的本质的认识。经过这个从感性到理性、从感觉到思维的过程，消费者就接近作出购买与否的决定了。

【观念应用4-1】

感觉

感觉一般有五种：听觉、视觉、味觉、嗅觉和触觉。此外，还有方向感、压力感等特殊感觉。如果销售人员能够养之有素，时刻保持高度的警惕，就可以发现那些能够暗示客户主要感觉的线索和征兆。

同其他方法相比，推销人员利用吸引客户感觉的方法可以获得更多的订单。

资料来源　霍金斯. 世界上最成功的销售方法——世界第一流推销员所推崇的销售圣经［M］.

刘伟，译. 北京：新世界出版社，2011：127.

思考题：为什么推销人员利用吸引客户感觉的方法可以获得更多的订单？

（2）情绪过程。情绪过程是伴随着人们的认知过程而出现的心理现象，是一种具有独特个性特点的主观体验。情绪可按发生的强度和持续时间的长短，分为心境、激情、应激等基本形态。情绪一般没有具体的形象，而是通过消费者的神态、表情、语气和行为表现出来。

消费者的情绪表现在性质上，可分为积极的、消极的和双重的三大类型。积极的情绪，如愉快、喜欢、热爱等，能增强消费者的购买欲望，促成购买行动；消极的情绪，如愤怒、厌恶、恐惧等，会抑制消费者的购买欲望，阻碍购买行动；双重的情绪，如既满意又不满意，既喜欢又忧虑等，则使消费者的购买欲望和购买行动处于两难境地。

（3）意志过程。消费者心理过程的变化除了以生理机制为基础外，还需要以心理机能为保证。这种心理保证能使消费者自觉地为实现其购买目的而采取一系列的行动，并使消费者在购买过程中努力排除各种外来的及内在的干扰，保证购买目的的实现。消费者的这种有目的地、自觉地支配、调节自己的行为，努力克服各种困难，从而实现既定购买目的的心理活动，就是意志过程。

消费者的意志过程与认知过程、情绪过程是紧密结合、密不可分的。同一过程，往往是认知过程、情绪过程和意志过程三者合一。推销人员掌握了这一点，就能更好地了解消费者的心理。

4.1.2 购买行为模式

从系统的角度分析，消费者的购买行为是一个投入产出的过程。一方面，消费者要接受各种外部刺激；另一方面，消费者会作出各种反应。外部的刺激和消费者的反应往往是看得见的，而消费者如何消化各种外部刺激，进而形成自己的某种别具特色的反应，这一过程则常常令人难以揣摩。它似乎是消费者"黑箱"（black box）反应的一种结果，如图4-3所示。

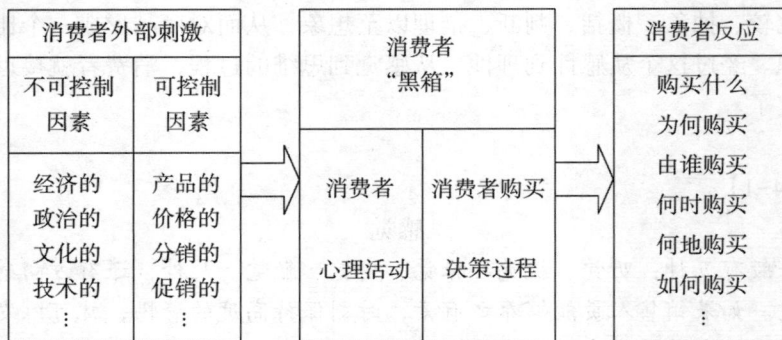

图4-3　消费者购买行为的基本模式

1）投入刺激

消费者购买行为中的投入因素，首先是各种不可控制因素形成的宏观环境刺激。它们构成笼罩整个市场的"大气候"，制约着整个消费需求，并对每个消费者的"黑箱"产生显著的影响。由各种企业可控制因素即市场营销手段组成的市场营销刺激，受制于宏观环境因素。同时，市场营销刺激因素的变化和不同组合形式，又成为影响消费者"黑箱"的具体而又直接的"小环境"。

2）"黑箱"反应

对于消费者购买行为中的"黑箱"，虽然难以窥探其完整的内幕，但它至少包含两方面内容。

（1）消费者的心理活动。外部刺激和消费者的个人特征，会影响消费者在购买活动中对各种事物的认知、情绪和意志，并制约其反应。

（2）消费者购买决策过程。消费者的购买活动并非始于某个商店，也非结束于交款、取货。它从消费者认识到需要开始，直至购后使用、消费完毕告一段落，往复循环又不断发生新的变化。在这个过程中，消费者必须作出一系列的判断，其决策不仅受到购买心理气氛的制约，而且受到外部刺激的"大气候"和"小环境"的影响。

3）产出反应

在诸多因素的共同作用下，消费者最终将作出一定的反应，决定如何满足需要和欲望，消费者行为从此开始由观念形态进入现实之中。

消费者购买行为是指消费者为满足个人或家庭生活需要而购买所需商品的活动以及与购买有关的决策过程，它主要包括六个方面的内容，可以概括为"5W1H"或"6W"。

（1）购买什么（what），即购买对象是什么。它主要指消费者要购买什么商品，如某种便利品、选择品或特殊品，有形产品或无形产品，以及商品的类型、品牌等。

（2）为何购买（why），即消费者的购买目的是什么。它主要受制于消费者的需要及消费者对需要的认识。

（3）由谁购买（who）。消费者的购买活动通常是由购买的倡议者、决定者、执行者和商品使用者综合作用决定的，推销决策应当符合具有决定性影响力的顾客的需要。

（4）何时购买（when）。消费者购买商品的时间受消费地区、季节、商品性质、节假日和消费者忙闲的影响，进而形成一定的习惯。推销人员可通过分析研究抓住最佳推销时机。

（5）何地购买（where）。对这个问题可以从两个方面进行考察：一是消费者在何处决定购买；二是消费者在何处实际购买。

（6）如何购买（how），即消费者采取什么方式购买。研究的内容既包括购买类型，又包括付款方式。

【思考与研讨4-2】

消费者"黑箱"是指消费者购买过程中的（　　）。

A.理智动机　　　　　　B.求廉心理　　　　　　C.神秘心理
D.求新心理　　　　　　E.情感动机

【答案】C

4.1.3　购买行为类型

实际从事购买活动的消费者，在选购商品时的表现是多种多样的。一方面，消费者由于收入、性格、文化素养等方面的不同而存在购买心理的差异；另一方面，购物环境如企业的信誉状况、推销人员介绍商品和服务的能力等，也会影响消费者的购买行为。

1）按个性特征分类

根据消费者购买商品的心理动机、需求特点以及个人性格的不同，可以将购买行为分成以下几种类型：

（1）理智型。这类消费者头脑冷静，在购买商品前已经过深思熟虑，对商品的特色、性能、使用、保养等信息进行了广泛收集和分析，早已成竹在胸。他们在购买时不容易受广告宣传和推销人员介绍的影响，主观性较强，受理智控制，对商品慎重挑选，反复比较。

（2）冲动型。这类消费者感情比较外露，想象力丰富，审美感觉灵敏，容易受外界刺激影响。他们在购买商品前通常没有足够的思想准备，以直观感觉为主，容易受商品的外观、包装、商标、广告宣传和推销人员劝说的影响，一般对新产品、时令商品比较敏感，不太注重商品的价格，能迅速作出购买决策。

（3）选价型。这类消费者非常注重商品的价格，往往以价格作为决定购买的主要标准。其中，高价选择者认为，高价不仅意味着商品的高质量，也是购买者较强的经济能力或较高的社会地位与身份的象征，具有某种社会意义。而低价选择者购买商品主要是图实惠，对廉价商品尤为敏感和热衷，特别喜欢购买削价商品。

（4）习惯型。这类消费者对某些商品往往只偏爱其中一种或数种品牌。他们对这些商品比较熟悉、信任，注意力稳定，因而产生对某种品牌的信赖，形成习惯态度，在产生需要时不假思索地去购买。这类消费者往往根据过去的购买经验和使用习惯采取购买行动，成为某种商品的长期购买者或某家商店的老主顾。

（5）疑虑型。这类消费者在购买时比较注意观察商品的细微之处，考虑问题顾虑较多，对事物体验深刻，行为谨慎迟缓。购买商品时，他们往往犹豫不决，难以作出决策，即使作出了购买决策也可能反悔而中断购买行为。

（6）随意型，也叫不定型。这类消费者购买心理不稳定，没有明确的购买目标和要求，缺乏对购买物品的选择常识。他们购买商品时缺乏主见，往往是奉命购买或随意购买，容易受旁人意见的左右。

2）按挑选差异分类

根据同类商品的品牌差异程度和消费者购买时的投入程度，可以将购买行为分为四种，见表4-1。

表4-1　　　　　　　　　　　　　　消费者的主要购买行为类型

品牌差异 ＼ 投入程度	购买当中需要高度投入	购买当中只要低度投入
不同品牌之间差异较大	复杂的购买行为	寻求多样化的购买行为
不同品牌之间差异较小	降低失调感的购买行为	简单的购买行为

（1）复杂的购买行为。消费者在购买比较贵重、不常购买且具有高风险的产品时，其购买态度必然会比较认真。如果这类产品品牌较多，并且差别明显，消费者就要经历一种复杂的购买行为。由于对产品缺乏了解，甚至未掌握明确的挑选标准，购买者往往要经过一个认识性的学习过程：首先熟悉产品的性能、特点，逐步建立对各种品牌的看法，最后谨慎地作出购买决定。推销人员应当为顾客提供产品的有关信息，让他们了解、熟悉产品的各种属性、特征及优势，使顾客产生信任感。

（2）降低失调感的购买行为。购买某些商品时，消费者需要高度投入其中，但是由于各品牌之间差别不大，消费者只是稍加比较即决定购买。只要地点方便、价格稍微便宜等，都可能促使消费者很快购买。由于购买较为迅速，购买后消费者可能会感到不满意，比如，发现产品的某个缺陷，或者听到别人赞扬其他同类产品，这时消费者会努力寻找新的信息，证明自己的选择是正确的，以寻求平衡或降低失调感。推销人员应当注意提供有关信息，帮助购买者增强信念，求得心理平衡。

（3）简单的购买行为。对于价格低廉而又经常需要的产品，各个品牌之间又无多大差异，消费者对产品也比较熟悉，一般就不会多花时间加以选择，如购买盐、洗涤用品等，可能随手拿起一袋就是了，消费者并不一定关心品牌。即使认牌购买，也多半出于习惯，并非强烈的品牌忠诚在起作用。推销人员可采用价格优惠和其他销售推广方式鼓励消费者试用、购买和重购。

（4）寻求多样化的购买行为。消费者虽然购买时低度投入，但由于品牌之间差异较大，因而可能经常变化所购品牌。比如购买饼干、方便面，消费者往往不花太多时间挑选品牌，而是在消费时作出一些比较、评价。下次购买换一个花样，并不一定是出于对上次购买的不满意，而是寻求新口味。不断变换品牌是为了寻求多样化。

4.2　爱达模式

推销模式是根据推销活动的特点和对顾客购买活动各阶段心理演变的分析以及推销人员应采用的策略等进行系统归纳，总结出的一套程序化的标准模式。杰出的推销大师对推销实践经验的总结，形成了一些获得国际公认的基本推销模式。本章4.2至4.5节将依次介绍爱达模式、迪伯达模式、埃德帕模式和费比模式。其中，爱达模式、迪伯达模式和埃德帕模式都是著名的推销专家海因兹·M.戈德曼（Heinz M. Goldmann）根据自身推销经验总结出来的推销模式。他在《推销技巧——怎样赢得顾客》（The Classic Manual of Successful Selling：How to Win Customers）一书中介绍了这些模式。此书1958年出版后，曾被译成18种文字，1980年修订本的中译本于1984年由中国农业机械出版社出版。此后，我国较多的推销学著作对这些模式进行了介绍或借鉴。

【观念应用4-2】

买方行动理论

按照传统观念，在作出购买决策之前，顾客内心一般要经历5个步骤：注意、兴趣、欲望、确信、行动。销售人员的职责就是指引潜在顾客经历各个步骤。在过去40年里，每当关注的焦点集中在产品上时，这条理论都曾盛行一时。

资料来源　曼宁，里斯. 当代推销学：建立质量伙伴关系［M］. 吴长顺，等译. 8版. 北京：电子工业出版社，2002：107.

思考题：买方行动理论的具体内容是什么？

4.2.1　爱达模式的含义

根据消费心理学的研究，顾客购买的心理过程可以分为四个阶段，即注意（attention）、兴趣（interest）、欲望（desire）、行动（action）。海因兹·M.戈德曼根据自身推销经验和消费心理学的研究，把推销活动概括为四个步骤，如图4-4所示。[①]

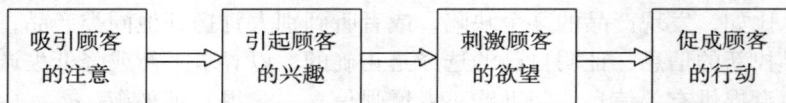

图4-4　爱达（AIDA）模式基本流程

注意、兴趣、欲望和行动四个英文单词的首字母连在一起为AIDA，中文音译为"爱达"，所以戈德曼的推销步骤又被称为爱达模式。爱达模式被认为是推销成功的法则。其具体内容可以概括为：一个成功的推销人员必须把顾客的注意力吸引或者转移到所推销的产品上，使顾客对所推销的产品产生兴趣，这样顾客的购买欲望也就随之而产生，而后推销人员再促使顾客作出购买行动。尽管推销的内容复杂多样，但推销人员都可以用这四个步骤分解推销过程，并引导自己的推销活动。

爱达模式从消费者心理活动的角度来具体研究推销的不同阶段，不仅适用于店堂的推销，也适用于新任推销人员的推销以及对陌生顾客的推销。

由于市场环境是千变万化的，推销活动也随之而复杂多变，所以爱达模式的四个推销步骤的完成时间不可能整齐划一，推销人员应根据自身的工作技巧和所推销的产品性质安排，时间可长可短。四个步骤的先后次序也不必固定，可根据具体情况适当调整，可重复某一步骤，也可省略某一步骤。无论如何，达成交易的可能性总是存在的，这就是奉行这一模式的终极目标。每一个推销人员都应该根据爱达模式检查自己的销售洽谈内容，并向自己提出以下四个问题：我的销售洽谈是否能立即引起顾客的注意；我的销售洽谈能否使顾客感兴趣；我的销售洽谈能否使顾客意识到他需要我所

[①] 戈德曼. 推销技巧——怎样赢得顾客［M］. 谢毅斌，王为州，张国庆，译. 修订本. 北京：中国农业机械出版社，1984：178-242.

推销的产品，从而使顾客产生购买的欲望；我的销售洽谈是否使顾客最终采取了购买行动。

4.2.2　爱达模式的具体内容与运用

1）吸引顾客的注意

顾客的购买行动通常由注意开始，因此，推销人员的第一个步骤就是要吸引目标顾客对推销品的注意，当推销人员和目标顾客互不相识时更是如此。能否吸引顾客注意，是决定推销能否成功的重要前提。若顾客注意到了推销人员提供的商品和所传递的信息，推销活动就可以进行下去，否则这种推销活动即已宣告失败。

注意是指人的大脑处于兴奋状态，心理活动集中指向特定客体，以求获得对该客体清晰而真实的反映。顾客的注意有两种：一是不由自主地对推销活动产生的无意注意；二是主观能动地对推销活动产生的有意注意。对采取完全主动行为态度的有意注意的顾客，推销人员可较为容易地抓住时机促成交易，但推销人员经常和没有明确购买目的的无意注意的顾客打交道。当推销人员进入目标顾客所在的现场时，目标顾客有可能会像对其他刚介入者一样对推销人员产生无意注意。推销人员要强化信息刺激，把顾客的无意注意转化为有意注意，使顾客把注意力、时间和精力都从其他事物转移到推销活动上来。根据心理学的研究结果，人们在接触的最初30秒内获得的刺激信息，比在此之后10分钟里获得的要深刻得多。因此，推销人员必须在特定场所、时间和空间的限制下，用极短的时间和最有效的手段引起顾客的注意。在推销中，引起顾客注意就是推销人员通过特殊活动刺激顾客的感觉器官，将顾客的注意力引导到自己所要出售的商品上来，同时，努力把顾客非自觉的无意注意转变为主观能动的有意注意，从而使顾客正确、高效地认识被推销的商品。

吸引顾客注意的推销活动除了各种"物"的因素，还包括推销人员的语言、态度、行为等。这些活动的实质在于明确、清晰、有效地向顾客传达有关推销品的信息。这种信息可以直接传达，也可以用"绕弯子"的办法间接传达。具体采用何种办法不在于怎样发出信息，而在于怎样有利于顾客接受信息。推销人员在为此而努力时，必须注意下列几个基本问题：

（1）从顾客最感兴趣的问题入手。推销人员与顾客的兴趣往往并不是一开始就能达成一致的，如果顾客对推销人员首次发出的信息并无热烈回应，那么说明顾客对此信息并没有产生兴趣。在这种情况下，推销人员必须尽快寻找顾客兴趣所在，先设法"接上火"，然后引导顾客将注意力转移到自己这边来。必须记住，如果没有抓住顾客的兴奋点，顾客注意力的转移就是不牢靠和低效率的。

（2）把推销品中与顾客利益有关的方面迅速告知顾客。例如问："您愿意听我一个建议，看看能否帮助贵公司在营运过程中节省时间并节约资金吗？"从心理学的角度看，人的有意注意仅以那些与自己利益相关的事物为对象，这种相关性越强，注意力越容易集中。因此，推销人员既不能总处于附和顾客兴趣的地位，也不能要求顾客围绕推销人员的想法转，推销人员应该做到的是，让顾客考虑如何得到自身的利益，同时让顾客注意到取得这种利益的手段和条件掌握在推销人员手里，最终围绕推销人员来追求这种利益的实现，在这样的条件下引起的顾客注意将是极有效率的。

（3）调整好对顾客刺激的强度与频率。人所关心的绝非仅利益一项，同时，被吸引的非自发注意力的集中时间大都不会自动延长，因此，推销人员不仅应设法刺激顾客以引起顾客的注意，还应科学、巧妙地安排刺激源的释放频率与强度，以达到提高顾客注意力集中度并延长其时间的目的。所以，推销人员不仅应追求增大刺激力，在新颖、奇特、变幻、幽默感等方面下功夫，还必须在刺激源释放的安排程序、强度调整、过渡与补充等方面下功夫，以达到引起顾客注意的最佳效果。

（4）紧紧抓住"先入为主"，充分利用"首因效应"。在实践中，推销人员唤起顾客注意的结果，往往在顾客作出第一个评价后就已被"钉住"了。第一个评价一般仅来自顾客的第一印象或是第一感觉。这种评价一旦形成，将很难改变，因此，推销人员的仪态、仪表、第一句话、第一个动作和初始态度格外重要。

引起顾客注意，在步骤上包括吸引与转移两个方面。在推销过程中，推销人员应根据不同的推销对象、推销环境，采取不同的方法。一般来讲，可采用的吸引顾客注意力的基本方法有仪表形象吸引法、语言吸引法、动作吸引法、音响吸引法、文字图形吸引法、产品吸引法等。吸引的核心是调动顾客感觉器官的良好反应，任何吸引的方法都应当与推销的内容有联系，与推销活动有关。这一阶段可以说是表象层次的动员。一方面，它要唤起顾客的无意注意，将顾客的注意力引导到推销人员所追求的方向上来；另一方面，它要引导顾客由无意注意转向有意注意，推动有意注意的形成并使它能持续延长。顾客注意力有目的的转移，是推销中引起顾客注意所要达到的目的，可以说它是推销的真正开始。在这里，推销工作者必须认识到的是，引起顾客注意有着细腻的技术要求和多种多样的方式方法，它绝不是评书艺人那种"惊堂木"式的单一形式，以不变应万变不可能达到高效地引起顾客注意的目的。

2）引起顾客的兴趣

在吸引顾客注意的基础上，推销人员就可以开始第二个步骤——设法引起顾客对推销品的购买兴趣。

在这个阶段推销人员要做的具体工作主要有两项：

一是向顾客示范所推销的产品。推销人员必须向顾客表明产品或服务如何发挥效用，如何使顾客受益。为了使顾客消除疑虑产生购买欲望，推销人员可采用的一个效果良好的方法就是实际演示所推销的产品，让顾客亲眼看到产品所具有的功能、特性和使用效果。这个过程需要目标顾客的参与，让他们亲身体验一下产品或服务，证明推销人员的观点。例如，油污清洁剂的推销人员当着顾客的面在自己笔挺的西装上沾上一些油渍，然后在对方惊诧的目光下不慌不忙地用自带的产品除去污渍，产品的优异功能显而易见。又如，一位瓷器推销人员把看起来十分精致的盘子放到地板上，然后笑容可掬地对顾客说："你可以站到盘子上试试，来，请吧！"顾客迟疑地小声嘀咕："那能行吗？"推销人员诚恳亲切地说："没问题，试一试吧！"当顾客站到精美的盘子上而没有发生他所担心的破损时，盘子坚固的质量已经得到了确凿无疑的证明。顾客的参与比推销人员的独自演示更有说服力，也更能调动起顾客的兴趣。心理学家估计，3小时后，人们平均能够记住自己所听的10%，所听和所见的70%，所听、所见、所参与的90%。

二是了解顾客的情况。了解顾客的情况是做示范的一个先决条件，推销人员在引起顾客兴趣的这一阶段首先要对顾客的情况进行了解。为了使产品满足顾客的愿望和需要，推销人员应当分析需要了解顾客哪些方面的情况，如何设问，如何运用自己手头掌握的资料。这些问题处理得越好，就越有可能直接与顾客交换意见和看法，成交的可能性也越大。

推销人员做示范激起顾客的兴趣时，应当注意以下几点：

（1）推销任何产品，都要向顾客进行示范。产品越复杂、技术性能要求越高，就越有必要通过示范使产品具体化。即使顾客对推销人员的示范表示兴趣不大，或对所推销的产品有所了解，推销人员也要做示范，而且示范得越早，效果就会越好。这是成交的一种有效保证。如果推销人员充分利用已掌握的资料，并且把这些资料的使用与预期的目标有机地结合起来，那么推销人员的业务拜访就会事半功倍。

（2）当产品不便随身携带时，推销人员可以利用模型、样品、照片和图片做示范。推销人员要熟记和灵活运用有关产品的所有数据，并能即时随手画出示意图和图表。这种能力，有助于使顾客产生形象概念，给顾客留下栩栩如生的感官印象。

（3）在产品使用中做示范。顾客看到产品实体只能对产品的外观形态有所了解，而不能了解产品的实际功能和特点，这就需要推销人员示范怎样使用产品。这种示范可以带有简要的说明，深入浅出地介绍产品性能或工作原理，不能用深奥的专业原理吓跑顾客。在示范过程中增添一些戏剧性，会使顾客感觉新鲜而集中注意力，提升推销的效果。

（4）慎重使用宣传印刷品。通常，顾客在收到推销人员送给他的宣传画册等印刷品时，会以为业务洽谈接近尾声，于是起身用客气话礼送推销人员。推销人员应注意送给顾客宣传画册时，还要对小册子的主要内容进行简要的解释，确保顾客对其内容有透彻的了解。

（5）帮助顾客从示范中得出正确结论。每一次示范都应该有具体的目的，推销人员在示范前就必须清楚地知道这一次示范是为了证明什么。检验推销人员示范效果的标准是顾客的信服程度，因而推销人员不能忽视示范的影响，而要注意观察顾客的反应。例如，某推销人员向顾客展示减肥的设备及步骤时，会发给每位参观展示的顾客一个重量相当于10千克牛肉的东西，请顾客提在手上，然后询问顾客："你们愿意让这个东西一天24小时地跟随在身上吗？"顾客立即感受到肥胖的累赘、减肥的必要。

此外，推销人员不要强迫顾客下决心，特别是在顾客进行抉择的时候。介绍产品情况应突出重点，内容不要太多，以免顾客在推销过程的第二个阶段就有厌烦的感觉。

3）刺激顾客的欲望

刺激顾客的欲望是爱达模式的关键性阶段。如果顾客已经明确表示信服推销人员的示范，对推销品产生了兴趣，这时若能使顾客相信通过购买可获得特定的利益，就会刺激顾客的购买欲望，形成购买动机。推销人员为顾客提供利益包括两个方面：一是让顾客得到好处。利益可能是诸如感觉良好、赚更多的钱、节省时间、提高效率等，它代表着一种获得，是顾客能够更多地拥有或更好地利用的东西。二是让顾客减少或避免损失。利益也可能是解决问题的方案，它可能使顾客摆脱困境或使顾客避免从正在进行的事务中受到损失。研究表明，让顾客减少一些确定的损失比承诺更多的收益更具有说服力。所以，在这一阶段，推销人员要向顾客充分讲明理由，举出例证，用理智唤起顾客的购买欲望。当顾客觉得购买产品所获得的利益大于付出时，购买欲望会油然而生。

推销人员在推销活动过程中要善于根据顾客认知过程的心理活动规律，设法打消顾客的种种疑虑，刺激顾客的购买欲望，使顾客对购买持肯定态度。刺激顾客购买欲望的方法主要有：巧妙运用感情因素，用自信和热情去感染顾客，建立信任；有针对性地介绍，突出商品特性，刺激和强化顾客的购买欲望；语言生动活泼，配合演示和顾客参与，激发顾客的想象力；适当运用例证，巩固和进一步刺激顾客的购买欲望。优秀的推销人员善于寻找产品的优点，挖掘产品的卖点、亮点，凸显产品的功能与利益，以此与顾客产生互动，让顾客相信产品可能带来好处。对价值高的产品，要善于分解、细化其功能和利益，以消除顾客因一次性投入多而产生的疑虑。例如，可以这样说："这台电脑功能全、效率高，正常情况下，可以使用5年，平均每月不到100元。"有心的推销人员平时会注意记下哪些名人买了这种产品，各品牌的市场占有率、排行榜上的情况，顺口说给顾客听，能产生"第三者效应"，促使顾客下决心购买。比较成熟的顾客沉着冷静、从容不迫，不易为外界事物和广告宣传所左右，他们会认真听取推销人员的建议，有时还会提出问题和自己的看法，但不会轻易作出购买决定。对此类顾客，推销人员必须从熟悉产品特点着手，谨慎地应用层层推进引导的办法，多方分析、比较、举证、提示，使顾客全面了解利益所在，以期获得对方理性的支持。

4）促成顾客的行动

爱达模式的最后一个步骤，也是全部推销过程与推销努力的目的所在，它要求推销人员运用一定的成交技巧来促使顾客采取购买行动。在一般情况下，顾客即使对推销品产生了兴趣并有意购买，也会处于犹豫不决的状态。这时推销人员不应"悉听客便"，而应不失时机地促进顾客进行关于购买的实质性思考，进一步说服顾客，帮助顾客强化购买意识，促使顾客实际进行购买。促成顾客实施购买行动是在完成前三个推销阶段后的最后冲刺，或者让顾客实际购买，或者虽然没有成交但洽谈暂时圆满结束。这时推销人员应注意：分析判断顾客不能作出购买决定的原因，并针对这些原因做好说服工作；将样品留给顾客试用；概括洽谈过程中达成的认同点，重申顾客购买产品将得到的利益。要坚持多次地向顾客提出成交要求。美国一位超级推销员依自己的经验指出，一次成交的成功率为10%左右，他总是期待着通过两次、三次、四次、五次的努力来达成交易。据调查，推销人员每获得一份订单平均需要向顾客提出4.6次成交要求。

【观念应用4-3】

运用爱达（AIDA）模式设计Cheer促销组合

22岁的Seth从一所大学拿到了MBA证书后，来到宝洁公司（P&G）负责包装肥皂和洗涤剂部门的Cheer品牌组上班，他从部门厚厚的册子中了解到Cheer牌的洗涤剂是专门为开顶式洗衣机设计的一种白色并有蓝色和绿色微粒的洗涤产品。

在促销部里，Seth在琳琅满目的小礼品中选择了一种橡胶玩具。这种蓝绿色交织、有红斑纹长腿的小玩意儿，是给很小的小孩的，它们无毒，又足够大，小孩子无法吃下去，安全耐用。经过一系列测试，这个玩具不仅很受欢迎，而且是整个公司历史上最成功的3个促销礼品之一。Seth简直手舞足蹈了，他给它命名为Cheery怪物。采购部门估计，这个玩具的成本大约每个6美分，包括制造成本和从亚洲的产地运到辛辛那提的运费。Seth的设想是每盒大包装的Cheer产品放3个Cheery怪物来促销，一盒就要增加18美分的成本，如果增加后销售的效果好，抵销这部分开支绰绰有余。

Seth分析了所有能想到的促销方式：

（1）邮寄促销：让顾客把洗涤剂包装盒上的UPC（商品条码）寄到公司换取礼品。这样的方式对生产毫无影响，但无疑会降低礼品的吸引力，对于顾客来说，邮寄和等上两三个礼拜来收取小玩意儿实在是一件烦琐的事情。

（2）包装内促销：礼品放在包装内，包装外有醒目的提示。如果采用这种方式，包装盒的设计要修改，况且如何设计吸引顾客的提示语也是个问题。另外，顾客不能直接看到可爱的小怪物。

（3）包装上促销：用真空包装膜将礼品和Cheer洗涤剂捆在一起。这样直观性强，但工厂要有专门的设备进行包装。同时，爱占便宜的顾客可能会将礼品扯下，而不买产品。

（4）包装外随产品派送促销：在购买点即时奉送礼品。这要求零售商安排额外人员负责这项工作，而且，也许某些小的零售店会截留这些小礼品或者拿出来卖。

在向上司Tom作出详尽汇报之前，Seth需要作出选择和决定。在利用AIDA模式设计具体的促销组合策略之前，有必要对案例中四种策略即邮寄促销、包装内促销、包装上促销、包装外随产品派送促销进行大致的量化分析。

在实际的操作过程中，我们会发现，包装外随产品派送促销和邮寄促销虽然成本效应比占据优势，但事实上，依AIDA模式的作用原理来评估，顾客并不欢迎。这两种促销并非产品和赠品的捆绑式销售，而要实现产品和赠品的隔离销售，前期显然要持续铺垫，这些费用比捆绑销售高昂的广告成本及相关宣传推介费用还要高，且唤起注意的效果还不一定有捆绑销售好。何况在后续激发购买欲望和促成购买行动阶段，这两种促销方式还会增加顾客购买的货币、时间、体力和精力成本，顾客要提着大包小包的东西排队等候，要细心地裁下包装的UPC（商品条码）邮寄过去再等候赠品寄来，这期间任一因素发生变故都会影响到顾客得到赠品的承诺兑现，控制得不好，不仅难以起到促销的效果，还有可能因顾客抱怨影响产品品牌的声誉。实际上，由于不可测的因素太多，这两种促销工具通常只是狭隘地限定在特定的区域、特定的时间、特定的产品和赠品上，并不适于大范围推广。

应用AIDA模式做如下设想：

在吸引顾客的注意阶段，可考虑将包装进行部分透明化设计，使顾客可以直观地看到内置的Cheery怪物。同时，尽量争取零售商的支持和配合，将产品聚类单独陈列或置于陈列架的黄金档位。在销售点现场设置放大的 Cheery 怪物气模，尽量安排现场促销人员推荐、招贴、POP 海报以呼应在产品销售前所做的媒体广告等，如此种种，均是为了吸引顾客的主动注意。在被动注意的引致上，促销经理应尽可能地采取多种活动形式让 Cheery 小怪物在儿童群体中深入人心，如在儿童娱乐中心举办 Cheery 怪物竞赛、抽奖活动等，若能够以更高端一些的活动让 Cheery 怪物成为儿童群体中的时尚或某种形象标志，效果当然会更加显著。

在引起顾客的兴趣阶段，应尽可能地放大 Cheery 怪物给儿童的利益附加值，以激发目标顾客的持续购买和单次多量购买。例如，设计不同风格限量供应的 Cheery 小怪物，以赋予它们收藏价值；将玩具设计为儿童书包或卧室里的装饰品，以迎合儿童的炫耀心理；营造一种 Cheery 怪物的文化氛围，赋予它们或正义或勇敢或聪明的个性，以迎合儿童惯行的自我暗示心理；还可穿插一些辅助促销工具，以提高目标顾客积极参与的意愿，如设计出一个 Cheery 怪物全家福的组合，若顾客能集合一套完整的全家福，即可回赠丰厚的礼品。

在刺激顾客的欲望阶段，为了让顾客认为促销礼品是有价值的，公司对 Cheery 怪物的选择程序本身便是较为慎重的：（1）Cheery 怪物事前经过严格的测试，并被认定为公司最成功的 3 个促销礼品之一；（2）Cheery 怪物足够安全，是一种橡胶玩具，无毒，足够大，儿童无法吃下去。此外，由于 Cheery 怪物放在产品包装内，即购即取，方便易行，节省了顾客大量的时间、体力和精力成本，即使产品在价格上较竞争品相对稍高，目标顾客在考虑到产品附加赠品的整体利益时，仍然会优先考虑 Cheer 促销产品。

在促成顾客的行动阶段，促销经理应重视与零售商的利益协调以及后续承兑环节的逐一实现，如竞赛、抽奖活动、Cheery 怪物的主题促销活动、奖品的承兑、文化氛围营造的连贯性和一致性等，在方案设计中要注意整体规划、分清职责、明确责任、专人督办，以保持整个促销活动有条不紊地进行。值得注意的是，促销活动和市场一线对促销活动的反馈是双向同时进行的，这种反馈信息包括地域性促销前后效果的对比，以明确地域间促销支持的布点和力度，包括对目标顾客提出的抱怨和建议的关注，以明确各项促销支持落实的具体情况及修正和完善各项促销支持等。

资料来源　钟超军. 品牌攻略 [M]. 北京：中国农业出版社，2006：158-161.

思考题：Cheer 促销组合的关键点是什么？有何借鉴意义？

4.3　迪伯达模式

4.3.1　迪伯达模式的含义

迪伯达模式也是海因兹·M.戈德曼根据自身推销经验总结出来的模式[①]。"迪伯达"是六个英文单词的第一个字母连在一起 DIPADA 的译音。这六个单词概述了迪伯

---

① 戈德曼. 推销技巧——怎样赢得顾客 [M]. 谢毅斌，王为州，张国庆，译. 修订本. 北京：中国农业机械出版社，1984：252-255.

达模式的六个推销步骤：准确发现顾客的需要和愿望（definition）；把推销品与顾客的需要和愿望结合起来（identification）；证实推销品符合顾客的需要和愿望（proof）；促使顾客接受推销品（acceptance）；刺激顾客的购买欲望（desire）；促使顾客采取购买行动（action），如图4-5所示。迪伯达模式被认为是一种创造性的推销模式，是以需求为核心的现代推销学在推销实践中的突破与发展，被誉为现代推销法则。

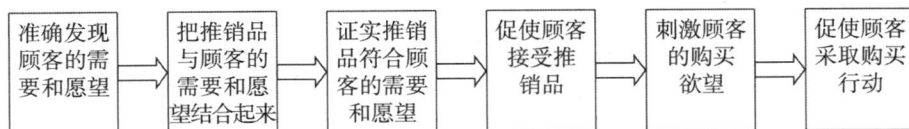

图4-5 迪伯达（DIPADA）模式基本流程

迪伯达模式的特点是紧紧抓住了顾客需要这个关键性要素，充分体现说服诱导的原则。虽然迪伯达模式比爱达模式复杂、步骤多，但针对性强，推销效果较好，因而受到推销人员的重视。就产品类型而言，迪伯达模式更适用于推销生产资料等有形产品，以及咨询、信息、劳务与人才中介、保险等无形产品；就顾客类型而言，迪伯达模式更适用于有组织购买即单位购买者。

4.3.2　迪伯达模式的具体步骤

1）准确发现顾客的需要和愿望

需要是顾客购买行为的动力源，顾客只有产生需要才会产生购买动机并导致购买行为。因此，推销人员要善于了解顾客需求变化的信息，利用多种方法寻找与发现顾客现实和潜在的需要和愿望，明确指出顾客的需要，并通过说服、启发，刺激与引导顾客认识需求，为推销创造成功的机会。

2）把推销品与顾客的需要和愿望结合起来

这一步骤是由探讨需要的过程向开展实质性推销过程的转移，是迪伯达模式的关键环节。它要求推销人员在探讨顾客需要后，及时对顾客的主要需要和愿望进行总结和提示，取得顾客好感，进而向顾客简明扼要地介绍推销品的主要优点、性能和作用，把话题自然转向推销品和顾客需要与愿望的结合点上。由于结合是一个转折的过程，因此，推销人员一定要注意从顾客的利益出发，用事实说明二者之间的内在联系；否则，牵强附会的结合必然使顾客反感，最终使推销失败。

3）证实推销品符合顾客的需要和愿望

当推销人员把推销品和顾客的需要与愿望结合起来后，顾客虽然认识了推销品，但尚不能充分相信推销品符合他的需要，还需要推销人员拿出强有力的证据向顾客证明他自己的购买选择是正确的，推销品正是他自己所需要的。证实不是简单的重复，而是推销人员为顾客寻找与提供能使顾客相信购买推销品可以达到其购买目的的理由与证据，使顾客认识到推销品符合他的需要的过程。要达到这个目的，推销人员事先必须做好有效证据的收集和应用等准备工作，熟练掌握展示证据和证实推销品的各种技巧。

4）促使顾客接受推销品

顾客接受推销品是指顾客完成了认识推销品的心理过程后，认可推销品，以至达到肯定与欣赏推销品的程度。由于顾客只有接受了推销品才有可能采取购买行动，因此推销的主要目的是促使顾客接受推销品。在推销活动中，推销人员虽然证实了推销品符合顾客的需要与愿望，正是顾客所需要的，但这并不意味着顾客已经接受了推销品。因为推销人员的证实和顾客的接受之间还存在不可忽视的沟壑，此时还必须通过推销人员的积极努力，促使顾客对推销品产生积极的心理定势，促使顾客接受推销品。这一步骤是对前段推销进展的总结，常与第三个步骤的证实有机结合成一体。在这一步骤需要注意：推销人员应强调和突出顾客的主角地位，避免采取强力推销，耐心等待，继续努力工作。

5）刺激顾客的购买欲望

当顾客接受了推销品后，推销人员应及时激发顾客的购买欲望，利用各种诱因和外界刺激使顾客对推销品产生强烈的满足个人需要的愿望和情感，为促成顾客的购买行动铺平道路。这一步骤与爱达模式的"刺激顾客的欲望"相同。

6）促使顾客采取购买行动

这是迪伯达模式的最后一个步骤。它要求推销人员在前面工作的基础上，不失时机地巧妙劝说顾客作出购买决定，圆满地完成推销。据调查，有71%的推销人员未能适时地提出成交要求。美国施乐公司前董事长彼得·麦克说："推销人员失败的主要原因是不要签单，不向顾客提出成交要求，就好像瞄准了目标却没有扣动扳机一样。"

【思考与研讨4-3】

迪伯达模式是一种用于推销洽谈的推销模式。它尤其适用于（　　　）。

A.组织推销　　　　　　　　B.个人推销　　　　　　　　C.家庭推销

【答案】A

4.4　埃德帕模式

4.4.1　埃德帕模式的含义

埃德帕是英文IDEPA的中文译音，IDEPA分别是英文单词identification、demonstration、elimination、proof和acceptance的第一个字母。埃德帕模式是迪伯达模式的简化形式①，它主要包括五个推销步骤，如图4-6所示。

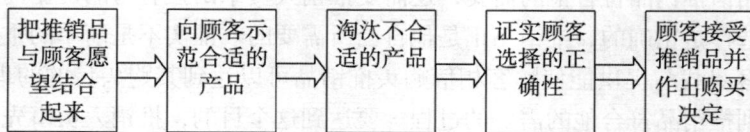

把推销品与顾客愿望结合起来 → 向顾客示范合适的产品 → 淘汰不合适的产品 → 证实顾客选择的正确性 → 顾客接受推销品并作出购买决定

图4-6　埃德帕（IDEPA）模式基本流程

---

① 戈德曼.推销技巧——怎样赢得顾客［M］.谢毅斌，王为州，张国庆，译.修订本.北京：中国农业机械出版社，1984：256-257.

第一个步骤：identification，把推销品与顾客愿望结合起来。

第二个步骤：demonstration，向顾客示范合适的产品。

第三个步骤：elimination，淘汰不合适的产品。

第四个步骤：proof，证实顾客选择的正确性。

第五个步骤：acceptance，顾客接受推销品并作出购买决定。

埃德帕模式主要适用于向零售商推销。零售商接待的顾客大多是主动到商店来购买商品的顾客。一般说来，这些顾客或多或少都知道他们需要购买哪些产品，无须零售商向他们推销。有时，也会出现例外情况，如"额外销售"，即推销人员向顾客推销一些顾客本不打算购买的产品。另外还有一些顾客只是到商店逛逛，并不准备购买什么东西。零售商可以抓住这一机会向闲逛的顾客推销，刺激他们的购买欲望。因为和最终消费者频繁接触，零售商比较了解消费者的需要和愿望。

4.4.2 埃德帕模式的具体步骤

使用埃德帕模式的推销步骤如下：

1）把推销品与顾客愿望结合起来

主动上门购买的顾客都是带有某种需求的，因此推销人员在热情接待的同时，应摸清顾客的实际需要，尽量提供可供顾客选择的推销品，并注意发现顾客的潜在需要和愿望，揣摩顾客的心理，使推销品与顾客的愿望结合起来。

2）向顾客示范合适的产品

首先，除非顾客表示不需要，推销人员应按照顾客所提供的进货单逐项展示和示范；其次，推销人员要按照顾客的需求推荐创新产品、市场潜力和盈利空间较大的产品，并加以展示和示范。这样既可以使顾客充分了解推销品，明白购买之后所能获得的利益，也有助于推销人员了解顾客的购买需求和具体要求。推销人员对顾客了解得越深入、越准确，达成交易的概率也越高。

3）淘汰不合适的产品

由于推销人员在前两个阶段向顾客提供的推销品较多，其中的一部分可能与顾客的需求相差较远，因此需要把这部分不合适的产品筛掉，把推销的重点放在适合顾客需要的推销品上。在决定是否淘汰某种推销品之前，推销人员应根据目标市场消费者的特点，认真了解和分析顾客停购推销品的真实原因，有根据地进行筛选。

4）证实顾客选择的正确性

推销人员应注意针对顾客的不同类型，用具有说服力的例证证实顾客选择的正确性，这将有助于坚定顾客的购买信心。例如向中间商举例，说明其他中间商销售同一种产品受消费者欢迎，或被选中的商品较另一同类商品进销差价大、利润高等。

5）顾客接受推销品并作出购买决定

这一步骤的主要工作是针对顾客的具体特点促使顾客接受推销品，作出购买决定。此时，影响顾客购买的主要因素已不是推销品本身，而是购买后的一系列问题，如货物运输、货款结算、手续办理、货物退换及赔偿等。推销人员若能解决上述问题，就会坚定顾客的购买信心，使顾客迅速作出购买决定。

4.5 费比模式

4.5.1 费比模式的含义

费比模式是由郭昆谟教授总结出来的推销模式。费比是英文FABE的中文译音。费比模式包含四个步骤，如图4-7所示。

```
┌─────────┐   ┌─────────┐   ┌─────────┐   ┌─────────┐
│ 详述推销 │→ │ 列举推销 │→ │ 以利益驱 │→ │ 用"证据" │
│ 品的特征 │   │ 品的优势 │   │ 动顾客   │   │ 促成购买 │
│         │   │         │   │ 购买     │   │         │
└─────────┘   └─────────┘   └─────────┘   └─────────┘
```

图4-7　费比（FABE）模式基本流程

第一步，详述推销品的特征（feature）；

第二步，列举推销品的优势（advantage）；

第三步，以利益（benefit）驱动顾客购买；

第四步，用"证据"（evidence）促成购买。

【推销宝库4-2】

诱导顾客购买的技巧

郭昆谟博士将推销技巧总结为诱导顾客购买的7个阶段，或称成功推销构成法，这7个阶段为：（1）唤起顾客注意，最好的方法是把名片印制得与众不同，富有新意；（2）引发顾客兴趣，如借助语言、动作引起顾客的好奇心、求知欲与期望等；（3）诱导顾客联想，如绘声绘色地描述顾客拥有产品后所能得到的利益；（4）唤起顾客购买欲，包括让顾客明白推销品正是他所缺少的，让顾客相信推销品可以满足他的需求，让顾客了解购买推销品可以获得的利益；（5）向顾客提供比较机会，如向顾客提供推销品的性价比、将推销品与竞争品进行比较等；（6）设法使顾客信服，即提供充分证据证实推销品货真价实、推销人员诚实可靠等；（7）促使顾客尽快作出购买决策。

4.5.2 费比模式的内容

费比模式具体的推销步骤是：

1）详述推销品的特征

该模式要求推销人员能准确、简明地向顾客介绍产品的用途、性能、造型、经济性等特征，对食品应多介绍口味、营养价值、安全性，对家用电器应多介绍使用的方便性、保修承诺，对保健品、电器等要事先准备广告式的宣传材料并及时提供给顾客。要真正做好这一点，推销人员要十分熟悉整体产品中核心产品、形式产品、延伸产品的具体特征，以便在见到顾客伊始，就能以明确、生动的语言，向顾客介绍推销品在选材、造型、工艺流程、耐久性、安全性、性价比、使用及操作的便捷性和售后服务等方面的特点。对于全新产品或改进型新产品，更应注重说明产品创新或完善之处。为方便记忆和避免遗漏，推销人员可借助宣传资料和画册等认真介绍产品，并将资料提供给顾客,让顾客了解产品的重要特征。

2）列举推销品的优势

该模式要求推销人员根据所推销产品的实际优点,充分说明产品质量、功能、性价比和服务等方面的超群与领先之处。例如,和同类产品相比,电器的日耗电量低、噪声小,冰箱储藏室的容量大,服装设计时尚,品牌知名度、美誉度高等。若顾客为电器的安全性担忧,在电热水器的产品介绍中就强调"选购热水器,安全最重要",同时指出,"超过七成的中国家庭存在漏电隐患,如无接地线,接地不良,线路老化,使用劣质开关、插座等",宣传本产品采用了"专利防电墙技术""安全预警技术",能全面解决环境漏电隐患,使人体可能承受的电压大大下降,低于人体绝对安全电压。有些顾客为产品使用中出现的故障而担忧,很多企业就宣传产品无理由退货,免费保修一年、二年、三年等。这些目的性、针对性很强的解说,能较充分地展示产品某些方面的优点。

3）以利益驱动顾客购买

该模式要求推销人员针对顾客需求,把产品所能带给顾客的利益,详细告知顾客。例如,"这种家用电热水器使用最新专利技术,配备'防电墙',将成为您家庭的用电安全卫士""这种248升容量的冰箱,24小时耗电量小于国家及欧洲A级能耗标准"。产品能给顾客带来的利益,绝不限于产品的使用价值能满足顾客物质上的需要,还应体现在顾客感知价值(customer perceived value,CPV)上。推销人员应能把握产品可以为顾客提供更多的总价值,包括产品价值、服务价值、人员价值、形象价值在内,以及节省顾客为获得产品所支付的货币、时间与精力,从而使顾客感知价值最大化。顾客获得的总价值越多,付出的总成本越少,说明顾客可以获得的利益越大。

4）用"证据"促成购买

虽然推销人员已经向顾客详细介绍了产品的特征,充分说明了产品的优点,同时按照顾客感知价值最大化的要求,尽数可能带给顾客的利益,但顾客在作出购买决策前,依然存有疑虑。这时,用证据说话可能是说服力更强、效果更好、事半功倍的做法。证据可以是产品本身,也可以是广告用的微缩产品;可以是商标、认证标志、专利号码、获奖证书等,也可以是有关权威媒体的报道。介绍产品的特征、优点,要以设计上的创新、技术上的突破为依据,让听者信服。现场演示有时能较快地打消顾客的疑虑,让顾客信任推销人员并作出购买决策。

【观念应用4-4】

一生只做一件事:让客户信任你

什么是客户与你成交的理由?

有人说:"我能帮助客户解决问题。"没错,但产品不能帮助客户解决问题,还把产品销售给客户,那就是诈骗行为。同时,你能帮助客户解决问题,你的对手也能帮助客户解决问题。所以,帮助客户解决问题是一个推销人员最基本的行为底线和道德底线,并不足以成为客户与你成交的理由。

有人又说:"我的价格便宜啊。"没错,客户是关注价格的,但是客户更关注价值，价格未必是客户购买你的产品的理由。

有人又说："我和客户的关系比较好。"很多人可能会有这样的想法，特别是在B2B的销售中大行其道，但是，这样的销售模式完全不是企业所希望的，因为这样的模式决定了销售的业绩受制于人。

如何摆脱这样一种受制于人的模式？

在探讨这个营销思维之前，思考一下销售的本质是什么。美国营销大师杰·亚伯拉罕的观点是，销售的本质是信任。客户为什么会与你成交，答案应该是"信任"，信任是客户购买你的产品和服务的唯一理由，也是客户购买你的产品的充分必要条件。我们为什么花大价钱在电视上做广告——信任（让观众相信我们是有实力的）……我们还可以将我们的思维扩散得更广。

所以，我们在推销上要做更多的让客户信任的事情，如果我们能够将"让客户信任"作为我们企业的行为准则，我们的企业就可以最小化地受制于人。

资料来源 马克. 一生只做一件事："让客户信任你"［EB/OL］.（2008-02-29）［2024-03-25］.http：//www.emkt.com.cn/article/355/35523.html.

思考题：为什么说"让客户信任你"是推销人员一生要做的事？

郭昆谟总结的费比模式的突出优点是逻辑性强，环环紧扣顾客的心理活动过程，让顾客先从口头介绍及宣传品介绍中了解产品的特征，又从比较分析中认识产品的优点，再从付出与收获中看看可能得到的利益，用"证据"最后证实特征、优点和利益都是实实在在的，顾客作出购买决定也就是顺理成章的事了。诱导顾客购买的技巧同样具有逻辑性强、环环紧扣的优点。

本章小结 ✐

推销是推销人员了解、尊重顾客并参与顾客的调整观念与行为的心理活动的过程。推销人员应深入了解顾客的需求，针对顾客的具体情况，灵活运用符合客观规律的推销模式，说服顾客采取购买行动。

推销能否达成交易，核心问题是顾客需求。马斯洛的需求层次论指出了人的需求的一般规律，以及需求结构中各种需求之间的关系，可用以分析消费者需求及消费者行为的发展变化趋势。奥尔德弗的ERG理论指出了需求的变化，不仅基于"满足—前进"，而且完全可能"受挫—倒退"。这些理论要求推销人员重视对消费者需求的研究，阐述了分析消费者需求的基本方法。

推销人员在分析、把握顾客需求的同时，还应当掌握顾客购买心理。顾客心理变化可概括为既有区别又互相联系的认知过程、情绪过程和意志过程三个阶段。从事购买的顾客，在选购商品时的表现多种多样，可从不同角度加以分类。对不同类型的顾客，在推销过程中可灵活采用不同的推销模式。爱达模式、迪伯达模式、埃德帕模式和费比模式，都是根据推销活动的特点和对顾客购买各阶段的心理演变的分析，以及推销人员应采用的策略等进行系统归纳，总结出来的程序化的标准模式。本章在推销宝库4-2中介绍的"成功推销构成法"实际上也是一种有效的推销模式。

主要概念和观念 □

□ 主要概念

消费者购买心理 消费者购买行为 推销模式 爱达模式 迪伯达模式
埃德帕模式 费比模式

□ 主要观念

马斯洛需求层次论。
奥尔德弗ERG理论。
爱达（AIDA）模式。
迪伯达（DIPADA）模式。
埃德帕（IDEPA）模式。
费比（FABE）模式。

基本训练

□ 知识题

4.1 阅读理解

1）用以指导推销人员分析消费者需求的马斯洛需求层次论和奥尔德弗ERG理论的主要内容及意义是什么？

2）消费者在实施购买时的心理活动过程是怎样的？

3）消费者购买行为的基本模式是怎样的？

4）消费者购买行为主要有哪些类型？

5）爱达模式的基本步骤和适用条件是什么？

6）迪伯达模式的基本步骤和适用条件是什么？

7）埃德帕模式的基本步骤和适用条件是什么？

8）推销人员应如何运用费比模式？

4.2 知识应用

1）"春节""国庆"黄金周期间国内外旅游消费和长假"充电"需求持续升温，说明我国城市消费者在低层次的（　　）基本满足后，追求高层次的（　　）需求的人越来越多。

2）当顾客对推销品发生兴趣、有意购买但又犹豫不决时，通常推销人员应该怎样做？

3）王先生每天都喝矿泉水，每次他都是购买同一个品牌的同款矿泉水，按其个性特征判断，他属于（　　）消费者。

A.理智型	B.习惯型	C.随意型
D.选价型	E.冲动型	F.疑虑型

4）刘青职业稳定，收入较高，交往甚广，最近他打算购买一台高档便携式电脑。这种购买动机属于（　　　　）。

A.生理需求　　　　　　　B.安全需求　　　　　　　C.社交需求

D.受尊敬需求　　　　　　E.自我实现需求

□ 技能题

4.1　规则复习

1）消费者购买的心理活动过程

消费者购买的心理活动过程可分为既有一定区别又互相依赖、互相促进的三个阶段，即认知过程、情绪过程和意志过程。

2）爱达模式

爱达模式包含四个步骤：吸引顾客的注意；引起顾客的兴趣；刺激顾客的欲望；促成顾客的行动。

3）迪伯达模式

迪伯达模式包含六个步骤：准确发现顾客的需要和愿望；把推销品与顾客的需要和愿望结合起来；证实推销品符合顾客的需要和愿望；促使顾客接受推销品；刺激顾客的购买欲望；促使顾客采取购买行动。

4）埃德帕模式

埃德帕模式包含五个步骤：把推销品与顾客愿望结合起来；向顾客示范合适的产品；淘汰不合适的产品；证实顾客选择的正确性；顾客接受推销品并作出购买决定。

5）费比模式

费比模式包含四个步骤：详述推销品的特征；列举推销品的优势；以利益驱动顾客购买；用"证据"促成购买。

4.2　操作练习

1）实务题

（1）推销人员应当如何运用自身条件吸引消费者的注意力？

（2）示范推销品的意义是什么？示范推销品应当注意哪些问题？

2）综合题

试描述由一对夫妻和一个孩子组成的中国三口之家的家庭成员的购买影响力。

□ 能力题

4.1　案例分析

抓住消费者的情绪，有时候比抓住消费者的需求更有效

根据央视索福瑞数据，央视八套《狂飙》1～27集收视人群年龄分布均衡，从上到下老少通吃，是央视八套近9年以来的收视第一电视剧。

一部爆款影视文化IP带来的传播效应是十分强劲的，《狂飙》的热度和流量带动了巨大的商业效应，其效力远远超过任何广告。

不难发现吧，如今广告的传播、带货力在"现象剧"面前，洒洒水了。

1）"现象剧"带来的增长

作为广东存在感比较低的一个城市，江门早年投放了好多年的旅游广告都没火，最后被狂飙带火了。

在"京海市"蓬江区三十三墟街开了15年百货店的吴文光说："很久没见过老街这么热闹过了。"吴文光店铺所在的街道正好是"狂飙"的取景地，如今每天都挤满了前来拍照打卡的游客。

《狂飙》的热度为江门转化了不少客流。同程旅行数据显示，2023年1月14日至1月30日，江门的相关景区消费人次环比增长了近5倍，搜索热度月环比增长近130%；携程数据显示，最近半个月来，广东江门的旅游搜索访问量比前半月增长163%，带动整体旅游订单量环比增长121%。

当地旅行社直接推出了"狂飙套餐"，广度覆盖了本地游、省内游、全国游的全部市场。

除了江门之外，剧内各种"狂飙同款"的热度和销量也是一路狂飙。某团和某饿外卖平台的数据显示，在广州，广东猪脚面外卖增速超7倍。某面店老板表示，不少顾客在外卖下单时候都会备注要吃"强哥同款猪脚面"。据不完全统计，在电视剧《狂飙》播出之后，网络上关于"猪脚面"的搜索，高涨了几百倍。

一时间全网的做饭博主，几乎都在做猪脚面，全网的探店博主，几乎也都在探猪脚面。"读《孙子兵法》，品启强人生"。不仅强哥吃的面火了，强哥看的书也脱销了，霸榜各大平台图书热销榜。

相关数据显示，《孙子兵法》相关搜索词淘宝搜索量同比增长超80倍，销售额同比增长超40倍，成交人数增长超65倍。没买实体书的就看电子书，然后《孙子兵法》就登上了"微信读书"飙升榜第一名，力压《三体》……

这带货能力完全不讲道理。

不止于《狂飙》，现在每火一部剧，"剧内同款"便会跟着火起来。

《去有风的地方》刚热播一周，云南的相关搜索量就瞬间暴涨，其中"大理"增长近2倍，"沙溪古镇"增长10倍多，"凤阳邑"暴涨50倍。数据显示，春节云南旅游预计人次居全国第一，共接待游客4 514.61万人次，同比增长244.7%，实现旅游收入384.35亿元，同比增长249.4%。

仅1月22日一天，大理白族自治州共接待旅游者54.97万人次；丽江古城接待的旅游者就达约15万人次，比去年同期同比增长了300%；西双版纳的机票疯涨10倍……

剧中美食的热度也同样疯涨，"云南十八怪"之一的乳扇搜索量涨幅最大，同比上涨544%，鲜花饼搜索量同比上涨215%，外卖销量也随之拉升。

能带动观众热情的剧集，远比广告营销更能带来收益，通篇没有说这些东西哪里好，但就是靠着情绪共鸣掏到了消费者的腰包。为什么大家总愿意为情绪营销买单？

2）情绪营销带来的收益

除了本能之外，人最受七情六欲驱使。

人们80%的营销决策是由情绪决定的，那些你以为的理性购物，大多数时候都是激情下单。

《孙子兵法》的知名度也基本齐平四大名著了，只要是中国人没有不知道的，但这么多年卖脱销还是第一回。难道真是被《狂飙》带起来的知名度吗，只是消费者被《狂飙》带动了情绪，激情买入罢了。

"买《孙子兵法》不是因为我想看，而是因为我喜欢狂飙！"

有学者从心理学的角度总结出了三点影响消费者情感过程的要素：首先，人类情感最大的特点是与价值体系相联系，因此消费者的价值体系是产生情感的基础；其次，评价任何对价值观有影响的事物或行动都会引发情感的发生与变化，因此事件、行动与对象的属性是诱发情感产生的重要刺激物；最后，情感刺激物的不同评价维度也会影响情感作用。

我不知道这故事的真假，但我就想转发。同理，我也不知道兰蔻196色到底好不好用，但我就想要跟"大嫂"一样做女强人。

李光斗在《情感营销》中写道："这是一个情感经济的时代，情感正在创造财富。真正的行业翘楚不是在资产排行榜上，而是在消费者的心中，情感营销将成为这个时代最有效和最持久的营销战略。"情感营销以攻心为上，比吹捧产品实力更能影响消费者的首次决策。

我们反对用"毒鸡汤"恶意操纵大众情绪，但用正向情绪驱使消费者共鸣，是目前最有收益的营销方式。

3）消费者喜欢什么样的情绪？

高启强起初也是个普普通通的人，还是个小鱼贩时期的高启强，起早贪黑地勤恳工作，即使人过中年仍一事无成，面对生活忍气吞声。明明初心善良也安分守己，但还是会为了保护家人豁出一切。

加之社会中无法被完全消除的不公平，敲打着每位普通观众的神经——我们面对着许多"安欣""侯亮平"，而我们每个人又都是和高启强一样的"草根"。

现在的观众想看到的是"草根"的可能性，"草根"的"逆袭"和"爽"。除此之外，还有"解脱感"。

另一部热播档剧《去有风的地方》，则是精准击中了大城市这个"围城"里的年轻人的情绪。疲惫的生活节奏、"内卷"的工作程度，让大家都有一颗想要逃离现状、追求远方平静的心。"神仙姐姐"刘亦菲在剧中都市白领的身份与观众产生了极大的共鸣——她和我有着一样困境，她是如何治愈自己的？

这种情绪营销，通过唤醒人们在高压中渴望治愈的情绪，让消费者认为"这是一种暂时获得解脱感的方案"。

剩下一种就是"破罐破摔"，告诉消费者"高压之下，摆烂无罪"的心理安慰。比如奈雪，为了推自己的新品"霸气一升桃"，策划了一次"摆烂桃"的营销。

"想桃""快桃""少来这桃"的"摆烂"，让奈雪的霸气水蜜桃系列卖成了门店销冠。一点点把新品茶饮的名字起为"别来沾边"……

"气泡水界江小白"的好望水也加入了"摆烂大军"……

无一例外，这些产品都卖出了自家门店产品中"现象级"的销量。抓住消费者的情绪，有时候比抓住消费者的需求更有效。

资料来源　Gawaine.电视剧里的情绪营销，比肾宝广告更能收割你的钱包［EB/OL］.（2023-02-14）［2023-11-06］. https：//baijiahao.baidu.com/s？id=1757783516281505634.

问题：

1）顾客购买有哪些心理活动过程？

2）《狂飙》蹿红的社会现象击中了公众的哪些心理？

3）"坐商"如何利用社会热点和共鸣度高的现象开展相关产品或服务的销售？

案例分析提示

4.2　网上调研

就中国农村居民目前家用电器需求情况进行网上调研。

4.3　单元实践

讨论爱达模式是如何切合消费者心理活动过程，以达到推销目的的。

第 5 章
寻找和识别顾客

学习目标 ◐

知识目标：理解"准顾客"的含义、类型和基本条件，了解获取准顾客重要信息的途径，认识寻找和识别顾客的重要性。

技能目标：学会在移动互联网和数字经济时代，如何挖掘准顾客，掌握准顾客资格认定所包含的内容及寻找准顾客的各种方法。

能力目标：具有挖掘、认定准顾客的能力，能够根据实际情况决定采用何种方法来寻找和识别准顾客，并能管理顾客和准顾客数据库。

引例 @　　　　　　微信：一个精准寻找顾客的社交工具

小张，30 多岁，是云南某地一家瓷砖厂设在省会城市昆明的建材市场销售部的一名销售员，在该销售部已工作 3 年。2019 年，小张所在销售部库房的瓷砖积压了很多，他每天都为把瓷砖卖给谁发愁。小张平时爱玩手机，没事时上网购物，看看小说、电视剧，与朋友在微信上聊聊天。一个偶然的机会，他在高中同学群里看到一名同学说起一家建筑公司在昆明某县城建的住宅楼已竣工，这家建筑公司已迁往其他工地，且新楼盘大部分已售出，这个同学的表哥也买了一套，目前正为装修厨房和卫生间的瓷砖去哪儿买发愁呢。得到这一消息后，小张决定与这个新楼盘附近的一家装修材料店联营，推销瓷砖。由于该瓷砖厂生产的瓷砖质量好，品种多，价格适中，而且销售点就在楼盘附近，住户购买很方便，不久，库存的瓷砖就销售一空。

本章知识结构图 ⬈

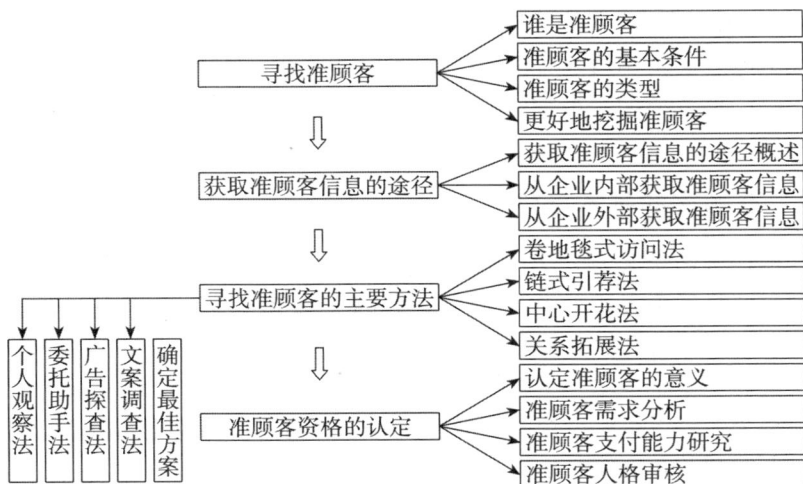

推销过程的第一步就是寻找和识别准顾客。在这个环节，推销人员的主要任务就是根据实际情况，采用有效的方法寻找和识别准顾客，进行准顾客资格认定，找准推销对象，为下一步的推销工作做好充分准备。可以说，推销过程就是一个推销链（selling chain），各环节之间存在一个递进和逻辑的关系，只有把前一环节的工作做好了，下一环节的工作才会取得成效，每一个环节的工作都做好了，推销才会最终成功。

本章阐述了准顾客的含义与条件、准顾客信息的来源、寻找准顾客的主要方法以及准顾客资格认定等四方面的内容。

5.1　寻找准顾客

5.1.1　谁是准顾客

寻找准顾客是推销过程的第一个步骤。既然推销是面向特定顾客的推销，那么推销人员必须先确定自己的推销对象，即明确谁是准顾客，然后才能有效地开展推销工作。

准顾客（prospect customers）亦称潜在顾客，是指既能因购买某种推销商品获得价值，又有支付能力购买这种商品的个人或组织。因而，准顾客是某种产品或服务的潜在购买者，是某种商品的市场，一般也被称为可能的顾客。

寻找准顾客一般从搜寻"引子"（lead）开始。"引子"表示一个很有可能成为准顾客的个人或组织。推销人员在获得"引子"后，还需要对其购买商品的能力、需求、决策权和人格进行研判，看他们是否具备准顾客的资格和条件。如果具备，才能将他们列入正式的准顾客名单之中，并建立相应的档案，作为推销对象。如果不具备这一资格，就不能将他们称为合格的准顾客，也就不能将他们列为推销对象。

一位著名的推销专家曾说："推销人员的主要目的并不是成交，而是创造顾客。"寻找和识别准顾客就是创造顾客的一个重要方面。推销人员不管是在从事消费品市场还是组织市场的商务活动，不管是在B2C还是B2B模式的电商活动，准顾客都要符合以下基本条件。

5.1.2　准顾客的基本条件

通常，现代推销学认为，"引子"要成为准顾客必须具备以下两个基本条件：

一是购买商品的个人或组织能从所购买的商品中获得好处或价值。例如，消费者购买洗碗机节省了体力和时间，数控机床的购买者使用该机床节约了能源、提高了生产效率和质量等。

二是不管个人或组织对推销的商品有多么强烈的需要和欲望，也不管该商品能给他们带来多大的利益和价值，他们必须有购买该商品的能力。

通过对准顾客的资格审查，把不具备上述两个条件的"引子"予以除名，推销人员既可避免精力和时间的浪费，又可有重点地拜访真正的、有潜力的准顾客，提高顾客的购买率和购货量，从而有效地展开整个推销工作。

5.1.3　准顾客的类型

推销人员应当对"引子"进行分析判断，符合条件的"引子"就成为准顾客，即推销访问的主要对象。但不同的准顾客购买的概率与数量是不完全相同的，推销人员不可能把时间均衡地分配到每一位准顾客身上，也不可能同时对所有准顾客进行走访，必然需要划分重点对象，安排好走访的先后顺序。国外通常对准顾客按照一定的具体标准进行分级管理，以便使日常推销工作程序化、系统化、有计划性，增强推销效果。划分准顾客的标准主要有两种。

1）以准顾客的购买概率作为分级标准

推销人员把最有可能的购买者确定为A级，把有可能的购买者定为B级，把可能性小的购买者定为C级，划分时应具体确定其数量界限。

2）以购买量作为分级标准

推销人员根据准顾客的可能的购买数量将准顾客分为A、B、C三个等级，然后对照实际的购买数量再行调整，以便有针对性地"照顾"购买量大者，达到事半功倍的效果。

为了准确地划分顾客，推销人员经常自我审核以下问题对确定顾客的类型和级别是有帮助的：

（1）顾客是否正从你这里购买产品？如果是，这就意味着这是增加购买公司其他产品的机会。

（2）他是否曾经是你的顾客？如果是，他为什么要中止购买你的产品？你是否应该恢复同他的业务关系？

（3）现有顾客中是否有人也从你的竞争者那里获取产品？其原因何在？

（4）准顾客有多大规模的购买数量？

（5）准顾客的信用等级如何？

还应该注意的是，推销人员应根据自己的特定需要来制定标准；随着推销环境的变化，推销人员应相应调整分级标准，并依据新标准重新界定准顾客的级别；在照顾重点的同时，也不可忽视一般；在分级标准难找、困难较多时，应考虑采用区分推销区域的方法。

5.1.4 更好地挖掘准顾客

一般来说，要避免手上的现有顾客完全不流失是不可能的，要使自己的业务不至于萎缩甚至还要不断扩展，推销人员就必须开发准顾客。准顾客的来源是推销事业不断攀升的基础，尽管推销人员竭尽全力朝着培养终身顾客这个方向去努力，但不可能人人都是终身顾客，因为总是存在顾客流失的可能。另外，不断增大的销售压力也需要推销人员拓展顾客的范围，寻找新的客户源。

在多数情况下，能否更准确、更有效率地挖掘准顾客，取决于推销人员对所销售产品及产品用户市场的了解程度，对自身产品及其市场了解得越多，对准顾客的开发也就越有成效。

1）准备准顾客名单

扩充准顾客的方法因行业不同而不同，有的行业可以找到一份整体的顾客名单，在此基础上进行甄别后可形成准顾客名单。对于区域内的现有顾客及准顾客的资料，推销人员都要用计算机存档，以便日后进行分析和管理。

2）预测新顾客的销售贡献

通过预测特定日期特定产品在目标销售市场的销售规模，推销人员能够更准确地设立目标、确立预算及配置资源。

3）设计接近方案

接近方案应包括认定准顾客、接近准备、约见及接近四大环节的内容。为提高效率，推销人员必须确认在特定时期将访问哪些准顾客，为接近这些未来可能的买主应准备什么，采取什么方式约见，以及确定约见的具体时间、地点等。

借助准顾客开发方案有计划地开发准顾客不但是必要的，而且实践证明是行之有效的。在建立自己的准顾客名单时，推销人员就要获取有关对推销品存在潜在需要的个人或组织的人文、经济、心理及行为方面的资料，最好把这些资料按照地理区域、顾客行业、顾客收益及员工数量分类，这样建立的准顾客名单特别适合于推销存在大量需求的产品，或是要通过电话或直接邮寄销售的产品。

【思考与研讨 5-1】

在（　）情况下，"引子"才能成为准顾客。

A.有强烈的购买欲望　　　　　　　　B.有足够的购买力

C.有对推销商品的渴求

【答案】C

5.2 获取准顾客信息的途径

5.2.1 获取准顾客信息的途径概述

准顾客的来源随着所推销商品的种类不同而有所不同。也许有些商品的准顾客来源方式很多，而有些却极少；有些准顾客来源的途径经常发生变化，而有的却始终保持相对稳定。也许一个管道公司的推销人员需要广泛接触的是每个城市的市政建设公司、自来水公司、煤气公司，通过电话簿就可以找到它们的相关信息；而人寿保险的推销人员可能需要利用自己的人际关系或顾客的推荐；药品推销人员则必须关注每个地方的医院、药店的发展变化情况。

表5-1列出了美国推销人员搜集准顾客信息的途径，可供我国销售人员参考。

表5-1　　　　　　　　　　　　　准顾客的信息来源

类别	目标客户探寻的技术
外部资源	客户推荐：向一个目标客户询问另一个目标客户的名称 社会关系：向朋友和熟人打听目标客户的名称 介绍：获得一位目标客户经由电话、信函对其他目标客户的介绍 社会机构：从服务的俱乐部和商业会所寻找销售线索 无竞争关系的销售人员：从无竞争关系的销售人员处寻找销售线索 有影响力的客户：结交能够影响其他客户的受公众瞩目和有影响力的客户
内部资源	检查记录：检查公司的数据库、人名地址目录、电话簿、成员清单以及其他书面材料 广告询问：回答客户对公司所做广告提出的问题 电话或新媒体提问：回答潜在目标客户通过电话或新媒体提出的问题
个人接触	个人观察：看到或听到良好的目标客户的线索 游说：对潜在目标客户进行访问（通过电话或亲自拜访）
其他	网上浏览：通过名称和地址了解目标客户 主办或参加贸易展览：组织或参加直接面向目标客户的贸易展览 "猎狗"：让下级销售人员确定上级销售人员将要联系的目标客户 销售研讨会：目标客户作为群体参加，来了解有关销售人员产品的一个主题

资料来源　伊格拉姆，拉弗格，阿维拉，等. 专业化销售：基于信任的方式［M］. 刘似臣，等译. 北京：中信出版社，2003：164.

根据我国的具体情况，推销人员可能取得准顾客的信息来源如图5-1所示。

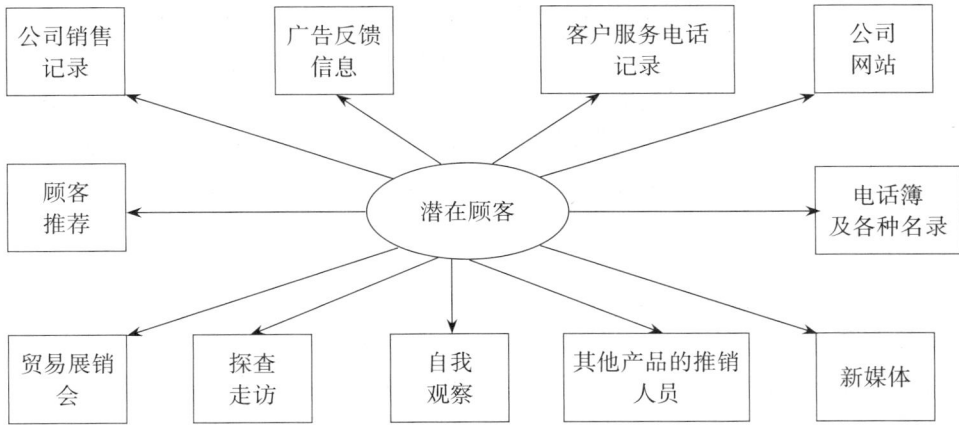

图 5-1　准顾客的信息来源

5.2.2　从企业内部获取准顾客信息

很多企业在业界有多年的经营历史，有健全的管理体系，也有一支训练有素的销售队伍，企业内部的营销信息系统可能就有很多有助于推销人员确认准顾客的信息资料，因此，对于一个初出茅庐的新手来说，从企业内部开始寻找准顾客不失为明智之举。企业内部资料主要包括以下几个方面：

1）公司销售记录

推销人员首先应检查公司的各种原始资料，列出一份在过去 5 年内停止向其公司订货的顾客清单，分析这些顾客流失的原因。或许是由于公司的推销人员停止了对他们的访问，或许是由于该市场的推销人员走马换将，业务关系也随着某个推销人员的离职而中止。不管是什么原因，推销人员都可以打一个电话了解顾客的现状，或许能从中发现若干准顾客，让他们重新回到公司的顾客名单中来。

2）广告反馈信息

通过查阅公司的各种广告反馈信息，推销人员可以了解到可能的准顾客，这总比通过大海捞针式的普遍访问去搜索准顾客范围要小得多，而且相对可靠，推销成交的概率会大大提高。对广告反馈信息应加工分类，分别传送到各个市场的推销人员手中，为发掘各地市场的准顾客提供线索。

3）客户服务电话记录

客户服务电话除用于接受现有客户对公司产品的使用查询、服务申请和投诉外，也应对其他的非客户公布，还可作为公司的咨询电话，从而成为吸引准顾客的一类通道。

4）公司网站

今天，互联网已越来越普及，而且深得人心。许多公司正是看到了它的商业价值才竞相开办网站，也许网站本身并不能赚钱，但从中能获得许多原本要依靠商业手段才能取得的效果。网站就是一个公司的窗户，可以展示一家公司的发展历史、产品、订货方式、付款方式、联系方式等方面的信息，必然能够吸引一些对公司及其产品感兴趣的人,推销人员通过对网站浏览者的统计查询就可能发现准顾客。

在移动互联网和数字经济时代,只要让顾客知道你,他就能找到你。媒介即渠道,找对媒介的同时,也就找准了渠道。品牌传播的关键是让客户在浩瀚无际的信息海洋中发现你。可以说,让客户发现你,比你发现客户更重要。新时代对推销人员和企业的要求是一切以客户为中心,以C端为中心,C2B模式才是主流。

【思考与研讨5-2】

客户信息的内部来源主要有(　　　　)。

A.公司销售记录　　　　　　　　　　B.公司网站

C.电话簿及各种名录　　　　　　　　D.贸易展销会

E.客户服务电话记录　　　　　　　　F.广告反馈记录

【答案】ABEF

5.2.3　从企业外部获取准顾客信息

企业内部资料的获取较为容易,成本低,可以及时地反馈给一线的推销人员,但仅仅依靠内部资料是不够的,在很多情况下,推销人员为了寻找准顾客,都需要进一步从企业外部去获取更及时准确的信息。主要包括以下一些途径:

1)顾客推荐

现有顾客不仅能提供利润,还会带来准顾客,前提是推销人员实施的是解决问题导向型推销,推销人员真正帮助顾客解决了他们所面临的问题,推销人员已经赢得了现有顾客的信任,建立起了较为稳固的关系。满意的顾客就会不断地帮助推销人员充实准顾客名单,向推销人员推荐他所熟悉和认识的潜在顾客,帮助推销人员扩大客户群。

2)电话簿及各种名录

现代商业社会,一些公用性质的名录存在巨大的使用价值,如电话簿、工商企业名录等,只要推销人员勤于动脑,愿意花时间进行钻研,就会有收获。一般大中城市的电话簿都是按党、政、工、教育、文卫、娱乐等性质划分的,推销人员分析所推销商品的适用对象后,就可有针对性地从电话簿上找到可能的顾客,通过上面的电话联系或走访他们,确定他们是否具备购买商品的欲望、能力及权限等;同样,工商企业名录对推销生产资料用品更有帮助,针对性更强。推销人员利用好这些工具就能编织好准顾客网。

3)贸易展销会

我国现在有很多规模不等的商品贸易展销会,如广交会(中国进出口商品交易会)、乌交会(乌鲁木齐进出口商品交易会)、南博会(中国-南亚博览会)等。通过参展、办展,推销人员不但能现场销售商品,还能为公司建立公共关系、进行宣传和扩大影响,同时,推销人员可以激发准顾客的兴趣,可以为确定准顾客提供线索,为将来的推销走访缩小范围。

4)探查走访

对于一个没有任何经验的推销人员来说,探查走访可能是一条好的寻找准顾客的途径，但这也可能是最不成功、最不经济的办法。探查走访需要勇气、意志力，也需要时间和付出，推销人员经过如此磨练也会琢磨出寻找准顾客的更好方法。

5）自我观察

其实准顾客就在人群中间，只要推销人员睁大眼睛，竖起耳朵，就会发现准顾客就在自己的身边。因此，推销人员要细心地观察生活、体验生活，并把相关信息记录下来，通过推敲就能找到准顾客的"影子"。例如，牛奶推销人员要注意观察城市中小学有无课间加餐，既方便又卫生的学生食品是什么，加餐是学生个人行为还是学校统一行动。连续观察几所学校后，推销人员肯定会有所收获：已经采取统一购买的学校有哪些？还有哪些学校是学生自主选择？

6）其他产品的推销人员

只要不是竞争性的商品，不同商品的推销人员彼此之间就存在一定程度合作的可能，有些甚至还可能相互"取长补短"，彼此为对方提供准顾客的信息，共求发展。

7）新媒体

随着移动互联网时代的到来，QQ、微博和微信等新媒体逐渐被更多的人接受和认可，成为人们日常生活中不可缺少的一部分。近年来，微信对原有功能做了进一步的完善和扩充，甚至推出全城定位搜索功能，推销人员足不出户就可以锁定准顾客群，然后用微信及时发送文字、图片、音频、视频等信息，对准顾客群进行宣传，与准顾客交流、互动，进行非直接面对面的新媒体推销。

8）组合方法

近几年来，我们不难发现推销人员用来寻找和识别准顾客的方法越来越多。现实的推销实践证明，有效的推销在很大程度上取决于对本章所提到的各种方法的组合运用。比如，向贸易展销会或相关讲座上识别出的准顾客发送导购宣传册、电子邮件（E-mail），邀请他们浏览公司网页；进行有效的电话推销，努力取得个性化电话推销的效果；商家通过新媒体，用图像、文字和语音等形式直观形象地在线展现商品的品牌、性能、评价等信息。总之，一旦准顾客知道了你，他就能找到你，找到商家或品牌，这种方法让买卖双方之间相互寻找和识别更加可行、便捷、有效。

【微型案例5-1】

微信助人购销生活必需品

小陈是昆明市呈贡区一家小超市的主管。这家小超市主要销售日用品、小食品和一些办公用品，包括笔、墨、纸张等。居民总要购买生活必需品。而一些果农、菜农和屠宰户总是因无人购买自己的产品而发愁。小陈家就在呈贡农村，她对村里的农户的情况很熟悉，可以说是知根知底。为解决农户的困难，小陈就把他们拉进她建的微信群，把相关的商业法律法规告诉他们，并提出严格的要求和约定，然后把他们的农副产品通过App放在网上销售。小陈在这家小超市已工作6年，与周边居民建立了良好的相互信任关系，为满足居民安全便捷地购物的需要，小陈为这些居民建了一个有400多人的微信群，群里的居民通过小陈的小程序采买到了日常生活所需要的食材，农户也顺畅销售了他们的农产品。

5.3 寻找准顾客的主要方法

5.3.1 卷地毯式访问法

卷地毯式访问法也称普遍访问法，是指推销人员对推销对象的情况一无所知或知之甚少时，直接走访某一特定区域或某一特定职业的所有个人或组织，以寻找准顾客的方法。采用这种广泛搜寻的方法，推销人员可以捕捉到一定数量的准顾客。这一方法的理论依据是平均法则，即在推销人员访问的所有人中，准顾客的数量与走访的人数成正比，要想获得更多的准顾客，就要访问更多的人。

卷地毯式访问法比较形象地说明了推销人员寻找准顾客的过程，就像家庭主妇清洗地毯一样逐一检查。采用卷地毯式访问法寻找准顾客，首先要挑选一条合适的"地毯"，也就是先要划定合适的访问范围。推销人员应该根据自己所推销商品的特性和用途，进行必要的推销可行性研究，确定一个较为可行的推销地区或推销对象范围。如果你是纸尿裤的推销人员，你挑选的"地毯"可能是妇幼保健院、医院等；如果你推销的是某种特效洗衣粉，你确定的"地毯"可能是某一社区的居民或宾馆客房部。为了得到被访者的合作，走访前推销人员最好事先联系被访者。此外，卷地毯式访问法还需与其他方法配合使用。

卷地毯式访问法的优点是：一方面可寻找顾客，另一方面可借机进行市场调查，了解消费者对其商品的需求情况；可以对整个"地毯"及相关地区产生较大的影响，形成有利于企业的整体印象；有利于培养和锻炼初涉推销领域的人员；可以争取到更多的新顾客。

卷地毯式访问法的缺点是：需要花费大量的时间和精力，盲目性较大；突然走访，往往会遭到冷遇；"地毯"与"地毯"之间是相互联系和影响的，对某条"地毯"访问的失败，会导致全局的失败。

5.3.2 链式引荐法

链式引荐法也叫无限连锁介绍法，是指推销人员在访问现有顾客时，请求顾客推荐可能购买同种商品或服务的准顾客，以建立一种无限扩展式的链条。这是西方国家的推销人员经常使用的一种方法。

使用链式引荐法寻找准顾客源于链传动原理，齿链之间是一环紧扣一环的啮合状态，以此带动物体的移动。推销人员从现有顾客这一环去联系潜在顾客的下一环，不断延伸，以至无穷，扩大与准顾客之间的联系面，使所掌握的准顾客源无限发展下去。因此，链式引荐法的关键在于推销人员首先要取信于第一个顾客，并请求他引荐其余的顾客，再由其余的第二链节发展更多的顾客，最终形成可无限扩大的"顾客链"。要使"顾客链"长久运转下去，推销人员必须不断地向链传动系统添加"润滑油"，以维持各链节之间的正常运转，通过链式的传动，推销品能畅通无阻地传到顾客手上，其原理如图5-2所示。这里所说的"润滑油"是指推销人员只有成功地将自己和自己所推销的商品推销给现有顾客，使现有顾客感到满意，赢得现有顾客的信任，才可能取得源源不断的新顾客名单。

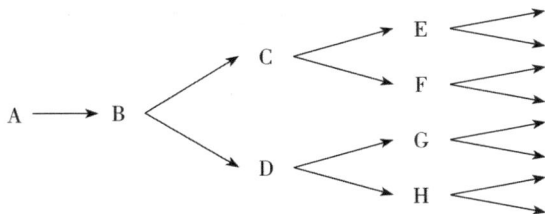

图5-2　链式引荐法

采用链式引荐法寻找无形产品（旅游、教育、金融、保险等）的潜在顾客尤为适合，因为在服务领域里，信誉、感情和友谊显得尤为重要。从使用范围来看，推销工业用品时更适合使用这种方法寻找潜在用户，因为同行业的工业品用户之间通常较为熟悉，且相互间有广泛的联系。

采用链式引荐法的优点是：可以避免推销人员主观判断准顾客的盲目性；通过顾客引荐有利于取得准顾客的信任；推销访问的成功率较高。它的不足之处在于：由于准顾客是现有顾客引荐的，事先难以制订完整的推销访问计划；由于寻找准顾客受到现有顾客的制约，整个推销工作可能处于被动地位。

5.3.3　中心开花法

中心开花法是指推销人员在某一特定的推销范围内发掘一批具有影响力和号召力的核心人物，并且在这些核心人物的协助下把该范围内的个人或组织都变成准顾客。一般而言，这些核心人物或是推销人员的顾客，或是推销人员的朋友，前提是这些中心人物愿意合作。

中心开花法实际上也是一种链式引荐法，只是中心开花法是利用"核心人物"的链式关系来不断地扩大其顾客群，而不是利用普通的现有顾客。因此，中心开花法的关键是找出核心人物，并极力说服这些核心人物，在取得他们的信赖和支持后，就可以利用他们的影响力、权威性或示范效应，带动一大批潜在顾客。例如，推销教学参考书的人，找到教师这样的核心人物，在得到教师的首肯后，推销的书籍就有了大量的顾客——教师的学生。推销人员要想取得核心人物的信任和支持，就必须先让对方了解自己的工作，使对方相信自己的推销人格和商品，相信推销品能为他们解决实际问题，并使他们得到实实在在的利益。说服核心人物，取得他们的信任和合作后，才能利用中心开花法进一步寻找准顾客。

中心开花法主要适用于寻找金融、旅游、保险等无形商品及时尚性较强的有形商品的准顾客。

中心开花法的优点是：推销人员只需要集中精力做核心人物的工作，就可提高效率；利用核心人物的影响作用，可以扩大商品知名度。

中心开花法的缺点是：推销人员需要反复地向核心人物做细致的说服工作；核心

人物的寻找与确定较困难。

保险推销员为何能推销成功

张强应聘到某保险公司不久，经理安排他所在的业务科室去完成一单能为公司带来几十万元保险费的保险业务。其实，公司多个业务员都曾经尝试做这单业务，但都没拿下这块"硬骨头"。张强和所在科室的同事们接受这项任务后，用近一个月的时间跑农村、下车间，把那家公司的生产经营及大小客户的情况都摸了个透，然后把掌握的情况打印成材料，登门拜访。那家公司的经理非常傲慢地接过他们的材料，但看着看着，他脸上的表情发生了变化。最后，他说："请你们主管与我的秘书约个时间。"一单期交保费70余万元的生意就这样做成了。后来，张强介绍经验说："那位经理说你们的计划书太精细了，我不想再让第二家保险公司把我们了解得这么透彻了。"

资料来源　陈守则. 现代推销学教程［M］. 2版. 北京：机械工业出版社，2018：58.

思考题：张强是以什么方式推销保险产品的？有何启示？

5.3.4　关系拓展法

所谓关系拓展法，是指推销人员利用自身与社会各界的种种关系寻找准顾客的方法。任何一个人都不可能在真空中生活与工作，必然要与各种各样的人发生方方面面的联系，建立各种各样的人际关系，如同学关系、师生关系、同事关系、上下级关系、亲属关系、老乡关系等。在这些关系中，有些非常亲密和熟悉，有些较为正式，有些仅是初次结识，交往甚少，不管怎样，他们都可能是准顾客，推销人员应该把他们列入准顾客名单。

在众多寻找准顾客的方法中，最大限度地利用推销人员自身的关系网发现准顾客是最可靠、最有成效的方法。通常人们都愿意同自己认识、喜欢和信任的人做生意，谈及自己的业务。一次性买卖的时代已经一去不复返了，现今已步入构建关系网、培育忠诚顾客的销售新时代。

构建一个关系网络很重要，但这还远远不够，更重要的是要精心耕耘它、培育它和巩固它。推销人员要对关系网中的准顾客进行细分，划分出不同的等级，以便在销售访问时有区别地加以对待，但要注意这一切只有自己清楚，不能向关系网中的人透露这一"歧视"政策，以免引起误解。

为了能显著地增加顾客推销业务，推销人员在培育关系网方面要注意以下的小技巧：

（1）把重点集中在核心人物上，这些人已经取得了相当好的名声，有着广泛的社会联系和影响。通常推销人员可以在贸易联合会、贸易展览会或其他有关的商业活动中找到行业的核心人物。

（2）推销人员在第一次与关系网中的准顾客接触时，谈论的应该是顾客的业务，而不是自己的生意。

（3）向对方提出一些可自由回答的、感觉良好的问题，例如，"行业中你最欣赏什么？"

（4）现有顾客可能会说："或许刚才与我交谈的人就是你们的一个好顾客！"如果推销人员一直关注顾客新业务的拓展，顾客也就很愿意举荐准顾客。

（5）拿出正在编织的关系网中的准顾客的名片，这是追踪新线索最简单的方法。

（6）亲手写一张表示感谢的便条："很高兴能在今天早上认识您，要是能在您方便之时与您讨论相关业务，我将非常乐意。"

（7）在浏览报刊时，要留意是否有关系网中的人，如果看到了某个关系户需要或欣赏的文章，就设法寄给他。

（8）每个月邮寄一些东西来留住关系户的心。善于捕捉准顾客的推销人员总是把写有顾客名字和特征的记事本放在办公桌上，不时地提醒自己不断地与顾客保持联络。

（9）寄信给所有的"引子"。获得业务和顾客推荐的最好方式就是不断地发出信函（电子或纸质的），主动出击。

（10）不管什么时候收到"引子"的信，也不管他是否会购买商品，亲手写一封感谢信。

关系拓展法也是链式引荐法的一种，只是这种方法首先开始启动的链节是推销人员自己的关系户，然后逐步扩散渗透，形成一张推销某一商品的关系网，关系网中的人员可能就是准顾客。此方法主要适用于寻找日用消费品的准顾客。

【微型案例5-2】
通过伙伴关系寻找和识别准顾客

小马是江苏一家办公用具供应商驻昆明的总销售代表。以前，当他看到一栋新的办公楼在建时，总会停下来问问谁将使用这栋大楼。作为办公用具供应商的总销售代表，小马需要知道哪里建了新的办公楼。然而，他发现用这种方法寻找准顾客效果并不理想，而电话才是最有效的寻找准顾客的手段。后来，小马定期与他的老客户通话，以发现他们是否知道有哪些新公司需要办公用具。那些从前和小马合作过的建筑师、设计师以及施工人员都被证明是有用的信息源。成功寻找准顾客的关键在于与老客户维持良好的人际关系。小马还发现，在开口请求帮助之前，自己必须是一个能常常与老客户保持联系、值得他们信赖的合作伙伴。

5.3.5 个人观察法

个人观察法也叫直观法或视听法，是指推销人员根据自身对周围环境的直接观察、判断、研究和分析，寻找准顾客的方法。这是一种寻找准顾客最古老也是最基本的方法。

利用个人观察法寻找顾客，关键在于培养推销人员个人的灵感和洞察力。推销人员还应具备良好的观察能力与分析能力，善于从报纸杂志、广播电视、人们的言行举止、一些杂乱无章的闲谈中搜寻准顾客。在实际生活中，准顾客无处不在，有心的推销人员只要"睁大眼睛""竖起耳朵"留心周围的所有事，就可能找到潜在的买主。例如，一个成就卓著的汽车推销员，整天开着一辆新汽车在住宅区街道上转来转去寻找旧汽车，当他发现一辆旧汽车时，就通过电话和该汽车的主人交谈，并把这辆旧汽车的主人看作一位准顾客。

推销人员也可以从各种书报杂志、广播电视节目和互联网上找到自己的准顾客。

个人观察法的优点是：可以使推销人员直接面对市场与社会，有利于培养和提高推销人员的才干；可以使推销人员拓宽视野，养成良好的思维习惯，积累推销经验，提高推销能力。

个人观察法的缺点是：由于受到个人知识、经验和能力的限制，失败率较高，容易挫伤推销人员的积极性；往往只能观察到一些表面现象，甚至可能受表面现象的蒙蔽。

总之，推销人员只要善于观察和思考，就会从自己所见所闻的各种似乎互不相干的信息里找到潜在的顾客。

5.3.6 委托助手法

委托助手法就是推销人员委托有关人员寻找顾客的一种方法，即企业推销人员雇用一些助手去寻找顾客，自己则集中精力从事实质性的推销活动。

在实际运用时，助手通常以市场调查或免费提供服务等名义，在可能性比较大的推销区域发动卷地毯式的访问，一旦发现潜在的顾客，就立即通知推销人员安排正式访问。通常这些助手都不是企业聘用的，而是推销人员安排的"探子"，这些助手能自然而然地接触到需要购买所推销商品的准顾客，给助手的报酬依据他们提供信息后达成交易金额的多少来支付。

委托助手法的优点是：可以使推销人员把更多的时间和精力集中在有效的推销工作上，避免大量的时间浪费和金钱耗费；可以获得有效的推销信息，及时开拓新的推销区域；可以借助推销助手在当地的影响力扩大商品的社会影响力。

委托助手法的缺点是：确定推销助手的人选较为困难；推销人员处于被动的状态，其绩效往往取决于推销助手的合作程度；由于助手不是企业的人员，无法对他们进行控制，这些人可能同时也做其他同类竞争品的"探子"。

5.3.7 广告探查法

广告探查法，是指推销人员利用各种广告媒介寻找准顾客的方法。在西方国家，推销人员用来寻找准顾客的广告主要是直接邮寄广告（direct mail advertising）、电话广告（telephone advertising）和电子商务广告（electronic business advertising）。

广告探查法通常用于市场需求量大、覆盖面较广的商品推销。在推销走访前，企业首先发动广告攻势，刺激和诱导市场消费需求的产生，在此条件下不失时机地派推销人员推销商品，把"拉引"与"推动"策略结合起来，提高推销效率。广告可用的媒体很多，可对市场特点、产品特性、推销范围、推销对象和产品生命周期综合考察后作出选择，报纸、杂志、广播、电视、互联网、邮寄目录、说明书都是可以利用的理想传媒。

通常，推销主体与推销对象之间存在信息的阻隔，运用现代化的传播手段往往可以使信息传递面拓宽，使推销人员与准顾客之间的信息沟通在短期内得以完成，缩短推销时间，拓展市场，从而大大提高推销效率。一则好的广告抵得上成千上万的推销人员，产品的营销战役首先要打响的是广告的"前哨战"，其次才是推销人员的"常规战"和"攻坚战"。

广告探查法的优点是：利用现代化的信息传播手段，信息传递的容量大、范围广；可以减轻推销的盲目性，节省时间，提高推销效率；发挥广告的先导作用，不但能为企业探查顾客，也能刺激需求，说服顾客购买，还可以使顾客有所准备，有利于顺利实施推销访问工作。

广告探查法的缺点是：对推销对象的选择难以掌握，从而影响广告媒体的选择；不是对所有商品都有用；难以测定广告的实际效果。

5.3.8　文案调查法

文案调查法，是指通过收集、整理现有文献资料寻找可能买主的方法。这种寻找准顾客的方法，实际上是一种市场调查的方法，着重于对现成资料（第二手资料）的收集、整理和分析，以确定准顾客。

第二手资料来源于历史或现有的各种参考文献之中。第二手资料依据其来源可分为内部资料与外部资料两部分。内部资料是指企业内部报告系统所提供的反映企业内部情况的资料；外部资料是指由企业外部有关机构保存的全部资料，如各级政府机构公布或出版的统计数据、年鉴、报纸杂志、电话簿，以及信息中心、行业协会、调研机构的资料等。总之，企业应建立数据库或市场营销信息系统，不断输入和更新内外部资料，以供包括推销人员在内的企业各类人员查询，以寻找"引子"。

文案调查法的优点是：减轻推销工作的盲目性；节省寻找顾客的时间；节省推销费用；不但可以找到"引子"，而且可以进行接近顾客前的准备工作。

文案调查法的缺点是：查阅的文字资料时效性有限；现代社会"信息爆炸"，不知从何处查阅起；不是所有资料都能查阅到。

【观念应用5-2】

王梅的推销业绩是怎样提升的

王梅是××化妆品的推销员，推销业绩一直提升得不快。后来在儿子的家长会上，她偶然得知有一个孩子的妈妈是某单位的工会主席，姓张，王梅突然有了主意，决定试一试。

有一天下着大雨，这位工会主席还没来，看着同学们一个个被家长接走了，工会主席的孩子很着急。王梅就主动上前安慰他，告诉他说："阿姨可以送你回家。你先给妈妈打个电话，告诉她不要着急，康明（王梅的儿子）的妈妈送你回家。"小家伙照办了。王梅把他送到家，并记住了他家的地址。

工会主席很感动，很快与王梅成了好朋友。一次，王梅给工会主席做了全套护肤美容和化妆，边做边讲解，并针对她的肤质特点提出建议。工会主席发现，化妆后果然比平时漂亮多了，大家的赞美使她很高兴，自然成了王梅的顾客。她还向王梅介绍了一些她的同事，在她的影响下，单位有不少女同事也都开始使用××化妆品了，王梅的顾客数量也达到了300人，收入大有提高。

张主席后来又帮王梅与另外几个大企业的工会主席取得了联系，建立了友谊。通过这种方法，王梅发展了几家公司的大量顾客。她们中有的人买了全套化妆品，有的只买了单件，不论怎样，她对她们都一视同仁，不厌其烦地周到服务，大家对她也都非常满意。因此，她的顾客像滚雪球一样越来越多，销售量直线上升，收入有了极大提高。

资料来源　陈守则. 现代推销学教程［M］. 2版. 北京：机械工业出版社，2018：75.

思考题：王梅用了什么寻找准顾客的有效方法？她寻找准顾客的方法有何优缺点？

5.3.9　确定寻找准顾客的最佳方案

寻找准顾客永远没有固定不变的模式或程序，也不存在适合于所有情形的寻找准顾客的最理想方法，推销人员应该系统地学会寻找准顾客的各种方法，并把各种方法与推销对象、推销品结合起来，灵活选择和运用。具体选用时应注意以下问题：

1）选择适合你的方法

每一种方法都有它的有效性，可能适合某些推销人员，但并不一定适合你。某种菜肴可能为某些人所钟爱，却让另一些人厌恶。因此，在你刚刚步入推销生涯时，不妨尝试一下所有的寻找准顾客的方法，并作出相应记录，以考察各种方法的有效性，从中发现寻找准顾客的最佳方法。

2）各种方法配合使用

寻找准顾客的方法各有所长，各有所短，在可能的情况下应该多种方法同时并用，相互补充，密切配合，扬长避短，发挥优势，以取得较好的效果。谁也不可能完全依靠一种方法去寻找所有可能的买主。

3）从推销工作的全程中寻找

寻找准顾客与接近、洽谈、成交、服务等推销环节并不是截然分开的，某一些准顾客也许是推销人员在与另一些顾客洽谈、成交或服务的过程中获得的，推销人员应该时刻不忘寻找准顾客，随身携带小笔记本及时记录，将经过审查合格的准顾客正式列入准顾客的名单。

4）分清重点，渐次推进

先将重点集中在购买力强的准顾客身上，然后再去拜访购买力相对较弱的准顾客。

5）不断探寻，永不放弃

不断打电话给以前并未购买商品的准顾客。随着新产品的推出，不要把你的业务仅仅局限在现有顾客的身上，以前并未购买商品的准顾客不会购买与自己需求不相适应的现有产品，但并不意味着他不需要你的新产品。

6）培养自身的职业敏感性

不管用哪种方法寻找准顾客，推销人员都应该有高度灵敏的"嗅觉"，时刻能发现准顾客，善于分析、推理和判断，勤记勤思，从中发掘准买主。

【思考与研讨5-3】

下列说法不正确的有（　　　）。

A.采取卷地毯式访问法要求推销品必须具有广泛的适应性，即大多数人都需要这种商品或服务

B.链式引荐法对寻找无形产品的准顾客尤为适合

C.用中心开花法寻找准顾客的关键是找出核心人物，取得他们的信任和支持，让他们去带动大批的潜在买主

D.委托助手法主要用于寻找工业品的准顾客

E.委托助手法即推销人员委托助手全权代理推销业务

F.利用个人观察法寻找准顾客，受到推销人员个人见闻的限制

G.广告探查法常用于市场需求小、覆盖面较窄的商品或服务的推销

H.文案调查法实际上也是一种市场调查法

【答案】EG

5.4　准顾客资格的认定

准顾客资格的认定就是对准顾客的筛选审查（qualifying prospect），指推销人员对"引子"是否真是一位准顾客进行分析判断的全部活动过程。准顾客资格认定并非与寻找准顾客截然分开，实际上准顾客资格认定贯穿寻找准顾客过程的始终。

5.4.1　认定准顾客的意义

推销人员在找到"引子"之后，还需要对其准顾客资格进行认定。如果具备相应资格，就将他们列入正式的准顾客名单之中，并建立相应的档案，作为推销对象。准顾客资格认定主要包括对准顾客的需求、支付能力和购买决策权的认定三个方面，只有上述三个条件均具备才是合格的准顾客。认定准顾客是推销成功的关键，认定的目的在于发现真正的推销对象。

准顾客资格认定的意义主要表现在以下几个方面：

（1）准顾客资格认定可提高推销访问的成功率。"引子"要成为准顾客还必须具备一定的条件，不加以区分就对"引子"进行访问，必然降低推销效率和成功率。通过初步的认定，避免和减少访问那些不可能成为准顾客的"引子"，有利于提高访问的成功率。

（2）准顾客资格认定可节省推销访问的费用，把不符合条件的"引子"从名单中剔除，避免徒劳无功的推销活动和各种费用开支。

（3）准顾客资格认定有助于减少推销访问的时间。了解购买能力及购买决策者，可直接明确访问对象，不必在接近过程中再去摸索，没有必要对无购买能力的"引子"费口舌，从而使推销人员的平均访问时间缩短，提高推销效率。

（4）准顾客资格认定有利于推销人员有的放矢地实施推销策略，争取最有可能的顾客。

【观念应用5-3】

老张为什么在推销洽谈中突然找借口告辞

2023年9月的一天，昆明一家房地产公司的推销员老张去拜访一位顾客。这位顾客对他说："我先生一直忙于事业，无暇顾及家里的大事小情，什么事都让我做主。上一个礼拜天，他让我花300万元购买一套你们公司开发的××高档小区的联排别墅。"老张一听，非常高兴，就三番五次到她家拜访。有一次，他们正在交谈时，有人敲门收购废品，这位太太从家里搬出一大堆空酒瓶，一个劲儿地与废品收购者讨价还价，老张仔细一看，发现这些酒瓶大多都是装中低档酒的，很少有超过100元/瓶的，老张就找个借口告辞，以后也不再登门了。

思考题：想一想，推销员老张从中发现了什么问题？

5.4.2 准顾客需求分析

买卖，是买在前，卖在后。通常，有要买的人，才会催生要卖的人。衡量推销计划是否有效，要看它是否成功影响顾客的购买决策，是否站在顾客的视角看待问题、分析问题和解决问题。准顾客需求分析，即事先确定某特定对象是否真正需要推销人员所推销的产品或服务，使用推销品能为顾客解决什么问题，或使顾客获得何种利益。只有顾客真正需要某种商品，只有推销品能帮助顾客解决实际困难，给顾客带来好处，使购销双方均获利，这种推销才是解决问题导向的推销。

准顾客需求分析应从以下几个方面入手：

（1）分辨"引子"是否需要推销品，即"引子"是否已意识到购买某种推销品的必要。例如，计算机推销人员在进行推销访问前，必须首先弄清楚对方有无购买计算机的需要。从现代市场营销理论出发，顾客有了购买需求，才会产生购买行为。推销人员应当仔细识别顾客的需要及其程度。有些顾客的需要是显露的，他们直截了当表达自己的需要，而且还希望马上得到满足；有的顾客的需要由于各种原因，是潜在的，推销人员应该找出原因，采取必要手段把潜在的需要变为现实的需要。

（2）了解"引子"对推销品品牌的态度。"引子"可能需要推销品，但表现出不同的态度。有的推销对象会说："我压根就没有想过购买这种品牌的产品。"有的顾客也许会说："我从来没听说过这种牌子。"还有的会说："我就想买这种品牌的产品。"只有了解了"引子"对品牌的态度，才能明确访问中应采取的推销策略。

（3）分析判断"引子"为满足自身需要能够接受何种价格水平。对推销品需求强烈的人可能比需求不强烈的人愿意出更多的钱；高收入水平的人或财力雄厚的组织比低收入水平的人或财力弱小的组织在付款数额和方式上有更大的灵活性；需要的紧急程度也影响购买价格和付款方式。

经过严格的认定之后，如果推销人员确认某特定对象不具有购买需求，或者发现自己的推销品不能满足他们的实际需要，或者他们有需求而无购买力，就不应向他们推销。而一旦确信顾客存在需要而且存在购买的可能性，推销人员所推销的产品或服务对顾客有利，有助于解决顾客的某种实际问题，推销人员就应该信心百倍地进行推销，而不应有丝毫犹豫和等待，以免坐失良机。

需求也是可以创造的。现代推销工作的实质，就是要探求和创造需求。随着科技的发展和新产品的不断涌现，顾客有着大量的潜在需求。推销人员不应将那些现在看来没有需求的顾客作为不合格顾客而草率放弃。正是因为存在潜在的需求，这才为推销人员去大胆探求和创造需求提供用武之地。也正是顾客有困难、有问题，他们才依赖推销人员去帮助他们改善生产和生活条件并解决问题。总之，现代推销人员应勇于开拓，善于开拓，透过现象看本质去创造需求，发掘顾客的潜在需求。

现在，移动互联网、数字技术和智能终端改变了人们的生活，改变了很多人的购买行为和购买过程。过去，通常顾客购买产品首先是被促销宣传吸引，然后与推销人员洽谈、询价，推销人员介绍、展示产品并回答顾客的问题，最后顾客对购买标的物有相当程度的认知后，才会作出购买决策。在移动互联网时代，顾客的购买行为是：①某些产品信息和关于产品的评论出现在微博、QQ、微信等新媒体上，引起准顾客的注意；②准顾客浏览后，觉得这个产品不错，就有了兴趣；③准顾客上网搜索相关信息，自我学习，增长了相关知识；④看过网友的推荐后，准顾客选定自己想要的产品后，用智能手机扫描二维码，通过支付宝、微信和其他方式就在网上支付购买了（也有货到付款的支付方式），产品由快递公司送货上门；⑤使用或消费产品后，顾客在微博、QQ或微信上分享使用体验。其中"搜索"和"分享"完全是互联网化的行为，而且，一开始这个准顾客也是通过了解别的顾客的感受为自己的购买决策提供参考。总之，移动互联网时代的推销人员要懂得互联网思维，能利用新媒体进行沟通，只有顺应顾客购买行为和方式变化的大趋势，对自己的推销行为做相应的调整，让推销过程与顾客购买过程相匹配、相融合，让顾客方便快捷地购买并获得良好的购买和消费体验，并在新媒体分享这些体验，才能使推销工作最终获得成功。

【观念应用5-4】

发掘顾客的潜在需求

在西方的推销人员中，流传着一个有关两位皮鞋推销员的故事。故事里说，有两家工厂各派一名推销员到非洲某国去推销皮鞋。到达目的地之后，两位推销员各自给自己的公司拍了一封电报。其中，甲推销员的电报写道："此地所有的人都不穿鞋，皮鞋没有市场。"而乙推销员的电文却是："此地所有的人还没有鞋子穿，皮鞋大有市场。"之后，乙推销员广泛地走访当地居民，宣传穿鞋的好处，还拿自己的鞋子给当地居民试穿。经过深入、细致的推销解释工作，乙推销员大大激发了该国居民穿鞋的欲望。结果乙所在公司的年销量大增。

思考题：这两位推销员针对考察的国家的情况各有什么反应？有何启示？

5.4.3 准顾客支付能力研究

准顾客对推销品由于需要而产生购买欲望后，推销人员应进一步审查其货币支付能力，仅仅有需求、有欲望但无能力购买商品的"引子"就不可能是真正的准顾客。

准顾客支付能力研究的内容主要是组织的财务状况或个人的收入水平等能反映准顾客的支付能力的指标。通常这些指标不能轻易得到，因而准顾客支付能力研究就有一定难度。尽管有这样或那样的困难，推销人员仍可以通过一定途径从某些侧面了解准顾客的财务状况。譬如，如果是上市公司，推销人员可以从新闻报道、公司财务报告中收集公司有关财务指标，也可以从政府或主管部门处查询有关资料，还可以通过推销人员的询问判断公司财务状况的好坏，并据此确认准顾客是否具有支付能力。对于个人的支付能力，推销人员主要通过询问、观察言行来判断，一般支付能力强的人，注重自己的衣食住行与其身份相协调，但切忌"以貌取人""以服饰取人"，见面之初就轻易给对方的支付能力下结论，这会导致推销失误，丧失绝好的推销机会。除此之外，还需要对准顾客的潜在支付能力进行研究，即使准顾客暂时不具有现实的购买能力，但这并不意味着今后他们也不具备支付能力。如果准顾客因为种种原因，一时资金短缺，则推销人员可以在一段时间之后再行拜访或准许顾客赊账，鼓励顾客购买。

5.4.4 准顾客人格审核

除了分析核定准顾客对产品或服务是否具有需求、购买欲望和支付能力外，推销人员还需要进一步审核准顾客是否具备购买决策权。准顾客人格审核也就是调研推销对象的购买决策状况。从现代推销学的角度看，向一个家庭或组织推销，实际是向家庭或组织的购买决策者进行推销。准顾客人格审核的目的就在于缩小推销对象的范围，避免盲目推销，从而提高推销工作的效率。

准顾客人格审核的内容主要有：

1）购买决策权的审核

消费者市场和组织市场由于具有不同的市场特征，购买决策也不完全相同。对于消费者市场来说，推销对象可能是某一个人或某一个家庭。对于大多数日用消费品来说，很容易判断出家庭中谁是购买决策者，审核购买决策权一般相对容易。对于一些价值高、购买频率低且需要承担一定风险的高档商品来说，该家庭的购买决策权就较难把握，每位家庭成员的意见或建议都可能影响到推销品的出售，推销人员必须重视所有的家庭成员，并依据推销品的性质、类型、使用对象来抓住关键的决策者进行推销。组织市场比个人市场更复杂，影响购买决策的人员类型和数量更多，掌握购买决策者的意见就显得更为重要。组织市场购买带有很强的专业性，通常是理智型的采购，一般购买决策均由企业管理者作出，采购人员的权力较小。推销人员应深入调查、了解企业组织机构的设立方法，根据具体的推销品选好推销对象。

2）购买决策地点的审核

推销人员不仅应针对具有购买决策权的人进行推销，也应对作出购买决策的地点进行预测，以便在准顾客最需要推销人员提供推销建议时及时与购买决策者接触，影响或改变准顾客的购买决策。个人消费品的购买带有很强的冲动性，情感型购买者不少，购买决策的作出也就随情境而变，难以捉摸。耐用消费品由于价格高、风险大，顾客购买时持慎重态度，购买决策通常在家中作出，很少在购买现场作出。组织市场的购买行为则更是精心策划的，通常需要在分析价格、供货条件、性能、质量、服务等方面的因素后综合作出。了解、核实购买决策的地点，有利于推销人员及时有效地"捕捉"到推销对象，提高推销效率。

【观念应用5-5】

大数据时代准顾客资格的认定

在大数据时代，有的公司按照BANT标准来界定推销对象：准顾客的购买力（budget），购买决策权（authority），对商品的需求（need），以及可能被满足的发货时间期限（timeline）。当然，推销人员界定推销对象时不仅限于BANT标准，他们审查认定推销对象的方法很多，也很复杂。美国一家软件公司使用150个不同的指标来评价准顾客，其中包括大量的在线数据。通过使用多种数据，比如准顾客的雇佣情况、招聘广告以及其顾客和员工的推文样本等，分析软件就可将准顾客分为值得拜访的和不值得拜访的两类，并把值得拜访的准顾客确定为拜访目标，然后选择最佳的接触方式，如个人拜访、电话访问、微信联系、发送电子邮件或信件等。最后，推销人员针对推销对象制定一整套有效的推销策略。

思考题：大数据时代认定准顾客资格的方法有哪些？

本章小结

推销过程的第一个步骤是寻找和识别准顾客。既然推销人员的推销是针对特定的顾客进行的，推销人员就必须先确定自己的推销对象，然后才能开展实质性的推销工作。

要寻找和识别谁是准顾客，并不是一件简单的工作。首先，推销人员必须根据自己所推销商品的特性，提出一些判断准顾客的基本条件。然后，再根据这些条件寻找各种可能的线索，运用卷地毯式访问法、链式引荐法、中心开花法、关系拓展法、个人观察法、委托助手法、广告探查法和文案调查法等方法寻找准顾客。此外，随着移动互联网和数字经济时代的到来，推销人员还要学会利用QQ、微博、微信、小视频、小程序等新媒体寻找准顾客的相关信息，精准锁定准顾客。推销人员找出准顾客后，还要拟出准顾客名单，对他们进行分类，建立顾客档案和数据库，并妥善保管。最后，应从准顾客的商品需求、支付能力、购买决策权和人格等几方面对准顾客的资格进行全面的审查认定。如果推销人员发现推销对象完全不合格，推销对象根本就不需要推销品或无能力购买推销品，就应该立刻停止推销；反之，对于合格的准顾客，推销人员则应继续推销，想方设法帮助他们解决实际问题，提供一揽子解决方案，从而实现企业与顾客协同发展、共享新增价值。

主要概念和观念 □

□ **主要概念**

准顾客 "引子" 准顾客资格认定 准顾客需求分析

□ **主要观念**

寻找准顾客的方法及各种方法的原理。

准顾客资格认定的意义。

准顾客资格认定的内容。

基本训练

□ **知识题**

5.1 阅读理解

通过研讨会发掘准顾客群

现在各种商品推销研讨会已经成为发掘准顾客的主要方法之一。当然,你也可以使用小册子、微信、网页或其他新媒体与准顾客沟通,但研讨会给你提供了面对面的交流机会。某财经大学从事推销学教育研究20多年的吴教授,在出版的新著《推销业务研讨会》中就指出了举办推销业务研讨会的15个目标。以下列出主要的3个:

(1)获得准顾客的信息。这是举办研讨会最常见的目标之一。你可以获得与会者的姓名和相关信息,并能与他们约定以后的推销访问。研讨会也有助于识别真正的产品使用者、技术支持者、工程师等。虽然他们不是决策者,但他们能影响购买决策。

(2)推销你的职位。你的职位成为那些准顾客的考虑目标。你有机会创建企业的知名度,树立企业整体运营能力的积极形象。

(3)展示你的专业能力。研讨会是你向准顾客展示你对产品的知识和真知灼见的绝佳机会。同时,技术专家及企业中重视顾客特定需求的人也会对你的展示给予积极的支持。

问题:如果你是一位推销人员,你会如何做?你会事前做一个推销计划吗?

5.2 知识应用

1)"只要顾客有钱,推销人员就能够让他们购买商品。"这种观点是否正确?为什么?

2)如果你是一名计算机公司的销售人员,你将如何"保养"建立起来的"顾客链",使准顾客保持一定比率的增长?

3)怎样对准顾客的需求进行分析?

4)需要某种商品且有购买能力的个人或组织,被称为( )。

A."引子" B.推销主体 C.推销要素 D.准顾客

5)下列寻找准顾客的方法中,属于链式引荐法的是( )。

A.卷地毯式访问法 B.广告探查法 C.中心开花法

D.关系拓展法 E.个人观察法 F.委托助手法

6）准顾客资格认定的内容包含（　　　）。

A.准顾客需求认定　　　　　　　B.准顾客心理认定

C.准顾客社会地位认定　　　　　D.准顾客支付能力认定

E.准顾客购买决策权认定

7）"引子"（线索）成为准顾客（潜在顾客）必须具备的基本条件是（　　　）。

A.一个　　　　　B.三个　　　　　C.两个　　　　　D.四个

8）顾客资格认定主要包括对顾客的（　　　）的认定。

A.需求　　　　　　　B.消费能力　　　　　　C.购买决策权

D.购买能力　　　　　E.购买行动

9）寻找准顾客是推销过程的（　　　）。

A.终点　　　　　B.中点　　　　　C.第一个步骤　　　D.最后一个步骤

10）准顾客人格审核的内容包括购买决策权和购买决策地点的审查。这种表述是否正确？

11）采取卷地毯式访问法要求推销人员要有广泛的适应性，很多人都需要这种商品或服务。这种表述是否正确？

12）用关系拓展法寻找顾客也是一种链式引荐法。这种表述是否正确？

13）寻找准顾客应贯穿推销过程的始终。这种表述是否正确？

14）寻找准顾客永远都是固定不变的模式。这种表述是否正确？

15）中心开花法实际上也是一种链式引荐法。这种表述是否正确？

□ 技能题

两个推销员为什么一个成功一个失败

一位汽车推销员应某个家庭电话的约请前往推销汽车。进门后，他见到这个家里有一位老太太和一位小姐，于是便认定是小姐要买汽车，而根本不理会那位老太太。经过很长时间的推销面谈，小姐答应考虑购买这位推销员所推销的汽车，只是还要请示那位老太太，让她作出最后的决定，因为是老太太购买汽车赠送给这位小姐。由于受到怠慢，老太太打发这位推销员离开。后来，又有一位汽车推销员应邀上门推销。这位推销员善于察言观色，同时向老太太和小姐展开推销攻势，结果很快达成了交易。

资料来源　陈守则. 现代推销学教程［M］. 2版. 北京：机械工业出版社，2018：82-83.

问题：假设你遇到这种情况，你会如何处理？

□ 能力题

5.1　案例分析

移动互联网时代的推销

南方某省会城市一家企业的推销员老王已干推销工作多年，经验也较丰富，关系户也多，加之他积极肯干，最近几年的销售量在该企业内首屈一指。谁知自从推销员小刘从"互联网+推销"培训班学习结业后到公司不到半年，其销售量直线上升，当年就超过老王。对此，老王百思不得其解，问小刘："你出门次数比我少，关系户没我的多，为什么销售量比我大呢？"小刘回答说："现在是互联网和大数据时代啦，要充分利用网上平台这个资源啊。我在寻找、识别和拜访顾客前，先把自己当顾客，在网上搜索，根据搜索结果，预测准顾客会是什么人，根据他们在互联网时代的购买行为、购买习惯和购买心理，从准顾客的商品需求、购买能力和购买决策权等几方面对准顾客进行界定，确定拜访目标，选择拜访方式，然后预测准顾客会提什么问题，针对问题做了认真的准备，最后再进行拜访。凡是能在互联网上搜索到的信息，我就不向顾客介绍和解释了。此外，我还利用新媒体如微博、微信、QQ的定位搜索功能锁定准顾客群，向他们及时发送最新的产品或企业信息，并与准顾客互动。这样，与准顾客交流就可切中要害，拜访也不会浪费时间，很快就达成了交易，既节省了推销费用，还提高了推销效率。"

问题：我们应该向推销员小刘学习什么？

案例分析提示

5.2　网上调研
自己设定一个产品，利用互联网，设计一份网上寻找准顾客的方案。

5.3　单元实践
利用课余时间，选定一种商品，运用所学的推销方法去试着推销。

第 6 章

接近顾客

知识目标：懂得接近顾客前期准备工作的意义以及准备的内容，明确约见顾客应当事先确定的对象、事由和时间。

技能目标：能拟订周密的推销方案，确定接近顾客的目标，掌握多种接近顾客的方法。

能力目标：能在明确目标的指引下，做好接近顾客的心理准备和物质准备，并针对不同对象采用适当而有效的接近方法。

引例 @　　　　　　　　　**"董某辉现象"的文化密码**

别人直播带货，单纯的卖货，声嘶力竭的呼喊、真伪莫辨的套路、无限循环的重复，都是为了上链接、拼手速、下订单，简单粗暴；董某辉直播带货，除了卖货，还贩卖人间烟火、诗和远方，文学、历史、山川、河流、乡土、异域，娓娓道来。作为直播带货界的一股清流，新晋"网红"董某辉比过往任何一位顶流主播更值得探究。要说颜值、口才、控场能力等这些必备条件，他并不特别出众，还是一位十足的直播"小白"，他凭什么在硝烟弥漫的直播带货行业拼出一条血路？

文化有一种感人的力量。如果缺乏相关例子来证明，这句话也许不太容易理解，看了董某辉的表现，我们就知道，他一夜之间成为直播带货的流量担当并不出奇，因为他掌握了文化密码，为直播带货注入了文化灵魂。有网友调侃董某辉说，"我明明买个玉米，你给我讲哭了"，看似风马牛不相及的两件事，因为有了文化介入，一切变得顺理成章。文化加持让原本没有多少感情色彩的购物行为有了更优的体验、更多的收获，这就是文化的力量。

好看的皮囊千篇一律，有趣的灵魂万里挑一。在直播或短视频领域，"好看的皮囊"是"吸粉利器"，"有趣的灵魂"更应如此。有许多专业人士，不靠颜值靠知识、不靠运气靠坚持，在垂直细分领域默默耕耘，一点点撑开"天花板"。比如中国政法大学法学教授、法律"红人"罗翔，抓住社会热点事件及时发声，始于段子、陷于专业，高阶普法，圈"粉"无数。相对而言，直播带货行业仍处于粗放阶段，直播间摆满货品，男女主播卖力吆喝，和街边实体店用大功率音箱播放广告并无二致，总是让人感觉缺少一点文化品位，这种直播间购物意愿不强的人一分钟也不想待。

如今，各行各业都在追求高质量发展，直播带货也不例外。那么，直播带货高质量之路在何方？"董某辉现象"给了这个行业一个有益的启示，文化是直播带货的新进阶、新路径、新蓝海。那就是，企业精心打造文化IP化形象，通过文化输出，让受众在文化接受、文化认同中产生购物冲动。其实，在董某辉之前已有一些企业在试水温。比如，2022年3月，某家居品牌联合明星胡某，在短视频平台开展了一场虚拟直播走秀，数字人胡某的亮相成为当晚直播的亮点；4月，某公司依照公司一位主播形象，打造了一位孪生AI主播，在首秀当日进行了一场真人与虚拟人的较量。

长江后浪推前浪，任何一位"网红"都无法真正做到长红，但文化不会，因为文化是醇酒，时光只会让它增值。处于瓶颈期的直播带货行业，当思从这个突破口突围。

资料来源　练洪洋."董宇辉现象"的文化密码［N］.广州日报，2022-06-20（A4）.

本章知识结构图

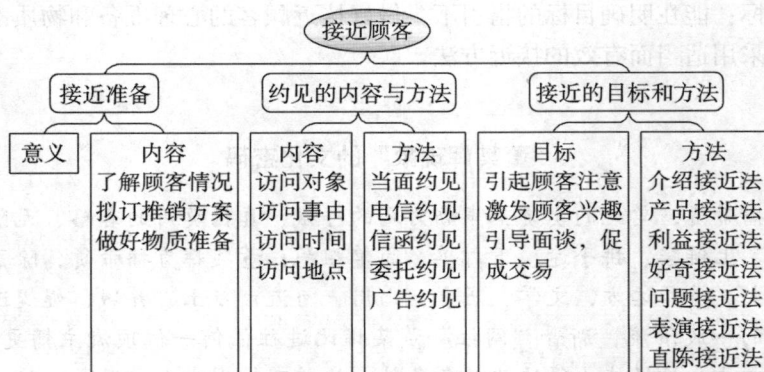

```
                          接近顾客
            ┌────────────────┼────────────────────┐
        接近准备          约见的内容与方法        接近的目标和方法
     ┌────┬──────┐      ┌──────┬──────┐      ┌──────────┬──────────┐
   意义   内容            内容    方法          目标        方法
       了解顾客情况    访问对象  当面约见    引起顾客注意  介绍接近法
       拟订推销方案    访问事由  电信约见    激发顾客兴趣  产品接近法
       做好物质准备    访问时间  信函约见    引导面谈，促  利益接近法
                       访问地点  委托约见    成交易        好奇接近法
                                 广告约见                  问题接近法
                                                          表演接近法
                                                          直陈接近法
```

接近顾客是推销过程中的一个必要环节，是推销人员为实施推销洽谈而和目标顾客进行初步接触的阶段。这个阶段既包含销售人员在空间上接近顾客，也包含销售人员消除顾客的戒备心理缩短感情距离。能否成功地接近顾客，决定整个推销工作能否顺利展开。在推销实践中，成功地接近顾客，并不一定能带来成功的交易，但成功的交易则是以成功地接近顾客为先决条件的。

接近顾客能否成功，不仅取决于推销人员的素质、经验、推销技巧和推销艺术，还取决于推销人员能否遵照接近顾客所应采取的科学步骤与方法开展工作。接近顾客的这些步骤体现了推销活动的内在科学性和事物循序渐进的客观发展规律。

应予以说明的是，在实际的推销过程中，接近顾客的时间往往很短暂，接近顾客与正式面谈也难以区分，但在理论上进行划分是可能的，也是必要的。只有进行这种科学的划分，才能把握接近顾客的一般规律，掌握有关的原理与技巧。

党的二十大报告提出"推进文化自信自强，铸就社会主义文化新辉煌"，也要求我们重视推销方式，以消费者喜闻乐见的方式接近顾客、服务顾客。东方甄选和董宇辉的直播间没有喧闹的"喊麦",却有着令人耳目一新的知识科普,甚至还有"双语"直播,没有紧张兮兮的叫卖,没有"三二一"倒数的压迫感,也没有甜腻的"家人""老铁"之称。他跟观众聊诗词歌赋,也说儿女情长,还和观众分享人间烟火、柴米油盐。有顾客不忙着支付抢购,忙着记笔记;有家长不看货、买货而和孩子一起"学习"。这样一股清流,销售业绩却出奇地好。消费者因喜欢知识带货聚集到董宇辉的直播间,他虽长着一张酷似兵马俑的脸,却成了"顶流"销售明星。人民群众在物质生活得到基本满足后,对进一步丰富精神生活的需求在这儿得到了较好的体现。

6.1 接近准备

在接近顾客之前,推销人员必须做好接近准备工作。所谓接近准备,是指推销人员在接近目标顾客之前进一步深入了解该顾客的基本情况,设计接近和面谈计划,谋划如何开展推销洽谈的过程。接近准备阶段,实际上是顾客资格认定工作的延续。接近准备工作的主要目的是更多地搜集目标顾客的资料,精准掌握顾客需求,为推销访问和约见顾客做好准备。

6.1.1 接近准备的意义

"凡事预则立,不预则废。"据美国一份调查数据:在时间和交通等条件相同的情况下,业绩优秀的销售人员,用于接近准备的时间占全部推销活动时间的21%;而业绩一般的销售人员,用于接近准备的时间只占全部推销时间的13%。[①]8%的时间差,在一定程度上决定了销售业绩的高下。接近准备工作的主旨就是要做到胸有成竹,使接近顾客的工作具有较强的针对性,能够有计划、有步骤地展开,避免失误。这个阶段所做的搜集资料、选择接近策略、拟订面谈计划以及精神上和物质上的准备等工作,都是为接近顾客和约见顾客提供依据,争取主动高效地完成推销。如果疏于前期准备工作,荒于资料搜集,将直接影响到与顾客的推销洽谈,导致整个推销工作的失败。因此,做好接近准备工作与选择推销对象一样,是推销过程中不可或缺的一个重要环节。其不可忽略的重要意义在于:

1)有助于进一步认定准顾客的资格

在初步认定准顾客资格的基础上,推销人员已基本确定某些个人和组织是自己的准顾客,但这种认定有时可能不会成为事实,因为能否成为真正的准顾客要受其购买能力、购买决策权、是否已经成为竞争者的顾客和其他种种因素的制约。这些制约因素要求推销人员必须对准顾客的资格进行进一步的认定,而这项任务必须在接近准顾客之前的准备工作中完成,以避免盲目接近。

2)便于制定接近目标顾客的策略

目标顾客的具体情况和性格特点存在个体差异,推销人员不能不加区别地用一种方法去接近所有的顾客。有的人工作忙碌,很难获准见面,有的人整天待在办公室或家里,很容易见面;有的人比较有亲和力,容易接近,有的人却很严肃,难以接近;

---

① 佚名. 接近前的准备工作[EB/OL]. [2023-11-20]. https://www.csundec.com/information/CompanyNews/6343.html.

有的人时间观念较强，喜欢开门见山地推进推销洽谈，有的人却比较习惯迂回洽谈；有的人喜欢接受恭维，有的人却讨厌阿谀逢迎。推销人员必须进行充分的前期准备，把握目标顾客诸如上述多方面因素的特点，才能制定出恰当的接近策略。

3）有利于制订具有针对性的面谈计划

推销人员在推销商品时，总是要采取多种多样的形式突出不同重点进行游说，或突出产品制作材料新颖、生产工艺先进，或突出产品有良好的售后服务和保证，或突出优惠的价格等。关键在于推销人员介绍商品的侧重点要切合顾客的关注点，否则，推销工作就失去了针对性，推销的效果会因此而大打折扣，推销人员甚至会无功而返。例如，准顾客最关心的是产品的先进性和可靠的质量，而推销人员只突出产品完善的售后服务，这有可能使顾客担心产品的返修率比较高，质量不可靠。推销人员做好前期准备工作，深入挖掘准顾客产生购买行为的购买动机，就能找到准顾客对产品的关注点，制订出最符合准顾客特点的面谈计划。

4）可以有效地减少或避免推销工作中的失误

推销人员的工作是与人打交道，要面对性格各异的潜在顾客。许多潜在顾客都具有稳定的心理特质，有各自的个性特点，推销人员不可能在短暂的推销谈话中予以改变，而只能适应并迎合准顾客的这些个性特点。因此，推销人员必须注意顺从准顾客的要求，投其所好，避其所恶。推销人员做好接近准备，充分了解准顾客的个性、习惯、爱好、厌恶、生理缺陷等，就可以尽量避免触及准顾客的隐痛或忌讳而使推销成功。

5）能够增强推销人员取胜的信心

取胜的信心对于推销人员取得成功至关重要。推销人员在毫无准备的情况下贸然访问准顾客，往往由于情况不明而言辞模棱两可，行动举棋不定。准顾客对信心不足的推销人员，只会感到担心和失望，进而也就不能信任推销人员所推销的产品。充分的前期准备工作，可以使推销人员底气十足，充满信心，推销起来就更容易取得准顾客的信任。

由上可知，接近顾客的准备工作非常重要，尤其是当商品具有贵重、高档、无形、结构复杂、数量较多或顾客不熟悉等特点时更是如此。

【观念应用6-1】

消费4.0时代到来

随着科学技术的发展，生产效率和交易效率不断提高，中国的消费形式持续变迁，消费从1.0时代进化到4.0时代。

1）消费1.0时代——计划消费

中华人民共和国成立初期，各方面物资都比较匮乏，在计划经济体制下，市场供需都严格把控，大量生活用品采取配额制，通过粮票、布票、煤油票等媒介进行交换。消费者是被动式的计划消费，商品种类稀少，选择范围狭窄，需求难以得到满足，零售渠道主要是供销社的形式，以柜台销售为主。

2）消费2.0时代——自由选购

伴随着经济体制的改革和生产力的不断发展，人民可支配收入持续增长，产能不断提高。供销社形式的消费模式已经不能满足人们的日常消费需求，中国学习西方发达国家，兴建起了百货商场、超市、便利店等零售业态。商品的销售与购买渠道开始多元化，供给与需求逐渐平衡，基本消费需求得到了满足，消费者基本可以自由选购，购物也便捷多了。

3）消费3.0时代——品质消费

社会进入了丰饶经济，产能提升上来，商品不断丰富，供给开始大于需求。物质文明生活的极大丰富，使人们的消费观念发生改变，更加追求消费的品质，注重服务与体验。专卖店、会员店、购物中心等零售业态大量出现，满足多样化的品质消费诉求。

4）消费4.0时代——定制消费

随着"80后"、"90后"甚至"00后"成为主要消费群体，互联网时代个体开始崛起，用户需求变得多元，呈现出长尾趋势，消费升级促使更多的消费者开始追求商品的附加值。品质、审美，甚至是人格认同，都已成为消费的动因，越来越多的人购买一种商品或服务，是出于喜爱而并非需要。消费更加注重个性化、情感化和社交化，随着消费动机的改变，"冷冰冰"的标准化的产品将逐步被"有温度"的定制化的"非标"产品替代。

资料来源 范鹏．云零售：新零售的终极演化形态［EB/OL］．（2017-05-04）［2024-04-01］．http：//www.cmmo.cn/b/781305/813907.html.

思考题：定制消费时代有什么特点？对推销工作有什么启示？

6.1.2 接近准备的内容

1）了解目标顾客的情况

为了提高推销效果，争取在接近面谈中赢得主动地位，推销人员要对目标顾客进行详尽的了解，充分掌握目标顾客的资料。搜集、汇总、分析目标顾客资料和进行推销预测，是接近准备工作最主要的内容。而这些工作的具体内容要因人而异，要根据推销人员所面临的推销问题的不同而有所变化。根据准顾客的性质，可将他们分为个体准顾客和组织（或团体）准顾客两种类型。他们的情况不同，相应的接近准备工作也不同。

（1）个体准顾客，即个人或家庭式的准顾客。对个体准顾客的接近准备应包括以下内容：

①一般内容，包括姓名、年龄、性别、民族、职业、出生地、受教育程度、职称、信仰、电话号码、微信号、QQ号、居住地、邮政编码等。

②家庭及成员情况，包括所属单位、职业、职务、收入情况、家庭成员的价值观念、消遣方式、兴趣爱好、购买与消费的参照团体、家中消费的最终决策人等个性资料。

③需求内容，包括购买的主要动机、需求的指向和特点、需求的排列顺序、购买能力、购买决策，以及购买行为在时间、地点、方式上的规律性等。

（2）团体准顾客，是指那些可能购买推销人员所推销的商品的企事业单位及其他社会团体组织。团体准顾客的最大特点是其购买决策的复杂性，购买执行人与决策人往往分离。因此，向团体准顾客推销就是向该团体的购买执行人和决策人推销。而对团体准顾客的接近准备，主要又是对团体决策人的接近准备。这些因素都使团体准顾客的接近准备更加复杂，但是，团体的购买力强，生产周期与消费周期较长，对于推销人员来说更有价值。对接近团体准顾客的准备，有些内容与接近个体准顾客的准备相同，但范围要比接近个体准顾客大得多。通常接近团体准顾客之前应当了解、掌握以下情况：

①该组织的基本情况，包括：该组织的全称及简称、法定代表人、品牌、商标、营业地点、所有制性质、注册资本、职工人数、电话、传真、邮政编码、交通运输条件等情况；组织的性质和规模，即该组织所属产业、投资及生产规模、成立时间与发展历程；组织的人事状况，即该组织的近期及远期的组织目标、组织规章制度、办事程序、主要领导人的作风特点、组织结构图及职权范围的划分、人员结构、人际关系等；决策人的有关情况，即决策者的个人基本情况、家庭情况、社会经历、兴趣爱好、性格特点等；具体人员的电话、手机号码，以及前往约见与接近时可以利用的交通路线、交通工具，进入的条件和手续等。

②生产经营情况，包括：产品品种、产量；生产能力及发挥水平；设备技术水平及技术改造方向；产品结构调整及执行情况；产品加工工艺及配方；产品主要销售地点及市场反映；市场占有率、销售增长率及资信与财务状况；管理风格与水平；发展、竞争与定价策略；经营业绩及利税水平等。

购买习惯和购买行为情况等。购买习惯是指目标顾客的采购部门及其工作程序和制度，购买信用及购买力集中程度，购买时间、频率及批量，现有进货渠道，支付方式，供求双方的关系及发展前景等。购买行为情况包括摸清该组织发现需求和提出购买申请的部门、对需求进行核准与说明的部门、对需求及购买进行决策的部门、选择产品及厂家的标准等。

2）拟订推销方案

推销方案就是推销人员展开推销活动的行动方案。它不一定是书面的，甚至可以只是内心的一种设想。推销人员在访问顾客之前，对如何接近顾客，如何展开面谈，如何妥善处理异议并促成交易，都认真考虑，并精心设计出对策，有助于顺利地接近顾客，较快地转入推销的正题，及时排除推销洽谈中的阻力，获得有效的推销成果。推销方案的主要内容有：

（1）设定访问对象、见面时间和地点。应选准适当的访问对象并选择他们能接受的时间和地点见面。

（2）选择接近的方式。根据产品自身的特点和顾客不同的情况，选择合适的接近方式。

（3）商品介绍的内容要点与示范。推销人员必须掌握所推销商品的功能、特点、规格、价格、售后服务等各方面的情况，并牢记心中，清楚商品能给顾客带来哪些好处；同时，又要掌握顾客的实际需要和兴趣所在，通过事先准备，结合商品和顾客两方面的情况，确定介绍商品的侧重点和示范商品的突出点，以求说服顾客。

（4）异议及其处理。设想顾客可能提出哪些异议，做好处理这些异议的准备，以便下一步面谈能顺利进行。

（5）预测推销中可能出现的问题。尽管推销人员已经获取了准确可靠的信息，进行了深入的思考和透彻的分析，设计的行动方案也很周密，但是，在访问顾客时，仍然可能遇到一些意想不到的问题。例如，有些人本来需要这种产品，但对来访的推销人员拒而不见；有些人本来是购买决策人，却让其他人与推销人员周旋；有些人不需要这种产品，却热衷于同推销人员争论，甚至争得面红耳赤，不欢而散；有时还会出现令人非常难堪的场面。推销人员对此要有充分的心理准备并预先想出相应的对策。

3）做好必要的物质准备

物质准备工作做得好，可以让顾客感受到推销人员的诚意，可以帮助推销人员树立良好的形象，营造友好、和谐、宽松的洽谈气氛。

物质方面的准备，首先，推销人员自己的仪表装束应当整洁大方、干净利落，以庄重的仪表给顾客留下良好的第一印象。其次，推销人员应根据访问目的的不同准备随身必备的物品，通常有顾客的资料、样品、价目表、示范器材、发票、印鉴、合同纸、笔记本、笔等。

物质准备应当认真仔细，不能丢三落四，以防在访问中因此而误事，或给顾客留下不良印象。但是，也要防止行装过于累赘，以免风尘仆仆的模样给人留下"过路人"的印象而影响洽谈的效果。

通常，绝大多数推销人员在接触顾客之前就已经做好了各项接近顾客的准备工作。但是，在某些特殊的情况下，推销人员可以利用正式面谈开始之前的短暂时间继续进行接近准备，以检查一下前期准备工作的内容是否准确，并进一步搜集各种新的信息，以便发现有利于促成顾客购买的因素，也可以相应地修改已经制订好的推销计划，使推销工作具有更强的针对性和更大的成功把握。因此，推销人员不仅应该在接近顾客之前做好充分的准备工作，而且要在接近顾客以后根据搜集到的新信息调整原定计划，完善接近顾客的准备工作。

6.2　约见的内容与方法

在商品经济初期，推销人员多数采取挨门挨户（卷地毯式）的推销方式，直接接近顾客。但是，在现代发达的市场经济、信息化的社会里，人们的生活节奏加快，时间观念增强，不欢迎不速之客，推销的环境发生了巨大变化。为适应这种变化，推销手段、推销方式也要随之改变，接近、拜访顾客的方式也必须做相应的调整，约见就是在这样的形势下创造出来的。

约见，又称商业约会，是指推销人员事先征得顾客同意，对顾客进行推销访问的行为过程。推销约见是推销接近的前导，它可以节约推销人员和顾客的时间；有利于推销人员成功地接近顾客，顺利地进行推销洽谈；有利于推销人员客观地进行推销预测，采取相应的预防措施；有利于推销人员恰当地安排推销计划，开展重点拜访，提高工作效率。

【推销宝库6-1】

如何做好高价值约访

1）做好客户期望管控

在一次高价值的销售拜访中，对客户期望的管控尤为重要。期望有可能表现为很多种形式，比如客户要求的价格、功能，甚至要求某一个执行人员进入到项目里面，这些都是期望的一部分。

管控期望要注意以下几点：

（1）期望是不断变化的，没有一成不变的期望。

（2）切忌给过度承诺。

（3）期望不是结果，而是措施。

2）明确客户约访的意愿度

（1）在约访之前，一定要先明确客户的需求是什么。

（2）在客户有足够强的意愿之前，宁愿先进行信息的搜集。

3）注意约访中的原则

（1）高价值约访的前提是站在客户的角度与客户共同布局未来合作共赢的机会，而非只做一笔买卖。

（2）高价值约访宁缺毋滥。为展现价值，宁愿少一些对的人，也要杜绝大量不对的人。

（3）高价值约访应以多一些展现个人价值作为前提，以使得在获得订单前先赢得客户。

4）做好约访中的关键

高价值约访非常核心的一点是：围绕客户的需求，主动先提供客户所需求的价值。比如：

（1）业务经验：比如同行业案例，业务专家等。

（2）产业机会：比如政策变化带来的机会，如何避免变化带来的风险和客户容易忽略的问题，尤其是隐性问题等。

（3）解决措施：问题的解决办法。

（4）成功案例：客户同行业的案例。

（5）帮助采购：对采购过程和行为提供支持。

……

5）对需求有初步预案

提前收集和研判客户的业务问题，准备预案，带着构想去见客户。谈"您"而不只是说"我"，超越简单的买卖行为，提供对策和帮助，做客户的顾问与伙伴。能够站在客户角度，做好高价值约访的销售人员，其机会往往能够翻倍！

资料来源　谢国华．高价值成功约访［EB/OL］．（2023-02-09）［2023-11-20］. https：//mp. weixin.qq.com/s/WqvGJ4rAGePVRB62CpWMsg.

6.2.1　约见的内容

作为接近顾客的前奏，约见的内容主要取决于接近和面谈的需要。在实际推销工作中，推销人员不能以同一种方式接近所有的顾客，也不能以同一种方式约见所有的顾客。事实上，推销人员与顾客之间的关系不同，推销约见的内容也就有所区别。例如，对于来往密切的顾客，约见内容应力求简短，或只提前打一个招呼就够了，不必过多客套。对于来往不多的顾客，约见内容应稍加详细，注意发展良好的合作关系。对于未曾见过面的新顾客，约见的内容则应详细、周密，使顾客既能接纳推销计划并对产品产生兴趣、消除疑虑，也会对推销人员产生信任感。此外，约见的内容还取决于接近准备的情况。推销人员应根据每一次推销访问活动的特点来确定具体的约见内容，充分考虑有关顾客的各方面情况。通常约见的内容应确定以下几个要点：

1）访问对象

约见首先要确定具体的访问对象。推销人员应当尽量设法直接约见购买决策者，避免在无权或无关人员身上浪费时间。一般来说，推销人员在约见前就已经选定访问对象，即购买决策者以及其他对购买决策具有重大影响的要人，如公司经理、企业厂长等。但是，在实际推销工作中，推销人员常常不能直接与访问对象联系。在一些大型工商企业和重要的行政部门，那些有决策权的要人为方便工作、减少干扰，通常都配备了专门的接待人员，由他们负责接待包括推销人员在内的各类人员。这样一来，推销人员首先面对的往往是秘书和接待员这样一些通往决策者路上的"关卡"。推销人员必须设法突破决策者下属设置的障碍，争取接待人员的合作与支持，与他们建立较为友好的关系，即使初次不能直接约见决策者，也要通过接待人员了解到约见决策者的时间和办法，寻找直接约见决策者的机会。这里应注意的是，推销人员应当尊重有关接待人员，这不仅能使人产生信任感，而且往往会使得接待人员提供便利、对购买决策者产生有利影响。

2）访问事由

约见顾客，要有充分的访问理由。当对方感到有必要会见和必须会见时才可能同意约见。不言而喻，推销访问的目的在于向顾客推销商品。但市场经济的发展，使现代推销中的访问目的，由单一的推销商品向传播科学技术和社会文明、广泛地进行市场调研、为顾客提供服务等多方面转化。所以，为访问确定一个恰当事由是很重要的。一般来说，推销人员约见顾客的目的和事由不外乎以下几种：

（1）推销商品。这是推销访问的主要目的，通常都作为正式推销访问的理由。在目前买方市场的形势下，这种正式推销不易实现，如果再碰上那些对推销人员抱有成见的顾客，就越发困难。推销人员应当在约见时说明来意，同时注意观察顾客的反应。如果顾客确实对商品感兴趣，就可以循序渐进，详细介绍商品的性能和特点。如果顾客只是出于礼貌而应付或对所推销的商品根本不感兴趣，则推销人员可考虑知难而退，不要强人所难。当然，如果推销人员对其中某些顾客仍保持信心，则不妨换一种方式接近他们，这就要讲究约见技巧。

（2）市场调查。现在推销人员集推销、广告宣传、公共关系、市场调查等多项任务于一身。市场调查是推销人员的重要任务之一。在实际推销工作中，推销人员以市场调查为访问事由约见顾客，比较容易被对方接受。由于这种约见不需要采取实际购买行动，访问对象感觉比较放松，也就会畅所欲言，为推销人员提供最基本的市场信息，市场调查式的谈话也有可能转变为推销商品，甚至当场成交。

（3）提供服务。在现代推销活动中，优质服务既是推销的保证，也是使企业在竞争中取胜的保障。任何一个企业想要靠技术垄断优势长期占领市场是不现实的，要想在竞争中保持优势，更多是要靠提供商品的附加价值，使产品提供的利益得到延伸。因此，推销人员以提供服务作为约见事由，比较受顾客欢迎，这有利于建立良好的推销信誉，稳定购销关系，扩大影响。

（4）签订合同。在实际推销工作中，顾客与推销人员之间往往需要进行多次洽谈才能最终达成交易。在这之后，签订购销合同就成了推销人员约定下次访问顾客的事由。

（5）收取货款。在现代推销活动中，现货交易的比重大大降低，货款的支付方式和银行结算方式都日益多样化和复杂化。收回货款是推销人员的一项重要任务，推销人员应注意顾客的财务状况，把握适当的时机，讲究收款策略与技巧，使对方不好推托。

（6）走访用户。在市场竞争日趋激烈的推销环境里，推销人员甚至公司经理经常亲自走访用户，征求意见，进行市场调查，这有利于与用户保持长期的购销关系。推销人员利用走访用户的事由约见顾客，可以处于积极主动的有利地位，容易使顾客产生好感，同时推销人员可以了解顾客最新信息，还可能使一般性走访转变为正式推销，一举数得。

总之，推销人员在约见顾客时，一般情况下应直接陈述理由，这样更容易达到约见的目的。必要时，推销人员可以利用其他正当理由约见顾客。原则是尊重顾客意愿，争取顾客的合作，访问事由言之有理，避免利用各种借口。

3）访问时间

约见的主要原则之一就是要节省双方的时间。访问时间是否恰当，直接关系到接近顾客甚至整个推销的成败。本着服务顾客的精神，在约定访问时间时，最好由顾客做主。顾客可以根据自己的工作日程安排适当时间约见推销人员，这样既可以节约时间，又可以满足推销人员约见的要求。在实际推销工作中，并没有一个适合所有访问对象的"标准"访问时间。访问的对象、目的、方式、地点不同，访问的时间也就有所区别。

推销人员应根据下列因素来选择最佳访问时间：

（1）访问对象的工作与生活特点。访问对象的时间安排制约着约见时间的安排，推销人员必须具体考虑访问对象的作息时间和活动规律。安排访问时间要尽可能避免被访对象工作忙碌、休息和心情不佳的时候，如很多团体顾客在星期一布置本周工作的时间，家庭主妇买菜做饭的时间，午休时间，顾客生病的时间等。当然，对于一些特殊的行业和商品而言，这些时候也可能是最佳的访问时机。

（2）访问的目的要求。如果访问的直接目的是正式推销，推销人员就应该选择有

利于达成交易的时间进行约见；如果访问的目的是市场调查，推销人员就应选择市场
行情变化较大或顾客对商品有特别要求时进行约见；如果以提供服务为目的，推销人
员就可选择用户产品出现故障需要得到服务的时候；如果访问的目的是收取货款，推
销人员就应了解顾客的资金周转情况，在顾客账户上有资金时进行约见；如果是一般
性的访问，并无特定目的，推销人员就应该把握适当时机，相机行事；如果以签订正
式合同为目的，推销人员就应适时把握成交信息，及时约见。基本的原则是尽量有利
于达到目的。

（3）访问的地点和路线。推销人员在约见顾客时，应该使访问时间、访问地点和
访问路线保持一致。一般来说，会见地点约定在家中，就要选择对方工作以外的时
间；如果约定在办公室里洽谈，则应选择上班时间；如果访问地点是公共场所，就要
根据各个公共场所自身的特点决定访问时间。

（4）访问对象的意愿。在约定访问时间时，推销人员要尊重访问对象的意愿，做
到留有余地，最佳的办法是双方协商确定一个妥当的时间。一般来说，如果双方都有
足够的把握，就可以约定一个固定的时间，如"今天下午三点整"。如果双方在推销
访问前后还安排有其他工作，或者考虑到其他意外原因，就可以约定一个比较灵活的
时间，如"今天下午两点半到三点"。

此外，推销人员要注意讲信用，准时赴约，合理利用访问时间，提高推销访问的
效率。

4）访问地点

访问地点的选择要根据具体情况而定，应该与访问对象、目的、时间和接近方式
相适应。选择访问地点的基本原则是方便顾客，有利于推销。从推销实践看，办公室
推销和家庭推销是主要的推销方式。其实，推销人员走到哪里，哪里就是推销地点，
并不存在固定的最佳推销地点。为了保证推销效果，在选择推销地点时要做细致的考
虑。一般来说，下述场合可供推销人员选择访问地点时参考：如果推销对象为法人团
体，最佳地点一般是访问对象的工作场所；如果推销对象为个体顾客，推销产品为日
用消费品，此时的访问地点一般是顾客的住所；在社交场所，如招待会、座谈会、订
货会、供货会、舞会、酒会等进行推销约见，从某种意义上说，会使顾客更乐意接
受。有些顾客在工作地点和居住地点都不便约见推销人员，又不愿在社交场合抛头露
面，推销人员可以考虑把一般的公共场所作为约见地点。

6.2.2 约见的主要方法

约见顾客的方法各有其特点和适应性，推销人员应分别根据不同顾客的具体情况
作出选择。

1）当面约见

所谓当面约见，是指推销人员与顾客当面约定访问事宜。推销人员可以利用与顾
客会面的各种机会进行当面约见，例如，在途中不期而遇时，在见面握手问好时，或
在起身分手告别时，都可以与推销对象约定访问事宜。

当面约见是一种理想的约见方式。推销人员可以在当面约见时观察到顾客的态

度、性格等，对约见有所准备；可以与顾客交流感情，表达思想，给顾客留下良好印象，使顾客乐意接受约见；有利于说清楚较为复杂的内容；便于保守商业秘密。但是，当面约见也有一些显而易见的局限性，例如，有一定的地域限制，效率不高，有时容易引起误会。另外，不可能对所有的顾客都使用这种方法，而且当面约见一旦遭到顾客拒绝，推销人员就会处于被动局面，使约见难以实现。

2）电信约见

所谓电信约见，是指推销人员利用电话、短信、微信、QQ、电子邮件、传真、电报等电信手段约见顾客的方法。现代通信业的高速发展，使得即时通信工具普遍用于电信约见。

电信约见既快捷又灵活方便，尤其电话约见是约见的主要方式。它使推销人员免受奔波之苦，又使顾客免受突然来访的干扰，几分钟之内双方可就约见事宜达成一致。但在这种方式下，顾客居于主动地位，容易找到推托或拒绝约见的借口。推销人员在运用这些方式约见时，要注意技巧，谈话要简明、精练，语调平稳，用词贴切，心平气和，好言相待，尤其是顾客不愿接见时不可强求。

电信约见可使顾客免受在家等候之苦，但会产生一定的费用，双方对问题不能做详尽说明。即时通信工具是目前应用更为广泛的联络方式，但受顾客具体情况的限制，不是所有顾客都使用或喜欢这种通信方式。

3）信函约见

信函约见是通过邮递信函方式实现约见的目的。这类信函包括个别约见信和集体约见信，如个人书信、会议通知等。信函约见的优点是：函件不会受到人为阻挠，能够畅通无阻地进入目标顾客的办公地点和居住地，只要言辞得当，就容易被顾客接受；信函的题材比较自由，既可用恳切的文辞强调顾客能够获得的利益，又可委婉写出产品的上乘品质和优惠的价格，还可用实例证明企业的实力和产品的效用，要表达的意思都可跃然纸上；另外，这种方式的经济性也是其他方式无可比拟的。信函约见的缺点是：它所花费的时间是最多的，而且反馈率比较低。许多顾客对推销约见信毫无兴趣，甚至不去拆看，使推销人员苦心推敲而付出的辛劳变得毫无意义。信函中如果用词不当，还会引起顾客反感而拒绝约见。因此，信函约见必须从内容和形式两个方面加以注意。信函的内容要尽力做到真实与适度的修辞相结合，书写工整，文笔流畅。信函要尽可能自己动手书写，尤其是个人书信，避免使用印刷信件，邮票也应自己动手贴上，而不要加盖"邮资已付"的标志；还要及时用电话联系，以弥补反馈率低的缺陷。

4）委托约见

所谓委托约见，是指推销人员委托第三者约见顾客的方法。委托约见包括留函代转、信件传递、他人代约等。受推销人员之托的第三者，是与推销对象本人有一定社会联系和社会交往的人士，包括对顾客本人有一定社会影响的有关人员，如接待人员、秘书、同事、邻居、亲友等。

5）广告约见

广告约见是指推销人员利用各种广告媒体约见顾客的方式。常见的广告媒体有社交媒体、短视频平台、直播平台、搜索平台、广播、电视、报纸、杂志、邮件、路牌和邮寄目录等。利用广告进行约见可以把约见的目的、对象、内容、要求、时间、地点等准确地告诉广告受众。在约见对象不具体、不明确或者约见顾客太多的情况下，采用这一方式来广泛地约见顾客比较有效；也可在约见对象十分明确的情况下，进行集体约见。广告约见有约见对象多、覆盖面大、节省推销时间、提高约见效率等优点，但也有针对性较差、费用较高却未必能引起目标顾客的注意等不足。

还有其他多种约见方法，推销人员可根据具体情况选用一种或综合使用几种方法达到约见的目的。

6.3 接近的目标和方法

所谓接近顾客，是指推销人员为推销洽谈的顺利开展而与推销对象正式接触的过程。在这一阶段，推销人员的主要任务是根据已经掌握的顾客材料和接近顾客时的具体情况，凭借自己的才智，灵活地运用各种接近技巧，简要地介绍自己和有关企业的背景、概况以及推销品的特点和利益，引起顾客的注意和兴趣。与此同时，推销人员还要了解顾客的需要，帮助顾客确定真实的购买动机，提出适当的购买建议，以满足顾客的需要，解决顾客的问题。由此可见，接近顾客是一个信息双向沟通的过程，推销人员既要输出推销信息，也要同时输入购买信息。推销人员在正式接触顾客时，必须明确接近顾客的目标，掌握接近顾客的主要方法。

6.3.1 接近的目标

推销人员进行的接见准备、约见顾客和接近顾客等工作，其最终的目标都是达成交易。由于不同的顾客对推销人员和推销品的需求、偏好和认知程度不同，所以推销人员不可能使每一次接近都完成推销。因而，接近顾客的目标应该是具有层次性和渐进性的，推销人员应当根据顾客的具体情况设定不同的接近目标。具体来说，接近的目标可以有以下三个层次：

1）引起顾客注意

只有当目标顾客的注意力集中到推销人员的讲解和推销品上时，推销工作才能正式开始。心理学认为，注意力是指人的心理活动指向和集中于某种事物的能力。人在注意着特定对象时，总是在感知、记忆、思考、想象或体验着特定对象。唯有注意力集中，才能够清晰、深刻和完整地反映特定对象。在推销实践中，尽管访问对象已事先答应了推销人员的约见，但他们往往身居要职或工作繁忙，不能腾出时间专门恭候推销人员的到来。对于主动上门的推销人员，有的顾客是暂停手头工作与推销员谈话，有的则是敷衍应付，注意力较为分散。所以，接近顾客的首要任务就是要引起顾客对推销人员的注意，并稳定其注意力。推销人员如果能用简明的语言尽快把顾客的注意力转移到自己的话题上来，接近顾客的工作就可以顺利进行下去；如果不能，顾客就可能下逐客令，使推销工作半途而废。顾客的要求会因个人的兴趣、爱好不同而各不相同，顾客的注意也存在有意注意和无意注意的差别。推销人员只有掌握了注意的不同特点，才能有针对性地提出顾客关心的话题，吸引顾客的注意力。

2）激发顾客兴趣

兴趣是人认识某种事物或从事某种活动积极的心理倾向，是推动人认识事物、探索真理的重要动机。人集中注意力是短时间的事，而对特定对象产生兴趣却能使注意力持续、稳定地保持住。人们的兴趣爱好是以认识和探索外界事物的需要为基础的，推销人员可以从顾客的需要和动机入手，激发顾客的购买兴趣。由于人的兴趣千差万别，而且处于千变万化之中，因此推销人员在接近顾客时，应当根据事先所了解的顾客的兴趣和爱好提出顾客感兴趣的话题，诱导顾客产生兴趣。尽管顾客的兴趣各不相同，但是他们都关心推销人员会给自己带来什么利益。推销人员要善于创造条件，提供充足的理由促使顾客倾听自己的建议，让顾客知道推销品能为他解决什么问题，能使他获得哪些利益。只要能把这一点说明，通常顾客都会与推销人员继续交谈下去。

3）引导顾客转入面谈，努力促成交易

推销人员在接近顾客时，应当引导顾客自然而然地转入面谈阶段，促成交易。接近和面谈是洽谈过程中的不同阶段，两者之间没有明显的界线，但是两者的谈话内容却是显著不同的。在接近阶段，推销人员通常选择有利于让对方了解自己、沟通双方感情、营造良好推销气氛的话题，而面谈阶段的话题往往集中在推销产品、建立和发展双方业务关系上。推销人员应当知道只有接近工作顺利完成，面谈工作才能顺利展开。如果对两者不加区分，进门就问买不买，开口就问要不要，不仅会使顾客感到唐突，产生厌烦情绪，也会使推销人员处于尴尬状态，或轻易地被推出门。但是，接近的时间过长，不能及时转入面谈、介入主题，也会使顾客感到谈话内容不着边际而生厌。推销人员应当明确接近与面谈的区别和联系，在引起顾客注意并使顾客产生购买兴趣后，巧妙地转移话题，轻松自然地由接近转入面谈。

6.3.2　接近顾客的主要方法

如何成功地接近推销对象，是推销学研究的一项重要内容。现代推销理论认为，推销商品首先要推销自己。如果顾客对推销人员没有好感、不信任，那就很难接受推销劝说，更不可能购买推销品。因此，推销人员成功地塑造自己的良好形象，在接近顾客的过程中，给对方留下良好的第一印象至关重要。为了在接近顾客的短暂的时间内达到预期的目的，推销人员必须根据顾客及推销品等具体因素灵活地选用接近顾客的方法，以保证成功地接近顾客。在实际的推销工作中，常见的接近顾客的方法有以下几种：

1）介绍接近法

所谓介绍接近法，是指推销人员自我介绍或经过客户、朋友等第三方介绍而接近推销对象的办法。

（1）自我介绍法。这是到目前为止推销人员最常用的方法。推销人员首先通过口头自我介绍的方式让顾客了解自己的身份、姓名、背景及来访目的，然后主动提供一些能证明自己真实身份的证件，如身份证、工作证、名片、推销介绍信和其他有关证件，以进一步加深顾客的印象。口头介绍可以进行详细解说，以弥补书面文字材料的某些不足，还可借助良好的表达赢得顾客的好感。各种证件的应用可以消除顾客的疑虑，营造融洽的气氛。

由于介绍信及有关证件需要重复使用，不可能交给顾客留存，所以赠送本人或公司的名片是接近顾客时常用的做法。推销人员的名片正面通常写明姓名、工作单位、职务、职称、联络方式等，背面则介绍公司主要产品目录、服务项目、开户银行等内容。接近时适时递上一张名片，可以让顾客尽快了解推销人员和所推销产品的概貌，迅速缩短双方的距离。告辞时递上一张名片则便于日后联系。

自我介绍是最常用的方法，也是其他许多接近方法的基础，但是无情的事实表明，推销人员在开始接近顾客时所做的自我介绍绝大多数是毫无意义的。顾客一般不大关心推销人员的自我介绍，只是在推销品或者推销人员的建议令他感兴趣后，才重新询问推销人员尊姓大名或查看推销人员的名片。所以，在接近顾客之初，推销人员不必详细地进行自我介绍，即使进行自我介绍也要和其他方法配合使用。

（2）他人引荐法。在可能的情况下，推销人员可以通过现有顾客介绍其社交圈里的人而接近新顾客。推销人员只需要交给顾客一张便条、一封信、一张介绍卡、一张介绍人的名片，或者是凭介绍人的一句话、一个电话，就可轻松地接近顾客。如能由介绍人亲自引荐则效果更好。推销人员所找的介绍人都是熟悉顾客、与顾客来往密切和对顾客能产生直接或间接影响的人。介绍人所起的作用的大小，取决于推销人员、顾客与介绍人关系的密切程度。这种方法也有局限性，有时顾客碍于人情面子而勉强接待推销人员，却不一定有购买诚意，只是虚于应付；而在有些情况下，顾客还忌讳熟人的引荐。

推销人员应努力扩大自己的交往面，梳理好自己的社会关系，争取有关人士的协助和引荐，但应注意尊重介绍人的意愿，不可勉为其难，更不能拉大旗作虎皮——虚张声势。

2）产品接近法

所谓产品接近法，是指推销人员直接利用所推销的产品引起顾客的注意和兴趣，从而顺利进入推销面谈的接近方法。由于这种方法是以推销品本身作为接近媒介的，因而也把它称为实物接近法。

产品接近法符合顾客认识和购买产品的心理过程。顾客购买商品时，最为关注的不是推销人员的说服能力，而是推销品的性能、品质、价格等指标。通常顾客在决定购买之前总希望彻底了解商品及其各种特征，诸如商品的用途、性能、品质、造型、颜色、味道等。有的顾客还喜欢亲自触摸、检查、操作商品。推销人员采用产品接近法，直接把产品、样本、模型摆在顾客面前，让产品做自我推销，给顾客一个亲自摆弄产品的机会，以产品自身的魅力引起顾客的注意和兴趣，既给了顾客多种多样的感官刺激，又满足了顾客深入了解商品的要求，这是产品接近法的最大优点。

这种方法最适合具有独到特色的产品，或颜色鲜艳、雅致，或功能齐全，或造型别致等，因为这类产品很容易吸引顾客的注意力，诱发顾客的询问。但是，采用产品接近法也存在一些局限性。一般说来，运用产品接近法的效果要受到一些因素的制约。首先，推销品本身必须具有知名度或一定的吸引力，要能够激起顾客的使用欲望，才能引起顾客的注意和兴趣，使推销人员达到接近顾客的目的。若推销品本身不能激起顾客的购买欲望，即使推销人员信心十足，也难以奏效。其次，推销品应精美轻巧，便于携带。不便携带的产品，如大型机器设备、重型机床等是无法利用产品接近法的。再次，推销品必须是看得见、摸得着的有形实体，无形产品和服务（如各种保险、旅游服务等）也无法利用产品接近法。最后，推销品必须品质优良，不容易损坏或者变质，操作简便，使用效果显而易见，这样才经得起顾客反复摆弄，并使顾客从触摸、检验和操作中感受到产品所能带来的利益。

3）利益接近法

所谓利益接近法，是指推销人员抓住顾客追求利益的心理，利用所推销的产品或服务能给顾客带来的利益、实惠、好处引起顾客的注意和兴趣，进而转入面谈的接近方法。从现代推销原理来讲，这是一种最有效、最有力的接近顾客的方法，因为它不仅符合顾客求利的心理，而且符合商业交易互利互惠的基本原则。顾客购买商品的目的是想通过商品使用价值的实现而获得某种利益，而工商企业更直接以营利为目的。个人消费者总是希望花费同等的货币能够获取更多的使用价值，工商企业则希望降低成本、提高效益、增加利润或得到其他利益。因此，物美价廉是顾客普遍追求的一个目标，也是各类消费者维护和争取自身利益的一个重要手段。

推销人员采用利益接近法，直接陈述顾客购买商品所能获得的利益，既克服了一些顾客为掩饰其求利的心理而不愿主动了解产品的障碍，帮助顾客正确认识产品，增强购买信心，又突出了商品的推销重点，迅速达到接近的目的。在具体使用利益接近法时，要注意两点：一是对产品利益的陈述要能打动顾客，但必须实事求是，不可夸大其词，否则就会失去顾客的信任或导致推销本身没有实际效益。在正式接近顾客之前，推销人员要科学地测算出商品的实际效益，并且要留有一定的余地。在接近顾客陈述产品利益时，最好能出示财务分析资料、技术性能鉴定书、用户证明等予以印证。二是产品利益要具有可比性。推销人员可以通过对产品供求信息的分析，使顾客相信购买该产品所能产生的实际效益。这样，顾客才能放心购买这种产品。

4）好奇接近法

所谓好奇接近法，是指推销人员利用顾客的好奇心理来设法接近顾客的方法。好奇心是人类行为的基本动因之一，人类在这一动因的驱动下去探索未知事物的原委，消除自身的秘密障碍。好奇接近法就是利用人类的好奇心，首先引起顾客对推销人员和推销品的注意和兴趣，然后说明购买推销品可能得到的利益，从而接近顾客并转入实际面谈阶段。例如，某推销人员对顾客说："我这里有一份资料说明了贵公司上个月销售量下降20%的原因。"顾客的态度会立即从冷淡转变为积极关注。

推销人员运用好奇接近法要注意，无论是采用语言、动作、实物或其他什么方式唤起顾客的好奇心，都应该与推销活动相关，否则将难以转入推销洽谈；唤起顾客好奇心的事物应当符合客观规律，合情合理，奇妙而不荒诞，不可故弄玄虚，导致顾客失去兴趣；还应当考虑到顾客的文化素养和生活环境，要避免自以为奇特而顾客却觉得平淡无奇的方式，否则会弄巧成拙，无法接近顾客。

另外，还有震惊接近法，即推销人员利用某种令人吃惊或震撼人心的数据资料、事情来引起顾客的注意与兴趣从而接近顾客的方法。其原理、注意事项可参照好奇接近法。

5）问题接近法

问题接近法也叫问答接近法或讨论接近法，是指推销人员利用提问方式或与顾客讨论问题的方式接近顾客的方法。在实际推销工作中，问题接近法常常与其他各种方法配合起来使用。例如，好奇接近法、利益接近法等都可以用提问作为引人入胜的开头。当然，问题接近法也可以单独使用。推销人员可以首先提出一个问题，然后根据顾客的回答再提出其他一些问题，或提出事先设计好的一组问题，引起顾客的注意和兴趣，引导顾客去思考，环环相扣，步步逼近接近顾客的目标。

采用问题接近法，可以迅速抓住顾客的注意力，并使顾客参与讨论，保持注意力和兴趣，从而顺利转入推销洽谈。在具体运用时，推销人员应当注意以下几点：

（1）应当选择自己的专长或顾客熟悉的领域引起话题，以避免冷场。

（2）问题必须突出重点，有的放矢。推销人员必须在接近准备的基础上设计问题，所提问题要能一针见血，切中要害。如果所提问题漫无边际，只会使顾客产生抵触情绪，不能引起顾客的注意和兴趣。

（3）问题表述必须简明扼要，抓住顾客的关注点，最好能形象化、数量化，直观生动。例如，对酒店经理说："您希望在保证贵酒店正常经营的情况下明年的电费开支减少15%吗？"这比简单地问"您想降低成本吗？"效果会好得多。

（4）问题应当具有针对性，耐人寻味，应当是顾客乐意回答和容易回答的，要避免有争议、伤感情和顾客不愿意回答的问题，以免引起顾客的反感。

6）表演接近法

所谓表演接近法，是指推销人员利用各种戏剧性的表演手法来展示产品的特点，从而引起顾客的注意和兴趣。这是一种古老的推销术，也称为马戏接近法。旧时常有一些街头艺人在街头巷尾耍杂技、玩把戏，在表演中推销商品。在现代推销环境中，这种方法仍有重要的利用价值。例如，一位消防用品推销员见到顾客后尚未开口，先从提包里拿出一件防火衣，然后将它放进一个大纸袋里，用打火机点燃纸袋，当纸袋烧完后露出了完好无损的防火衣。这一戏剧性的表演使推销员不费口舌就拿到了订单。

表演接近法实际上是把产品示范过程戏剧化，迎合某些顾客求新求奇的心理，甚至可以产生移情作用，把顾客自然带入购买的情境之中。在具体运用这种方法时应当注意：表演所用的道具应当是推销品或者其他与推销活动有关的物品，表演的内容应与推销密切相关；应当尽量使表演产生戏剧效果，既出人意料，又合乎情理，要能打动顾客，又不露表演的痕迹，即所谓"无表演的表演"；应当尽量让顾客参与其中，使顾客成为重要角色，以激发顾客的兴趣，并增强真实感。

【思考与研讨6-1】

某矿山机械厂设计制造出新型采掘机，性能、质量优于原有产品，在打算向目标顾客推销时，推销人员提出的接近方法有如下几种：

A.产品接近法　　　　B.好奇接近法　　　　C.利益接近法

D.问题接近法　　　　E.表演接近法

你认为哪种接近法比较可行？（　　）

【答案】C

7）直陈接近法

直陈接近法也称报告接近法、陈述接近法，是指推销人员利用直接陈述来引起顾客的注意和兴趣，进而转入面谈的接近方法。推销人员直陈的内容，可以是商品的新特点，可以是价格、服务等方面的优惠条件，也可以是有关企业情况的介绍。但是，所陈述的内容必须与顾客有密切的利害关系，才能引起顾客的注意和兴趣，如"这种商品比同类商品价格便宜20%""这是本厂荣获科技进步奖的新产品"。

在推销实践中，有许多有利于达成交易的事实和道理不为顾客所知。在接近顾客时，免去不必要的繁文絮语，开门见山地直接陈述一个事实或一个道理，可以立即吸引住顾客，缩短与顾客的认识过程，迅速转入正式面谈。在采用这种方法时应当注意：陈述应当有理有据，杜绝无稽之谈和不实之词；陈述的语言必须高度概括，简单明了，切不可面面俱到，使人听得心烦；陈述的内容应避免陈词滥调，应富有新意、不落俗套；陈述应针对顾客主要的购买动机，富有感染力。

除了上述介绍的几种方法外，还有很多接近顾客的方法，例如，赞美接近法、馈赠接近法、求教接近法、调查接近法、搭讪接近法等。推销人员应当在推销实践中灵活运用各种接近方法，并根据实际情况创造一些新的行之有效的方法接近顾客，为最终取得推销的成功做好铺垫。

【推销宝库6-2】
实体店销售人员接近顾客小窍门

第一，遵循"三米六齿"的原则迎客。当顾客离你三米远或目光与你相撞时，自然微笑，露出6至8颗上齿，轻轻点头，道声"欢迎光临""你好"，既不能不理不睬冷落顾客，也不要过分热情给顾客无形的压力。

第二，选择合适时机接近顾客。和顾客打招呼表示了对顾客的欢迎和尊重后，与顾客保持恰当的距离，用目光跟随顾客，观察顾客，选择接近顾客的最佳时机，例如：

当顾客左顾右盼，目光搜寻商品时，应该主动询问顾客是否需要帮助；

当浏览商品的顾客突然停下脚步时，发现某个感兴趣的东西，应该主动上前重点介绍商品特点；

当顾客注视某件商品，或者触摸商品，或者翻找标签时，说明他对该商品有兴趣，或满足某种需求，或是为该商品专程而来，应该主动上前详细介绍商品；

当顾客查看商品又抬起头时，或当顾客再次走近你的柜台时，应该及时倾听和解决顾客疑虑，进一步介绍商品……

第三，以适当角度接近顾客。销售人员应该根据具体情况选择正面或侧面接近和接待顾客，避免从背面接近顾客或者发话，以免不礼貌或吓顾客一跳。注意保持两臂左右的社交距离，不宜过近，也不宜过远。

资料来源 根据网络相关资料整理。

本章小结 ✐

接近顾客是推销人员为进行推销洽谈而与目标顾客进行的初步接触。接近顾客能否成功，不仅取决于推销人员的素质、经验和推销技巧，还取决于推销人员能否遵照接近顾客所应采取的科学步骤与方法开展工作。

接近准备是推销人员在接近目标顾客之前必须做好的一系列工作。周密的准备有助于进一步认定准顾客的资格，便于制定接近目标顾客的策略，有利于制订具有针对性的面谈计划和有效地减少失误。准备的内容包括了解目标顾客的情况、拟订推销方案和做好物质准备。

约见是推销人员事先征得顾客同意接受访问的过程。作为接近顾客的前奏，约见的内容取决于接近和面谈的需要，约见的方式要适应不同顾客的具体情况，分别采用不同的方法。

接近顾客是推销人员为推销洽谈的顺利开展与推销对象正式接触的过程。推销人员必须明确接近顾客的目标，掌握接近顾客的主要方法。

总之，接近准备工作是多方面的，主要是收集信息资料，深入调查研究。约见和接近的方法更是多种多样，最根本的是要善于学习和总结经验，吸取教训，不断创新。

主要概念和观念 ▢

▢ **主要概念**

接近顾客 接近准备 个体准顾客 团体准顾客 约见

▢ **主要观念**

推销约见前做好周密的接近准备工作。

推销人员必须明确接近目标。

顾客千差万别，接近方法各有特点和适用情形，推销人员应具体分析顾客后选择接近方法。

基本训练 👥

▢ **知识题**

6.1 阅读理解

1）为什么要做好接近准备？

2）接近准备的内容有哪些？

3）推销约见的内容有哪些？

4）推销约见的主要方法有哪些？

5）接近顾客的目标应如何设定？

6）接近顾客的主要方法有哪几种？

6.2　知识应用

1）推销人员做"不速之客"有什么弊端？推销人员约见顾客必须守时吗？

2）何谓接近准备？

3）为什么说介绍接近法是推销接近中作用最微弱的方法？

4）接近个体准顾客应先做哪些准备工作？

5）推销接近的行动方案主要包括哪些内容？

6）约见顾客的事由通常有哪些？

7）运用问题接近法应注意什么问题？

□ 技能题

6.1　规则复习

1）接近准备的工作内容包括：了解目标顾客的情况，拟订推销方案，做好必要的物质准备。

2）接近顾客的主要方法有：介绍接近法、产品接近法、利益接近法、好奇接近法、问题接近法、表演接近法和直陈接近法。

6.2　操作练习

1）实务题

（1）有人说："推销商品之前先要推销自己。"这话对不对？试用实例说明。

（2）约见顾客的方式主要有哪几种？应如何根据不同情况选择约见顾客的方式？

（3）下面是两位推销员接近顾客的对话，请问他们分别采用的是什么方法？

A.一个集装箱推销员见到顾客后说："我向马丁公司介绍了我们刚出品的一种新箱型，结果使他们每月的海运费节约了450元。您是否有兴趣推算一下我能不能为你们省点钱？"

B.一个推销员把产品送到顾客面前说："这是我们厂刚获得国家专利的新产品。"

2）综合题

（1）汽车推销员小王在一家工厂推销汽车，了解到该厂业务部已经提出了换购两辆新车的申请。该厂厂长说："过去，这事我就可以决定，但是近来企业经营状况不太好，预算管理比较严格，必须开会讨论决定，取得常务董事的许可。"小王去找了具有决定权的常务董事，经过会谈，他认为这笔生意做成功了。可是几天后，那位厂长打电话告诉小王他们已经决定购买别的品牌的汽车了。试分析小王这次推销失败的原因何在。

（2）一位幼儿园的推销员到一个顾客家中进行推销："太太，为了您可爱的小宝宝，请一定要在这个月内入园，我不骗您，下个月开始入园费要提高25%，没有这么好又这么便宜的幼儿园了。"这对结婚10年才喜得贵子的夫妻心有所动："我们想参观一下幼儿园，看看……"他们好像还有点犹豫。"哎呀，还参观什么呀？您放心好了，我们的幼儿园是聘请专家从幼儿心理学的角度充分研究考察过的，不必犹豫，加入就是了。"从这位推销员接近顾客的情况看，他的接近目标有什么问题？

（3）"我来是为了……""我只是想知道……""我来只是告诉你……""我到这里来的目的是……""很抱歉，打搅你了，但是……"判断以这些话作为推销员的开场白是否恰当，为什么？

（4）分析以下几位推销员使用的是哪一种接近顾客的方法？其优点是什么？

A.一个冰淇淋供应商向冷饮店的一位经理推销时，开口就问："您希不希望每销售一升的冰淇淋节省40%的投资？"

B.一个保险员递给一位女顾客一张600元的模拟支票，问："您想不想在退休后每月收到这样一张支票？"

C.胶印机推销员见到顾客的开场白是："用我的胶印机印你们公文签的抬头，1 000张才合5元。您上次请别人印是什么价？20元吧？"

□ 能力题

6.1 案例分析

妙招敲开紧闭的门

某服饰推销员意欲接近一家大商场的采购经理，多次被拒绝，原因是该商场多年来主要经营另一家公司的服饰，采购经理认为没有必要改变固有的合作关系。推销员在又一次上门访问时，先递上一张便笺，上面写着："您可否给我十分钟的时间就一个业务问题提一点建议？"采购经理感到新奇，请推销员进他的办公室坐下。推销员一开始就拿出一种新式领带，请采购经理鉴赏，要求他为这种产品报一个公道的价格。采购经理仔细地检查了每一条领带，然后作出认真的答复。推销员又进行了一番讲解。眼看十分钟快到了，推销员拎起皮包便要走，然而，采购经理留住了推销员，开始洽谈直至成交。他按照推销员的报价（低于采购经理自己原来的报价）订购了一大批货。

问题：

1）推销员原来多次接近顾客失败的原因是什么？

2）推销员又一次接近顾客采用了哪种推销接近法？其优点是什么？

3）此案例中推销员接近顾客后洽谈成交的决定因素是什么？

案例分析提示

6.2 网上调研

上网搜寻人与人之间的接近方式，从中发现和提炼出推销人员接近顾客的方法。

6.3 单元实践

机械设备推销员小张准备到某公司进行推销，试列出一份接近准备工作目录及具体内容。

第 **7** 章

推销洽谈

知识目标：弄清推销洽谈的概念、特点和类型，理解推销洽谈的目标与原则，明确推销洽谈的意义。

技能目标：明确推销洽谈的基本技能，学会推销洽谈的具体程序，掌握推销洽谈的各种技巧及迪伯达模式的内容。

能力目标：在实际工作中，能够熟练运用移动互联网时代的数字设备与顾客交流，掌握推销洽谈技巧，具有与顾客进行有效推销沟通的能力。

引例 @ 有备而来，马到成功

教师节前，推销员小马敲开某财经大学商学院李院长的办公室门，向他推销PPT鼠标遥控笔："李院长，您的同事王教授要我前来拜访，跟您谈一个您可能感兴趣的问题。"李院长一听是王教授介绍来的，就打消了疑虑，让小马进入办公室。小马说："教师节很快就到了，听您的同事王教授说你们学院每年教师节都会买礼品送老师，表达心意，今年如果还没定，我向您推荐一款我们公司新出的PPT鼠标遥控笔。现在高校大多数教师都是多媒体授课，用这款鼠标遥控器进行PPT演示多方便啊。"随后，小马全方位讲解了该款新型PPT鼠标遥控笔的性能，进行了精彩的示范，并客观真实地回答了李院长提出的一些问题，赢得他的好感和信任，李院长当即表示出极大的兴趣，但他认为价格有些贵，小马从容不迫地告诉他："价格是有些贵，但是考虑到其一流的质量和特殊的功能，且对你们这么大的学院来说，这不是什么大问题呀，您买得多，我还给您优惠。"李院长点了点头。小马乘机问："王教授他们学院已买了70个，您学院要买多少啊？"李院长说了一个数，并把办公室高主任叫来，让他办理具体的采购事宜。随后，推销员小马在自己的权限内，按公司的政策在价格上给予了优惠，交易很快完成了。

本章知识结构图 ⬀

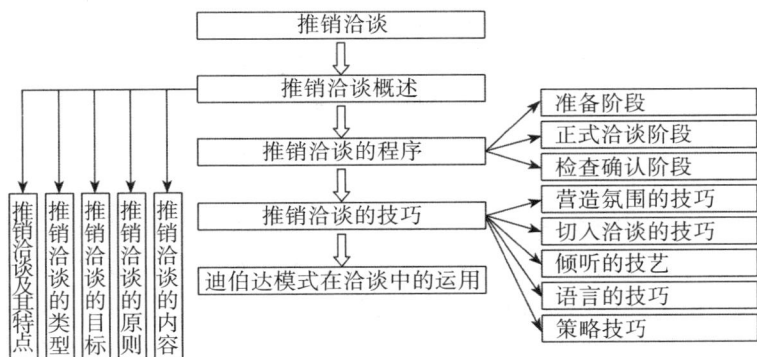

推销洽谈是整个推销过程的关键性环节之一，推销洽谈的成功与否对买卖双方最后能否成功实现交易具有至关重要的影响。推销洽谈能否成功，取决于推销人员在推销洽谈前是否做了认真的准备，在推销洽谈过程中是否有好的表现——应用洽谈技巧和策略说服顾客作出购买决策的能力的高低。因此，推销人员只有在了解推销洽谈的概念、特点、类型、目标、原则和内容的基础上，对推销洽谈的程序进行分析，充分掌握推销洽谈的各种技巧，洽谈中用好迪伯达模式，才能促成交易。

7.1 推销洽谈概述

7.1.1 推销洽谈及其特点

推销洽谈是买卖双方为达成交易，维护各自的利益、满足各自的需要，就各自关心的问题进行沟通与磋商的活动。现代推销谈判既可以当面洽谈，也可以利用现代通信工具（如视频会议等）进行跨时空的磋商。

推销洽谈具有三个突出的特点。

1）合作性与冲突性并存

推销洽谈是建立在双方的利益既有共同点又有分歧点基础之上的。合作性表明双方利益共同的一面，冲突性表明双方利益分歧的一面，推销洽谈参与者要尽可能加强双方的合作性，降低双方的冲突性。但是，合作性与冲突性是可以相互转化的，如果合作性的比例加大，冲突性的比例减少，双方洽谈成功的可能性就大；反之，如果冲突的一面通过洽谈没有得到解决或减弱，那么，洽谈就有可能失败。推销洽谈人员可以在事前将双方意见的共同点和分歧点分别列出，并按照它们在洽谈中的重要性分别给予它们不同的权值和分数，通过比较共同点方面的分值与分歧点方面的分值，来预测洽谈成功的概率，并决定如何消除彼此的分歧。

2）原则性与可调整性并存

原则性指洽谈双方在洽谈中最后退让的界线，即谈判的底线。通常洽谈双方为弥合分歧，彼此都会作出一些让步。但是，让步不是无休止的和任意的，而是有原则的，超过了原则性所要求的基本条件，就会给己方带来难以承受的损失。因而，洽谈双方对重大原则问题通常是不会轻易让步的，退让也是有一定限度的。可调整性是指洽谈双方在坚持彼此基本原则的基础上可以向对方作出一定让步和妥协的方面。如果推销洽谈的双方在所有的方面都坚持彼此的立场，不肯作出任何让步，那么洽谈就可能没有结果，双方的共同利益也无法实现。而绝大多数的谈判都有潜在的共同利益，共同利益就意味着商业机会，并且谈判双方还有可能存在兼容利益。洽谈参与人员应分析双方原则立场之间的差距大小，以及经沟通协调缩小这种差距的可能性，充分发挥想象力，扩大方案的选择范围，或准备多个备选方案，努力实现双赢的结果。如果不能达成全面共识，则可以就某些问题和合同条款达成不同的协议；如果不能达成永久协议，则可以达成临时协议；如果不能达成无条件的协议，则可以达成有条件的协议。同时，双方也要制定好洽谈失败的应变措施。

3）以经济利益为中心

在推销洽谈中，双方主要围绕着各自的经济利益展开洽谈。推销洽谈是商业谈判的一种类型，是围绕着销售产品而进行的洽谈。卖方希望以较高的价格出售产品而使己方得到较多的利润，而买方则希望以较低的价格购买产品而使己方降低成本。因此，谈判的中心是各自的经济利益，而价格在推销洽谈中作为调节和分配经济利益的主要杠杆就成为洽谈的焦点。当然，在推销洽谈中以经济利益为中心并不意味着就不考虑其他利益，而是说相对于其他利益来说，经济利益是首要的，是起支配作用的。

7.1.2 推销洽谈的类型

推销洽谈按照人员的组织方式划分，有以下几种类型：

1）一对一

一对一就是单个推销人员面对一个顾客进行洽谈的方式。这种洽谈有利于营造洽谈的良好气氛，可以充分发挥推销人员的个人才干，但相应来说，若个人缺点暴露或出现疏漏，补救起来较为困难。所以，这种方式一是适合有经验的推销人员；二是适合小宗交易；三是适合大宗交易的准备阶段的洽谈。经验不足的新手则需要通过业务培训和以老带新的方式提高一对一推销洽谈的能力。

2）一对多

一对多就是单个推销人员面对一组顾客或一个洽谈小组进行洽谈的方式。例如，参加订货会、展销会等情况。如果推销人员面对的是许多不同的顾客，那么应该转化为一对一的方式处理，如分别约定不同时间、不同地点与顾客洽谈。这样做的好处，一是可以防止顾客联手压低价格；二是有利于根据各个顾客的具体情况开展有针对性的推销洽谈。如果推销人员面对的是一个洽谈小组，那么推销人员就应该在洽谈中掌握一对一的原则，对方的不同成员会提出许多问题，推销人员应该将它们归纳整理成条理化的问题，每次将一个问题作为重点进行洽谈，将该问题解决之后再进行下一个问题的洽谈，不能同时多条战线作战。那种试图对所有问题都同时作出令对方满意的解释的洽谈方式，一是不利于我方对每个问题进行审慎的研究；二是容易被对方抓住可能出现的漏洞，因为对方是每个成员专门负责一个问题，是以逸待劳，而我方是以一当十，一个人同时考虑许多方面的问题，极有可能出现破绽。

3）多对一

多对一就是一个推销小组面对一个顾客进行洽谈的方式。这种方式，一是出现在新产品的推销中，因为需要向顾客详细介绍新产品的有关情况和了解用户对新产品的意见，所以需要产品开发、生产和其他方面的有关人员共同参与洽谈；二是出现在所推销的产品出了问题时，需要了解问题的性质，区分彼此的责任，并且找出解决问题的办法，而这是推销人员一人所不能胜任的。

4）多对多

多对多是指一个推销小组面对顾客的一个采购小组或者一组推销人员面对一组顾客进行洽谈的方式。在一个推销小组面对顾客的一个采购小组进行洽谈的方式中，应该做好小组内的分工，进行对口洽谈，每个推销人员必须对自己负责的问题进行周密的考虑。在一组推销人员面对一组顾客进行洽谈的方式中，应该转化为一对一的方式，即每个推销人员负责一个顾客。

推销洽谈还可按照洽谈主题的多少分为单一型洽谈和综合型洽谈；按照洽谈的利益分配性质分为输赢式洽谈和互利式洽谈等。

7.1.3 推销洽谈的目标

推销洽谈不是买卖双方的辩论赛，不是要辩出我赢你输，而是从顾客的视角思考问题，激起顾客的购买欲望，促使顾客自觉自愿地作出购买决策，心甘情愿地购买推销品。洽谈的目标能否达成既取决于顾客购买活动的心理过程，又取决于推销活动的实际发展过程。顾客购买活动的心理过程指顾客购买活动的认知过程、情绪过程和意志过程，其中包括注意、兴趣、欲望和行动等阶段。就推销活动的进程看，一般也要经过寻找准顾客、约见、接近、诱发动机、激励顾客采取行动的过程。在洽谈过程中，顾客往往会提出各种各样的异议，处理顾客异议是洽谈的一项重要任务，直接关系到能否顺利成交，但因为这方面的内容较多，后文将单列一章加以讨论。根据上述分析，我们认为，现代推销洽谈的具体目标是进一步发现和证实顾客的需要，向顾客传递恰当的信息，诱发顾客的购买动机，说服顾客采取购买行动。

1）洽谈之初，必须准确找出顾客的真正需要

在接近顾客阶段，推销人员已成功地引起顾客的注意和兴趣，赢得了与顾客开展推销洽谈的宝贵机会。为使洽谈能有效进行，使顾客能主动参与洽谈，推销人员必须在洽谈开始阶段就深深打动顾客。洽谈题材紧紧围绕顾客需要永远是正确的做法。为此，推销人员在谈判之初要设法找出此时此刻的顾客需要，投其所好地开展推销洽谈，这样至少能使洽谈在友好、合作的氛围中展开，并提高洽谈的效率。

有一些推销人员，在赢得了洽谈的机会之后，就滔滔不绝地介绍自己的产品，或自己的价格政策，或对顾客的优惠措施，唯独不去思考、判断此刻顾客在考虑什么、顾客最关心的是什么，所以往往说了半天，最后被顾客不耐烦的一句"如果需要你的产品，我会跟你联系的，再见"而敷衍了事。

为了能迅速使洽谈围绕顾客需要展开，推销人员必须掌握推销对象的一般需求规律，并以此为题进行试探性的介绍与提问，尽量动员顾客开口说话，表达他的意图，以准确判断顾客的真正需要。

2）在洽谈过程中，向顾客介绍情况，传递信息

随着社会主义市场经济的不断发展，人们接触推销人员的机会越来越多，人们购买的理智性和选择性越来越强。有关研究表明，人们总是更愿意相信那些客观、恰当的推销陈述，总是被那些客观、恰当地介绍自己的推销品及服务，客观、公正地看待竞争者，客观、恰当地承诺满足顾客要求的推销人员说服。

客观、恰当地传递信息必须坚持事实和以现实可能性为基础，并引导顾客对购买评价予以足够重视。在现实生活中，往往有一些推销人员在顾客面前把自己的产品吹得天花乱坠，把竞争品贬得一文不值，对顾客要求一概承诺，打包票。实际上，这样做只会吓跑顾客。有谁会相信你能在2小时之内从省会城市派人到边远山村为顾客修好一台电视机呢？也有的推销人员在面对一位需购置一套办公自动化系统的顾客时，从洽谈一开始就被顾客提出的一个最低价的要求套住了，结果使洽谈陷入艰难的讨价还价之中。为什么不引导顾客更全面地认识和评价他们在作出购买决策时需要考虑的其他因素呢？如售中、售后服务，培训，维修，升级等。事实上，大多数顾客并不十分清楚哪些是做购买决策需考虑的重要问题。

3）在洽谈过程中，要努力诱发顾客的购买动机

心理学研究表明，购买行为受到购买动机的支配，而购买动机又源于人的需要。所谓满足需要就是在了解顾客需求的基础上，帮助顾客解决问题。因此，要诱发顾客的购买动机，就要先了解顾客的需要，帮助顾客明确问题、思考问题，寻求解决问题的方案。

从顾客购买动机看，顾客购买流行时装是为了购买美丽大方，顾客购买自动化机床是为了购买效率和加工手段。诱发顾客的购买动机，必须击中顾客的需要，让顾客知道推销品所能带来的好处或效用。在实际推销中，一方面，推销人员可以利用社会的健康合理的消费观念和消费风气，诱发顾客的购买动机；另一方面，推销人员也可以利用顾客的需要和面临的问题，说服顾客接受新观念，改变原有的消费习惯和态度，购买新产品。

4）在洽谈过程中，要有效促使顾客采取购买行动

推销活动的最终目标是要说服顾客采取购买行动。在有效地诱发了顾客的购买动机以后，顾客会产生相应的情绪反应和意志行为，甚至会产生复杂的心理冲突。最终，顾客会作出购买或不购买的决策。在洽谈过程中，推销人员必须准确把握顾客进行购买决策前的心理冲突，利用理性和情感的手段促使顾客尽快作出购买决策。

在实际推销活动中，推销人员应采用各种方式增强说服的感染力。为此，推销人员必须学会运用现代化工具，包括互联网、幻灯片、多媒体设备、计算机、电视、广播等，营造适宜的推销环境和氛围，采用理想的沟通方式，以刺激、感染和说服顾客。

从推销心理学角度分析，顾客的购买行动既受购买动机的支配，也受情感的驱使。因此，推销人员还必须合理地利用顾客的情感，使推销语言、态度和情境产生一

种无形的感化力量，促使顾客采取购买行动。

总之，推销人员在诱发了顾客的购买动机后，还需要再接再厉，促使顾客作出购买决策，采取购买行动，切不可有"明天还可以接着谈"的想法，否则整个推销洽谈会因贻误"战机"而前功尽弃。

7.1.4 推销洽谈的原则

为达到推销的目的，实现洽谈的目标，推销人员可灵活采用多种方法和技巧说服顾客。但是无论采取何种方法或技巧，在洽谈中推销人员均应遵循以下基本原则：

1）针对性原则

所谓针对性原则，是指推销洽谈要服从推销目标，使洽谈具有明确的针对性。

坚持针对性原则，要求推销人员做到：

（1）针对顾客的购买动机开展洽谈。顾客的购买目的在于追求推销品的使用价值，其购买动机多种多样，有的求名，有的求美。在洽谈中推销人员应就推销品的使用价值针对顾客的具体购买动机进行推销。

（2）针对顾客的个性心理进行洽谈。顾客的个性心理差别很大，而个性心理对推销洽谈的影响很大，不容忽视。只有针对不同个性的顾客采取不同方法，才能实现洽谈的目标。

（3）针对推销品的特点展开洽谈。推销人员应根据推销品的特点设计洽谈方案，突出产品特色，增强洽谈说服力。

2）参与性原则

参与性原则是指推销人员设法鼓励和引导顾客积极参与推销洽谈，促进信息的双向沟通。

坚持参与性原则，要求推销人员尽量与顾客同化，以消除其戒备心理。在实际推销活动中，推销人员要与顾客打成一片，急顾客之所急，想顾客之所想，表现出与顾客同样的兴趣和爱好、同样的习惯和背景等，这都是与顾客同化的方法，其作用在于取得顾客的认同感，消除推销阻力，提高洽谈效率。

坚持参与性原则，要求推销人员主动引导顾客参与洽谈沟通，提高洽谈的质量和效率。现代信息论和决策论的研究表明，参与活动直接影响参与者接受信息、处理信息、反馈信息和制定决策的水平。在实际推销活动中，引导顾客发表意见，请顾客回答问题，或者让顾客试用推销品等都可有效地使顾客参与洽谈。

坚持参与性原则，要求推销人员让顾客发表意见，认真倾听顾客讲话。认真聆听，既是尊重顾客的起码要求，也是成功洽谈的基本技能。认真倾听，能使顾客产生心理上的一种满足感，有利于顾客的积极参与，又能让推销人员了解推销障碍是什么，进而消除成交障碍，促使顾客作出购买决策。

【观念应用7-1】

"投其所好"策略

M牌冰箱推销员小舒在S县开发销售网点，相中南城家电商场，可是该商场老板邱总是一位心高气傲的客户，根本看不上该品牌。尽管数次拜访都遭到了冷遇，小舒还是心有不甘，他通过这家商场的一位员工了解到，邱总的最大爱好是汽车，对收藏车模情有独钟。

这天，小舒带着上海朋友快递过来的最新款赛车模型，走进邱总办公室，说："邱总，听说您是爱车一族。我托朋友带来三款最新的赛车模型，不知您喜欢不喜欢？"邱总接过车模，如获稀世珍宝，连声说好。结果，两人相见恨晚，大谈各种轿车的优劣势和各种赛车的故事。没出10天，邱总就在商场里腾出一块位置给小舒，而且把M牌冰箱作为主推品牌进行操作。

邱总原来看不上该品牌，到后来又把该品牌作为主推品牌，其原因就是推销员小舒投其所好。与顾客有共同爱好、共同语言，推销就容易成功。

资料来源　陈守则. 现代推销学教程［M］. 2版. 北京：机械工业出版社，2018：171.

思考题：这位推销员是以什么方式与商场老总洽谈成功的？有何借鉴意义？

3）辩证性原则

辩证性原则是指推销人员要用唯物辩证法来指导洽谈。坚持辩证法原则，要求推销人员全面地、发展地、联系地看待顾客和推销品。推销人员应该辩证地看待顾客的个体差异，千万不要因为自己某些不愉快的经历而对某类顾客抱有成见。事实上，世界上没有十全十美的顾客，也没有完全不讲理的顾客，问题的关键在于推销人员是否找准了洽谈的切入点与洽谈方法。推销人员不但应辩证地看待推销品，也应该让顾客辩证地看待推销品。任何产品既不可能优越无比，也不可能一无是处，推销人员应能突出推销品的优点，也能客观地承认推销品的缺点。"一分钱，一分货"就是突出产品质量优良、回答顾客因推销品价格高而提出异议的最佳方法之一。

4）鼓动性原则

推销洽谈既是说服的艺术，也是鼓动的艺术，洽谈成功与否，关键在于推销人员能否有效说服和鼓动顾客。鼓动性原则是指推销人员要在洽谈中用自己的信心、热情和知识去感染、激励顾客，促使顾客采取购买行动。

坚持鼓动性原则，要求推销人员必须对自己及其推销品充满信心，必须热爱自己的推销事业，热爱顾客。只有激发起顾客的信心和热情，才有可能促使顾客采取购买行动。

坚持鼓动性原则，要求推销人员练就富有说服力的口才，充分利用各种推销工具，营造一种能激励顾客产生购买动机、改变态度、坚定地作出购买决策的环境氛围。

5）灵活性原则

灵活性原则是指推销人员应根据具体情况作出具体分析，随机应变，相机行事。事实上，推销洽谈并没有什么固定不变的模式，灵活性既是洽谈的特征，又是推销人员应遵守的推销方法论原则。

坚持灵活性原则，要求推销人员能根据不同情况采用各种方式与方法开展洽谈。

坚持灵活性原则，要求推销人员善于应变，灵活机动地处理洽谈中出现的意料之外的情况。尽管一个成熟的推销人员在洽谈之前总会尽可能地预测洽谈中可能出现的情况，周密谋划应对之策，但是，在实际推销洽谈中，总会出现一些预料之外的情况，顾客也在随时调整自己的洽谈计划、方针和态度，推销人员只有随机应变，灵活处理各种情况，才能实现预期的推销目标。

上述推销洽谈的原则，只是方法论的原则，是洽谈的总体指南，而不是具体的洽谈方法与技巧，推销人员应理解并运用这些基本原则去指导具体的推销洽谈工作。

【思考与研讨7-1】

为实现推销的目标，推销人员需要随机应变地采用各种推销洽谈的方法和技巧去说服顾客，必须遵循的洽谈原则是（　　　）。

A.针对性原则　　　　B.自愿性原则　　　　C.参与性原则

D.辩证性原则　　　　E.机动性原则　　　　F.鼓动性原则

G.灵活性原则

【答案】ACDFG

7.1.5　推销洽谈的内容

1）产品条件洽谈

推销的主角是产品，因此，推销洽谈的内容首先是对产品相关条件的洽谈。产品条件洽谈，有的复杂，有的简单，主要取决于顾客类型和购买的数量。如果购买者是个人消费者，购买的产品数量少，品种单一，则洽谈会比较简单；如果购买者是中间商和集体用户，购买的产品数量多，品种型号也多，洽谈也就较为复杂。一般来说，产品条件洽谈的内容包括产品品种、型号、规格、数量、商标、外形、款式、色彩、质量标准、包装等。

2）价格条件洽谈

价格条件洽谈是推销洽谈的中心内容，是洽谈双方最为关心的问题。通常，双方会进行反复的讨价还价，最后才能敲定成交价格。价格条件洽谈包括对数量折扣、退货损失、市场价格波动风险、商品保险费用、售后服务费用、技术培训费用、安装费用等条件的洽谈。

3）其他条件洽谈

除了产品条件洽谈和价格条件洽谈之外，还有交货时间、付款方式、违约的界定、违约的处罚和仲裁以及其他一些条件的洽谈。

7.2　推销洽谈的程序

推销洽谈的程序分为三个阶段，即准备阶段、正式洽谈阶段和检查确认阶段。

7.2.1　准备阶段

准备阶段包括资料准备、工具准备、心理准备、洽谈场所和人员准备等。

1）资料准备

推销洽谈进行之前，必须将洽谈需要用到的各种资料准备好。一般来说，洽谈当中需要用到的资料有产品说明书、报价单、配件一览表、图片、照片、数据、证明文件、名片、营业执照、专利证明、合约文本、销售发票等。要将这些资料分门别类整理好，在需要用到的时候能够迅速取出。如果推销人员需要用到某些资料却不能立即找到，不但会使双方尴尬，而且推销人员的自信心也会遭受打击，顾客也会对产品的优良性能产生一定的怀疑。

2）工具准备

在推销洽谈中，除了双方口头交换意见和运用书面资料加强己方意见的说服力之外，越来越多的推销人员开始运用一些辅助工具，使洽谈更具有直观和形象的效果，如幻灯片、电影、录像、录音、挂图、投影、计算机多媒体演示、现场展示等。这些方式音像结合，图文并茂，表现力强，远远胜过书面资料。如果要在洽谈当中使用这些工具，就要事先将这些工具准备好，并进行检查和试用。要将洽谈需要用到的影片、录像带、录音带、U盘、光盘等进行编号和做上标记，方便随时取用。

随着科学技术的发展，很多推销人员在推销洽谈当中越来越重视运用笔记本电脑、平板、手机等进行演示，原因主要有：一是体积小，重量轻，携带方便；二是表现手段丰富，信息包含量大，可以播放事先准备好的多媒体演示资料，而不需要其他的额外设备；三是灵活方便，容易编辑。推销人员可以根据对象的特点，运用合适的辅助工具随时随地根据需要进行剪辑和编辑。

3）心理准备

洽谈的心理准备主要是指推销人员要从思想上高度重视洽谈，并对洽谈中可能出现的一些问题做好应变准备，特别是针对洽谈中可能出现的预想不到的情况和对己方不利的情况，要事先想出应对措施，以便发生时能够处变不惊，沉着应对。例如，上门推销时对方不接待怎么办？如果对方态度恶劣怎么办？对方有意回避怎么办？

4）洽谈场所和人员准备

推销洽谈并非都在买方的办公室进行，如果是在卖方的公司、展销会、订货会等场所进行洽谈，卖方就要对洽谈场所进行准备。洽谈场所的准备包括房间、家具、文具、需要使用的相关设备等的准备。对洽谈人员的组成也应提前进行安排和通知。通常洽谈场所和人员准备是和推销洽谈的形式与内容紧密联系在一起的。如果是一对一的洽谈，推销方主要考虑派谁洽谈最为合适，如果已经知道对方洽谈人员的职务、年龄等情况，最好是派出与对方职务相同、年龄相近的洽谈人员。洽谈场所不需要太大，家具也不需要太多，比如，布置几张沙发，以营造亲密对等的气氛为主。如果是多对多的洽谈，推销方应做好组织和分工，要考虑对方派出的洽谈小组的构成情况。洽谈场所需要大一些的房间，要准备供双方进行洽谈的长桌，在安排座位时应该特别注意双方主谈人的位置应处于正中。此外，如有可能，可以安排一些沙发供洽谈间歇时休息。要注意，推销洽谈人员的准备一定要贯彻职级相等或己方职级略高于对方的原则，以免使对方产生受轻视或受辱的感觉。

7.2.2 正式洽谈阶段

1）摸底阶段

在正式洽谈的开始阶段，双方主要是相互摸底，希望知道对方的洽谈目标和底线。所以，在该阶段说话往往非常谨慎，通常以介绍自己的来意、洽谈人员的情况（姓名、职务、分工等）、本企业的历史、产品的有关情况等为主，并倾听对方的意见和观察其反应。在这一阶段，价格这一敏感问题往往先不在谈话中涉及，而是在倾听对方意见之后，再来决定如何报价。推销方要注意避免自己一方喋喋不休，必须给对方讲话的机会。

2）报价阶段

报价是敏感的问题，也是洽谈最关键、最困难的环节。报价阶段要考虑的问题有谁先开价、如何开价、对方开价（还价）之后己方如何还价等。

【微型案例7-1】

桶装矿泉水推销

又是一年夏天，某日，南方某市某品牌矿泉水推销员小李上门推销，下面是他和一位家住某新建小区10幢401号家庭主妇的对话：

小李："夏天到了，您小区自来水供应正常吗？水质如何？"

家庭主妇："供应不正常，水质也不好。"

小李："如果有一种既纯净又有保健功能的饮用水，您的家庭愿意接受吗？"

家庭主妇："可以考虑。"

小李："您知道，我们是××省知名的矿泉水供应商，水质是有保证的，再说我们的水站就在您的小区旁，离您家不到300米，如果您需要，打电话要水就行，保证15分钟内就可送到。这是我的名片，上面有我们水站的电话号码和地址。一桶18.9升的矿泉水价格是15元，您家住得近，买水票可以给您打八折，既经济又方便。您满意吗？"

家庭主妇："非常好，那我就买20张水票吧。"

3）磋商阶段

在报价阶段之后，就进入了艰难的磋商阶段。在这一阶段，要集中解决的问题是判断分歧的类型和原因。双方在推销洽谈中存在分歧是自然的，也是正常的。分歧的类型有三种：一是由误解而造成的分歧，主要是由于未能进行有效和充分的沟通。例如，在表达我方的意见时未能阐述清楚，在报价时没能解释报价的依据等。二是出于策略的考虑而人为造成的分歧。例如，卖方（买方）为了讨价还价以获得自己满意的价格，在一开始报价时往往报得很高（低）。三是双方立场相差很远而形成的真正的分歧。例如，买方的价格底线和卖方的价格底线差距很大，在通过多轮磋商之后仍不能达成一致。

4）设法消除分歧

在明确了分歧的类型和原因之后，推销人员就应该设法消除分歧。由误解而造成的分歧，通过加强沟通增进了解之后，一般是可以消除的。出于策略的考虑而人为造成的分歧，通过多轮的磋商和双方你来我往的讨价还价之后，往往可以慢慢缩小并得到解决。双方立场相差很远而形成的真正的分歧，要消除是非常困难和漫长的，需要高明的策略和技巧。

5) 成交阶段

经过磋商之后，双方的分歧得到了消除，就进入了成交阶段。在这个阶段，洽谈人员应该对双方已经达成一致的方面进行归纳和总结，并办理成交的手续或起草成交协议文件。

7.2.3　检查确认阶段

这是洽谈的最后阶段，在这一阶段，推销人员主要应做好以下工作：

（1）检查成交协议文本。应该对文本做一次详细的检查，尤其是对关键的词句和数字一定要仔细、认真检查；一般应该采用统一的经过法律顾问审定的标准文本，如合同书、订货单等；对大宗或成套项目交易，其最终的文本一定要经过公司法律顾问的审核。

（2）签字认可。经过检查审核之后，洽谈小组组长或洽谈人员进行签字认可。

（3）对小额交易，在检查确认阶段，主要应做好货款的点放和产品的检查移交工作。

（4）最后，无论是哪种洽谈，均应诚恳地感谢对方并礼貌道别。

【推销宝库7-1】

推销洽谈的4P

推销洽谈的4P是英国推销洽谈专家比尔·斯科特提出的在推销洽谈中必须重视的4个问题，具体如下：

1) 目标（purpose）

针对某一位具体的顾客，推销洽谈应该有一个总体目标，指导推销人员与这位顾客进行所有的洽谈。但是，针对每次洽谈，又要制定具体的目标，以便使每次洽谈都向着总体目标靠近，同时，也使每次洽谈的任务具体化。例如，对甲顾客，这次洽谈的目标可能仅仅是摸摸对方的底；对乙顾客，这次洽谈的目标是达成具体协议。

2) 计划（plan）

计划是对洽谈的具体议程的安排，包括要讨论的议题、参加的人员、双方要遵守的规则等。当然，计划的复杂程度取决于推销洽谈的类型。如果是向一位顾客推销一件或少量的产品，那么计划的内容可以比较简单，甚至没有书面的计划而只有头脑当中的计划也可以；如果是向集体用户或中间商推销数量较多的产品，那么计划的内容就应比较全面、详细。计划这一项工作，不论对哪种推销洽谈而言，都是不可缺少的。

3) 进程（pace）

进程是推销洽谈的具体时间安排，包括所需的总时间和对洽谈节奏的安排。

4）个性（personalities）

个性是指双方洽谈人员的具体情况，包括姓名、职务、性别、年龄、性格特点、习惯爱好、在洽谈中的地位和作用等。

对推销洽谈4P进行研究并逐项确定，有助于使洽谈有目的、有计划地进行，因此，它是进行推销洽谈首先要做好的基础工作。

资料来源 斯科特. 贸易洽谈技巧 [M]. 叶志杰，卢娟，译. 北京：中国对外经济贸易出版社，1986.

7.3 推销洽谈的技巧

推销洽谈是一项技巧性、艺术性、科学性较强的工作，没有固定不变的模式。随着推销对象、推销环境的变化，每一次推销洽谈都会有不同的特点和要求，推销人员应根据具体情况作出具体分析，灵活机动地运用已掌握的洽谈技巧去做好洽谈工作。

7.3.1 营造氛围的技巧

营造和谐的气氛能为正式洽谈奠定良好的合作基础，为洽谈铺平道路。只有在和谐的气氛中，双方才可能开诚布公地交谈。

为了在整个洽谈的过程中营造和保持和谐的气氛，推销人员应当注意以下要点：

1）注重仪表

整洁美观的仪表易使顾客产生好感，给顾客留下良好的第一印象。推销人员的穿着应与自己的身份相一致，与洽谈的环境相一致，与顾客的爱好情趣相一致，顺应社会风尚，力求给人以整洁清爽、风度优雅之感受，从外表上取得顾客的认同。

2）讲究礼节

推销人员的工作既然是与人打交道，就要懂得人际交往的礼节，大方得体，使对方感受到可亲、可敬、可信，拉近彼此间的距离。为此，一方面，推销人员要遵守一般的社交礼节；另一方面，推销人员还要保持言行的不卑不亢，并讲究体态和风度。

3）寻求共同点

共同点是拉近彼此距离、消除陌生感和戒备心理的基础。双方的共同点越多，洽谈气氛就越轻松和谐。因此，推销人员在洽谈过程中要善于寻找和发现双方的共同点。共同点可以与推销品有关，例如对顾客某些评价标准的赞赏与认可，也可以与推销品无关，例如共同的经历、共同的爱好等。

4）讨论顾客需要

营造和谐气氛的最好方法是对顾客的问题、需要和愿望给予充分关注，并适时、恰当地进行协商，使顾客相信推销人员理解他的需要和愿望，推销人员将努力解决他所面临的问题。这样做可一举两得，既节省了时间，又营造了和谐气氛，切合推销主题。

7.3.2　切入洽谈的技巧

推销人员通过自我介绍和其他的一些表现初步取得顾客的信任后，就应巧妙地把谈话转入正题，以真正开展面谈推销工作。常用的切入正题的方式有提及介绍人、适时提出问题、借助推销演示器材与资料、示范说明等。

1）提及介绍人

提及介绍人适用于会见新顾客，如果这位新顾客是通过老顾客介绍的，推销人员在会面之初，自我介绍之后，就可以提及介绍人的名字，例如，"××公司的王先生对我们的商品很满意，他建议我到贵公司来看看，也希望能为贵公司出力"。

2）适时提出问题

提出问题也是切入正题的一种方法，比如一个从事租赁业务的推销员，面谈不久就问顾客："听说贵公司要从北区搬到东区？"顾客答："是的。"推销员可马上接下去说："那么你们一定需要人帮助你们找房子，我们公司就是专门从事这类业务的，愿为贵公司效劳。"提出问题是唤起顾客欲求的常用方法，还可以进一步发现顾客的需要。不过提问要与推销有关，要有助于转入正题。在表述方面，应确保陈述明确，防止对方误解，不要提含糊不清的问题，表述方式应力求新颖，出其不意，能引起对方深思，促使顾客认真考虑。

3）借助推销演示器材与资料

借助推销演示器材与资料是切入正题的第三种方法。现代传播手段的发展为现代推销洽谈提供了有效的推销工具。推销人员除要善于用言语打动顾客外，还要学会在洽谈过程中借助各种演示器材与资料，如样品、照片、幻灯片、图表、图形、视听器材等，以取得最佳的推销洽谈效果。

4）示范说明

在推销洽谈过程中，引起顾客的注意，激发他们的兴趣并切入正题之后，示范就成为推销洽谈的重要一环。示范是推销人员在洽谈中证实自己商品的优点以引导顾客对商品产生兴趣的一种重要技能，通过示范表演能让顾客亲眼看到和亲身体验商品能给他带来什么好处，了解商品的性能和优点。如果商品不便于携带，推销人员就应该借助上述的推销演示器材和资料进行示范说明。

在推销示范前，应做好充分的准备；开展示范时，目的应明确，要突出商品优点或顾客的主要需求，积极邀请顾客参与，要有趣味性和戏剧性。

【推销宝库7-2】

微信推销洽谈的技巧

有的推销员添加顾客微信后不会有效与顾客沟通，而直接导致洽谈失败。实际上只需一招就能让顾客对你印象深刻，好感倍增。那就是加了顾客微信后，刚开始与顾客交谈时，一定不要急着推销商品，否则顾客马上就把你拉黑。在顾客不了解你之前，一味推销商品只会显得你很掉价，一旦顾客把你列入黑名单，你就再也没有沟通的机会了。你可先做自我介绍，突出你能带给顾客的好处和帮助。例如，可以这样说：认识你很高兴，我是××公司的美颜顾问小王，专门负责面部妆容设计和抗衰服务，如您有需要，欢迎随时找我咨询……

向顾客传递了情感价值、功能价值和经济价值，找准卖点，为卖点找到依据，离推销成交就不远了。

7.3.3 倾听的技巧

在推销洽谈中，倾听和讲话一样具有说服力。美国谈判和推销专家麦科马克认为，如果你想给对方一个丝毫无损的让步，你只要倾听他说话就可以了。倾听就是你能作出的最省钱的让步。

倾听是推销活动过程中的一项重要内容。据专家调查，人在醒着的时候，至少有1/3的时间花在听上，而在特定条件下，倾听占据的时间会更多。推销洽谈就是需要更多倾听的交际活动之一。

推销洽谈中的倾听可以分为积极和消极两种。在重要的洽谈中，倾听者会聚精会神，调动知识、经验储备及感情等，使大脑处于紧张状态，接收信号后立即加以识别、归类、解码，作出相应的反应，表达出理解或疑惑、支持或反对、愉快或难受等。这种与谈话者密切呼应的听，就是积极倾听。积极倾听既有对语言信息的反馈，也有对非语言信息即表情、姿势等的反馈。聆听一次思想活跃、观点新颖、信息量大的谈话，倾听者甚至比讲话者还要疲劳，因为倾听的人总要不断调动自己的分析系统，修正自己的见解，以便与讲话者的思维保持同步。面对一般性质的谈话，如闲谈、一般性介绍等，倾听者会处于比较松弛的状态，这时，人们都在一种随意状态中接收信息，这就是消极倾听。

一般而言，积极倾听有助于我们更多地了解信息，启发思维，但在多数情况下，消极倾听也是一种必要的自我保护方法。消极倾听有助于推销人员放松神经，更好地恢复体力、精力。此外，推销人员在积极倾听的时候，会受到各种因素的干扰，这也会在一定程度上影响倾听的效果，使传递信息受到干扰。

在推销洽谈中倾听对方讲话并非像人们想象中那么简单，推销人员必须掌握以下几条倾听时的技巧：

1）要心胸开阔，摒弃那些先入为主的观念

只有这样，才能正确理解顾客讲话所传递的信息，准确把握讲话的中心，才能认真听取、接受顾客的反对意见。

2）要全神贯注，集中注意力

倾听顾客讲话，必须集中注意力，同时还要开动脑筋，进行分析思考。注意是指人的心理活动对一定对象的指向和集中。由于心理的原因，人的注意力并不总是稳定持久的，它会受到各种因素的干扰。因此，要认真倾听顾客讲话，必须善于控制自己的注意力，克服各种干扰，始终保持自己的思维跟上顾客的思路。

3）要学会约束自己、控制自己的言行

倾听顾客讲话时，不要轻易插话或打断顾客的讲话，也不要自作聪明地妄加评论。通常人们喜欢听赞扬的语言，不喜欢听批评、对立的语言，当听到反对意见时，总是忍不住要马上反驳，以为只有这样才说明自己有理。还有的人过于喜欢表现自己。这都会导致与顾客交流时，过多地讲话或打断对方讲话。这不仅会影响自己倾听，也会影响对方对你的印象。推销人员在洽谈时，要学会倾听，善于倾听，也要创造倾听的机会。也就是说，推销人员要采取一些策略技巧，促使讲话者保持积极的讲话姿态。这主要有三种形式：

（1）鼓励。面对顾客，尤其是没有经验、不善演讲的顾客，需要用微笑、目光、点头等赞赏的形式表示呼应，显示出对谈话的兴趣，无声地鼓励顾客继续讲下去。

（2）理解。这种方式较为常见，也比较自然。在顾客讲话时，可以用"是""对"表示肯定，在停顿处，也可以指出顾客的某些观点与自己一致，或者运用自己的经历、经验表明对顾客的理解，有时还可以适当复述，这些方式都是对顾客的积极呼应。

（3）激励。适当地运用反驳和沉默，也可以激励对方。这里的反驳不是指轻易打断对方讲话或插话，有时顾客在讲话时会征求推销人员的意见或停顿，只有这时，反驳才是适宜的。沉默不等于承认或忽视，它可以表示推销人员在思索，重视对方的意见，也可能在暗示对方转变话题。

7.3.4　语言的技巧

在推销洽谈中，语言表述能力十分重要，叙事清晰、论点明确、语气适当的语言表达能够有力地说服顾客，取得相互之间的谅解，协调双方的目标和利益，提高推销洽谈的成功率。

说话总是要表达某种内容、某个观点，在这个前提下，推销人员的语言技巧就是关键因素，小则可能影响推销人员与顾客的关系，大则关系到推销洽谈的成功与否。因此，就推销洽谈而言，推销人员必须掌握如下语言技巧：

1）叙述技巧

推销人员在洽谈中要交流信息，但是又不能信口开河。推销人员不但要准确表达自己的观点与见解，而且要表达得有条有理、恰到好处，这就需要有叙述的技巧。

叙述是指推销人员介绍己方的情况，阐述己方对某一问题的具体看法，以便顾客了解己方的观点和立场。

推销洽谈中的叙述技巧主要有：

（1）转折用语。在推销洽谈中推销人员如果遇到问题难以解决，或者有话不得不说，或者接过顾客的话题转向有利于自己的方面，都可使用转折语。例如，"可是……""虽然如此……""然而……"。这种用语具有缓冲作用，可以防止气氛僵化，既不使对方感到太难堪，又可使话题向有利于己方的方向转化。

（2）解围用语。如果洽谈出现困难，那么，为突破困境，给自己解围，推销人员可运用此类语言。例如，"这样做肯定对双方不利""再这样拖延下去，只怕最后结果也不妙"。这种解围用语，有时能产生较好的结果，只要双方都有谈判诚意，顾客就可能接受推销人员的意见，促成谈判的成功。

（3）弹性用语。对不同的顾客，应"看菜吃饭"。如果顾客很有修养，用语文雅，那么推销人员也要使用相似语言，谈吐不凡。如果顾客用语豪爽、耿直，那么推销员就无须迂回曲折，可以打开天窗说亮话，干脆利索地摊牌。

总之，在洽谈中要根据对方的学识、气度和修养，随时调整己方的说话语气和用词。

2）提问技巧

在推销洽谈过程中，推销人员应当适当地进行提问，这是发现顾客需要的一种重要手段。

提问也是推销洽谈的重要内容。推销人员边听边问可以引起顾客的注意，为顾客思考推销方案提供方向；尽量让顾客提供推销人员自己不了解的资料，可以获得自己不知道的信息；推销人员可以传达自己的感受，引发顾客的思考；推销人员可以控制洽谈的方向，使话题趋向最终结论。

但是，在推销洽谈中提出什么问题，怎样表述问题，何时提出问题，这需要推销人员讲究技巧。

推销人员问得巧，才能知道顾客在想什么、真正的需要是什么。只有获得了多方面的信息，推销人员才能更好地将洽谈引向成功。推销人员怎样才能问得巧？首先要选择恰当的提问方式。推销洽谈中的提问方式有以下几种：

（1）限制性提问。这种提问方式的特点是限制对方的回答范围，有意识、有目的地让对方在所限范围内作出回答。这是一种目的性很强的提问技巧。它能帮助推销人员获得较为理想的回答，减少顾客说出拒绝的或推销人员不愿接受的回答。

（2）婉转型提问。这种提问是用婉转的方法和语气，在适宜的场所向对方发问。如事先没有摸清对方虚实，则先虚设一问，投一颗"问路的石子"，既能避免因对方拒绝而出现难堪局面，又能探出对方的虚实，达到提问的目的。例如，推销人员在洽谈时不知顾客是否会接受自己的产品，又不好直接问他要不要，于是推销人员试探地问："这种产品的功能还不错吧？你能评价一下吗？"如果顾客有意，顾客就会认真回答；如果顾客不愿回答，他的拒绝也不会使双方难堪。

（3）启示性提问。这是一种声东击西、欲擒故纵、先虚后实、借古喻今的提问方法，以启发顾客对某个问题的思考并说出推销人员想得到的回答。

（4）协商性提问。如果推销人员希望顾客同意自己的观点，应尽量用商量的口吻向顾客提问，例如，"你看这样写合同是否妥当？"对于这种提问，顾客比较容易接受，而且即使顾客不接受，洽谈的气氛仍能保持融洽，双方仍有合作的可能。

推销人员在洽谈中除注意提问的方式外，何时提问也有讲究。适时提问也是推销人员掌握洽谈进程、争取主动的机会。例如，顾客逛商店时，你问顾客要买什么，他说随便看看，你千万不要着急介绍商品，而是要说"没关系，买东西就是要多看看，您先逛一逛，逛累了可以来这边休息一下"。这样的交谈可以给顾客足够多的安全感，顾客才不会排斥。顾客有了安全感，对你产生了信任，再谈业务，才会取得预期的效果。

【微型案例7-2】

他错在哪里？

推销人员："王总，刚才咱们说到哪儿了？"

客　户："价格。"（有点不高兴了）

推销人员："喔，对对对，价格就按刚才说的办，行吗？我给您的价格可是最优惠的了。您是我们的老客户，我一直都……"

客　户："可你还没说价格呢!"（生气地打断推销人员）

推销人员："啊？是吗？对不起。我查查看，价格是……对不起，稍等一下，我正在查……"

客　户："查好了再告诉我吧!"（生气地挂断电话）

资料来源　陈守则. 现代推销学教程［M］. 2版. 北京：机械工业出版社，2018：121.

3）答复技巧

在推销洽谈中回答问题，不是一件容易的事。推销人员不但要根据顾客的提问回答，还要把问题尽可能讲清楚。推销人员对自己回答的每一句话都负有责任，因为顾客可以把推销人员的回答理所当然地认为是一种承诺。这就给推销人员带来一定的精神负担与压力。因此，推销人员业务水平的高低在很大程度上取决于他答复问题的水平。

【微型案例7-3】

委婉地处理顾客的拒绝

顾　客："我对你们的宣传没兴趣。"

推销员："是，我完全理解。对一个谈不上相信或者手上没有什么资料的事情，您当然不可能立刻产生兴趣，有疑虑、有问题是十分合理自然的。让我为您解释一下吧，您看星期几合适呢？"

顾　客："我再考虑考虑，下星期给你电话!"

推销员："欢迎您来电，先生。您看这样会不会更简单些？我星期三下午晚一点的时候给您打电话，还是您觉得星期四下午比较好？"

资料来源　陈守则. 现代推销学教程［M］. 2版. 北京：机械工业出版社，2018：103.

掌握推销洽谈中的答复技巧，应注意以下要领：

（1）不要彻底回答所提的问题。推销人员要将顾客的问话范围缩小，或者对回答的前提加以修饰和说明。比如，顾客对某种商品的价格表示关心，顾客直接询问这种产品的价格，如果彻底回答顾客，把价钱一说了之，那么在进一步洽谈过程中，推销人员一方可能就比较被动。倘若这样回答——"我相信我们产品的价格会令你们满意的，请先让我把这种产品的性能说一下好吗？我相信你们会对这种产品感兴趣的……"这样就能转移顾客对焦点问题即价格的注意力。

（2）不要确切回答对方的提问。推销人员回答顾客的问题时，要给自己留有一定的余地，不要过早暴露自己的底线。通常，可先说明一个类似的情况，再拉回正题，或者利用反问把重点转移。

（3）减少顾客追问的机会，打消顾客追问的兴致。顾客如果发现推销人员的漏洞，往往就会刨根问底，所以，推销人员在回答问题时要特别注意不让对方抓住某一点继续发问。为了这样做，借口问题无法回答也是一种回避的方法。

（4）让自己获得充分的思考时间。推销人员回答问题时必须谨慎，对问题要进行认真的思考，要做到这点，就需要有充分的思考时间。一般情况下，推销人员对问题答复得好坏与思考时间的长短成正比。正因为如此，有些顾客会不断地催问，迫使推销人员在对问题未进行充分思考的情况下仓促作答。碰上这种情况时，推销人员更要沉着，不必顾忌顾客的催问，而是转告对方你必须进行认真思考，因而需要时间。

（5）不轻易作答。推销人员回答问题，应该具有针对性，有的放矢，因此必须认真思考问题的真正含义。同时，有的顾客会提出一些模棱两可或旁敲侧击的问题，意在以此方式探一探推销人员的底。面对这类问题，推销人员更要清楚地了解顾客的用意；否则，随意作答会使己方陷入被动。

（6）有时可将错就错。当顾客对推销人员的答复作出了错误的理解，而这种理解又有利于推销人员时，推销人员不必更正顾客的理解，而应该将错就错，因势利导。在推销洽谈中，由于双方在表述与理解上的不一致，错误理解对方讲话的情况经常发生。一般情况下，这会提高推销人员与顾客沟通的难度，因而有必要予以更正、解释。但是，在特定情况下，这种错误的理解能够为洽谈带来好处，此时推销人员可以采取将错就错的技巧。

总之，推销洽谈中的答复技巧不在于回答的"对"或"错"，而在于懂得应该说什么、不该说什么和如何说。只有正确掌握推销洽谈中的答复技巧，才能产生最佳的效果。

4）说服技巧

要取得推销洽谈的成功，说服顾客是其中一门重要的艺术。推销人员只有掌握高明的说服技巧，才能在变幻莫测的洽谈过程中得心应手，尽快达到推销的目的。

推销洽谈中的说服技巧可归纳为以下9类：

（1）洽谈开始时，要先讨论容易解决的问题，然后再讨论容易引起争论的问题。

（2）如果把正在争论的问题和已经解决的问题连成一气，就有希望达成协议。

（3）推销人员与顾客双方的希望和洽谈结果有密不可分的关系。伺机传递信息给顾客，影响顾客的意见，进而可影响洽谈的结果。

（4）强调双方处境相同要比强调彼此处境的差异更能使顾客了解和接受。

（5）强调买卖合同中有利于顾客的条款，更容易使顾客在合同上签字。

（6）说出一个问题的两方面，比仅仅说出一方面更能使顾客信服。

（7）通常顾客比较容易记住推销人员所说的头尾部分，中间部分则不容易记清楚，因此推销人员在说服顾客时要注意这个问题。

（8）与其让顾客作出结论，推销人员不如先由自己清楚地陈述出来。

（9）重复地说明一个问题，更能促使顾客理解、接受。

【微型案例7-4】

推销员洽谈时一定要考虑顾客的感受

一位中年顾客正在一家药店挑选一种补钙的保健品，店员小陈介绍说："这种保健品的补钙效果很好，而且价格也比其他同类产品便宜。"顾客回答说："我以前也吃过这种药，效果是不错的。听说你们店最近在做活动，买两瓶送一小瓶赠品。"该店员扭头大声问同事："老张，现在××保健品还有没有赠品送？这有个想要赠品的顾客。"这时店里的好些顾客都把目光投向了这位顾客。这位顾客没等店员小陈答复，就匆忙离开了药店。

7.3.5　策略技巧

在推销洽谈中，推销人员除掌握和运用上述洽谈技巧外，还需要掌握和运用如下的策略技巧：

1）揣度顾客心理策略

推销人员在拜访顾客前应该静思默想，把自己的思路和注意力都集中在顾客身上。推销人员必须认真揣度：顾客需要什么？顾客在工作和生活方面有哪些奋斗目标？哪些因素有利于实现顾客的工作及个人奋斗目标？哪些因素不利于实现顾客的工作及个人奋斗目标？顾客在组织中起什么作用？顾客对推销人员的态度如何？

上述基本问题不受外部因素的影响。掌握了这些信息，推销人员就基本上掌握了需要拜访的顾客的情况，做到心中有数，有准备地与顾客进行推销洽谈。

2）设身处地为顾客着想的策略

在推销洽谈中，如果推销人员能够设身处地为顾客着想，完全理解顾客，知道顾客心里想什么，就可对症下药，使推销洽谈更富有成效。

3）寻找共同点策略

推销洽谈几乎无一例外都是从寻找共同点开始的，因为无论是推销人员还是顾客，接受不同意见的速度都较慢，而从相同部分入手则更容易接受。比如，洽谈刚开始，推销人员可谈一些与推销无关的话题或者双方都感兴趣的话题，营造一种轻松、和谐的气氛。这样推销人员可以缩短与顾客之间的感情距离，为推销洽谈打下良好的感情基础。

4）察言观色策略

如果推销人员在洽谈中仅是一味地按事先定好的计划行事，不密切注意顾客的反应，推销洽谈就可能无法进行下去。

"处处留心皆学问"，察言观色是指在推销洽谈过程中，推销人员要密切观察顾客的言谈举止、态度和意向，根据顾客的反应来调整自己的推销方案，小心谨慎地进行洽谈。

5）运用事实策略

在推销洽谈过程中，推销人员注意用事实支持自己的观点是取得顾客信任、说服顾客的便捷之道。运用事实时，推销人员应尽可能具体地展示事实，不言过其实，不吹牛夸口，这是取信于顾客的重要条件。在洽谈过程中，推销人员口气小一些，余地留大一些，更能说服顾客。

6）参与说服策略

在推销洽谈中，如果推销人员把一个意见说成是自己的，就可能招来顾客的反驳和攻击，因为攻击显示了顾客存在的价值。因此，推销人员总是把自己的意见"装扮"成顾客的意见，在自己的意见提出之前，先问顾客如何解决问题，在顾客提出推销人员能够接受的设想后，推销人员尽量承认这是顾客的创见，解决问题的最佳方案是顾客提出来的。这就是参与说服策略的要点。在这种情况下，顾客是不会反对的，因为他们感到自己受到了尊重，意识到反对这个建议、方案就是反对自己。运用参与说服策略必须注意两点：一是让顾客参与的过程开始得越早越好；二是让顾客参与的难度越低越好。

7）笑到最后策略

当推销洽谈接近尾声、胜利在望时，推销人员切不可认为已成定局而显露洋洋自得的样子，因为洽谈成功与达成交易还有一定距离，情况是会变化的，"煮熟的鸭子也会飞"。除非交易得到顾客确认，否则推销人员就不能高兴得太早。因此，推销人员要向顾客复述协议书的内容。在复述时，顾客可能会提出一些反对意见。对此，推销人员要认真解释，打消顾客疑虑，并向顾客再做保证，使顾客相信自己作出的选择，最终实现销售商品的目的。

传统的推销洽谈在大多数情况下是面对面进行的，推销人员不在顾客面前，就无法介绍和展示产品。而到了移动互联网时代，有了互联网平台，即使推销人员不在场，顾客也可通过微信、微博、QQ等新媒体和其他相关网站了解推销人员和产品，通过即时通信工具与推销人员沟通。因此，移动互联网和大数据时代的推销人员除需要掌握上述各种推销洽谈技巧外，还要熟练掌握各种现代沟通手段和工具，从而降低推销成本，提高推销效率，使推销成功。

【观念应用7-2】

谈判专家的高招儿

一位著名谈判专家一次为他的邻居与保险公司交涉理赔事宜。谈判在专家家里的客厅进行。理赔员先发表了自己的意见："先生，我知道你是谈判专家，一向都是针对巨额款项谈判，恐怕我无法承受你的要价，我们公司若是只出100元的赔偿金，你觉得如何？"

专家表情严肃地沉默着。根据他以往的经验，不论对方提出的条件如何，他都应表示出不满意，因为当对方提出第一个条件后，总是暗示着还可以提出第二个，甚至第三个。

理赔员果然沉不住气了，说："抱歉，请不要介意我刚才的提议，我再加一点，200元如何？"

"加一点？抱歉，无法接受。"

理赔员继续说:"好吧,那么300元如何?"

专家待了一会道:"300? 嗯……我不知道。"

理赔员显得有点惊慌,说:"好吧,400元。"

"400? 嗯……我不知道。"

"就赔500元吧!"

"500? 嗯……我不知道。"

"这样吧,600元。"

专家无疑又用了"嗯……我不知道"。最后,这件理赔案终于在950元的条件下达成协议,而邻居原本只希望得到300元。

这位专家事后认为"嗯……我不知道"这样的回答真是威力无穷。

资料来源 李先国. 现代推销理论与实务 [M]. 北京:首都经济贸易大学出版社,2008:98.

思考题:专家在谈判中成功使用了哪些策略?

【思考与研讨7-2】

某一饮料推销员洽谈时的开场白是:"说起来,我国女排荣获'五连冠'也有我厂一点功劳,她们比赛中喝的饮料就是我厂提供的……"

该推销员采取的入题方式是（   ）。

A.以关心的方式入题   B.以赞誉的方式入题

C.以请教的方式入题   D.以炫耀的方式入题

【答案】D

7.4 迪伯达模式在洽谈中的运用

7.4.1 迪伯达模式与推销洽谈

在第4章中介绍的迪伯达模式,充分体现了推销洽谈的需要第一原则和说服诱导原则。推销人员认真领会迪伯达模式的内涵,按迪伯达模式的要求设计说服顾客的洽谈程序和内容,将十分有助于提高推销能力和绩效。从推销对象看,迪伯达模式尤其适用于向组织——如批发商、零售商、厂商、政府机构、事业单位等——推销,因为这些推销对象的需要比较复杂,既有明显的常规需要,也有隐蔽的非常规需要。准确分析界定一个具体推销对象的需要,对推销的成功起决定性的作用,直接决定着推销人员的说服要点具有打动人心的力量。从推销品的范围看,迪伯达模式尤其适用于推销各种工业品、复杂的成套设备、办公室设备、保险、技术服务、咨询等产品。由于这些产品技术含量高、功能多、质量评价标准复杂、价格差异大,往往需要提供技术培训、售后服务等附加价值,因而不同的推销对象对同一产品的需要的侧重点会有所不同。推销人员应针对每个具体的推销对象进行具体的认知判断,从而有目的、有针对性地在洽谈中突出和强调产品的某些特点,加强说服的力量和效果。

7.4.2　迪伯达模式在洽谈中的具体运用

1）准确发现顾客的需要和愿望

从大量的推销实践来看，真正的推销障碍来自顾客的需要和欲望得不到满足。顾客的需要既有明显的、可言说的，又有隐蔽的、不可言明的。这一情况在推销对象是组织用户时表现得更为突出，因为在这种情况下，推销对象有两个层次：一是组织本身；二是组织的代表，即推销人员直接与之洽谈的具体代表组织的人。这两者在购买的需要和愿望上既有共性，也有差异，而且，前者的需要往往是可以明说的，而后者的需要多不会明说，需要推销人员去认真推敲、揣摩。推销人员要有效说服顾客，必须准确地发现具体顾客的具体需要与愿望，并以此作为说服的要点，使组织和组织代表者的需要和愿望都得到满足。

总之，准确发现顾客的需要和愿望是有效说服顾客的基础和保证，是使洽谈走向成交的根本所在，是准确建立说服要点、提高洽谈效率的根本办法，否则洽谈将陷入无效的讨论陷阱中。

2）把顾客的需要和愿望与推销品结合起来

准确发现顾客的需要与愿望是说服顾客的要点，把顾客的需要和愿望与所推销的产品联系起来，则是说服顾客的基础，是促使顾客采取购买行动的伏笔。

把顾客的需要和愿望与所推销的产品结合起来是运用迪伯达模式的关键。结合的方法有很多，可归纳为三类。

（1）需要结合法。在对顾客的需要和愿望进行充分讨论并作出准确判断的基础上，以推销品和推销人员的推销活动正好满足顾客的需要为题进行结合。顾客购买产品时，通常都会提出价格要低、质量要好、功能要全、售后服务要周到的要求。然而，在多数情况下，这些要求可能都不是顾客真正关心的，因而在结合时，推销人员必须能准确无误地从顾客的真正需要出发，提供给顾客能满足其需要的产品，向顾客表明接受推销品是明智的选择。需要结合法是以顾客关心的焦点为基础，从顾客的立场和角度进行结合的方法。

（2）逻辑结合法。从顾客面临的问题及其看法出发，以逻辑推理方法进行结合。一般而言，顾客之所以购买某种商品，总是为解决一定问题，而任何一位顾客都会因为自己的知识和经验而对解决问题的方式方法产生固定的看法。这种固有的看法无论正确与否，推销人员都应该设法通过恰当的逻辑推论使它对己有利。

（3）关系结合法。通过各种人际或工作关系把顾客的需要与推销品联系起来。任何单位或个人都在有意、无意地编织着自己的社会关系网，任何关系网都离不开人际关系和工作关系。就个人而言，每个人都有自己的亲朋、同事、同学、上下级等关系。就组织而言，每个组织都要与银行、主管部门、供应商、分销商等建立关系。借助这些关系，推销人员就可把顾客的需要与推销品结合起来了。

3）"证实"推销品符合顾客的需要和愿望

为了有效地激发和强化顾客对推销品的兴趣，推销人员必须以一定的方法向顾客证明推销品是符合其需要与愿望的，从而为顾客作出购买决策找到足够的理由。"证实"意味着推销人员必须提供有说服力的证据。"证实"的重要原则是：必须从顾客的角度，而不是从推销人员的角度，来判断证据是否真实可信。

"证实"的方法主要有：

（1）人证法。这是通过社会知名人士或顾客熟知的人士对推销品的评价进行证实的方法。采用人证法时，推销人员提供的人士应是专业权威人士，或者是对顾客的购买决策有影响的人士，或者是顾客信赖的人士。

（2）物证法。这是借助产品实物、模型，或有关职能与权威部门提供的证据进行证实的方法。产品的使用演示、质检或测试报告、获奖证书、照片、报纸杂志的报道等均可作为物证。

【观念应用7-3】
有意透露问题的房屋推销

一位房地产经纪商正在和顾客讨论一栋房子的买卖问题。他们一起去看房子，房地产经纪商对顾客说："现在，当着您的面，我想告诉您，这栋房子有下列几个问题：（1）取暖设备要彻底检修；（2）车库需要粉刷；（3）房子后面的花园要整理。"顾客很感激这位房地产经纪商把问题指出来。而后，他们又继续讨论房子交易的其他一些问题。

思考题：你认为这个房地产经纪商的做法对吗？主动通报这栋房子的问题对他有好处吗？

（3）例证法。这是借助典型实例进行证实的方法。与当前顾客情况类似的其他顾客购买推销品后取得的良好效果是说服顾客的较好例证，尤其是当推销人员提供的是顾客熟知的例证时，证实效果会更好。采用例证法时，推销人员提供的个案应有准确的信息和相应的数据，如事件、时间、地点、相关企业的名称或人的姓名、结果等，同时，应该允许顾客在现有条件下亲自去求证。

4）促使顾客接受推销品

无论是"结合"还是"证实"，都不会使顾客马上接受推销品。推销人员的证实和顾客的接受之间，有着不可忽视的差异。接受推销品是指顾客在思想上认可推销品，是推销人员进行"结合"与"证实"的效果，也是顾客对推销洽谈的认同。

促使顾客接受推销品必须坚持"顾客为主"的原则。首先，必须明确"接受"的主体是顾客，也只有顾客"接受"才有意义，至于推销人员如何看待自己的推销品，那是另外一回事。其次，要避免硬性推销、急于求成的做法，不能强迫顾客接受。

促使顾客接受推销品的方法有很多，下面介绍几种基本方法。

（1）提问法。这是推销人员在介绍产品、证实推销品符合顾客需要的过程中不断询问顾客是否认同或理解自己的讲解及演示，从而促使顾客接受推销品的方法。例如，问顾客："您对我们产品的质量还有什么问题吗？如果您对我们产品的质量没有什么问题，那么让我们讨论交货问题好吗？"

（2）总结法。这是推销人员在洽谈过程中通过对前一阶段双方的意见和认识的总结，促使顾客接受推销品的方法。也就是，总结推销品对顾客需求的适应性，回顾与顾客取得的共识，边总结边推销，推动顾客对产品的认可与接受。例如，推销人员说："对于股票交易使用的计算机系统来说，可靠性是十分重要的，我们的方案应该是目前解决这一问题的理想途径，所以，××牌的计算机确实是一个很明智的选择。"

（3）示范检查法。这是推销人员通过检查示范效果而促使顾客接受产品的方法。推销人员在示范过程中，向顾客提出一个带有检查性的问题，从而试探顾客的接受程度以及顾客是否有购买的意图。例如，一位推销员在示范过程中问顾客："你看到了，这种照相机对业余摄影爱好者来说，操作确实简单吧？"

（4）试用法。这是推销人员把已经介绍和初步证实的产品留给顾客试用，从而促使顾客接受产品的方法。推销人员设法把推销品留给有需求的顾客试用，这在客观上促成了顾客对产品的接受。

（5）诱导法。这是推销人员通过向顾客提出一系列问题请顾客回答而诱使顾客逐步接受产品的方法。使用诱导法时，所提的问题应是推销人员事先经过仔细推敲后设计的，后一个问题总是以前一个问题为基础，而顾客对每一个问题的回答又都是肯定的，于是从小问题到大问题，由浅入深，引导顾客进行积极的逻辑推理，从而使顾客随着推销人员的提问而接受产品。

总之，推销人员不管是向零散的顾客小批量推销，还是向中间商大批量推销，或是向组织采购者成批推销，只要是顾客主动与推销人员接洽，推销人员在洽谈业务时都应使用迪伯达模式的简化形式。不管是顾客主动找上门来，还是推销人员上门推销，最重要的一点是，推销人员应当准确发现顾客有哪些愿望和需要。推销人员越能准确地发现顾客的需要和愿望，在洽谈业务时，就越有可能达成交易。

无论什么时代，推销的本质是不会变的，只是推销人员连接顾客的工具和方式产生了变化。几乎所有市场交易的前提都是有交情。交情并不意味你和顾客的友谊和感情有多深，而是意味着熟悉才能获得信任，有了信任才有可能获得交易的机会。在当今移动互联网和数字经济时代，从C2C的角度看，推销人员连接顾客的首选工具是微信。为什么是微信？因为微信有温度——亲和力，微信的温度在于顾客可以通过聊天语言、视频、朋友圈了解你是一个什么样的人，可以看到真实的你，对你产生更深的感知，真实的东西才能让人加深印象，觉得靠谱，产生信任。单就连接顾客的方式的效果而言，电话不如微信，微信不如当面交谈。从B2C的角度看，推销工具就更多了，如小视频、微博、微信公众号、小程序等。现在，人们的生活和工作节奏日益加快，时间日益宝贵，推销人员越来越难直接与顾客进行面对面推销洽谈了，这就需要推销人员选择最合适的媒体与顾客进行双向的交流，赋予顾客关于产品、销售、服务等话语权，使各方都能把真实的信息传递给对方，让双方相互熟悉、尊重和信任，这样才有可能实现推销洽谈的目标。

【思考与研讨7-3】

迪伯达模式是一种用于推销洽谈的模式。它尤其适用于（　　　）。

A.组织推销　　　　　　　B.个人推销　　　　　　　C.家庭推销

【答案】 A

本章小结 ✎

推销洽谈是推销人员运用各种方法和手段，向顾客传递商品信息，并设法说服顾客购买推销品的商务活动过程。推销洽谈是推销过程的重要步骤之一，对推动成交起着举足轻重的作用。

现代推销洽谈的具体目标是进一步发现和证实顾客的需要，向顾客传递恰当的信息，诱发顾客的购买动机，说服顾客作出购买决策，采取购买行动。

推销洽谈应遵循针对性原则、参与性原则、辩证性原则、鼓动性原则和灵活性原则，就产品、价格、交货时间、付款方式、违约界定、违约处罚、仲裁以及其他一些条件进行磋商。

推销洽谈包括准备、正式洽谈和检查确认三个阶段。推销人员要善于利用迪伯达模式设计谈判方案，应把营造氛围技巧、切入洽谈技巧、倾听技巧、语言技巧和策略技巧自然融合到整个洽谈进程中。在现代推销洽谈中，推销人员要善于在洽谈前、洽谈中和洽谈后使用当今的社交工具和展示技术，以取得更好的洽谈效果。

我国著名经济学家汪丁丁说，我国社会正处于"文化-政治-经济"的三重转型期，面对不确定、不对称和复杂的世界，人们的行为短期化和理性化，深层情感交流十分艰难，可是，产品特别是服务的品质却要求深层的情感交流。在这样的大背景下，推销人员如何才能实现与顾客的情感交流，取得顾客的信任呢？我们知道，在现实中，顾客购买的不仅仅是性价比高的商品或服务，更是推销员的尊重、真诚、信任和效率。因此，推销员的举止、态度和表情比有声语言更能打动人心，更具有说服力。这要求推销员在洽谈中，不仅要用产品或服务本身的优良品质打动顾客，更要用心、用脑和用情，面带微笑，用真诚、尊重、自信、礼貌、效率和负责的举止态度，把话说到顾客的心坎上，取得顾客的信任，捕获顾客的心。

主要概念和观念 ▱

☐ **主要概念**

　推销洽谈　积极倾听　迪伯达模式

☐ **主要观念**

　推销洽谈的具体目标。

　推销洽谈应遵循的基本原则。

　推销洽谈的语言技巧。

基本训练

□ 知识题

7.1　阅读理解

坚持并不是签单的主要原因

刘丽是某市的一家保险公司团体保险的销售人员。有一年，她和该市的一家企业做成了一笔500多万元的业务，这笔业务是当时她所在分公司的历史最大单。在分享成功经验时，刘丽称自己在顾客那里"上了两年班""每周去拜访顾客3次"，和企业的人力资源部建立了很好的关系。在长期接触后，人力资源部经理突然表现出了明确的采购意向，不过，希望采购的产品根本不是她在两年里持续推荐的补充养老产品，而是补充医疗产品，刘丽按照顾客的要求提交相应的方案之后，迅速签下了这一大单。由此，刘丽得出结论，其成功的原因就是坚持，而且，刘丽将市里的知名企业列了张清单，从中选出了5家，准备用这个方式逐一攻克。不过，此后两年，这5家企业无一签约的。

资料来源　徐晖，齐洋钰．大客户销售：谋攻之道［M］．2版．北京：中国人民大学出版社，2022：15.

问题：请思考一下，为什么刘丽此后两年中无一家顾客签约？

7.2　知识应用

1）推销洽谈有何特点？

2）推销洽谈的4P有何意义？

3）推销洽谈中的提问方式有哪些？

4）某推销员向顾客推销吸尘器，为证明吸尘器的噪声小，他把该吸尘器启动起来，让顾客听声音大小，以证明吸尘器符合顾客的需要和愿望。该推销员采用的是（　　　）。

A.人证法　　　　　　　　　　　　B.例证法

C.物证法　　　　　　　　　　　　D.说明法

5）推销洽谈的策略技巧有（　　　）。

A.揣度顾客心理策略　　　　　　　B.设身处地为顾客着想策略

C.寻找共同点策略　　　　　　　　D.察言观色策略

E.运用事实策略　　　　　　　　　F.参与说服策略

G.笑到最后策略

6）促使顾客接受推销品的基本方法有（　　　）。

A.提问法　　　　　　B.总结法　　　　　　　C.示范检查法

D.试用法　　　　　　E.诱导法

7）推销洽谈是推销人员运用各种方式、方法、手段与策略去说服顾客（　　　）。

A.售后的服务　　　　　　　　　　B.购买的动机

C.购买的商务过程　　　　　　　　D.营销的过程

8）坚持参与性原则是要求推销员尽量与顾客（　　　）以消除其心理戒备。

A.保持关系　　　　B.异化　　　　　　C.保持距离　　　　D.同化

9）推销洽谈的最终目的在于激发顾客的（　　　）促使顾客采取购买行动。

A.购买欲望　　　　B.计划需求　　　　C.购买目标　　　　D.利润目标

10）迪伯达模式要求推销人员对推销对象进行具体的认识判断，从而有目的、有针对性地在洽谈中突出和强调产品的某些特点，加强说服的力量。这种表述是否正确？

11）把顾客的需要、愿望与推销的产品结合起来的方法有需要结合法、逻辑结合法和关系结合法。这种表述是否正确？

12）推销洽谈的程序可分为准备阶段、正式洽谈阶段和检查确认阶段。这种表述是否正确？

13）说服劝导原则是要逼迫顾客作出购买决定。这种表述是否正确？

14）倾听是推销活动过程中的一项重要内容。这种表述是否正确？

15）推销人员与客户的共同点越多，洽谈气氛会越轻松。这种表述是否正确？

□ 技能题

7.1　规则复习

在洽谈中推销人员应遵循的基本原则有：针对性原则；参与性原则；辩证性原则；鼓动性原则；灵活性原则。

7.2　操作练习

1）实务题

（1）为什么推销人员必须掌握推销洽谈的技巧？

（2）在实际推销洽谈中如何运用迪伯达模式？

2）综合题

推销演示过程中的意外

赵兴是某家用电器销售公司的推销员，他特别擅长向顾客演示他所推销的各类家用电器。例如，滚筒洗衣机是他最乐意向顾客示范推荐的一种家用电器。为了向顾客演示滚筒洗衣机如何不伤衣料、纽扣，他把钢笔放入了滚筒内，让它随洗涤物一起滚动。有一天，当他正向顾客做演示时，钢笔裂开了，墨水弄脏了正在洗衣机内洗涤的衣物。

问题：如果你是赵兴，你将如何向顾客解释？如何补救？

□ 能力题

7.1　案例分析

免费洗抽油烟机

小王推销的产品是抽油烟机清洁剂。近期，他所在的公司开发了一款新的清洁剂。一天他到南方某省会城市的高教住宅区推销清洁剂。小王敲响了张老师家的门，开门的是张老师的夫人张太太，他向张太太做了自我介绍。下面是他们的对话。

小王："老师好！这是我们公司生产的一款抽油烟机清洁剂，今天，我来这儿免费用它给您清洗抽油烟机，清洗完毕后，您满意，再决定买不买，好吗？"

张太太："好，那就试试吧。"

　　张太太把小王领进厨房。小王当着她的面用新款清洁剂清洗抽油烟机，只用了20多分钟就把张太太家脏兮兮的抽油烟机擦洗得干干净净，张太太一看，就说："确实不错，那么它的价格是多少？"小王答道："19.9元一瓶，买两瓶以上打九折，怎么样，买几瓶吧？"张太太："那我就买两瓶吧。"

　　问题：

　　1）小王推销成功的秘诀是什么？

　　2）评价小王使用的销售陈述与演示方法。

案例分析提示

　　7.2　网上调研

　　在互联网上搜索5个你认为有关谈判的经典案例，对搜集的个案从推销洽谈的角度作出评价。

　　7.3　单元实践

　　设计一次推销洽谈，并写出推销准备备忘录。

第 8 章

处理顾客异议

知识目标：了解顾客异议的类型及成因。

技能目标：掌握处理顾客异议的原则、策略和方法。

能力目标：认识到顾客对推销品、推销人员、推销方式和交易条件产生异议是正常现象，应以积极的态度对待顾客异议，认真分析异议产生的原因，遵循适当的原则，采用灵活的策略和有效的方法，促使异议转化，实现推销目标。

引例 @   李佳琦带货怼网友没有赢家

因在带货直播花西子眉笔过程中怼网友，李佳琦登上热搜。2023 年 9 月 11 日凌晨，李佳琦在微博中发文公开道歉，称"昨天在直播间回应产品评论时，说了些不恰当、让大家不舒服的话"，表示自己让大家失望了，并向所有看到微博的人道歉。

事件的起因是，9 月 10 日下午，李佳琦在带货一款花西子眉笔时，直播间有网友评论"花西子眉笔越来越贵了"。李佳琦当即表示，"哪里贵了，国货很难的"，随后更是提醒消费者要从自己身上找原因，"这么多年工资涨没涨，有没有认真工作?"

一石激起千层浪，"李佳琦带货怼网友"话题迅速冲上微博热搜。许多网友纷纷吐槽，现在的李佳琦"红了、飘了"，忘记了初心。虽然李佳琦通过微博公开道歉，但网友似乎并不买账。评论区点赞最高的一条评论写道："你挣着普通人的钱，到头来却嘲讽普通人贫穷。"这在一定程度上代表了不少网友的共同感受。

消费者在购买商品时，往往喜欢追求物美价廉、物有所值。根据《中华人民共和国消费者权益保护法》，消费者在购买商品或者接受服务时，有权获得质量保障、价格合理、计量正确等公平交易条件。对于包括花西子眉笔在内的所有商品来说，有消费者对其价格合理性提出疑问，也是正常的事情。

况且，消费者的质疑并非无端产生，而是基于一定的消费体验。有媒体对比发现，作为国货品牌，花西子散粉按克计算的话比国际知名品牌香奈儿还贵，"花西子散粉售价 169 元，净含量 8.5 克，单价 19.88 元/克；香奈儿散粉售价 590 元，净含量 30 克，单价 19.67 元/克"。有网友调侃，花西子眉笔比金子还贵，每克折合 980 多元，可以买两克多黄金了。

对于消费者的质疑，李佳琦正确的回应应该是从产品的质量、品质等方面，解释价格的合理性。然而，他却出人意料地将矛头对准了消费者，将问题归结为消费者没有认真工作，工资没涨。这不仅让提出问题的网友难以接受，也让直播间的众多消费者感到不被尊重。

"良言一句三冬暖，恶语伤人六月寒。"在李佳琦带货怼网友事件中没有赢家。这首先严重伤害了消费者的感情，其次带货主播的个人形象也受到极大损害。有媒体统计，怼网友后李佳琦的微博"粉丝"减少60万，并且还在不断"掉粉"。

此外，相关品牌也不可避免地受到影响。多家媒体曝出，花西子投放在李佳琦直播间的营销费用巨大。曾有媒体报道称，在业内平均返佣比例20%的时候，花西子大手一挥加高比例，部分主播甚至能拿到60%~80%的返佣。对此，花西子称这是谣言，并表示花西子与李佳琦的合作返佣比例属于行业平均水平。不过，即便如此，据媒体统计，2019年1—7月，在李佳琦118次直播中，花西子出现了45场次。2020年，在李佳琦直播间出现了71次，相当于平均每个月合作5.9次。如此高的出场频率，无形中也会影响人们对其产品性价比的判断。

在李佳琦为怼网友道歉后，也有网友表示"人非圣贤，孰能无过？知错能改，善莫大焉"。诚然，作为头部知名主播，工作压力大导致一时情绪失控，也是可以理解的。在直播中，李佳琦也坦言"以前的状态再也看不到了"。主播的工作状态可以有起伏，但尊重消费者是最基本的职业素养。任何主播都应谨言慎行，爱惜自己的羽毛，否则即便红得很快，也可能会凉得很快。

资料来源 张涛. 李佳琦带货怼网友没有赢家［N］. 北京青年报，2023-09-12（2）.

本章知识结构图

```
                        处理顾客异议
        ┌───────────────────┼───────────────────┐
  顾客异议的类型与成因      处理顾客异议的原则与策略      处理顾客异议的方法
  ┌──────┬──────┐      ┌──────┬──────┐         │
  类型    成因    原则    策略              直接否定法
从顾客异议产生  从顾客方面看  重视顾客异议  处理价格异议的策略   间接否定法
的主体来划分  从推销方面看  永不争辩    处理货源异议的策略   转化法
从顾客异议指向          维护顾客的自尊心  处理购买时间异议的策略  补偿法
的客体来划分          强调顾客受益   处理顾客异议的时机策略  询问法
                                     不理睬法
```

在推销活动中，顾客对推销人员的各种推销努力和传递的各种推销信息，会有不同的反应：或是积极响应同意购买，或是迟疑观望，甚至拒绝购买，并且提出异议。而在推销实践中，顾客迅速作出积极反应的情况极少，大多数顾客都会提出一些意见、问题甚至是相反的看法，并以这些作为拒绝购买的理由。推销人员应当明确，顾客提出异议是正常现象，它既是成交的障碍，也是成交的信号。推销劝说是推销人员向顾客传递推销信息的过程，而顾客异议则是顾客向推销人员反馈有关购买信息的过程，它几乎贯穿整个推销活动过程。正确对待并妥善处理顾客提出的异议，是推销人员必须具备的一项基本功。推销人员只有以冷静、豁达的态度正确认识和对待顾客异议，认真分析异议产生的原因，采取灵活的策略和方法有效地加以处理和转化，才能最终说服顾客，达到推销目的。

8.1 顾客异议的类型与成因

8.1.1 顾客异议及其类型

顾客异议是指顾客对推销品、推销人员及推销方式和交易条件产生怀疑、抱怨，提出否定或反面意见。在推销过程中，除非顾客面对的是经常购买或重复购买的推销品而且交易条件也不变，否则，顾客异议是普遍存在的问题。顾客不提任何问题或异议就购买商品的情况是罕见的。几乎所有的交易都包含着产生顾客异议的可能。当推销人员与潜在顾客直接接触时，双方既是交易伙伴，同时又因为存在利益冲突而使各自的选择自由受到限制。买卖双方都希望对方朝着自己提出的交易条件靠拢，顾客异议就是买方为争取有利的交易条件所做的努力。

顾客提出异议是推销过程中出现的正常现象。推销通常是一个"异议—同意—异议"的循环过程，每一次交易都是一次"同意"的达成。推销人员和顾客各是一个利益主体，当顾客用自己的利益选择标准去衡量推销人员的推销意向时，必然会产生肯定或否定的反应。应当说顾客提出异议，正是推销面谈所要达到的目的和追求的效果，因为只有推销接近和介绍引起了顾客的注意，推销活动已经产生了效果，顾客才会提出异议。而当顾客开口说话，提出意见或反对购买的理由时，正是推销人员进行有针对性的介绍与解释、真正开始说服顾客的有利时机。顾客异议还表明了顾客所疑虑的问题，即成交障碍所在，这就为推销人员提供了推销努力的机会和方向。一旦推销人员排除了障碍，也就成功在望了。

顾客异议又是成交的前奏与信号。俗话说，"嫌货人是买货人""褒贬是买主，喝彩是闲人"。只有真正的购买者才会注意交易的具体问题，提出异议，这无疑蕴含着成交的机会。如果顾客根本没有购买意向，对推销品毫无兴趣，就无须对产品认真查看、比较，也不会煞费苦心地挑毛病、找缺陷来作为交涉的条件和依据。无异议的顾客足以令推销人员担忧，这不仅是他们对推销不感兴趣的表现，也会使推销人员难以窥测其内心活动，从而使推销工作无法顺利开展。推销实践证明，顾客异议通常是推销人员应该注意的推销重点，推销人员应当充分利用顾客提出异议这一契机，及时给予顾客满意的答复，策略性地使顾客加深对商品的认识，改变原有的看法，而不能将异议误认为是顾客不感兴趣，从而形成惯性思维和障碍，自己心里先胆怯。

顾客提出异议往往是出于保护自己的目的，其本质不具有攻击性，但它的后果不但可能影响一次推销的成功，有的还可能形成舆论，在空间、时间上扩大对推销活动的不利影响。要消除顾客异议的负面影响，首先要识别和区分顾客异议的类型，然后采取相应的办法予以处理。

1）从顾客异议产生的主体来划分

（1）借口。它是指顾客并非真的对推销品不满意，而是有别的不便明说的原因而提出异议。例如，有的顾客为了掩饰自己无权作出购买决定，就推说商品质量有问题，或者要比较比较再决定。在这种情况下，推销人员即使消除了顾客的借口也不能达成交易。对于这类顾客异议，推销人员应当首先了解顾客隐藏在借口后面的真实动机，帮助顾客共同努力消除真正的障碍，但要给顾客一个合理的借口，使他们不失体面地走下"台阶"。

（2）真实的意见。它是指顾客确实有心接受推销品，但从自己的利益出发对推销品或推销条件进行质疑和探讨。例如，对商品功能、价格、售后服务、交货期等方面的考虑。在这种情况下，顾客十分注意推销人员的反应。此时，推销人员必须作出积极的响应，或有针对性地补充说明商品的有关信息，或对商品存在的问题作出比较分析和负责任的许诺。例如，用质量、性能好来化解顾客对价格高的异议；用允许退换、长期保修的承诺来消除顾客对商品某些方面质量不高的疑虑等。推销人员如果回避问题、掩饰不足将会导致推销的失败。承认问题并提出解决问题的办法，才能解决这类顾客异议。

（3）偏见或成见。它是指顾客从主观意愿出发，提出缺乏事实根据或不合理的意见。对这类异议，推销人员不能因为顾客不正确而一定要争出一个是非输赢不可，而应当从顾客的角度出发，理解他们提出的异议，对其偏激、片面之处予以委婉劝导，让顾客保留自己的观点，引导他们将注意力放到能对推销品作出正确认识的新问题上来。例如，有的顾客认为保健品价格太高，不值得购买。推销人员可以附和道：保健品的价格确实比食品要高一些，但是服用保健品，能够补充一些人体所需的膳食中不易获取的营养元素，还是合算的。如果顾客接受了你的观点，就有可能在比较利弊之后接受你的推销品。

2）从顾客异议指向的客体来划分

（1）价格异议。价格异议是顾客对商品价格与价值是否相称的反应。推销人员在工作中经常会听到这样一些议论："这个商品的价格太高了""这个价格我们接受不了""别人的比你的便宜"。这是顾客从自身的购买习惯、购买经验、认知水平以及外界因素影响等方面产生的一种自认为推销品价格过高的异议。

商品的价格是顾客最敏感同时也是最容易提出异议的问题之一，因为这与顾客的切身利益直接相关。无论是个人消费，还是组织购买，顾客总希望尽可能地少支付费用，因而不论产品的价格如何，总有一些人会说价格太高、不合理。有的顾客即使心里已经认为价格比较低廉，也会在口头上提出异议，希望价格降低从而获得更多的利益或心理满足。许多顾客在产生购买欲望之后，首先就对价格提出异议。对价格的异议通常包括折扣异议、支付方式异议以及支付能力异议等。折扣异议是顾客对价格折扣的数量及方式等提出的异议；支付方式异议是对用现金支付还是非现金支付，是一次性付款还是分期付款等产生的异议；支付能力异议是顾客以无钱购买为由提出的一种异议。通常顾客出于面子和信用的考虑，是不愿意让别人知道其经济状况不佳的。如果提出这种异议，顾客可能是寻找借口拒绝购买。

（2）需求异议。需求异议是顾客提出自己不需要所推销的商品。常见的需求异议有："我们已经有了""我们已经有很多存货""这个东西没什么用"等。这种异议是对推销的一种拒绝，顾客根本就不需要还如何谈购买。顾客提出这类异议，或许是确实不需要推销的商品，或许是借口，或许是对推销品给自己带来的利益缺乏认识。推销人员应该对顾客需求异议做具体分析，弄清顾客提出异议的真实原因，妥善加以处理。从现代推销理论来讲，早在顾客审查阶段，推销人员就已对顾客的需求状况做了严格的审查，在接近准备阶段又进行了更具体的需求状况分析，因此推销人员对顾客的需求和爱好应该是心中有数的。推销人员应该利用所掌握的情况巧妙转化顾客的异议。如果是顾客对商品缺乏认识，推销人员应当详尽地介绍商品，帮助顾客认识商品能给自己带来的利益。当然，也有可能是推销人员判断失误。真实的需求异议是成交的直接障碍，如果顾客确实不需要推销品，推销人员就应当立即停止推销。因为推销商品必须建立在满足顾客需要的基础之上，明知顾客不需要仍然要强行推销是很难达成交易的，即使勉强成交，事后顾客也可能产生不满。

（3）货源异议。货源异议是顾客对推销品来自哪个地区、哪个厂家，是何种品牌，甚至对推销人员的来历提出的异议。顾客可能对货源的真实性有疑问，或者是不愿意接受信不过或不知名企业、品牌的产品。顾客常常会提出，"我们一直用××厂的产品，从来没有买过你们厂的产品""没听说过你们这个企业""这种产品质量不好，我想要别的厂家生产的"。这类货源异议可以分为三种：

①产品异议。这是顾客对推销品的使用价值、质量、式样、设计、结构、规格、品牌、包装等方面提出的异议。这表明顾客已经了解自己的需要，但担心推销品不能满足自己的需要。这类异议带有一定的主观色彩，主要是由顾客的认识水平、购买习惯以及其他各种社会成见的影响造成的，与企业的广告宣传也有一定的关系。推销人员应在充分了解产品的基础上，采用适当的方法进行比较说明以消除顾客的异议。

②企业异议。顾客的这种异议往往和产品异议有一定联系，有时由于对产品的偏见影响到对企业的看法。顾客把企业的社会知名度和美誉度不高、企业厂址过于偏僻和规模太小等因素与产品的性能相联系而产生了顾虑。在企业信誉不佳、同行之间竞争激烈、售后服务跟不上，特别是在顾客对推销人员所代表的企业不了解、受传统的购买习惯约束的情况下，顾客容易提出这类反对意见。其实顾客是需要商品的，也愿意购买，只是对眼前的销售单位有疑虑。这时推销人员应当有锲而不舍的精神，采用反复接近法增加洽谈次数，与顾客增进感情。推销人员还应对顾客提出的现有供货单位进行了解，弄清顾客的真实意图。如果顾客只是对推销人员所属企业缺乏了解，则应加强对自己的企业及其推销品的宣传和介绍。如果顾客以此为借口而另有所图，要在弄清其真实目的的基础上给予可能的让步或优惠。如果确实存在竞争者，应在不贬低竞争对手的前提下，说明自己的推销品所具有的比较优势，以及给顾客带来的更大利益。

③推销人员异议。这是顾客针对某些特定的推销人员提出的反对意见。这可能是由推销人员本身造成的。例如，有的推销人员态度过于热情，给出的条件过于优厚，说话浮夸，人际关系、信誉不好，缺乏说话的技巧，不注重社交礼仪，以及推销人员

之间恶意竞争等，都可能导致顾客拒绝推销品。这种异议对促进推销人员改进工作有一定的积极意义。

要消除顾客的货源异议，推销人员一方面要提高服务质量，并向企业提出建议以改进营销工作，塑造良好的企业形象；另一方面要不断提高自身修养，善于运用各种推销策略与技巧改变顾客的主观看法，以达到推销的目的。

（4）购买时间异议。购买时间异议是顾客有意拖延购买而提出的反对意见。一般有三种情况：第一种情况是顾客对推销品已经认可，但由于目前经济状况不好，手头现金不足，提出延期付款和改变支付方式的要求，比如采用分期付款等；第二种情况是顾客对商品缺乏认识，还存在各种各样的顾虑，害怕上当受骗，于是告诉推销员"我们考虑一下，过几天再给你准信儿""我们不能马上决定，研究以后再说吧"；第三种情况是顾客尚未作出购买决定，所提异议只是一种推诿的借口。

顾客提出推迟购买时间，说明他不急于购买，所以，对顾客提出的时间异议，推销人员要有耐心，但是，也必须抓紧时间及时处理。在市场瞬息万变的情况下，顾客拖延购买时间过长，可能招致竞争者的介入，给推销带来更大的困难。推销人员可以用"时间价值"法，说明尽快购买的好处，还可以和顾客约定具体购买时间，或签订预购合同。

（5）权力异议。在业务洽谈中，有时顾客会说"订货的事我无权决定""我做不了主"。这类关于决策权力或购买人权限的异议，是顾客自认为无权购买推销品的异议，被称为权力异议。就权力异议的性质来看，真实的权力异议是直接成交的主要障碍，说明推销人员在审查顾客资格时出现了差错，应予以及时纠正，重新接近有关销售对象；而对于虚假的权力异议，应看作顾客拒绝推销人员和推销品的一种借口，推销人员要采取合适的转化技术予以化解。

（6）财力异议。财力异议也称为支付能力异议，即顾客自认为无钱购买推销品而产生的异议。这类异议也有真实的和虚假的两种。一般来说，顾客是不愿意让人知道其财力有限的。出现虚假异议的真正原因可能是顾客早已决定购买其他产品，或者是顾客不愿意动用存款，也可能是因为推销说明不够而使顾客没有意识到产品的价值，推销人员对此应采取相应措施化解异议。如果顾客确实无力购买推销品，那么最好的解决办法是暂时停止向他推销。

（7）服务异议。服务异议是顾客对推销品交易附带承诺的售前、售中、售后服务的异议，例如，对服务方式方法、服务延续时间、服务延伸度、服务实现的保证程度等多方面的意见。从整体产品概念分析，服务是产品的附加部分，有关服务的异议属于产品异议。但在市场竞争日趋激烈的情况下，加强服务、提高商品的附加值已经成为企业竞争的一种重要手段。顾客购买行为能否发生，在很大程度上取决于企业能够提供什么服务以及服务的质量和水平如何。优质的服务能够增强顾客购买商品的决心，树立企业及产品的信誉，防止顾客产生服务异议。对待顾客的服务异议，推销人员应诚恳接受并耐心解释，以树立良好的企业形象。

顾客异议是多种多样的，推销人员必须根据推销品的特点，在推销计划实施之前，对各种可能出现的顾客异议作出分析和预测，做好化解各类顾客异议的准备，这样就能大大提高推销洽谈中的应变能力，有利于妥善处理好顾客异议。

8.1.2 顾客异议的成因

从经济根源上看，推销活动的最终目的是要达成交易，但是不论推销品能够为顾客带来的利益有多少，顾客都必须为此而付出与推销品市场价值相等的代价。而顾客总是处在自身支付能力有限与消费欲望无限的矛盾之中，他理所当然地要站在自身利益的立场上对这种"等价"的付出作出评价并考虑由此而将承受的风险后果。从这个意义上来讲，顾客是天生的推销异议的持有者。从社会心理上看，顾客为了保护自己会竭力避开被迫接受的交往行为，避免充当接受别人要求的社会角色。只有在推销人员与他建立起协调的可以信赖的关系，让他感到推销人员及其所代表的企业能真正地给予他帮助时，顾客才不会拒绝推销。从这两方面看，顾客异议是不可避免的，是推销活动中的正常现象。因此，现代推销学主张采取一种积极的思维方式看待和处理这些问题，即人的社会心理及社会经济关系必然存在冲突，推销活动必定在冲突中进行。推销人员应当树立这样的信念：我并不指望冲突更少，而是要努力去把握和化解冲突。我们越能接近顾客的立场，就越能有效地控制冲突。

【推销宝库8-1】
抱怨性客户的心理特点
抱怨性客户往往会表现出以下心理特点：

情绪激动：抱怨性客户的情绪通常比较激动，可能会表现出愤怒、焦虑等情绪，可能仅仅因为一个字眼儿，客户的内心已经上演了一场"谍战大片"了。所以要等待客户的情绪平静下来后，再循循诱导客户，效果会更佳。

极不信任：抱怨性客户可能会对客服人员有一种强烈的不信任感，再三确认问题，信任感极低，总认为客服人员不会解决问题。

易感到失望：抱怨性客户可能会因为客服人员没有直接回答到点子上，而感到失望。

固执己见：抱怨性客户通常有自己强烈的意见，抒发自己的所知所感，认为客服人员按照自己说的去做才能做得更好。

资料来源 客服人的小秘诀：从心理学角度解读如何处理抱怨性客户？[EB/OL].（2023-04-11）[2023-11-21]. https://www.sohu.com/a/665830070_121124360.

顾客异议产生的根源是多种多样的。其中，既有必然因素，又有偶然因素；既有可控因素，又有不可控因素。为了更科学地预测、控制和处理各种顾客异议，推销人员应该了解产生顾客异议的主要根源。

1）从顾客方面看

（1）顾客的购买习惯。在现实生活中，顾客都有一定的购买习惯，直接影响其购买行为。顾客的购买习惯，可能导致价格异议、货源异议及其他异议。推销人员既要善于利用顾客的习惯心理，引导消费，促进销售，又要善于处理源于购买习惯的异议，以促成交易。

（2）顾客的成见。成见是属于顾客认知方面的异议根源，而且成见的内容十分复杂，包括对推销品与推销人员的成见，也包括对消费方式的成见等。顾客的成见往往与顾客个人的文化水平、社会经历和社会交往有关，有时也与社会舆论和广告宣传的内容和形式有关。顾客的成见并不一定完全正确。推销人员在处理顾客异议时应耐心帮助顾客提高认识，消除偏见，改变落后的消费观念，采用新的消费方式。

（3）顾客有比较固定的供货方。如果推销品没有强有力的竞争优势，很难让顾客从长期合作、相互信任的商业伙伴那里走过来。

（4）顾客本身条件的局限。有的顾客由于缺乏购买经验，包括产品经验、价格经验、使用经验，担心买了会吃亏上当或是买了用不成，推销人员就需要通过有针对性的介绍说明，帮助顾客打消顾虑；有的顾客并没有真正发现自己的需要，通常推销人员可通过提示和演示技术，刺激顾客的购买欲望；有的顾客可能缺乏现实支付能力，往往提出虚假的异议，如果他们有真实的需要，推销人员可建议他们审核支出计划，改变支出结构，在财力允许时再买。

另外，顾客情绪不佳、顾客喜欢自我表现、顾客以往在接受推销方面有不愉快的经历，以及有的顾客有着不正确的想法，企图借采购谋求私利等都可能是产生异议的根源。

一般顾客提出的异议只是借口，并非真正对产品不满意，而是有另外的原因不便明说。顾客常用的"借口"见表8-1。推销人员应弄清楚隐藏在借口背后的真实原因，以便对症下药，消除障碍。

表8-1 顾客常用的"借口"

序号	借口	真实原因
1	我考虑考虑再说	没钱；目前不需要；价格太贵；对产品、公司、推销人员不信任
2	没钱	有钱，但不舍得买
3	我要和（领导、妻子）商量商量	自己拿不定主意
4	给我一点时间想想	没有其他人的同意，无权擅自购买
5	我还没有准备要买	认为别处可以买到更合算的
6	我们已经有了	不想更换供货厂家
7	价格太贵了	想到处比价
8	没打算要买	此时忙着处理其他事情，没时间

2）从推销方面看

（1）就推销人员而言，服务不周到，态度不热情，不讲究推销礼仪，不能提供更多的推销信息，甚至不讲信用，交货不及时，损害了企业信誉，都可能引起顾客异议。

（2）就推销品而言，产品品质不良，价格高于竞争对手的同类产品价格，或是品种规格不全，不能满足顾客的需要，也可能引起顾客异议。

（3）就企业而言，企业的知名度、信誉度也是产生顾客异议的根源。一个企业虽有好的商品和服务，但没有叫得响的品牌，这时品牌选择往往是产生顾客异议的根源之一；企业形象如何，企业文化有没有特色，有时也会影响到顾客是否会产生异议。

（4）推销人员采取的推销方法不当，未能选择适当的时间、地点、对象或方法等，也会引起顾客异议。

8.2 处理顾客异议的原则与策略

顾客异议无论何时产生，都是潜在顾客拒绝推销品的理由。有的推销人员害怕处理顾客异议，缺乏正确地处理顾客异议的策略，导致与顾客沟通不顺畅，造成顾客的流失。如果推销人员能够调整心态，合理地运用处理顾客异议的原则和方法，妥善地处理顾客异议，就有望取得推销的成功。

为了高效而顺利地完成这一任务，推销人员首先要针对顾客异议产生的原因，做好充分准备。例如，在产品方面，推销人员应熟悉产品知识，掌握产品的特点、优点、利益点，乃至产品的缺点，定制方案；在品牌方面，推销人员应了解企业的发展状况、品牌定位及企业文化；在服务方面，推销人员一定要清楚服务的流程、礼仪和售后服务原则；在价格方面，推销人员应清楚企业的价格体系，懂得价格转化的技巧，引导顾客关注除了价格外的其他因素等。推销人员可收集、整理各种顾客异议，预先做好应对答案，形成统一处理异议的答复。对出现频率较高的顾客异议，推销人员可将解释添加到产品描述中，通过产品说明书、电子文档、视频等形式展示给顾客。在做好准备的前提下，在处理顾客异议时推销人员还必须遵循一些基本原则，灵活地运用一些基本策略。

8.2.1 处理顾客异议的原则

顾客的异议千差万别，处理顾客异议的方法多种多样，推销人员在工作中应遵循以下原则：

1）重视顾客异议

推销人员应当欢迎顾客提出异议，并重视顾客异议。顾客产生疑问、抱怨和否定意见，总是有一定原因的，要么是商品性能、质量还不尽如人意，要么是商品价格还不够合理，要么是交易条件过于苛刻。即便是顾客对物美价廉的商品和优惠的交易条件缺乏了解，也正好说明推销活动还存在不足之处。同时，能否尊重顾客异议也是推销人员是否具有良好修养的一个体现。只有关注并重视顾客异议，推销人员才能在此基础上做好转化工作。要知道，顾客之所以购买推销品，并非完全出于理智，在许多情况下还有感情的作用。重视顾客异议应当具体地体现在推销人员的言谈举止中。首先，不论顾客的异议有无道理和事实依据，推销人员都应以温和的态度和语言表示欢迎。这不仅会使顾客感到推销人员对推销品具有自信心和推销人员本身具有谦虚的品德，而且会使顾客感到推销人员对他们的需求与问题具有诚挚的关心。其次，推销人员要善于倾听顾客的异议，营造良好的气氛，让顾客畅所欲言，充分发表意见，不要轻易打断顾客的讲话。这从心理学来讲，叫作"排除不满"或"感情净化"。从推销学来讲，异议指出了问题，有利于改进产品、服务与推销工作。最后，推销人员在提出对顾客异议的处理意见之前，可以沉思片刻，让顾客感觉到推销人员很重视他的意见并经过了认真考虑。必要时推销人员可以简单概括顾客异议，但要注意不要曲解顾客异议的内容。

【推销宝库8-2】

处理顾客抱怨的 LAST 原则

处理顾客抱怨的 LAST 原则，也是处理客户抱怨或投诉时卓有成效的4个步骤：

1）仔细聆听（listen）

面对感到不满、愤怒、惊慌、沮丧，情绪不好的投诉顾客，首先要仔细聆听，了解顾客抱怨的原因和真实需要，安抚客户情绪。这时应该注意：

（1）管理感受，让顾客感受到被尊重，如请顾客坐下、喝水，做好投诉记录。

（2）回应情绪，给顾客时间发泄不满，不做解释和争辩，可表示"我很理解你的心情""如果我是您，我也会不开心……"

（3）确认事实，以和善的态度了解投诉事实。

2）真诚致歉（apologize）

对客户的遭遇或经历表示同情和遗憾，"实在对不起，我们原本是想带给您满意的服务的。""很抱歉，因为我们的服务不周而使您感觉不愉快。"不要说"都是我们的错"之类的话，避免因盲目认错让自己陷入僵局，应采取有效行动及时达成客户满意。

3）达成满意（satisfy）

了解顾客真实需求，如果能够解决对方问题，就立即着手行动而不拖延。但注意在谈判时，不要答应得过于爽快。对于不合理的要求，要表示需要请示高层领导。然后告知客户经过自己争取，才帮他达成。

4）感谢顾客（thank）

无论顾客是否无理、无知，推销人员都应视同帮助改进完善产品或服务，因而感谢顾客的理解和包容，以及对产品和企业的一贯支持，欢迎顾客下次再来。

资料来源 杨冬雷. 巧用LAST四步骤，轻松处理客诉［EB/OL］.（2022-03-30）［2023-11-21］. https：//mp.weixin.qq.com/s/JIL0XSBAHlggo9t4LvY97Q.

2）永不争辩

推销洽谈的过程是一个人际交流的过程，推销人员与顾客保持融洽的关系是一个永恒的原则。在推销洽谈过程中，推销人员应避免与顾客争论，更不能争吵。根据经验，导致推销失败的原因中，推销人员与顾客发生争论高居第一位。与顾客争辩，很容易使顾客感到他没有得到应有的尊重。推销人员在取得争辩胜利的同时很可能面临推销的失败。满足受尊重的需要是顾客愿意接受推销的心理基础，很难想象感情和自尊受到伤害的顾客还有兴致购买商品。推销人员首先应当时刻牢记提出异议的顾客是合作伙伴，而不是应当与之抗争的敌人。这样才可能与顾客建立友好的关系，保持推销洽谈的良好氛围。其次，推销人员应当树立"顾客总是有理的"这一观念。要明确推销的目的不在于争辩对错，推销洽谈也不是澄清事实的讨论会，推销的目的在于达成交易，满足顾客的需求。顾客是销售的中心人物，顾客的意见应当成为销售的指南。销售必须随购买变化，卖方为买方服务，这是推销范畴中的真理。在与顾客的争论中，即使推销人员赢了，也只能是逞一时之快，结果必然是失去顾客和销售机会。当然，认为"顾客总是有理的"，并不等于推销人员是无理的，也不是说顾客总是正确的。抱怨有时是错误的，异议也常有不合理的成分，但内容的错误并不等于行动的错误。推销人员应当把争论看作失策的举动，尽力避免争论，以免使推销活动功亏一篑。不与顾客争辩也不是无条件地全部认同顾客的异议。在某些情况下，直接否定顾客异议能够吸引顾客的注意力，使顾客能够倾听推销人员的讲解、建议。永不争辩的原则应当有一个适当的度，一方面，不使对方难堪丢"面子"而产生对立情绪；另一方面，要使对方注意到你的意见的正确性和合理性。

3）维护顾客的自尊心

推销人员要尊重顾客的异议，要双眼正视顾客，面部略带微笑，表现出全神贯注的样子。顾客的异议无论是对还是错、是深刻还是肤浅，推销人员都不能表现出轻视的样子，如不耐烦、轻蔑、走神、东张西望、绷着脸、耷拉着头等，不能语气生硬地对顾客说"您错了""连这您也不懂"，也不能显得比顾客知道得更多，如"让我给您解释一下……""您没搞懂我说的意思，我是说……"，这些说法明显地抬高了自己，贬低了顾客，会挫伤顾客的自尊心；推销人员更不要训斥、诋毁顾客。如果顾客没有听清楚推销人员的解释或回答，重复问相同的问题，推销人员不能不耐烦地说："我刚才不是告诉过你吗？"请记住，没有人愿意接受别人的训斥，没有人愿意让人觉得他是不懂的，尤其是在偶尔遇到的推销人员面前承认自己有问题。说服顾客的最好办法是让顾客在不知不觉中接受，甚至让顾客觉得这是顾客自己的主意。

4）强调顾客受益

顾客之所以会产生异议，主要是由于顾客对交换中所要付出的价值的风险有顾虑，以及购买对象有不完善之处。但在现实经济生活中，不存在无风险的市场和不付出机会成本的购买，也不存在完美无缺的商品。推销人员要使市场无风险，顾客购买不需要支付机会成本，实际上是不可能的。因此，推销人员对异议的处理应从积极方面入手，真正做到从顾客的立场出发，理解顾客的困惑，为顾客提供帮助，满足顾客的需求和利益要求，充分说明顾客所能获得的利益及其大小。例如，对工业用户，推销人员应从"降低成本""增加效益"的角度说服；对中间商，推销人员可以用"进货价格低""商品质量有保障"等的承诺来说服；对消费者，推销人员则以"便利""使用效果好"为理由，打消消费者对购买推销品会遭受损失和风险的顾虑。总之，推销人员应通过强调顾客收益，促进推销任务的完成。推销人员从顾客的立场出发看待顾客异议，进行换位思考，有利于增进他们与顾客的感情，缩小他们与顾客的心理距离，有利于他们正确对待和处理顾客异议，达到成交的目的。有的推销人员对顾客提出的异议常常掉以轻心，不认真对待。要知道，一个不合格的零件会导致整个产品重大的质量问题，购买的原材料没有按时到货有可能导致停工待料，"小问题"可能给顾客带来严重的后果。经过换位思考，推销人员就不再觉得顾客是小题大做，而是尽可能地满足顾客的意愿和要求，解决顾客的实际问题。

8.2.2 处理顾客异议的策略

针对推销洽谈中常见的顾客异议，可采取以下策略：

1）处理价格异议的策略

推销人员应当首先分析、确认顾客提出价格异议的动机是什么，然后有针对性地采取以下策略：

（1）先谈价值，后谈价格；多谈价值，少谈价格。推销人员可以从产品的使用寿命、使用成本、性能、维修、收益等方面进行对比分析，说明产品在价格与性能、价格与价值、与竞争品价格相比等方面中某一方面或几方面的优势，让顾客充分认识到推销品的价值，认识到购买推销品能得到的利益和方便。

推销人员必须注意：在推销洽谈中，提出价格问题的最好时机是在会谈的末尾阶段，即在推销人员充分说明了推销品的好处，顾客已对推销品产生浓厚的兴趣和购买欲望之后，再谈及价格问题。除非是顾客过于急切地问到价格，否则推销人员不应回避、躲闪价格问题，如果不及时回答就会引起顾客猜疑，阻碍洽谈顺利进行。在一般情况下，推销人员应不主动提及价格，也不急于回答顾客较早提到的价格问题，更不单纯地与顾客讨论价格问题，在报价后也不附加评议或征询顾客对价格的意见，以免顾客把注意力过多地集中到价格上，使洽谈陷入僵局。

（2）让步策略。在推销洽谈中，双方的讨价还价是免不了的。在遇到价格障碍时，推销人员首先要注意不可动摇对自己的企业及其产品的信心，坚持报价，不轻易让步。推销人员只有充满自信，才可能说服别人。推销人员如果只想以降价化解价格异议，就很容易被对方牵着鼻子走，这不仅影响推销计划的完成，而且有损企业和产品的形象。但是，推销人员的职业特性也决定了他们不可能永远坚持不让步。在有些情况下，推销人员通过适当的让步可以获得大额订单，使顾客接受交货期较长的订货条件。推销人员应当掌握的让步原则是：不要做无意义的让步，应体现出己方的原则和立场，在让步的同时提出某些附加条件；作出的让步要恰到好处，一次让步幅度不能过大，让步频率也不宜太快，要让对方感到得到让步不容易并由此产生满足心理，以免刺激对方得寸进尺提出进一步要求；在小问题上可考虑主动让步，在大问题上则力争让对方让步。有时，为预防顾客杀价，推销人员可以提高报价，以便在顾客提出降价要求时推销人员能有较大回旋余地。

（3）心理策略。推销人员在向顾客介绍产品价格时，可先发制人，首先说明报价是出厂价或最优惠的价格，暗示顾客这已经是价格底线，不可能再讨价还价了，以抑制顾客的杀价念头。推销人员还可以使用尽可能小的计量单位报价，以减少高额价格对顾客的心理冲击。例如，在可能的情况下，改吨为千克、改千克为克，改千米为米、改米为厘米，改大包装单位为小包装单位。这样在价格相同的情况下，顾客会感觉小计量单位产品的价格较低。

2）处理货源异议的策略

许多货源异议都是由顾客的购买经验与购买习惯造成的，推销人员在处理这类异议时可采用以下策略：

（1）锲而不舍，坦诚相见。通常顾客在有比较稳定的供货单位和有过接受推销服务不如意甚至受骗上当的经历时，对新接触的推销人员怀有较强的戒备心，由此产生货源异议。推销人员应不怕遭到冷遇，反复进行访问，多与顾客接触，联络感情，增进了解。在相互了解逐渐增多的情况下，推销人员也就有了对顾客进行具有针对性劝说的机会。在与顾客的接洽中，推销人员应当以礼相待，以诚挚的态度消除顾客的心理偏见。

（2）提供例证。在解决货源异议时，推销人员为说明推销品是名牌商品、材料优异、制作精良、款式新颖等，可出示企业资质证明、产品技术认证证书、获奖证书以及知名企业的订货合同等资料，以消除顾客疑虑，获得其认可。

（3）强调竞争利益。顾客常常会提出已有供货单位，并对现状表示满意，从而拒绝推销。推销人员应指出，一个企业仅掌握单一的货源具有很大的风险。如果供货单位一时失去供货能力，将会导致企业因货源中断而被迫停工停产。而企业拥有较多货源，采取多渠道进货，会增强采购中的主动性，可以对不同货源的产品质量、价格、服务、交货期等进行多方比较分析，择优选购，并获得竞争利益，当某个供货渠道发生问题时，也不至于中断货源。

3）处理购买时间异议的策略

在推销实践中，顾客借故推托的时间异议多于真实的时间异议，处理的策略有如下几种：

（1）货币时间价值法。一般说来，很多商品的物价会随着时间的推移而上扬。推销人员可以结合产品的具体情况告诉顾客，由于供求关系变化，如果拖延购买时间将意味着花费更多的钱来购买同等数量的商品，而多方选择必定要耗费时间，不符合现代社会"时间就是金钱，效率就是生命"的观念。

（2）良机激励法。这种方法是推销人员利用对顾客有利的机会来激励顾客，使顾客不再犹豫不决，抛弃"等一等""看一看"的观望念头，当机立断，拍板成交。例如，"目前正值展销活动期间，在此期间购买可以享受20%的价格优惠""我们的货已经不多了，如果您再犹豫的话，就可能被别人买去了"。使用这些方法必须确有其事，不可虚张声势欺诈顾客。

（3）意外受损法。这种方法与良机激励法正好相反，是利用顾客意想不到但又必将会发生的变动因素，如物价上涨、政策变化、市场竞争等情况，劝说顾客尽早作出购买决定。

（4）竞争诱导法。这种方法是推销人员指出顾客的同行竞争对手已经购买了同类产品，顾客如不尽快购买推销品，将会在竞争中处于劣势，以此诱导顾客注意竞争态势，从而作出购买决定。

4）处理顾客异议的时机策略

从推销活动来看，顾客提出异议和推销人员处理异议都是没有时间、地点限制的，即随时都可以进行。但是，处理顾客异议的时机并不是以推销者的方便或顾客提出异议的时间为准的。能否选择恰当的时机来回答顾客的提问，常常决定着顾客能在多大程度上接受推销人员的解答。在处理顾客异议的过程中，对同一个问题的同一种回答，在不同时间里会产生不同的效果。所以，选择适当的时机答复顾客的异议和给顾客合适的答案同样重要。选择处理异议的时机必须考虑到诸多因素。例如，顾客的情绪与态度，推销进程与发展阶段，异议性质及异议与推销主题的关联性，顾客异议的强度与迫切性，推销者成功处理的把握大小与准备状态等。在不同的情况下，推销人员要选择不同的时机。推销人员答复异议的时机大致有4种情况：

（1）在顾客提出异议之前预先回答。一些经验丰富的推销人员能比较准确地预测不同类型的顾客会提出哪些不同的意见，顾客对某种产品会产生哪些异议。经过推销访问之前的认真准备，推销人员在洽谈中觉察到顾客会提出某种异议时，可以抢在顾客前面主动地提出问题，以自问自答的方式解除顾客疑虑。这样做有许多好处：有利于推销人员采取主动，先发制人，避免事后去纠正顾客的看法或反驳顾客的意见而引起不快；推销人员主动提出异议时，可以按照自己的意见措辞，所用语气委婉、诚恳一些，以低姿态出现在顾客面前，使大事化小，小事化了，这比顾客首先用尖刻的语言、激动的态度提出异议使推销人员处于被动要好得多；推销人员采取主动先提出异议，可以按照自己的思路与擅长的手法在适当的时间提出对方关心的问题，会使顾客感到推销人员是诚恳直率的、能客观地对待推销品，从而有利于赢得顾客的信任。另外，异议由推销人员提出并回答，可以节约双方交换意见的时间，也让顾客感到推销人员了解自己，说出了自己想说而没有说的意见，这样顾客也就觉得没有必要再提不同意见了。

（2）对顾客提出的异议延缓回答。在实际推销过程中，并非所有问题都处理得越快越好。在某些情况下，对顾客异议滞后处理效果会更好。例如，推销人员不能立即给顾客一个满意的答复时，就应当暂时搁下，并把不能作答的原因坦率地告诉顾客，使顾客认为推销人员对待意见认真、慎重，值得信赖。又如，在双方情绪不稳定或者洽谈气氛不和谐时，推销人员应当对顾客异议进行"冷处理"，增加一个过渡的阶段，以等待适当的时机再回答。推销人员尽量不要直接反驳顾客的异议，以免惹顾客生气或使顾客觉得推销人员总是和他持相反的意见。

总体来看，推销人员对顾客异议不作及时回答可能会危及交易的达成，但考虑不周的答复比不及时的答复更可能葬送整笔交易。

（3）对顾客提出的异议不予回答。顾客的异议千差万别，其动机也各不相同，推销人员不可能也没有必要解决所有的顾客异议。有的顾客为了自我表现，或有偏见，或性格古怪，甚至怀有恶意而提出异议，其反对意见失之偏颇。此时，推销人员应注意推销的目的不是去改造顾客，对这些异议应避而不答，以免破坏和谐的气氛，只需要注意顾客对产品的意见即可。有的顾客不接受推销的借口与是否购买推销品并没有必然的联系，这类异议本身不是成交的直接障碍，化解这类异议没有实际意义。推销人员应尽量回避这类异议，以节约面谈时间，提高推销效率，也免得弄巧成拙使这类异议转化为成交的障碍。推销人员应明了，不必回答不等于不能回答，推销人员应掌握的原则是解释和说明是有利于推销活动顺利展开并达到推销的目的的。具体地说，不必回答的异议有顾客的一些借口、肤浅的见解、明知故犯的发难、无法回答的奇谈怪论、废话、戏言等。

（4）对顾客提出的异议立即给予答复。一般来讲，推销人员对顾客提出的大多数异议都应当及时答复。这样做的好处：表示推销人员对顾客意见很重视、很尊重，以免顾客感到受轻视而增强戒备和对抗心理；使顾客感到推销人员不回避问题，使问题在没有扩大的情况下及时得到解决，也使推销人员可以在顾客注意力较为集中的情况下对顾客进行说服，增大说服的力度；可以不中断与顾客的谈话，形成双向沟通，维持讨论气氛。所以，推销人员对于顾客提出的不同意见，能立即回答的应立即回答。

8.3 处理顾客异议的方法

顾客异议产生的原因和表现形式是多种多样的，而且每一个具体的异议发生的时间、地点、环境条件又各不相同。因此，处理顾客异议的方法应该而且必须是多种多样的。最常用的处理顾客异议的方法有以下几种：

8.3.1 直接否定法

直接否定法又称反驳处理法，是推销人员根据比较明显的事实与充分的理由直接否定顾客异议的方法。例如，顾客提出："你们的产品比别人的贵。"推销人员回答："不会吧，我这里有同类商品不同企业的报价单，我们产品的价格是最低的。"推销人员采用这种方法给顾客明确的、不容置疑的否定回答，迅速、有效地输出与顾客异议相悖的信息，可以加大说服的力度、加快反馈速度，从而达到缩短推销时间、提高推销效率的目的。直接否定法适用于处理由顾客的误解、成见、信息不足等而导致的有明显错误、漏洞及自相矛盾的异议，不适合用于处理因个性、情感因素引起的顾客异议。

正确地运用直接否定法，以合理的、科学的证据反驳顾客，可以增强推销论证的说服力，增强顾客的购买信心；推销人员可以针对顾客异议中的谬误，直接说明有关情况，不必兜圈子，可以避免浪费推销时间，直接促成交易。这种方法的缺点是：容易使顾客产生心理压力和抵触情绪，甚至可能伤害顾客的自尊心，引起顾客的反感或激怒顾客，造成紧张气氛，不仅不能化解顾客异议，反而使异议成为成交障碍。

使用这种方法，要注意：反驳顾客的异议时，推销人员要站在顾客的立场上，有理有据地摆事实、讲道理，要让对方心服口服，而不是靠强词夺理压服顾客。在说理的过程中，推销人员要特别注意给顾客提供更多的信息，言词要坚定，态度要诚恳真挚、平易近人，尊重顾客。推销人员反驳异议，是对事不对人，不要高嗓门、情绪激动，不能板着脸说教。推销人员应考虑到他们与顾客的熟悉程度及顾客的个性，对不熟悉和个性敏感的顾客应尽量避免使用这种方法。

8.3.2　间接否定法

间接否定法又称但是处理法，是推销人员根据有关事实和理由间接否定顾客异议的方法。例如，顾客提出："这个东西太贵了。"推销人员回答："这个东西的价格是不低，不过，它比同类型的产品多了三项功能，从性价比的角度来看，它还是便宜的。"采用这种方法时，推销人员首先承认顾客异议的合理成分，然后用"但是""不过""然而"等转折词将话锋一转，对顾客异议委婉地予以否定。这种方法适用于顾客因为有效信息不足而产生片面的主观意见且不能自圆其说的情况。

在推销实践中，间接否定法比直接否定法使用得更为广泛。采用间接否定法处理顾客异议时，推销人员首先表示对顾客的理解、同情，或者简单重复顾客的异议，使顾客在心理上得到某种平衡，避免引起双方对立。同时，这也给了推销人员一个回旋余地，使推销人员有时间分析、判断顾客异议的性质以及根源，想出处理顾客异议的办法。这种方法不是直截了当地硬碰硬，而是先退后进，一般不会冒犯顾客，有利于保持良好的推销气氛和人际关系。这种方法虽然对顾客异议给予否定，但它以缩短买卖双方的情感距离与保持和谐的洽谈气氛为基础，态度委婉，使顾客更乐意接受。当然，这种方法也不是完美无缺的。推销人员首先作出的"退让"，可能会影响顾客购买的信心，削弱推销人员及其推销说服、推销演示的力量，也会促使顾客因为受到鼓励而提出更多的异议，特别是这种方法要求推销人员回避顾客异议，转换谈话角度，这可能会使顾客觉得推销人员圆滑、玩弄技巧而产生反感情绪。

推销人员运用间接否定法的关键是如何不露声色地转移话题。虽然这种方法又叫但是处理法，可是"但是"的否定含义太明确，可能令顾客感到不舒服，推销人员可选用其他转换词，尽量做到转换自然，语气委婉。另外，运用这种方法要注意推销的重点。承认顾客异议有一定道理，是为了维护顾客的面子，缩短双方的心理距离，目的是要否定顾客的异议，因而要淡化对顾客的"退让"，突出"但是"之后的推销劝说，要在转换话题之后有针对性地提供大量信息，使顾客在新的思考范围内获得新的信息，从而改变看法接受推销。

8.3.3　转化法

转化法也叫利用处理法，是推销人员直接利用顾客异议中有利于推销成功的因素，对此进行加工处理，转化为自己观点的一部分，从而消除顾客异议，说服顾客接受推销的方法。顾客异议本身是把双刃剑，既有积极的、正确的一面，也有消极的、不妥的一面；既可能阻碍成交，也可为成交带来希望。有时推销人员可以充分利用顾客异议本身来处理顾客异议，即"以子之矛，攻子之盾"。推销人员可以将计就计，把顾客拒绝购买的理由转化为说服顾客的理由，把顾客异议转化为推销提示，把成交的障碍转化为成交的动力。例如，顾客提出价格又涨了，推销人员就可以利用价格的确上涨的事实和顾客害怕价格继续上涨的心理，立即说："是的，价格是涨了，可能以后还要上涨，最明智的方法是尽快购买。"顾客抱怨紧俏产品供货不及时，推销人员可以顺势说："供货是迟了点儿，真对不起，实在是供不应求。如果现在还不订货，将来就更麻烦了。"

采用转化法时，应该尊重顾客异议，承认顾客异议。推销人员应该讲究处理策略，既要关心如何化解异议，又要关心顾客的感情，一般是先表示理解以消除顾客的敌对心理和疑问，然后转变到自己的立场上来，用事实和理由来否定顾客异议。

采用转化法时使用的转折词要尽量婉转。心理学家研究表明，使用"但是"会使顾客感觉不柔和，推销人员最好选择"3F法"。

3F法是指利用感觉（feel）、感受（felt）、发觉（found）三个词来转折处理顾客异议的陈述方法。这种方法会使顾客感觉更好，克服了用"但是"一词的生硬感，容易获得顾客信任。例如，"张先生，我很了解你的感觉，以前我访问过的许多人也都有同样的感受……然后，这就是他们试用之后所发觉的……"

转化法的优点是，能够使推销介绍一针见血，有很强的针对性，等于用顾客之矛攻顾客之盾，使顾客在关键问题上转换看法，进而转换态度，而且无法再提出新的异议，同时，还会使顾客感到自己受到重视，认为推销人员是正视现实的、诚恳的，有利于建立良好的人际关系与推销关系。转化法也有不足之处，若运用不当，可能引起顾客的反感和抵触情绪，从而重新考虑购买决策。

8.3.4　补偿法

补偿法又称抵消处理法、平衡处理法，是指推销人员坦率地承认顾客异议所指的问题确实有其合理之处，同时指出顾客可以从推销品及其购买条件中得到另外的实惠，使异议所提问题造成的损失得到充分补偿，从而使顾客得到心理上的平衡，增强购买的信心。与其他的竞争产品相比，任何产品都不可能在性能、价格、质量、包装等所有方面全都具有绝对的优势，顾客对产品提出的异议，有时确实有其合理性。如果推销人员一味反驳，就容易引起顾客的反感。所以，如果顾客的反对意见的确切中了产品或服务的缺陷，推销人员应使用补偿法，肯定有关缺点，然后淡化处理，使顾客认识到产品虽然存在一定缺陷，但是也具有独特的优势，总体来说还是比较划算的，这样顾客就不会太在意那一点美中不足了。例如，顾客提出："这批羽绒服要到10月以后才销得出去，提前两个月进货，占用资金时间太长。"推销人员回答："现在进货可以享受七折优惠。您算算，还是很划算的。"

顾客提出的异议中，可能有不少是无可辩驳的正确观点，而本企业的产品不可能尽善尽美，推销宣传也会有疏忽和不妥当之处，与竞争对手的产品和推销人员相比各有长短优劣。对于这些情况，推销人员不必躲闪回避，而应尊重事实，客观地对待顾客的异议，相信顾客也不会苛求到非要推销品没有任何缺陷时才决定购买。如果推销人员能通过充分说理和实例来证明产品虽然有缺点，但优点更多，使顾客相信产品的优点大于缺点，顾客还是会乐意购买的。美国著名的推销专家约翰·克勒尔在其著作《讨价还价的技巧》中指出："如果对方在价格上要挟你，就和他们谈质量；如果对方在质量上苛求你，就和他们谈服务；如果对方在服务上挑剔，就和他们谈条件；如果对方在条件上逼迫你，就和他们谈价格。"总之，一个优秀的推销人员要能坦然地面对推销品的缺陷，相信推销品的优点足以让顾客忽略其不足而决定购买。这种方法是一种可以普遍运用的方法，特别是在顾客理智地提出真实有效的购买异议时。

这种方法的优点是：推销人员并不反驳和否定顾客异议，而是予以肯定和补偿，有利于建立和维护购销双方的友好关系；实事求是地承认缺点，提示优点，可以让顾客认为推销人员态度客观、可以信赖，便于推销人员全面介绍推销品，突出推销品的优点，从而直接促成交易。其缺点是：推销人员肯定了顾客异议，顾客往往会认为推销人员无法处理有关问题，从而削弱购买信心；推销人员对顾客异议的肯定，可能引起顾客更多的异议，加大推销劝说的难度；还可能会拖延推销时间，降低推销效率。

推销人员在运用这种方法时，应当注意：此法的前提是顾客得到补偿的利益要大于异议涉及问题所造成的损失，否则得不偿失的结果反而会动摇顾客的购买决心；推销人员承认与肯定的顾客异议必须是真实而有效的，最好是单一的有效异议；针对已经承认的顾客异议，及时提出推销品及其成交条件的有关优点和利益并及时给予补偿；在劝说中，应淡化顾客异议，强化推销品符合顾客主要购买动机的优点，使顾客认为异议得到了补偿。

8.3.5　询问法

询问法也叫反问处理法，是推销人员针对顾客的异议提出疑问，并从顾客的回答中寻找异议的真实原因，进而化解异议的方法。在实际销售过程中，有些顾客的异议仅仅是顾客为了拒绝购买而随口说的一个借口，不一定与顾客的真实想法完全一致。询问法就是要跟踪顾客异议来探寻究竟，通过对顾客异议进行引导性的具体察问，让顾客自己化解异议。

顾客异议复杂多样，真假难辨，推销人员搞不清顾客的真实意图时，无法使用前面几种方法，只能先用询问法找出真实有效的主要问题，再配合其他方法进行处理。询问的目的是将顾客的隐含异议和敷衍异议转变成真实的异议（有效异议或无效异议），或者把一般性顾客异议转换成具体的顾客异议。询问法有助于把握住顾客真正的异议点，从而直接化解异议。

为了尽己所能把问题弄清楚，推销人员可以考虑使用如下询问技巧：

（1）“您这么说一定是有道理的，我可以问问是什么理由吗？”即使引出的是另一种虚假异议，推销人员仍然可以按照同样的方式询问，然后再提出：“如果解决了这个问题，您就买这种产品吗？”顾客或者同意购买，或者会把真实的反对意见告诉推销人员。

（2）“您需要我们提供哪些信息吗？”

（3）“能告诉我您的真实想法吗？”

（4）“您心目中理想的产品是什么样子呢？”这样询问可使一般性异议转化为具体异议。例如，顾客说：“这布料太粗糙了。”推销人员回答：“您认为就精致的布料而言，这种商品太粗糙了，是吗？”此时顾客将考虑是否自己要求太苛刻或将更具体地陈述异议。

询问法的优点是：首先，推销人员可以获得更多的顾客信息，增进对顾客的了解，为进一步销售奠定基础。其次，询问使推销人员有了从容不迫地进行思考及制定下一步推销策略的时间。再次，带有请教意思的询问能让顾客感觉受到尊重，愿意配合推销人员的工作，比直接否定顾客异议更为有利。最后，询问还可以使推销人员从被动地听顾客申诉异议变为主动地提出问题与顾客共同探讨，诱使或迫使顾客说明异议根源，有利于有的放矢地化解异议。需要注意的是，这种方法如果运用不当，可能引发顾客的反感，或在推销人员的追问下产生新的异议，破坏推销气氛，阻碍成交，还可能延误时机，失去成交的最佳机会。

8.3.6　不理睬法

不理睬法又称沉默处理法，也叫拒绝处理法，是推销人员判明顾客所提出的异议对推销活动以及实现推销目的无关紧要时避而不答的处理方法。例如，顾客说："你们厂可真不好找。"推销人员随声附和一语带过，接着转入正题："是的，我们厂的位置是有点偏。您看看我们的新产品在功能上又有一些改进。"在推销实践中，顾客异议既有有关异议，又有无关异议；既有有效异议，又有无效异议；既有真实异议，又有虚假异议。推销人员没有必要也不可能有效处理顾客提出的一切异议。在一定条件下，推销人员可以故意忽略某些顾客异议。"无声胜有声"，不理睬实际上也是一种处理技巧。

【推销宝库8-3】
处理顾客异议的量表

（1）您会积极寻找发生异议的原因。

（2）您认为顾客异议是达成订单的起点。

（3）如果异议来自厂家本身，您会积极反省。

（4）如果异议只是顾客的借口，您能彬彬有礼地离开。

（5）您能较好地区别异议的类型。

（6）您认为顾客异议会为推销提供机会。

（7）您在处理顾客异议时能坚持倾听和及时反应。

（8）您在处理顾客异议时能坚持不与顾客争辩。

（9）您在处理顾客异议时能坚持求实原则。

（10）您在处理顾客异议时能适时让步和调整策略。

（11）您在处理顾客异议时能注意对方使用非语言表达。

（12）您会在必要的时候主动提出异议。

资料来源　范莉莉，刘新华，韦家华. 快消品销售订单工作行为测量量表开发［J］. 中国地质大学学报（社会科学版），2012（6）：118.

本章小结 ✎

在推销实践中，顾客对推销品、推销人员、推销方式和交易条件产生怀疑、抱怨，提出否定或反面意见，是一种常见的正常购物行为反应。正确对待和恰当处理顾客异议，是推销人员必须具备的素养和基本功。

从顾客异议产生的主体来看，既有为不能立即购买找借口者，也有一些存在真实疑问者，至于存有偏见者为数甚少。从顾客异议指向的客体来划分，最基本的异议有价格异议、需求异议、货源异议、购买时间异议、权力异议、财力异议、服务异议等几种类型。从顾客方面考察，顾客异议的成因可能是顾客没有认识到自己的需要，也可能是忠于以往的品牌，还可能是其他方面的原因。从推销者方面考察，顾客异议的产生，既可能有产品质量、价格等方面的原因，也可能有推销方式、服务等方面的原因。认真分析顾客异议的类型和成因，有利于恰当有效地处理并化解顾客异议。

正确处理顾客异议，一般应做到重视顾客异议、永不争辩、维护顾客的自尊心、强调顾客受益。在分析确认顾客异议的成因后，可有针对性地采用有效化解价格异议、货源异议、购买时间异议的策略。

处理异议的方法，贵在实践和创新。本章所介绍的方法，要结合推销对象的具体情况，变通应用，切忌生搬硬套。

主要概念和观念 ▢

▢ **主要概念**

顾客异议 价格异议 需求异议 货源异议 购买时间异议 权力异议 财力异议 服务异议 直接否定法 间接否定法 转化法 补偿法 询问法 不理睬法

▢ **主要观念**

顾客异议是购买的积极信号。

处理顾客异议要遵循重视顾客异议、永不争辩、维护顾客的自尊心及强调顾客受益的基本原则。

依据顾客异议的不同类型有针对性地选用不同的处理方法。

处理顾客异议的主要方法有直接否定法、间接否定法、转化法、补偿法、询问法及不理睬法。

基本训练 ▒

▢ **知识题**

8.1 阅读理解

1）推销人员面对顾客异议的正常心态是什么？

2）顾客异议的类型及成因有哪些？

3）处理顾客异议的原则是什么？

4）处理顾客异议的策略有哪些？

5）处理顾客异议的方法有哪些？

8.2 知识应用

1）推销人员在顾客提出反对意见时要采取的态度是（　　　）。

A.间接反驳　　　　　　　　　　　B.认真倾听

C.仔细分析　　　　　　　　　　　D.转化顾客的反对意见

2）顾客异议是成交的障碍，但它也表达了这样一种信号，即顾客对推销品（　　　）。

A.愿意购买　　　　　　　　　　　B.不满意

C.产生兴趣　　　　　　　　　　　D.没有兴趣

3）推销人员用反问法处理顾客异议，是为了了解顾客异议的（　　　）。

A.科学依据　　　　　　　　　　　B.具体内容

C.心理状态　　　　　　　　　　　D.真实内涵

4）形成推销障碍的最基本原因是（　　　）。

A.顾客的需要　　　　　　　　　　B.顾客的认识

C.顾客的购买习惯　　　　　　　　D.顾客的购买权力

5）怎样运用心理策略消除价格异议？

6）强调竞争利益为何可消除货源异议？

7）处理价格异议时采用让步策略应把握哪些原则？

8）为什么老练的推销人员欢迎顾客提出异议？

9）处理顾客异议在时机上怎样选择？

□ **技能题**

8.1 规则复习

1）正确认识顾客异议：首先，顾客产生异议是推销过程中必然而且正常的现象；其次，顾客异议是成交的前奏与信号。

2）处理价格异议：先谈价值，后谈价格，多谈价值，少谈价格；适当让步；揣摩顾客心理。

3）处理货源异议：锲而不舍，坦诚相见；提供例证；强调竞争利益。

4）处理购买时间异议的方法有：货币时间价值法、良机激励法、意外受损法和竞争诱导法。

5）处理异议的时机应考虑：预先回答；延缓回答；不予回答；立即答复。

8.2 操作练习

1）实务题

（1）如果顾客提出一个完全错误的异议，推销人员应当如何处理？

（2）评价这种说法："对于顾客无聊的借口，最好的办法就是不予理睬。"

（3）对于顾客的无效异议应如何处理？试举例说明。

2）综合题

讨论为什么推销人员要坚持"永不争辩"的原则，树立"顾客总是有理的"观念。

□ 能力题

8.1　案例分析

洗耳恭听，对"症"释疑

东方厂在某商场设有多功能搅拌机展销专柜。推销员刘明是厂方的销售代表，他的突出特点是细心、耐心。在展销柜上，他不断地向顾客介绍产品的用途、使用方法和优点。一位中年男顾客看了一眼演示情况，就说，这个搅拌机用后不容易洗干净，也不安全。刘明听了，二话没说，重新演示了洗净的操作方法，并说明部件放置不到位，机器不会启动，有一定的安全保障。顾客又看了一下产品，犹豫不决地说，搅拌机功能多是优点，但是零部件塑料制品多，容易坏。刘明拿出保修单，说明东方厂在商场所在城市设有多处特约维修点，对本产品实行：一年内不论任何原因损坏均可免费包修、包换；一年后，整机终身维修，修理费免收，零件按成本价供应。

问题：

1）你认为刘明处理顾客异议的方法是否适当？

2）你估计刘明的推销绩效会怎样？

案例分析提示

8.2　网上调研

上网搜寻10~20个推销人员处理顾客异议的案例，首先将它们分类，然后评析这些推销人员在处理顾客异议时的成功之处和不足之处。

8.3　单元实践

到某个大型零售企业的总服务台工作数日，了解企业处理顾客异议的相关规定及办法并实际处理顾客异议。

第 **9** 章

成交与售后服务

学习目标 ◐

　　知识目标：准确理解成交的含义，熟悉各种成交信号。

　　技能目标：懂得成交的基本策略，熟悉各种成交方法及买卖合同订立、履行和变更的法律规范，掌握成交后与顾客保持联系的各种技巧。

　　能力目标：在推销洽谈过程中善于捕捉成交的各种信号，并顺其自然地引导到买卖合同的订立上，力争稳定和扩大顾客群体。

引例 @ 　　　　　　　　　成交后的顾客服务

　　推销员承接订单以后的目标就是如期交货。有时，会因为停工待料等原因而无法如期交货。如果出现这种情况，推销员的当务之急就是立即打电话给顾客，诚实说明不能如期交货的原因。

　　麦克在接到比尔的订单后，遇到了缺料的问题。仓储部门虽然紧急订购炭灰色布料，但麦克还是无法如期交出比尔的灰色西装，需要延后3个星期才能交货。另外，也欠缺蓝色布料，大概需要6个月后才有蓝色布料供应。麦克准备把无法如期交货的坏消息通知比尔。

　　麦克："比尔，很抱歉。你定做的灰色西装恐怕要延后3个星期交货，因为公司的炭灰色布料消耗得很快，库存的布料被用光了，公司正紧急订购炭灰色的布料。"

　　比尔："没有关系，麦克，谢谢你打来电话。"

　　麦克："蓝色布料也用光了，你定做的蓝色西装恐怕也要延迟交货了。比尔，真对不起，你定做的两套西装都因为布料短缺而不能按时交货。这种情况在以前是没有发生过的。"

　　比尔："没有关系，没有关系。你只要到时候把做好的蓝色西装和灰色西装交给我就可以了。"

　　麦克："比尔，我还有一些坏消息和一些好消息，你想先听坏消息还是好消息?"

　　比尔："什么样的坏消息?"

　　麦克："坏消息是蓝色布料的短缺恐怕长达6个月，而好消息是，有一种替代品能替代目前正短缺的蓝色布料。这种替代品无论在材料、颜色、重量方面都和短缺的蓝色布料一样，只是在布料的编织上有一点点不同。不过，这种不同是很难看出来的。以替代品做成的西装是每套525美元。"

比尔："那不是比原来的价格贵50美元吗，你还说是好消息？"

麦克："我已经跟公司谈过了。公司方面愿意以原来的价格475美元卖给你。如果你认为可以，我想这几天把样品布料带给你看看，由你做最后的决定。"

比尔："那太好了，谢谢你，麦克。"

在解决问题的过程当中，麦克表现出了他诚实、细心的处事态度。在他和比尔之间有了一个"好的开始"后，他们的"好"关系也将持续下去。这是一次成功的推销。

不论销售什么产品，如果不能提供良好的售后服务，就会使努力得来的生意被竞争对手抢走。赢得订单，固然是推销工作的一个圆满"结束"，但从长远看，这只是一个阶段性的结束，不是永久的、真正的结束，反而是拓展推销事业的"开始"——提供长久的、良好的售后服务。

资料来源 王茗. 推销高手评析高手推销［J］. 销售与市场，1996（3）：30-31.

本章知识结构图

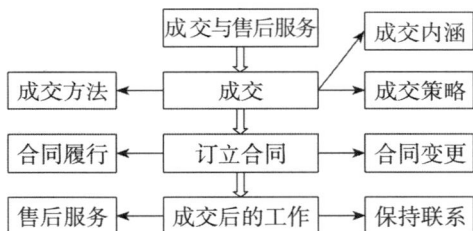

```
                  成交与售后服务 ──────→ 成交内涵
                        ↓
    成交方法 ←──────→  成交  ──────→ 成交策略
                        ↓
    合同履行 ←──────→ 订立合同 ──────→ 合同变更
                        ↓
    售后服务 ←──────→ 成交后的工作 ──────→ 保持联系
```

如果一支篮球队在比赛中依靠其身高优势总能占得先机，抢到篮板球，传球配合也不错，也能把球输送到前场，但就是投篮命中率低，那么这支球队必输无疑。这好比推销活动中的推销人员在找到准顾客后，对顾客资格进行审核，并认真地进行了接近前的准备，洽谈也很成功，但就是不能成交，拿不到订单，这样的推销人员当然不是合格的推销人员。很多推销人员对于推销的关键环节——成交——都是诚惶诚恐的，畏惧成交时刻的到来，对于是否能达成交易没有把握，心里总是不踏实。本章研究如何看待成交及其内涵，探讨成交中应注意掌握的基本策略和成交的各种方法，阐述如何把成交转化为买卖合同，同时应注意成交并非意味着推销活动的结束，而是"关系推销"活动进程的开始。

9.1 成交及其策略

9.1.1 成交内涵

成交（close）就是推销人员帮助购买者作出使买卖双方都受益的购买决策的活动过程，是洽谈的延续和最终成果。如果在洽谈中就解决了所有的问题，那么达成交易是顺其自然的事，它只不过是整个推销过程中的一个步骤而已。

可以从以下几方面来把握成交的内涵：

1）成交是顾客的一种积极响应

在推销过程中，推销人员向顾客介绍完产品和示范操作之后，顾客必然有所反应。如果这种反应是积极的（有利于成交的），则必将向最终达成交易迈进，拿到订单只是履行例行手续而已。如果顾客的反应是消极的，则可能远离订单，需要推销人员消除顾客对推销品及推销建议的疑虑，并审视自身的推销洽谈设计是否合理，在此基础上重新对推销品进行介绍或展示。因此，成交是顾客对良好洽谈的积极反应和回报，反映了顾客对推销人员、推销建议和推销品的认同与肯定。

2）成交是互动沟通的渐进过程

成交是一个双向活动过程，既是推销人员向顾客做需求分析、受益说明，帮助顾客作出购买决策的过程，也是顾客进行心理斗争，由排斥推销人员及推销品到信服并最终作出购买决策、接受推销品的活动过程。这就要求推销人员在洽谈中善于洞察准顾客的心理，抓住"战机"及时促成交易。

3）成交是顾客接受建议并立即购买推销品的行为

尽管成交是洽谈的后续工作，也是洽谈努力的成果，但洽谈毕竟不是成交，也不一定必然导致成交。如果推销人员不善于抓住成交的良机，可能就会使已经谈好的最终交易条件发生变故，进而导致顾客怀疑、改变主意，甚至最终使成交落空。因此，推销人员对顾客的反应不应熟视无睹，不能等待顾客向推销人员"示爱"，而应积极地发挥主导作用，主动请求签订买卖合同，一举促成交易，避免不必要的争议。

9.1.2 成交策略

成交策略（closing tactics）是促成交易活动的基本战术，适用于各种商品或服务的推销活动。推销人员必须掌握以下几个成交的策略性原则：

1）善于识别购买信号

推销人员提议成交的最好时机是在顾客购买心理活动过程的确信阶段。当然在推销洽谈的任何时刻，推销人员都有可能使顾客信服所推销的商品或服务，但在大多数情形下，成交都是在洽谈之后。因而，准确地识别购买信号（buying signals），有助于推销人员判断应该在什么时候提议成交并解决如何成交的问题。

购买信号是顾客的言行等所表现出来的打算购买推销品的一切暗示或提示。购买信号暗示顾客正处于购买心理活动的确信阶段，以下是常见的购买信号：

（1）提出问题。例如，"价格是多少？""我最早能够在什么时候拿到商品？""你们提供哪些售后服务？有没有退货政策？"推销人员可以以反问方式（见表9-1）作为回应，这有助于探测顾客的需求和想法。如果推销人员的问题得到了积极的回答，这表明顾客有较高的购买兴趣，正在迈向成交。

表9-1 以反问方式回答准顾客提出的问题

准顾客的提问	推销人员的回答
价格是多少？	您要买多少？
你提供哪些交易条件？	您想要哪种交易条件？
什么时候能交货？	您想要什么时候交货？
我应该买多大型号呢？	您需要什么型号？
我现在和下月分两次订购能否享受这个特殊价格？	您愿意分两次装运吗？
你们有8、12、36及54厘米长的管子吗？	您常用这些尺寸的管子吗？
我要订购多少才能获得优惠呢？	您有意买多少？
有6400型号的现货吗？	那是您最喜欢的一种型号吗？

（2）征求别人的意见。例如，经理打电话给他的朋友："赶紧来我这里，有件事情想问问你。"或者丈夫转而向妻子说道："你认为怎样？"

（3）神情轻松，态度友好。一旦顾客决定了要购买产品，洽谈中的那种紧张感就被解除，先前焦虑的神态就变得轻松自然，因为顾客已经把推销人员视为朋友且充分地信任他。

（4）拿起订货单。正如推销人员所期望的那样，顾客拿起订货单，就是迈向成交的时刻了。

（5）仔细检查商品。当某个顾客仔细检查推销品或表现出打算购买的意图时，这可能就是请求成交的间接提示。

发现顾客的这些成交暗示后，推销人员可以试探性地提出成交："您认为……"如果所提问题得到了顾客的积极响应，就说明离成交不远了。

【微型案例9-1】

马克·吐温的故事

马克·吐温参加了一个会议，会上一名传教士应邀发表演讲，马克·吐温被深深地感动了。后来他说："传教士的声音很优美。他用如此感人而又简洁的语言向我们诉说了原住民的不幸遭遇并请求帮助，我的思想驱使我把原来计划要放到盘子里的50美分增加了一倍。他把那些原住民的悲惨境遇描述得如此生动，以至于我头脑里的钱数增加到了5美元。那个传教士继续演讲。我感到我身上带的现金都不够了。我决定开一张大额支票。他继续演讲。"马克·吐温接着说："讲啊讲啊，都是那些原住民的悲惨境地，我放弃了填支票的念头。他接着往下讲，我回到了5美元的想法。他继续的时候，我把钱从4美元减到2美元，然后减到1美元。他还不停地讲。当盘子最后到我这儿时，我只丢了10美分到盘子里。"

资料来源　富特雷尔. 销售学基础［M］. 赵银德，译. 9版. 北京：机械工业出版社，2006：297.

2）预防第三者搅局

在与顾客接近成交的节骨眼上，如果第三者突然冒出来，往往会给推销工作增大难度。要是这位不速之客不熟悉或者不欣赏所推销的商品，顾客又向他征求意见，十有八九会使生意告吹。事实上在顾客购买产品时，购买的"天平"本来就非常敏感，稍微有点"风吹草动"顾客就可能改变主意。由于人的排他性惯性思维，推销人员应尽量在没有别人干扰的情况下与顾客成交，防止第三者"横加干涉"。推销人员可以对顾客说"咱们找个清静的地方谈吧"，以防患于未然。

3）培养正确的成交心理

成交是推销过程中的一个重要"门槛"，推销人员心理上的一些障碍将直接影响到最终的成交。很多推销人员或多或少对成交有恐惧感，总是担心提出成交请求后遭到顾客的拒绝，或者认为顾客会主动地提出成交。从心理学角度来讲，这是一种心理恐惧症，总是觉得难为情，自己始终有求于顾客，甚至认为用商品换回顾客口袋里的钱是不道德的行为。持有这种心理的推销人员在与顾客的洽谈中始终处于下风，自然不敢提出成交的要求。事实上，人生本来就面临着种种拒绝，顾客对推销人员说"不"很正常，只要所推销的商品真能为顾客解决所面临的问题，就不怕顾客不识货，更何况即使遭到顾客的拒绝推销人员也没有丝毫的损失。因此，推销人员必须克服恐惧心理，加强心理训练，敢于不断提出成交请求。即使在试探性成交提出后遭到拒绝，还可以重新推荐商品，争取再次成交，要相信付出的推销努力一定会得到回报。

【观念应用9-1】

决心是关键

票房表现良好的有关销售培训的影片 Ask for the Order and Get It 的创作者 Joe Batten 认为，在人员推销中，决心是成功的一个关键因素。他认为，决心是一种坚定而不可战胜的立场，只要有决心，你曾努力去做的那笔业务就不会跑掉，决心能阻止你迅速地说"不"，打消你认为客户会拒绝你的错觉，让你感觉到客户现在对你说"不"，只是意味着"现在不要"或者是"根据我目前掌握的情况，我先不要"。

资料来源　曼宁，里斯．当代推销学：建立质量伙伴关系［M］．吴长顺，等译．8版．北京：电子工业出版社，2002：202.

思考题：推销人员的决心具体表现在哪些方面？

4）作出最后的推销努力

在推销洽谈似乎要以失败而告终时，推销人员仍不要放弃推销努力，最后的成交机会始终是敞开着的，很多时候都能"峰回路转""柳暗花明"。此时顾客紧张的压力已经得到充分的释放，心理上如释重负，心情变得愉悦，甚至对"可怜的"推销人员产生一点同情心。因而，推销人员在收拾样品准备离开时，应该抓住最后的成交机会，放慢整理样品的动作，有意无意间露出一些未曾向顾客介绍过的样品，以引起准顾客的注意和兴趣，开始一次新的尝试。

5）关键时刻亮出"王牌"

当顾客倾向与推销人员签订合同又有些犹豫不决时，推销人员应该亮出"王牌"，"重拳"出击，掌握主动权，彻底摧毁顾客的心理防线，使顾客签订"城下之盟"。但"王牌"的使用是要讲究策略的，应该在推销的关键时刻亮出来，这要求推销人员要有保留地介绍成交条件，不要一次把全部有价值的卖点都用完。譬如，推销人员可以说："我忘记告诉你了，为了表明我们与贵公司合作的诚意，第一笔生意的运费由我们来承担。"

9.2　成交方法

9.2.1　成交的主要方法

1）请求成交法

请求成交法（asking for the order）也叫直接成交法（direct approach），即推销人员直截了当地提议顾客购买推销品的方法。当买卖已经"瓜熟蒂落"时，推销人员自然就应说："请您看看订单，我马上要把数字填到合同里去。"或者说："既然一切都谈妥了，那就请在合同上签字吧！"

推销人员进行成功的推销洽谈后，应善于识别顾客的购买信号，把胆怯抛在九霄云外，勇敢地向顾客去追求订单。针对某些理智型的顾客，请求成交法也许是最有效的方法。

2）假定成交法

假定成交法（assumptive close），即推销人员假定顾客已经接受推销建议而直接要求顾客购买推销品的成交方法。譬如，推销人员可做如下陈述："我稍后就打电话为您落实一下是否有存货"或"我明天就为您装运货物"。如果顾客对此不表示任何异议，则可认为顾客已经默许成交。

假定成交法特别适用于向准顾客进行推销。推销人员拜访准顾客若干次后，在比较熟悉准顾客的情况的情形下，可以直接填写好订单，递给准顾客说"这是将要发给你们的货物"或"这是本月你们需要的货物"。

3）选择成交法

选择成交法（alternative-choice close），即推销人员向准顾客提供两种或两种以上购买选择方案，要求顾客作出抉择的成交方法。选择成交法是推销人员在假定成交的前提下，为顾客提供可供挑选的购买方案，再选择成交。因而，选择成交法是假定成交法的扩充和发展。例如：

■ 您是选择128元的5G智享套餐还是158元的5G智享套餐呢？

■ 您是要HP LaserJet 1010激光打印机还是HP LaserJet 1012激光打印机呢？

从上面的例子可以看出，选择成交法并不是让顾客在买与不买之间选择，而是购买哪一种型号或购买多少的问题，即顾客必须作出购买选择，在此情形下再来讨论成交的细节，从而避开了是否购买的问题。

4）总结利益成交法

总结利益成交法（summary-of-benefit close），即推销人员在推销洽谈中记住顾客关注的主要特色（features）、优点（advantages）和利益（benefits），在成交中以一种积极的方式成功地加以概括总结，以得到顾客的认同并最终取得订单的成交方法。

例如，吸尘器推销人员运用总结利益成交法时可能会说："我们前面已经说过，这种配备高速电机（特色）的吸尘器比一般吸尘器转速快两倍（优点），可以使清扫时间减少15~30分钟（利益），工作起来轻轻松松，使您免去推动笨重吸尘器而带来的身心上的痛苦（更多的利益），是这样吧？（试探成交，如果得到积极回应）您是想要'卫士'牌还是'天使'牌？"

总结利益成交法特别适用于喜欢直来直去的顾客，而不是有特殊个性的顾客。

5）连续点头成交法

连续点头成交法（continuous-yes close）与总结利益成交法类似，但推销人员不直接总结产品的利益，而是提出有关利益的一系列问题获得顾客认同的成交方法。例如：

推销员："您说您喜欢我们优质的产品，对吧？"

郝女士："没错。"

推销员："而且您也喜欢我们快捷的交货方式，是吧？"

郝女士："是的。"

推销员："您对我们较优厚的付款条件也很有兴趣，是这样的吧？"

郝女士："没错。"

推销员："郝女士，我们的产品优质、交货快捷，优厚的付款条件将给您提供额外的附加价值，必将吸引大量顾客光顾您的商店。"（推销人员顺利地完成了总结利益成交法所要做的一切）

在本例中，推销人员通过洽谈了解到顾客喜爱的三种利益：产品质量好、交货快捷、付款条件有利。洽谈后推销人员提出三个问题让顾客有机会表达对这三种利益的深刻印象，通过层层递进地连续提问，推销人员就促使顾客连续地说："是的，我喜欢这些利益。"

顾客积极进取的心态、对产品的认同，使她在收到购买提议时连续不断地点头。

6）最后机会成交法

最后机会成交法（last-chance close）是推销人员向顾客暗示最后成交机会，促使顾客立即购买推销品的成交方法。以下是最后机会成交法常用的表述方式：

■ 由于原材料需要进口，这批货卖完后，可能要很长时间才有货。

■ 好了，我知道您正盘算订购多少。我们确实期望您多订购一些，因为我们有现货供应，但到了夏天我们就不能保证满足所有顾客的订购要求了。

■ 这种型号的汽车非常好卖，这一辆卖出去以后，我们也很难进到同样的车了。

最后机会成交法要求推销人员利用购买机会原理，向顾客提示"机不可失，时不再来"，施加一定的成交机会压力，促使顾客珍惜时机，最终作出购买决策。购买者错过一定的购买机会实际上也是一种损失，可能会导致诸如支付较高的价格、停工待料等直接损失，也可能会导致诸如寻找新的供应商、投入更多的时间和精力重新购买等间接损失。无论是消费品的推销人员还是工业品的推销人员，都可以使用此法来激发顾客产生迫不及待的占有心理，但对"机会"的阐述必须合理。例如，一个卖水果的小贩，看到周围的顾客只是围观、问价，就是不买。他知道，卖这种水果的只有他一家，于是他假装看看表后对同伴说："不卖了，该回去吃饭了。"同时假意收拾东西准备离去。这时，便听到有顾客说："先别走，给我称几斤。"紧接着，周围的人你3斤，他5斤，纷纷购买，不一会儿，一车水果都卖光了。这位聪明的小贩使用的就是最后机会成交法。

7）从众成交法

从众成交法（conformity close），即推销人员利用从众心理来促成顾客购买推销品的成交方法。例如，计算机的推销人员说："这是今年最流行的机型，我们一天就卖100多台，请问先生什么时候要货？"

顾客在购买商品时，不仅要依据自身的需求、爱好、价值观选购商品，也要考虑社会的行为规范和审美观念，甚至在某些时候不得不屈从于社会压力而放弃自身的爱好，以符合大多数人的行为偏好。比如，一名在校大学生，尽管对足球一点儿都不感兴趣，但为了表明自己不是"另类"，有时也不得不违心地跟着同学顶着烈日去"享受"足球的"乐趣"。

从众成交法利用人的从众心理，力争创造一种时尚或流行趋势来鼓动人们随大流，促成交易。从众成交法主要适合推销具有一定时尚度的商品。具体运用时，通常先发动广告攻势，利用名人做宣传，造成从众的声势，寻找具有影响力的核心顾客，把推销重点放在说服核心顾客上，在取得核心顾客合作的基础上，利用名人的影响和声望带动和号召大量具有从众心理的顾客购买。

8）优惠成交法

优惠成交法（favorable terms close），即推销人员利用优惠的交易条件来促使顾客立即购买推销品的成交方法。例如，某太阳能热水器公司的推销员对房地产开发商说："每安装10套热水器，我们就免费为顾客多安装1套，别的公司可没有这么优厚的条件哦。"

优惠成交法抓住顾客对价格、运费、折扣、让价、赠品等方面的渴求，诱使顾客作出购买决策。优惠成交法通常与最后机会成交法结合起来使用，以增大对顾客的刺激强度。

9）小点成交法

小点成交法（minor-point close），即推销人员利用交易活动中的次要方面来间接促成交易的成交方法。例如，智能手机的推销人员可以说："您习惯单手操作还是双手操作手机呢？"复印机推销人员向顾客提出："您是愿意购买还是愿意租赁？"汽车推销人员向顾客问道："要不要装车载影像系统？"通过先让顾客作出对推销品的"小点"方面的决策，最终巧妙地达成交易。

一般来说，顾客就所购物品的某些细节达成交易比全面作出买与不买的决策更加容易。在次要问题上或购买商品的价值较小时，顾客作出决策的心理压力较小，会较为轻松地接受推销人员的推荐。某些购买者对重大的购买决策往往难以决断，特别是购买金额较大时购买者承受的压力也较大，害怕购买有风险而造成重大损失，通常较为慎重。小点成交法主要利用的是"减压"原理，以若干细小问题的选择来避开是否购买的决定，营造良好的洽谈氛围，导向最后的成交。

选择成交法要求顾客在两种产品之间选择，以避开某些顾客不作出决策的情形。小点成交法要求顾客先决定产品的细节部分，如交货期、产品外观、大小、付款条件和订货量等以"降低"决策风险。小点成交法广泛用于顾客难以作出购买决策或顾客购买情绪不好时，也是首次试探性提出成交遭到顾客拒绝后第二次提议成交的有效方法。

10）谈判成交法

谈判成交法（negotiation close）是通过协商寻找对交易双方都有利的有效途径的成交方法。以下就是两个谈判成交法的例子：

■ 如果我们找到了摆脱对备份机器需求的途径，并保证其可靠性，您愿意同我们商谈吗？

■ 为什么我们不相互退让呢？您知道我决不能给您打折，但我可以接受您到本月底才付款的要求，这就是我所能做到的，您觉得怎样？

在谈判中，推销人员应该积极进取，秉持互惠互利原则，多一份关心和理解，充分展示帮助顾客解决问题的信心。

11）线上成交法

线上成交法（online close）就是运用互联网、PC或移动终端等技术手段直观地呈现商品及其性能、排名、评价等信息，以方便、快捷和多样化的移动电子支付、物流配送促成网络交易的方法。IT技术集视频、声光、图片和文字于一体，能给顾客留下非常深刻的印象，刺激顾客的购买欲望。毫无疑问，对需要视觉呈现的产品可更多地使用线上成交法。现代信息技术的发展，使得越来越多的商品通过线上成交法完成成交，国内著名的淘宝、京东、苏宁等电商平台已经成为众多商家销售商品的重要阵地。

【观念应用9-2】
提升带货直播间成交总额的技巧
在如今瞬息万变的电商市场中，带货直播成为一个不可被忽视的销售利器。然而，要想在激烈的竞争中脱颖而出并实现更高的成交总额，并非易事。为此，我们需要采取一些有效的方法和策略，以提高带货直播间的销售额。

（1）稳定的长时间直播输出：为了吸引更多观众和潜在购买者，我们应该坚持每天定时开播，并且保持较长的直播时间。例如，我们可以设置每天从早上10点到晚上12点的直播时段，并保持每天的平均直播时长超过12个小时。这样做可以增强观众的黏性，使他们更有可能购买产品。

（2）拓展店铺关注数量，增加直播间人数：店铺关注数量和直播间人数是决定直播间成交量的重要因素。我们可以通过多种方式拓展店铺关注数量，例如在其他社交媒体平台上广告宣传，邀请明星或网红进行合作推广，或开展关注有奖活动等。同时，我们还可以通过提高直播间的曝光度，吸引更多观众进入直播间，提高成交潜力。

（3）精准确定主播人设：主播的人设和形象对于直播间的吸引力和购买转化率非常重要。我们应该根据产品特点和目标客群，精准确定主播的人设。例如，如果要推销男性化妆品，那么选取一位外形精致、有化妆技巧的男性主播可能更具有吸引力。通过打造符合产品定位和消费者喜好的主播形象，可以增强观众的信任感和购买意愿。

（4）秒杀优惠价格有吸引力：在直播间中提供秒杀优惠价格是吸引观众购买的有效策略之一。我们可以设计一些限时特价活动，例如每天的几个时间段内提供折扣或限量商品。这样可以刺激观众的购买欲望，增加销售额。

（5）复盘回顾优化提升：直播结束后，我们应该进行反思复盘，总结经验教训，并对下次直播作出优化和改进。我们可以分析观众的行为数据，了解哪些环节存在问题，如购买转化率低、直播内容不吸引人等，并有针对性地进行调整。同时，我们可以参考其他成功的带货直播间，借鉴他们的经验和策略进行提升。

除了以上措施，还可以通过提升直播间的专业性和购物体验，增加直播间的互动，加强用户口碑和社交分享等方式来提高带货直播间的成交总额。重要的是，我们要保持耐心并持续性地推进这些措施，并根据实际情况进行灵活调整，以求最佳效果。毕竟，提升带货直播间的成交总额是一个长期积累和优化的过程。

资料来源 直播间搭建运营小百科. 提升带货直播间成交总额的绝密技巧［EB/OL］．（2023-09-01）［2023-11-01］. https://baijiahao.baidu.com/s? id=1775824706652383559.

思考题：你认为，提高直播带货成交额的方法有哪些？

9.2.2 成交方法的组合运用

1）成交方法的组合

无论如何，推销人员都应当对可能遇到的困难多做几手成交准备，相继使用多种成交方法，并与解决顾客异议的方法相结合，从而使自己处于较为有利的地位，以此来增加成交的机会。

例如，推销人员可以从总结利益成交法开始，要是顾客拒绝了成交要求，推销人员可能需要改变措辞，紧接着运用选择成交法，如果顾客没有作出任何解释而再次拒绝，则推销人员要先处理顾客异议，也许这样的循环过程需要重复两三次。

【微型案例9-2】

电器推销员的成交方法组合

推销员：约翰，我们已经知道了Octron牌电灯使用寿命长，能减少你们的存货，能为你们的设计人员提供高亮度的无影灯，能缓解眼睛疲劳。你看我是这个星期给你发货还是下星期呢？

　　购买者：这些产品确实不错，但就是太贵了，因而我不打算购买。

　　推销员：您是说，我的产品没什么特别之处，却要那么高的价格，是这样的吗？

　　购买者：我想是吧。

　　推销员：早些时候我们谈到了通用电气公司的节能型灯泡使用寿命较长，而且省电，如果您替换现有的灯泡的话，每年就可节省375美元的开支。

　　购买者：我想您说的是对的。

　　推销员：很好，您是想在本周末安装还是在下周安装呢？

　　购买者：不，我还要考虑考虑。

　　推销员：您犹犹豫豫一定有什么特别的原因，您不介意我问吧？

　　购买者：我主要是考虑一时半会儿我们没有这么多资金来购买照明设备。

　　推销员：除此之外，还有没有其他原因呢？

　　购买者：没有。

　　推销员：您肯定知道一次性替换比分批替换开支要小……您想现在就替换吗？

　　购买者：我想是吧。

　　推销员：当然，不是必须全换不可，但是您要知道全部替换后可马上节省固定费用开支，而且也比分期安装节省劳动力成本，因为安装是按照生产线来进行的。您明白我的意思吗？

　　购买者：我明白。

　　推销员：那您看是在晚上安装还是在周末安装呢？

　　购买者：我还得想一想。

　　推销员：您如此犹豫不决一定有别的什么原因，您不妨直接告诉我。

　　购买者：很不凑巧我们现在没有这么多资金来做这方面的投资。

　　推销员：除此之外，是否还有其他原因呢？

　　购买者：没有。我的主管不让我买任何东西。

　　推销员：您同意这宗购买能为公司省钱，对吧？

　　购买者：是的。

　　推销员：好的，约翰，现在就打电话给您的主管，告诉他能节省多少钱，除此之外还能减少不必要的存货，保护雇员的视力。或许我们两人可以一道去拜访你们的头儿。

　　资料来源　富特雷尔. 销售学入门［M］. 5版（英文影印版）. 北京：机械工业出版社，1998：355.

2）各种成交方法的适用情形

　　由于每种成交方法只适用于某一特定的情形，因而推销人员要善于辨别顾客的类型，并由此决定使用何种成交方法来应对特定类型的顾客。表9-2指出了各种成交方法适用的顾客类型及主要对策。

表9-2　　　　　　　　　　针对不同顾客类型的成交方法及主要对策

顾客类型＼成交方法	选择成交法	请求成交法	总结利益成交法	连续点头成交法	小点成交法	假定成交法	最后机会成交法	从众成交法	优惠成交法	谈判成交法	线上成交法	主要对策
犹豫不决型	√	√	√	√	√		√	√	√	√	√	推动购买决策的形成
专家型或自我中心型		√								√	√	让专家自己作出决策
敌对型		√		√	√					√		竭尽全力成交
朋友型						√				√	√	留心某些细节
信念型						√	√			√	√	信念超过怀疑
渴求型						√				√	√	立即购买

【观念应用9-3】

灵活运用成交方法

推销的最终目的是要顾客购买商品。如何促使顾客采取购买行动呢？

1）采取"假定顾客要买"的说话心态

这种心态常常在零售店里看到。汤尼·亚当斯举了一个亲身体验的例子。他有一套新西装，但是缺少一条可以搭配的领带。他走进了一家服装饰品店准备选购领带。

店里有一个玻璃柜台，柜台后站着一位年约18岁的少年。见到客人进来，少年说："先生，请问你想买什么？"

"我想买条领带，搭配我那套蓝灰色的西装。"汤尼回答说。

"好的，"少年很有信心地表示，"你在这里一定可以找到你喜欢的领带。"

少年从柜台下面抽出三只木盒，木盒里放满了各式领带。放眼望去，一条条并列的领带煞是整齐好看。

少年说："在你选领带之前，我想给你一个建议：选领带时，选择第一眼看去就喜欢的领带，不要想太多，原以为继续找下去可以找到更好的，结果，徒增困扰，下不了决心。"

汤尼看中一条丝质领带，颜色既不是纯黑的也不是纯蓝的，好像是夜晚的天空，混合着黑色和蓝色。领带上面还镶着许多斑点，像金孔雀的眼睛。

"这条不错。"汤尼说。

"这条不错，"少年附和着，"很适合蓝灰色西服。"少年从汤尼手中取回领带，小心翼翼地叠好，说："这条领带的价格是6英镑。"

汤尼觉得太贵，一时竟犹豫起来，正在考虑"要不要买"时，精致的包装袋吸引了他。从包装袋的材质可以看出这是专门为高价产品设计的包装袋。禁不住"精致"的诱惑，汤尼终于买下了那条"不错"的领带。

在这一事例中，少年采取了"假定顾客要买"的说话心态，这种心态使他说出来的话肯定有力，增强了顾客对产品的信心，促使顾客采取购买行动。

2）问些小问题

推销员要问顾客："你需要多少？""你喜欢什么颜色？""下星期二交货可以吗？"等。这些问题使顾客觉得容易回答，同时也逐步诱导顾客采取购买的行动。不要直接问顾客："你想不想买？"这会使多数顾客不知道如何回答，更不要说采取购买行动了。

3）在小问题上提出多种可行的办法

设计多种购买方案，让顾客自己做决定。

例如："整箱买可以便宜10%，你想要一整箱还是零买？"不论是运用第二种方法还是第三种方法，结果都是一样的——让顾客说出喜欢的付款方式。所以，这两种方法常交互运用。

以Ⅱ代表第二种方法，以Ⅲ代表第三种方法。由下面例子可以看出这两种方法被交互使用的情形。

一位推销员在顾客家里推销百科全书。推销员问顾客："这本书的价格是1 900英镑，包括长达10年的保证期，你喜欢一次付清还是分期付款？（Ⅲ）你每月大约能支付多少钱？（Ⅱ）分期付款可分36期和48期，每期1个月。如果是48期，利息负担大约是200英镑。你喜欢36期还是48期？（Ⅲ）"

在此例中，推销员从来没有问过"你要不要买"，而是很有技巧地使用了第一种方法（采取"假定顾客要买"的说话心态），以及第二、第三种方法。

4）说一些"紧急情况"

如"下星期一价格就要涨了""只剩最后一个了"，这种"紧急情况"使顾客觉得要买就得快，不能拖延，使顾客及早采取购买行动。

5）说"故事"

推销员可以把过去推销成功的事例当作"故事"说给顾客听，让顾客了解他的疑虑也曾是别人的疑虑，这个"别人"在买了产品、经过一段时间的使用之后，不再有疑虑，而且还受益良多。"故事"能增强顾客对产品的信心和认同，进而采取购买行动。但是"故事"不能"凭空捏造"，要有根据——如顾客的感谢函或者传播媒体的赞誉等。

资料来源　姚泽有. AIDA推销法［J］. 销售与市场，1995（8）：27-29.

思考题：促使顾客采取购买行动的方法有哪些？有什么启示？

9.3　合同的订立与履行

通过洽谈，知道顾客有成交意愿后，推销人员应及时把这种成交的意愿以书面合同形式确定下来，防止谈判成果"付之东流"。

9.3.1　买卖合同及其内容

1）买卖合同及其特征

买卖合同是出卖人转移标的物的所有权于买受人、买受人支付价款的合同。一般要求推销人员与顾客之间签订书面形式的合同，而不只是口头承诺。只有与顾客订立买卖合同后，才算真正意义上的成交，并具有法律效力。

买卖合同具有如下特征：

（1）买卖合同是有偿合同。买卖合同的一方向另一方转移标的物的所有权，另一方则向一方给付价款。

（2）买卖合同是双务合同。双方当事人的权利义务是彼此对立的，一方的权利正是另一方的义务，反之亦然。

（3）买卖合同是诺成性、不要式合同。除法律另有规定或双方当事人另有约定外，买卖合同的成立不以标的物的交付为要件，也不以书面形式为必要。

2）买卖合同的内容

买卖合同的内容由推销人员与购买者共同商定，一般包括以下条款：

（1）当事人的名称或者姓名和住所。

（2）标的。标的是指买卖双方当事人的权利和义务共同指向的对象。

（3）数量。数量即供方的交货数量，是衡量标的物和当事人权利、义务大小的尺度。当事人计算标的数量，要采用国家规定的计量单位和计量方法。

（4）质量。质量是标的物的内在素质和外观形式优劣的标志，在买卖合同中应作出明确的规定。对于标的物的质量，国家规定有技术标准的，双方当事人应在合同中写明标的物的技术标准及标准编号和代号；国家没有规定技术标准的，由双方当事人通过商议在合同中明确约定。

（5）价款。价款是合同一方当事人交付产品后，另一方当事人支付的款项。价款的确定，要符合国家的价格政策和价格管理法规；价款的支付，除法律另有规定外，必须用人民币支付；价款的结算，除国家规定允许使用现金的情况外，必须通过银行办理转账或票据结算。

（6）履行的期限、地点和方式。履行的期限，是指双方当事人履行义务的时间范围；履行的地点，是指当事人完成所承担义务的具体地点，应根据标的的特征或法律规定和当事人的约定而确定；履行方式，是指采用什么样的方法来履行合同规定的义务，如一次履行还是分期分批履行，汽车送达还是火车送达等。

（7）违约责任。违约责任，是指合同当事人由于自己的过错，没有履行或没有全面履行应承担的义务，按照法律和合同的规定应该承担的法律责任。

（8）解决争议的方法。相关法律规定，解决合同争议有和解、调解、仲裁和诉讼四种方法，当事人应在合同中约定解决合同争议所采用的方法。

除此之外，合同中还包括包装方式、检验标准和方法等条款。

【推销宝库9-1】

工矿产品购销合同样本

合同编号：_____

供方：_____ 签订地点：_____

需方：_____ 签订时间：____年____月____日

一、产品名称、牌号商标、规格型号、数量、单价、金额合计、供货时间及数量

产品名称	牌号商标	规格型号	数量	单价	金额合计	供货时间及数量								

合计人民币金额（大写）

二、质量要求技术标准

三、供货方对质量负责的条件和期限

四、交（提）货方式

五、运输方式及到达站（港）的费用负担

六、合理损耗计算方法

七、包装标准、包装物的供应与回收和费用负担

八、验收方式及提出异议期限

九、随机备品、配件工具数量及供应办法

十、结算方式及期限

十一、如需提供担保，另立合同担保书，作为本合同附件

十二、违约责任

十三、解决合同纠纷的方式

十四、其他约定事项

供方	需方	鉴（公）证意见
单位名称（章）	单位名称（章）	
单位地址：	单位地址：	
法定代表人：	法定代表人：	
电话：	电话：	
传真：	传真：	
开户银行：	开户银行：	
账号：	账号：	经办人：
邮政编码：	邮政编码：	鉴（公）证机关（章）

有效期限：至____年____月____日

资料来源　吴浩．中华人民共和国合同法释义及标准样本［M］．北京：改革出版社，1999：347-348．

9.3.2 买卖合同的履行

1）双方共同履行的义务

买卖合同订立以后，购销双方当事人应当全面按约定履行各自的义务。买卖双方当事人应当遵循诚实信用原则，根据合同的性质、目的和交易习惯履行以下基本义务：

（1）通知。买卖合同当事人任何一方在履行合同过程中应当及时通知对方履行情况的变化，遵循诚实信用原则，不欺诈、不隐瞒。

（2）协助。买卖合同是双方共同订立的，双方应当相互协助。

（3）保密。当事人在合同履行过程中获知对方的商务、技术、经营等秘密信息应当主动予以保密，不得擅自泄露或自己非法使用。

2）出卖人履行的义务

（1）向买受人交付标的物或者提取标的物的单证。出卖人交付标的物，可以实际交付，也可以以提单、仓单、所有权证书等提取标的物的单证作为交付。当事人应在合同中约定交付的方式、时间、地点等，对于合同成立后标的物所产生的孳息，如无特别的约定，应归买受人所有。

（2）转移标的物所有权。转移所有权，一般以标的物交付时间为转移时间，并以此作为划分标的物毁损或灭失的风险转移时间，在标的物交付前由出卖人承担，交付之后由买受人承担。

（3）出卖人必须按合同规定的期限和地点交付标的物。标的物的交付，可以规定一个具体的日期，也可以规定一个交付的期限。如果当事人约定了交付期限，则出卖人可以随时向买受人交付。出卖人应当按照约定的地点交付标的物，没有约定交付地点或者约定地点不明确，依照《中华人民共和国民法典》第五百一十条的规定仍不能确定的，适用下列规定：标的物需要运输的，出卖人应当将标的物交付给第一承运人以运交给买受人；标的物不需要运输，出卖人和买受人订立合同时知道标的物在某一地点的，出卖人应当在该地点交付标的物，不知道标的物在某一地点的，应当在出卖人订立合同时的营业地交付标的物。

（4）出卖人应当按照约定或者交易习惯向买受人交付提取标的物单证以外的有关单证和资料。例如，专利产品附带的有关专利说明书的资料、原产地说明书等。

（5）出卖人应当按照约定的质量要求交付标的物。出卖人提供有关标的物质量说明的，交付的标的物应当符合该说明的质量要求，出卖人交付的标的物不符合质量要求的，买受人可以依照《中华人民共和国民法典》的有关规定要求其承担违约责任；凭样品买卖的当事人应当封存样品，并可以对样品质量予以说明，出卖人交付的标的物应当与样品及其说明的质量相同。

（6）出卖人应当按照约定的包装方式交付标的物。对包装方式没有约定或者约定不明确，依照《中华人民共和国民法典》关于合同履行的规定仍不能确定的，应当按照通用的方式包装，没有通用方式的，应当采取足以保护标的物的包装方式。

3）买受人履行的义务

（1）买受人收到标的物时应当在约定的检验期间检验。没有约定检验期间的，应当及时检验。买受人应当在约定的检验期间内将标的物的数量或质量不符合约定的情形通知出卖人，买受人怠于通知的，视为标的物的数量或者质量符合规定。当事人没有约定检验期间的，买受人应当在发现或者应当发现标的物的数量或者质量不符合约定的合理期间内通知出卖人。买受人在合理期间内未通知或者自标的物收到之日起两年内未通知出卖人的，视为标的物的数量或者质量符合约定，但对标的物有质量保证期的，适用质量保证期。

（2）买受人应当按照约定的时间、地点足额地支付价款。出卖人多交标的物的，买受人可以接收，也可以拒绝接收。如果买受人接收多交部分，则需按照合同规定的价格支付价款；拒绝接收多交部分，应当及时通知出卖人。

【微型案例9-3】

李老汉为何迟迟得不到卖羊款

李老汉系山东省日照市山区农民。某年4月，为去东北与儿子同住，李老汉将自己放养的12只山羊一次性卖给了本乡"全羊馆"的周老板。为慎重起见，双方签订了书面合同，对价格及有关事项达成协议，只是在交款方式上，周老板提出，目前手头紧，待12只山羊全部杀完后再付款。李老汉心想，全羊馆一天最少要杀1到2只羊，12只羊全部杀完最多不过十几天，便同意将此条件写进合同。半月过后，李老汉前来取款，周老板说还有两只羊未杀，再等一周。一周后，李老汉又来催款，见山羊仍然养在羊圈内，问及原因，答曰山羊太瘦，杀了可惜，等养肥再杀。李老汉多次索款不成，一拖两月有余，儿子几次来信催他快去。无奈，李老汉诉至法院，请求法院判令周老板立即付款。

资料来源 平实，童忆. 奸商奸术揭秘［M］. 北京：中国审计出版社，2001：16-17.

9.3.3 买卖合同的变更

所谓买卖合同的变更，是指合同成立后在履行前或在履行过程中，因合同所依据的主客观情况发生变化，而由双方当事人依据法律法规和合同规定对原合同内容进行的修改和补充。因而，合同的变更仅指合同内容的变更，不包括合同主体的变更。

合同依法成立后，对买卖双方当事人均有法律约束力，任何一方不得擅自变更，但双方当事人在协商一致后或因合同无效、重大误解、显失公平等情况可以对合同的内容进行变更。当事人变更合同应当与订立合同一样，内容明确，不能模糊不清。如果当事人对合同变更的内容约定不明确，当事人无法执行时，可以重新协商确定，否则法律规定对于内容不明确的合同变更推定为未变更，当事人仍按原合同内容履行。

合同变更仍需要到原批准或登记机构办理手续，否则变更无效。

9.4 成交并未结束

成交并非意味着推销活动的结束，而只是"关系推销"的开始。推销人员在签订买卖合同之后，应及时与顾客告别，根据合同的规定和要求做好货物发放、装运、安装与操作指导等后续服务工作，与顾客保持联系，解决顾客在产品使用中所遇到的各种问题，真正让顾客满意，并发展和巩固双方之间的友谊，为下一次更大规模的交易打下坚实的基础。

9.4.1 成交后续

1）真诚致谢

在交易达成后，推销人员仍应保持冷静，不要得意忘形，谨防乐极生悲，要用诚挚的语言对顾客的合作表示感谢。例如：

"您作出了一项明智的选择，谢谢您。"

"能跟您达成这笔交易，我感到万分高兴，谢谢您的合作。"

"请让我代表公司对您的合作再一次表示感谢。"

但推销人员也应认识到，交易的达成对购买双方都有利，是互惠互利的交易，不要过分地表示感谢。推销人员帮助顾客解决了他们所遇到的问题，同时也获得了订单，是"双赢"的好事。

2）及时告别

在交易达成后，不要滞留得太久，应及时与顾客握手告别，因为顾客可能还有别的事情要做。一般来说，第一个站起来道别的应当是推销人员。

3）留住顾客

推销人员费了九牛二虎之力，好不容易把准顾客转变成了现实顾客，需要做些什么才能确保将来他们仍从你这里持续购买呢？除了强化推销品的主要利益外，还需要考虑以下五个因素：

（1）集中精力增进利益渗透。在有效揭示准顾客的需求和促使顾客持续通过购买推销品寻求有效解决问题的办法方面，利益提示起到关键性作用。这就要求推销人员必须向顾客证实所提供的产品有着最大的利益，推销人员出售的是帮助。

（2）按照计划经常与中间商联系。决定拜访的具体次数时应考虑以下几点：

■ 中间商现在及将来的销售额；

■ 一年期望的订货量；

■ 中间商所出售的产品的生产线数量；

■ 中间商对所购物品的复杂性、服务及重新设计的要求。

为一个中间商服务的时间可能是几分钟至几天不等，因而为每个顾客设计的拜访频率必然灵活多样。一般推销人员投入的时间与从每个中间商那里取得的实际或潜在销售额成正比。最有效率的访问量就是再增加一次拜访并不能使销售额提高，销售量与拜访次数之间的这种关系被称为顾客对推销人员拜访的反应（边际效益）函数。

（3）及时地处理顾客抱怨。这是向顾客证实推销人员很看重他们及其业务的最佳机会，应真诚、快捷地处理顾客的意见，即使是微不足道的抱怨也要予以重视。

（4）做到言必有信。没有什么比不信守诺言能更快地毁坏同顾客建立起来的关系了。许多顾客都不能容忍推销人员对他们作出承诺，随后就违背诺言。顾客购买产品就是源于对推销人员的信任，所以为了将来继续获得顾客的支持，推销人员必须保持高度的忠诚。

（5）给顾客提供"帝王"式的服务。通过向顾客提供少花钱又能帮助他们解决问题的产品，推销人员几乎就不可能被竞争者替代。推销人员应该是善于听取顾客意见的参谋，向顾客提供尽可能多的帮助，而不是喋喋不休的讨价高手。

9.4.2　保持联系

在达成交易、告别顾客后，推销人员应抓紧时间去落实买卖合同中的各项条款。在整个推销过程中，推销人员自始至终都要坚持顾客导向，开辟与顾客之间的沟通渠道，并确保渠道畅通，保持与顾客的接触和联系，了解顾客的满意状况，更重要的是利用渠道来解决顾客的不满，发展并维持与顾客的长期合作关系。

所谓顾客满意状况，指顾客对购买活动及所购买的物品的感受，即购买是否满足了顾客的期望。如果顾客满意，顾客就会倾向于继续购买推销人员所推销的其他物品，未来推销的机会就会增多。因此，顾客满意能使顾客保持高度的忠诚，竞争者很难抢走推销人员的生意。

推销人员应该清楚地认识到，买卖的成交在很大程度上取决于人与人之间、公司与公司之间的关系。推销人员应当学会发展、培养和维系这种关系，只有这样才能使生意兴隆。

【观念应用9-4】

维系顾客关系的技巧

1）经常与关键顾客保持沟通

如果推销人员平常对顾客不闻不问，等到关键时刻再对顾客表现得热情无比，一旦达成交易又对顾客置之不理，这种目的性极强的势利行为很难发生效用，即使侥幸做成生意，也不利于长期顾客关系的维护。顶尖的推销高手会时刻关注关键顾客，并且会寻找各种各样的机会与他们保持沟通，以维系友好合作关系。例如，他们会通过下面这些方式与顾客建立长期联系：

（1）在重要节日向顾客发出信件表示祝贺，或者寄出一张别致的电子贺卡、送上一件顾客喜欢的小礼物等。

（2）每逢公司举办重大活动时，如公司重要庆典、年会、客户联谊会等，邀请顾客参加。

（3）记下对顾客来说具有重要意义的日子，如生日、公司年庆等，表达对他们的关注。

（4）在双方合作成功纪念日向顾客表示感谢，这既可以表达对顾客的关注，又可以为今后的合作创造机会。

2）延伸对关键顾客的服务

推销人员要有意识地为关键顾客争取更周到的服务，比如发放公司宣传品、举办大客户联谊会、创造更舒适的消费环境等。

3）对关键顾客进行动态管理

由于受到各种因素的影响，顾客关系会经常发生改变。为此，推销人员必须随时对关键顾客的信息进行搜集和整理，一旦发现顾客关系发生变化，就应立刻采取相应的方法进行处理。比如，经常根据准确信息对顾客类别进行重新划分；随时关注新信息，争取在第一时间寻找到潜在的大顾客；发现原有的关键顾客丧失需求或者转向其他竞争对手时，迅速作出反应。

资料来源　佚名. 客户维护技巧：把握关键客户［EB/OL］.（2010-06-29）［2020-06-03］. http://info.biz.hc360.com/2010/06/290823119050-2.shtml.

思考题：维系顾客关系的技巧还有哪些？

9.4.3　售后服务

提供售后服务的目的在于使顾客最大限度地满意，以此为契机建立起长期合作、互惠互利的关系。

1）开展售后服务的原因

（1）服务是产品价格的一部分。购买者所支付的产品价格本身就包含了服务的费用，购买者有权享用。当然，服务的范围与程度要视推销品的技术复杂性、销售额大小、长期合作的可能性而定。

（2）售后服务是产品正常使用的必备条件。确保产品能够正常使用是推销人员分内的事，不管销售什么，只要购买者有售后服务的要求，推销人员就有义务做好售后工作。特别是对于技术性能复杂、需要购买者具有一定知识储备的产品来说，售后服务显得尤为重要。

（3）售后服务是建立信任关系的基础。不管顾客是一次性购买还是多次惠顾，如果推销人员想与顾客发展长期合作的关系，经常达成对双方均有利的交易，就必须以良好的售后服务赢得顾客的信任，以此为基础建立永久性合作关系。对一次性购买的顾客也不能懈怠，如果未获得满意的服务，顾客同样会将不满传播给别人，影响到其他购买者的选购。而真正从购买中获益并解决了实际问题的顾客，通常会再次购买，向他人义务宣传所购买的产品，较少注意竞争者的品牌和广告，也会购买企业以后开发的新产品。

（4）售后服务有助于增加销售额。推销人员增加销售额有两条途径：一是找到新顾客；二是出售更多的产品给现有顾客。获得新顾客的最好方法是自动实现顾客推荐，但只有当顾客对推销人员及其推销品满意后，他们才会相互推荐。

2）对常顾客的服务

常顾客是指推销人员已经掌握其基本情况并且其购买行为保持相对稳定的顾客。推销人员的订单大多数来自老主顾，而且吸引新顾客比留住老主顾需要推销人员投入更多的时间、精力和费用，因而留住老主顾比开拓新顾客更加重要。这要求推销人员加强售后服务，真正使顾客满意，具体而言推销人员要做好以下服务工作：

（1）尽量缩短订货周期，按顾客提出的要求、运输方式及时足量地发放货物，切实按照买卖合同的条款履行职责。

（2）要求顾客做好开箱验收工作，如果有必要，应随同货物同时到达顾客所在地，一同检查验收产品的完整性及质量，给顾客提供产品安装调试及培训操作等服务，使顾客能够真正把产品用起来。

（3）及时回应顾客在产品使用过程中发出的求助信号，并妥善地解决顾客遇到的问题。例如，顾客所购机器设备在应用中发生故障时，推销人员应在第一时间安排抢修好机器设备，确保顾客的损失最小。

（4）做到防患于未然，不要等到问题暴露或矛盾扩大了才想办法去处理，推销人员应争取主动把问题消灭在"萌芽"状态，预防顾客产生对立情绪、加大解决问题的难度。

（5）密切监测顾客在需求数量、型号、规格等方面的变化，提前做好应变措施，防止顾客"流失"。

（6）在为顾客提供优良服务的基础上，保持住与老主顾的交易，并通过服务、时间、感情等"投资"把这种关系巩固起来，防止竞争者的"入侵"，同时在条件允许的情况下，利用一切办法扩大交易的规模和范围。

总之，推销人员应从顾客的角度来考虑和处理顾客在所购产品使用过程中出现的一切问题，抓住一切机会强化与顾客的合作，切忌撒手不管。

3）对中间商的服务

一般来说，推销人员与中间商已经非常熟悉，建立起了一定的信任关系，甚至已经发展为友好的合作伙伴关系，说起话来可以开诚布公、直言相告，对服务的范围、内容及双方的分工可以友好地协商。为共同提高服务水平，使顾客真正满意，推销人员主要应向中间商提供如下几方面的服务：

（1）帮助中间商提高售货水平。由于各个中间商从业时间长短不一，拥有的顾客规模各不相同，销售经验有多有少，推销人员有义务向中间商提供销售建议和办法，传授业已得到证实的行之有效的销售技巧。

（2）加强与中间商的合作。很多中间商的销售人员缺乏销售技能，也未经过严格的岗前培训，大多依靠自身的摸索，销售业绩的提高受到了极大的限制。推销人员如果希望中间商大力加强对自己产品的销售，就应该采取合作的形式对中间商的销售人员进行产品知识、销售技能等方面的培训，使他们增强销售能力、提高销售业绩。为了共同的利益，双方应联合进行促销宣传或提供促销工具，如POP广告、样品目录、招贴画、海报等。

（3）保证买卖合同的执行。在与中间商签订买卖合同后，对方总是希望货物能按合同规定按时、按地、按质、按量地转移到自己手中，但由于货物交付过程涉及买卖双方及运输环节的很多部门，任何一个环节出现差错都可能使货物延迟到达，导致中间商的不满，进而会影响到双方进一步的合作。因此，推销人员必须预先想到这些可能出现的问题，提前做好应对准备，切实保证合同的履行。

（4）加强与中间商的沟通。由于中间商经常与最终的顾客打交道，了解顾客需求方面的各种信息，推销人员必须经常与中间商保持联系，加强双方的沟通，将这些重要的顾客需求信息反馈给产品研发设计部门，使企业真正做到根据顾客需求来开发、生产产品，从根本上解决销售难的问题。

【微型案例9-4】
销售真正始于售后

卡特彼勒公司是一家专门生产建筑机械的公司。该公司在经营中不仅坚持严格的产品质量控制要求，而且坚持"销售真正始于售后"的信条，它在世界许多地区都设立了维修站和配件仓库。因此，无论在世界的哪个角落，凡接到用户电话后24小时内，该公司都能将零配件送到工地，公司的技术人员也可同时赶到。公司规定，如果不能在24小时内抵达工地，免收所有维修费用。为了保证做到这一点，该公司为本国的93家经销商和海外的137家经销商专门设立了一个配件中心，并在10个国家设有23处配件仓库，每个仓库负责一个特定区域的零配件供应，所有仓库的零配件供应范围正好覆盖全世界。在这些仓库里，经常保有20万种可满足2个月需求的零配件存货。公司领导层在工作中力求做到：第一，坚持三个"首先"，即每季度首先检查维修情况，然后才检查生产情况；首先检查配件的生产情况，而后检查整体生产情况；在生产中首先安排配件生产，保证维修需要。第二，尽量让用户一次买足施工过程中所需的全部产品，做到配套供应，方便顾客使用。第三，重视售前服务。例如，主动向客户提供样本、商品目录、实物样品、参考价格表、说明书等，并举办现场展览会，进行操作演示。虽然卡特彼勒公司的产品价格普遍比竞争者的同类产品高出10%~15%，但用户仍然愿意购买卡特彼勒公司的产品。公司征战全球的奥秘正是优质的产品加上完善的售后服务。

资料来源　程国慧，蔡红. 小老板的公关与领导艺术［M］. 北京：中信出版社，1996：54-55.

本章小结

成交就是推销人员帮助购买者作出使买卖双方彼此都受益的购买决策的活动过程，是推销洽谈后顺其自然推进的结果。推销人员必须善于识别顾客有意和无意发出的购买信号，并据此提出试探性成交的请求。在成交过程中，推销人员要有正确的成交心态，防止第三者的干扰，关键时刻亮出绝招，锲而不舍地作出推销努力。

要获得推销的成功，除了掌握成交的一些基本策略外，推销人员也应该熟悉常用的成交方法。在实践中，往往不只是用单一的成交方法，推销人员应该根据自身、推销品及推销对象的情况选择合适的一种或几种成交方法加以运用，并不断总结和完善。

成交的标志是订立买卖合同。买卖合同是出卖人转移标的物的所有权于买受人、买受人支付价款的合同。买卖合同具有有偿性、双务性、诺成性、不要式的特征。买卖合同的要件一般包括：当事人的名称或者姓名和住所，标的、数量、质量、价款，履行的期限、地点和方式，违约责任，解决争议的方法，包装方式、检验标准和方法等条款。只有与顾客订立买卖合同后，才算真正意义上的成交，并具有法律效力。当然，合同成立后在履行前或履行过程中，因合同所依据的主客观情况发生变化，可以由双方当事人依据相关法律、法规的规定对原合同内容进行修改和补充，这就是合同的变更。

达成交易并不是推销过程的终结，而是下一个推销循环的开始。在订立买卖合同、达成交易后，推销人员应真诚致谢，及时告别，力争留住顾客使他们持续购买。由于服务是产品价格的一部分，是产品正常使用的必备条件，是建立信任关系的基础，而且服务有助于增加销售额，推销人员必须依据常顾客及中间商的不同情况，随同产品的出售提供不同层次的服务。

主要概念和观念

☐ **主要概念**

成交　成交策略　购买信号　买卖合同　合同变更　顾客满意

☐ **主要观念**

积极对待成交信号。

成交的策略性原则。

买卖合同的条款及双方应履行的职责。

成交后要注意的问题。

保持和增进与顾客的联系。

重视售后服务。

基本训练

☐ **知识题**

9.1　阅读理解

1）如何理解成交的内涵？

2）在推销活动过程中，应掌握哪些成交策略？

3）何谓购买信号？成交中的购买信号有哪些表现形式？

4）推销活动中有哪些成交的主要方法？

5）如何订立买卖合同？

6）买卖合同订立后，买卖双方应分别履行哪些职责？

7）成交之后应注意哪些问题？

8）如何留住顾客？

9）推销人员应向常顾客提供哪些服务？

10）推销人员应向中间商提供哪些服务？

9.2　知识应用

1）成交（　　）。

A.只对推销人员有利　　　　　　　B.使买卖双方均受益

C.是顾客的一种积极响应　　　　　D.是洽谈的成果

E.等待顾客主动提出

2）"成交策略对各种商品和服务的推销活动都适合。"这种说法是否正确？为什么？

3）"在推销人员做完产品推荐介绍后，只要顾客真正需要所推销的产品，他们会主动地提出成交请求。"你如何评价这种观点？

4）在推销洽谈中，顾客以提出问题的方式表达了他的购买意愿，推销人员应如何应对这种购买信号？

5）"推销人员必须诚实。因而，在推销洽谈中应该将全部交易条件毫无保留地和盘托出。"你是否赞同这种观点？为什么？

6）一位智能手机推销员与顾客洽谈后，对顾客说："您是要华为P60 Pro还是华为Mate60 Pro呢？"这是（　　）。

A.请求成交法　　　　B.假定成交法　　　　C.选择成交法

D.总结利益成交法　　E.连续点头成交法　　F.最后机会成交法

7）当你面对一个优柔寡断的准顾客时，（　　）较为适合。

A.从众成交法　　　　　　　　　　B.最后机会成交法

C.假定成交法　　　　　　　　　　D.谈判成交法

8）"订立买卖合同达成交易后，一个推销进程就结束了。"这种说法是否正确？为什么？

9）在订立买卖合同达成交易后，推销人员是否应该向顾客致谢？请说明你的理由。

10）"顾客满意能使顾客保持高度的忠诚，确保推销人员有稳定的客源。"你也这样看吗？为什么？

11）推销人员增加销售额的途径是什么？推销人员应重点关注哪一个方面？

12）为什么说准确地识别购买信号有助于推销人员判断成交时机？

13）推销人员对成交存在恐惧心理的原因是什么？

14）为什么推销人员必须掌握多种成交技术？

15）洽谈达成交易后，为什么必须与顾客订立买卖合同？买卖合同通常包含哪些条款？

16）怎样理解"成交并不意味着推销活动的结束，而仅仅只是关系推销进程的开始"？

17）成交后，推销人员为何要向顾客提供售后服务？

□ 技能题

9.1　规则复习

1）成交的策略性原则：善于识别购买信号，把握最佳成交时机；预防第三者搅局；培养正确的成交心态；作出最后的推销努力；关键时刻亮出"王牌"。

2）通过提问、观察、推理等方式洞察推销洽谈中的购买信号。

3）成交的主要方法有：请求成交法、假定成交法、选择成交法、总结利益成交法、连续点头成交法、最后机会成交法、从众成交法、优惠成交法、小点成交法、谈判成交法、线上成交法。实际促成交易时不只是简单地采取一种方法，而是组合运用多种方法。

4）订立买卖合同应包括合同标的的相关条款、买卖双方应履行的义务和职责等。

5）成交后应重视对顾客的售后服务，运用多种方式保持和增进与顾客的友谊，稳定和扩增市场份额。

9.2　操作练习

1）实务题

（1）推销洽谈中，潜在顾客的下列哪些言行提示了成交信号？

A.“塑料的看上去不如金属的坚固。”

B.“这好像很好！”

C.“这看上去好像重了些，不便于移动。”

D.“你说你已经准备好了一份买卖合同，是吗？”

E.“复印时间只要半秒钟？”（说这句话时声音有所提高）

F.“这种透气性隐形眼镜能用多长时间？”

G.“你已经如实地回答了我的问题。”

H.“哦，我当然也希望通过某种办法来降低劳动成本，但我真不知道如何去做。”

I.“我妻子肯定喜欢。”

J.顾客突然起身拿起电话联系他的研发部工程师。

K.零售店的顾客拿起一本时装杂志仔细地阅读。

L.采购代理人双臂交叉抱于胸前、跷着二郎腿坐在椅子上。

M.“你能提供什么样的售后保障？”

N.“我可以退货吗？”

O.“这台机器能否适应将来的需要是个关键。我们将来能否在你介绍的这一型号的机器上增加新的功能呢？”

（2）请分析说明下列表述分别属于哪种成交方法：

A.“我现在可否为您制作购货订单？”

B.“要是您同意，我们可以在这期杂志上就给您预留一个版面。您是愿意从本月就开始做广告呢，还是从下月开始？”

C.“这款手机卖得很‘火’，我不能保证过几天还有货。”

D.“内置式硬盘与外接式硬盘，您更喜欢哪一种？”

E.推销人员指着一张纸对顾客说：“因为这样一个不太重要的缺陷您就打算放弃所有这些好处吗？”

F.“当机器运到您那里后，我很乐意前去为您安装调试。”

G.“您还有其他需要解决的问题吗？如果没有，是不是可以请您把合同签了？”

H.“如果我能为您提供豪华款式，您就会购买，是这样的吗？”

I. "我们的产品能满足您的需要，何必再等呢？时间对您来说可是付不起的开支啊！"

J. 推销人员："您是否愿意投资一份100万元的终身保险呢？"

潜在顾客："金额太大了。"

推销人员："您也许是对的，买一份10万元的限期保单如何？"

K. 推销人员："对您来说长途驾车时汽车的稳定性和安全性最重要，是吗？"

潜在顾客点头表示同意。

推销人员："您是否认为这款汽车的节能效果显著？"

潜在顾客："是的，我已经注意到了这一点。"

推销人员："您提到您的妻子会喜欢这辆车的外观和内部装饰，是吗？"

潜在顾客："毫无疑问是这样的。"

推销人员："您希望用什么样的方式支付？"

2）综合题

（1）假设你是一家市场研究公司的老板，你有着营销管理专业硕士学位的教育背景，而且有3年的从业经验。4个星期前，计划在"国庆"黄金周期间开展促销活动的一家商场找到你，透露出他们有意委托你做本次促销活动的策划。他们来到你的公司前也曾经联系过其他几家市场研究公司，但由于它们要价太高，都未达成协议。根据你所了解的情况分析，你的公司很有竞争力，而且你也知道这笔生意将给你的公司带来不错的收入，你也很想揽下这笔生意。

问题：你该如何去争取这笔生意？列举并描述这种情况下你会使用的两种成交方法。

（2）一家公司的推销经理建议宽宏大量地对待顾客的抱怨，但该公司的一位工程师表示反对，他说："如果仅仅为了讨好顾客，不管顾客的抱怨对与不对，都一概接受，这样下去就无法开展销售工作。另外，人们就会产生这样一种错觉，好像我们的大部分产品都有问题似的。"工程师说的这番话是有根据的，也是不能忽视的，同时也得到了几个技术人员的赞同。但是，推销经理依然坚持自己的观点。

问题：你更倾向于赞同哪种观点？为何支持这种观点？

□ 能力题

9.1 案例分析

Furmanite服务公司

克里斯·亨利（Chris Henry）是一个工业用阀门、法兰、密封圈及密封剂产品的推销员，他正在访问壳牌石油公司（Shell Oil）的准顾客格雷·马斯洛，希望他能使用Furmanite牌的密封制品来防渗漏。克里斯刚和格雷讨论完产品的特色、优点、利益，也说明了公司的营销计划和业务开展计划，他感觉就要大功告成了。以下是他们二人的推销对话：

克里斯：让我来总结我们曾经谈到的内容。您说过您喜欢由于快速修理节省下来的钱，您也喜欢我们的快速反应所节省的时间，最后一点，您喜欢我们的服务实行3年担保，是这样的吧？

格雷：是的，大概是这样吧。

克里斯：格雷，我提议带一伙人来这里修理这些渗漏的阀门，您看是让我的人星期一来呢，还是别的什么时候？

格雷：不用这么快吧，你们的密封产品到底可不可靠？

克里斯：格雷，非常可靠。去年，我们为美孚（Mobil）提供了同样的服务，迄今为止我们的产品都未返修，您觉得可靠了吧？

格雷：我想还行吧。

克里斯：我知道您经验丰富，很专业，而且您也认同这是一项对你们厂合适的、有益的服务，让我安排一些人来，您看是下星期还是两周内？

格雷：克里斯，我还是拿不定主意。

克里斯：一定有什么原因让您至今犹豫不决，您不介意我问吧？

格雷：我不能肯定这是不是一个正确的决策。

克里斯：就是这件事让您烦恼吗？

格雷：是的。

克里斯：只有您自己对决策充满自信，您才可能接受我们的服务，对吧？

格雷：可能是吧。

克里斯：格雷，让我来告诉您，我们已经达成共识的地方。由于能够节省成本，您喜欢我们的在线修理服务；由于渗漏的部件能得到及时的维修，您喜欢我们快捷的服务响应；而且您也喜欢我们训练有素的服务人员及对服务所做的担保。是这些吧？

格雷：没错。

克里斯：那什么时候着手这项工作呢？

格雷：克里斯，计划看起来很不错，但我这个月没有钱，或许下个月我们才能做这项工作。

克里斯：一点也没问题，格雷。我尊重您在时间上的选择，下个月5号我再来你们这里，确定维修工人动身的时间。

资料来源　富特雷尔. 销售学入门［M］. 5版（英文影印版）. 北京：机械工业出版社，1998：366-367.

问题：

1）列表说明推销员使用了哪些成交方法。

2）克里斯是否应该再次提出成交？为什么？

3）假定克里斯觉得他能达成更多的成交额，你认为他可能会怎样做。

案例分析提示

9.2　网上调研

1）上网搜寻关键词"合同范本"，随便浏览几个网站上有关买卖合同、购销合同的范本，比较不同商品在合同的具体条款及购销双方承担的责任上有什么不同。

2）上网搜寻关键词"售后服务"，收集一些企业在售后服务、顾客投诉等方面的具体措施与管理规定，列出你所收集到的有售后服务管理办法的公司的网址、公司名称、售后服务管理办法的具体名称、制定和执行的时间等信息。

9.3 单元实践

1）结合网上调研结果，针对家电、汽车及药品三大类产品，分别起草并订立内容完整、格式规范的三份合同。

2）在广泛收集、整理和分析各个企业"售后服务"资料的基础上，依据你自己的观点，可以对承诺提供售后服务的公司做一个什么样的细分？你认为哪些售后服务措施有利于稳定现有顾客，培养忠诚顾客？哪些售后服务条款只是"作秀"？

第10章

店堂推销

学习目标 ○

知识目标：了解店堂推销的特点、方式及顾客购买心理过程。

技能目标：掌握店堂推销的一般步骤，理解推销人员的形象在推销过程中的作用。

能力目标：能够熟练使用新媒体，依据不同顾客类型、购买心理努力促成交易的能力，实现线上和线下销售的融合。

引例 @

用大数据分析和管理唤醒老客户

上海市区某写字楼附近的一家便利店，通过对客户年龄数据的分析发现，经常前来消费的客户群体中，有将近69%为16至35岁的年轻人，而他们在店内停留的时间主要集中在中午12时到13时的午休时间。结合这些数据，加上对周边公司工作规律调查之后，该便利店进行了重新装修，将原先出售零食的货架大量撤销，专门设置了座位区，并增加了一台开放式的保鲜冰柜，设置了很多生鲜快餐食品。很快，这样的快餐服务带来的利润超出了原先的零食产品。

资料来源　张鹏，峥嵘. 从1.0到4.0：移动互联网时代的零售就该这样做 [M]. 北京：人民邮电出版社，2016：230.

本章知识结构图 ↗

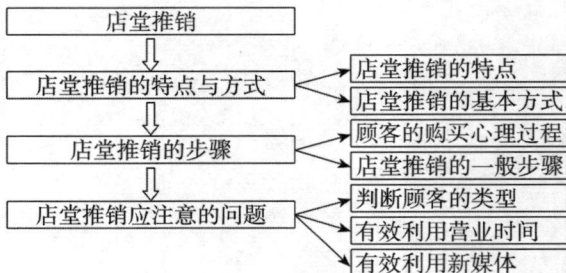

```
        ┌─────────────┐
        │   店堂推销    │
        └─────────────┘
               ↓
   ┌──────────────────┐      ┌──────────────┐
   │ 店堂推销的特点与方式 │─────→│  店堂推销的特点  │
   └──────────────────┘      ├──────────────┤
               ↓              │ 店堂推销的基本方式 │
   ┌──────────────────┐      └──────────────┘
   │   店堂推销的步骤    │─────→┌──────────────┐
   └──────────────────┘      │ 顾客的购买心理过程 │
               ↓              ├──────────────┤
   ┌──────────────────┐      │ 店堂推销的一般步骤 │
   │ 店堂推销应注意的问题 │      └──────────────┘
   └──────────────────┘─────→┌──────────────┐
                             │  判断顾客的类型  │
                             ├──────────────┤
                             │ 有效利用营业时间  │
                             ├──────────────┤
                             │  有效利用新媒体  │
                             └──────────────┘
```

店堂推销指推销人员在特定的场所向前来寻购的顾客销售商品的活动过程。最为典型的店堂推销就是零售商店的营业员向顾客销售陈列于货柜或货架上的商品。店堂推销与本书其他章节介绍的推销既有共性，也有其特殊性，它要求营业员在接待顾客时，要认真研究和观察顾客的购买心理，并根据不同类型顾客的特点，采取不同的接待方法，以获得满意的推销效果。

在今天移动互联网和数字经济时代，传统零售业受到新技术和市场的双重冲击，亟待转型和升级，零售店堂一定要勇于变革，顺应这种变化，树立零售新思维，运用先进的数字技术和工具，打通线上线下销售，实现全渠道购物场景，提升顾客的黏性及购物体验，抢占移动互联网和数字经济的市场先机，这才是生存和发展之道。

10.1 店堂推销的特点与方式

10.1.1 店堂推销的特点

在传统的店堂推销中，营业员接触的大多是主动上门寻购的顾客，这些顾客主要是为现在或未来的采购寻求目标。只要营业员接近顾客的方式和时机恰当，准确掌握顾客的需求偏好，就往往能得到顾客的主动配合，说服顾客立即采取购买行动。

对营业员而言，顾客是主动上门的，不需要去茫茫人海中寻找，营业员需要做的是让尽量多的上门顾客买走他们需要的商品，即把那些在店堂内驻留时间较长且仔细观察、比较店内商品的人作为重点推销对象。

主动上门的顾客往往带有较为明确的购买意图和目标。有些顾客已对欲购商品的品牌、价格范围、款式、规格都有了具体的了解；有些顾客已具有购买某类商品的计划或打算，正在寻找合适的品牌、价格、款式、规格和优质的服务；有些顾客已有了某种需要，正为采购行为进行广泛的调查比较，以便作出购买决策。总之，主动上门的往往是有需求或购买愿望的顾客。因此，营业员要善于接近顾客，诱导顾客表达其需求，向顾客推荐能满足其需求的商品，说服顾客购买本店售卖的商品。不过，对那些本店堂的商品确实不能满足其需求的顾客，也不可强求，应及时友好地放弃推销。

店堂推销主要是服务过程，面对主动上门的、具有较明确需求的顾客，营业员首先要适时、热情、友好地做好接待工作；主动或应顾客要求向顾客递送、展示商品；简洁、明了地向顾客介绍商品的性能、质量、使用和维护方法等知识；为顾客妥善包扎商品，引导顾客付款。

【微型案例10-1】
专卖店店员对产品要在行
有一天，一位顾客在网上商店看中一款新出的某品牌手机，并在网上搜索了关于这款手机的各种信息，但他还想更详细地了解这款手机的功能，就来到当地该品牌的一家手机专卖店，让柜台营业员把这款手机操作给他看看。当问到要用某个功能怎么操作时，这名柜台营业员却回答说她也不会用。该顾客十分不满地说："你卖商品，自己都弄不明白，别人敢买吗？"

10.1.2 店堂推销的基本方式

店堂推销随售卖方式的不同，有不同的特点。

1）柜台售货

柜台售货是指将商品陈列于货柜、货架上，柜台将商品、营业员与顾客分开，顾客在选购商品时，必须由营业员传递的售卖方式。由于顾客与营业员分别处于相对独立的空间中，因此这种方式充分体现了店堂推销的服务性。营业员的推销更多地表现为按顾客要求进行商品递送，回答顾客提问，往往在顾客提出展示商品或其他服务要求后，营业员才开展有效的推销活动。因此，在柜台售货方式下，营业员切忌倚柜而立，要充分树立友好形象，让顾客轻松自然地提出他们的要求，营业员从中发现推销机会，并抓住这些机会。在柜台售货方式下，只要顾客提出服务要求，就表示了明确的购买信号，只要营业员正确地抓住顾客需求的实质，积极地推荐，说服诱导，推销的成功率是很高的。

【微型案例10-2】
说话一定要顾及顾客的心理反应

一位穿着时尚的年轻女士来到某服装店，仔细打量挂在衣架上的某一知名品牌的羊毛衫。随后，她从衣架上取下一款黄蓝相间、图案别致的羊毛衫，认真端详了一会儿后，对营业员小王说："请问这件羊毛衫多少钱？""898元。"小王回答说。"好，我要了，就买这件吧！"那年轻女士把羊毛衫放到柜台上，边掏钱包边对小王说。在为这位女士包装衣服时，小王习惯性地恭维了一句："姑娘真有眼力，很多人都喜欢这款羊毛衫。"那位年轻女士听了这句话，沉吟片刻，笑着对小王说："对不起，我不要了。"小王傻眼了，她没想到一句恭维话反而使顾客终止了购买。

思考题：为什么店员小王一句恭维话，反而使顾客终止了购买？如果你是店员小王应该如何补救？

2）开架与自选售货

开架与自选售货是指将商品陈列于货架和货柜上，顾客可自由、直接地选购商品的售卖方式。在开架与自选售货方式下，顾客挑选的商品一般不需要经营业员传递，营业员一般负责上货、整理并照看商品，解答顾客提问。但是，营业员主动的、恰到好处的推销往往能提高成交率。在开架与自选售货方式下，顾客与营业员处于一个没有分隔开的同一空间中，营业员不恰当的站位和体态将会对顾客造成一种无形的压力，使顾客不能自由、放松地选购商品，所以营业员要站在既便于照看商品和顾客，又不至于影响顾客选购商品的地方，切忌高度警惕地站立于店堂过道中间或门口，或者紧紧盯着顾客。总之，营业员观察顾客动向一定要巧妙，使顾客不易觉察。当发现顾客千挑万选而不能决定时，或发现顾客观察了解商品不得要领时，或发现顾客长时间欣赏某种商品时，或发现顾客正在议论某种商品时，营业员就要伺机主动出击，仔细了解顾客需求，推荐、劝导、说服顾客下决心购买能满足其需要的产品，这往往能提高成交率，并获得顾客的好感。也就是说，在开架与自选售货方式下，营业员要做到当顾客不需要帮助时，就不为顾客所注意，更不要影响顾客的自由选购；而当顾客需要营业员的帮助时，无论顾客是否提出服务要求，营业员都应及时出现，帮助顾客解决选购难题。

3）展销售货

展销售货是指将产品集中展览售卖的方式。展销售货一般在特定时间、场地展览售卖特定种类、品牌、系列的商品。展销售货往往使用专门的商品陈列用具，辅以一定的宣传手段，对展销的商品往往要进行不停的演示，营业人员也要接受专门的培训。

【观念应用10-1】

万人排队的超级IP"文和友"诞生的底层逻辑会是什么？

2010年起步于湖南长沙的街边小摊，11年后成为超级IP。目前有长沙、深圳、广州三店，均以高达数万的排队人数著称，这就是"文和友"。它以文化记忆主题为切入点，用旧时的商业街景的集锦勾起人们的时代记忆，把商业空间文旅化为其新商业模式的创新点，把"文和友"打造成了备受年轻人喜爱的沉浸式"魔幻市井"。

为什么"文和友"会如此成功？它是一个餐饮品牌，还是一个文化现象？它的成功是否会持续、是否能复制？

从本质，到商业策略，再到组织进化，深挖下去，我们会发现"文和友"是那么不同："它像一个城市盲盒，把一座城市的高光时刻用年轻人听得懂的方式说出来，或者把你带过去。"但它又并非迪士尼、好莱坞那样的凭空捏造的乌托邦。"文和友"到底是什么？

面对这个提问，"文和友"的CEO抛出了两个反问："你去过博物馆吗？你听摇滚吗？"

资料来源 李想. 万人排队的超级IP"文和友"诞生的底层逻辑会是什么？[EB/OL]. （2022-01-30）[2023-11-15]. https：//baijiahao.baidu.com/s? id=1723332026008869258&wfr=spider&for=pc.

10.2 店堂推销的步骤

为了成功地接待顾客，有效地帮助顾客购物，营业员在正式接待顾客之前，需要首先了解顾客的购买心理过程。

10.2.1 顾客的购买心理过程

顾客走进商店，从接触商品到购买商品，按其心理活动过程来分，一般要经过下面7个阶段，我们称之为顾客的购买心理过程。

（1）引起注意。顾客对某种商品的注意，表现为在柜台前驻足，注视商品，用手去触摸等。这种关注的根源是这种商品的使用价值能够为顾客自身提供某种生活或工作上的方便，或者是能满足其某种需求，也可能是商品包装精美、独特等。

（2）激发兴趣。由于对商品的关心、注意，顾客产生仔细"看一看，摸一摸"的行为，即顾客对某种商品由引起注意进而变为欣赏的一种念头，激发了顾客的兴趣，顾客想要了解该商品。

【微型案例 10-3】

小张的推销为什么会成功?

有一天，某百货商店箱包柜台进来一位年轻顾客买箱子，顾客一会儿看牛皮箱，一会儿又挑人造革箱，挑来挑去拿不定主意。这时，营业员小张上前招呼，了解到该顾客是为了出国挑选箱包，便马上把一款规格合适的牛津滑轮箱介绍给顾客，并说明了乘飞机带箱的规定：乘坐国际航班，每件行李体积不超过20cm×40cm×55cm（三边之和不超过115cm）；接着介绍了牛津箱体轻、有滑轮、携带方便，价格比牛皮箱便宜等优点。这年轻人听了，觉得小张讲得头头是道、合情合理，而且丝丝入扣、正中下怀，于是就高高兴兴地选购了牛津滑轮箱。

资料来源　朱亚萍. 推销实务［M］. 2版. 北京：中国财政经济出版社，2006：18.

（3）展开联想。顾客对某种商品产生兴趣之后，或者就在产生兴趣的同时，还会展开一些联想。例如，这件衣服，我穿上一定很漂亮，而且能够表现独特的个性；购买这种商品能为我的生活和工作提供多少方便，对我的日常生活产生一些什么影响等。

（4）产生购买欲望。如果联想合乎自己的心意，营业员对该商品的介绍又使顾客感到满意，顾客就会产生购买该商品的欲望。

（5）比较选择。当顾客对这种商品产生购买欲望后，会从直观感觉和联想中回到现实中来，会理智地从心理上、经验上对这种商品进行权衡比较。比较的方面包括商品的质量、价格、款式、花色以及自身的支付能力，同时还会与其他商店的同种商品进行比较。

（6）决定购买。顾客经过情感上的联想、理智上的比较和权衡，确认这种商品的使用价值能够为自己提供某种方便和满足自身的需求，确定这种购买行为能够产生良好的效果后，就会由此产生一种决断心理，决定购买这种商品。

（7）付款购货。经过以上6个阶段之后，尤其是比较选择和决定购买之后，顾客的购买行为就会成为现实。通过付款取货，交易宣告成功，顾客的购买心理得到满足，整个购货过程就告一段落。

顾客的购买心理过程，有时表现得比较明显，但也可能某几个阶段融合到一起，瞬间即逝。营业员要善于观察、分析，抓住有利时机，及时地接待顾客。

10.2.2　店堂推销的一般步骤

1）察言观色，寻找时机

在零售商店，顾客往来的频率高、数量大，需求复杂多样。来到店堂的顾客，一部分是为了某种明确的需求而来，也有一部分没有明确的购买意向，但后者也可能受到感情因素影响而产生某种购买心理或购买行为。因为购买目的不同，需求各异，顾客在店堂所表现出的表情、行为、言语和心态也会有某种差别。因此，店堂推销人员，首先应该对顾客的具体心态、表情和言行进行分析判断，从而确定谁是真正的顾客。

已被唤起购买欲望的顾客与没有购买目的闲逛的顾客是不同的，前者会发出多种多样的信号。第一个可识别的信号是，多余的活动或与买卖不相关的动作暂时消失。例如，顾客突然中止行进，站在某商品柜台前欣赏良久。第二个信号是，呼吸发生某种变化，同时出现各种与之相应的体态。例如，熙熙攘攘的顾客群中，被唤起注意的顾客常会面对营业员，上身前倾，目不转睛，侧耳倾听，每分钟呼吸的次数减少，而且变得较为轻微，有时，还会出现"屏住气"的现象。出现上述征兆，说明顾客已对某种商品产生了兴趣，营业员可通过观察发现准顾客，并在适当时机采用适当方式与顾客接触。

如店堂的商品不能唤起顾客的兴趣，或者不能满足顾客的要求，那么顾客往往只会在商店漫无目的地闲逛，即使偶尔有某种欲购买的举动，至多也只是打听行情，凑凑热闹，不会产生真正的购买行为。

2）主动接近，热情服务

营业员经过判别，确定了真正具有购买动机的顾客后，就可以抓住时机主动接近顾客，热情地为顾客服务。

（1）当顾客注视某一商品或商品标签时，营业员应主动接近顾客；

（2）当顾客较长时间地盯着某一商品观察思考时，营业员应以关心的口吻接近顾客；

（3）当顾客的目光从商品转向营业员时，营业员应精神饱满地、热情地接近，因为这是顾客想征询营业员意见的表现；

（4）当顾客对几种商品进行比较时，营业员应耐心、热情、真诚地向顾客介绍产品；

（5）当顾客认真观看商品广告时，或对照记录本观察商品时，营业员应当以关心和询问的方式接近顾客；

（6）当顾客在柜台前搜寻时，营业员要尽早地接近顾客，真诚主动地为顾客服务；

（7）当顾客突然在柜台前停住脚步时，营业员应主动热情地接近顾客。

对于有上述表现的顾客，营业员可通过商品展示与报价、质量说明、功能介绍、询问顾客等服务措施和途径，帮助顾客了解商品的使用价值和效用，同时更加准确地搞清楚顾客的购买动机。

不少顾客到店堂购买东西，面对琳琅满目的商品，也说不出买什么样的才好，他们寄希望于营业员的帮助，有经验的营业员往往不急于帮助顾客选购商品，而是首先揭示顾客真正的购买目的或购买动机，随后一举解决其问题。

3）展示商品，激发欲望

营业员通过观察和与顾客初步接触，了解到顾客已对某商品产生注意和兴趣后，就应针对顾客的需求，为他们提供合适的商品，即通过展示商品进一步激发顾客的购买欲望。营业员向顾客展示和介绍的商品，可能是一种，也可能是多种。展示商品时，营业员要一边望着顾客的脸，一边拿着商品演示给顾客看，并且要面带笑容地向顾客介绍商品的性能、特点、价格和使用方法等。如果顾客对所看到的商品不满意，营业员就要迅速地推荐别的商品让顾客挑选，并做比较分析，以激发顾客的购买欲望。

4）客观评判，促成购买

营业员除了对商品的质量、性能、特点、价格、操作程序和使用方法做介绍说明外，还可客观地介绍同类商品的情况，作出客观公正的评判。对于顾客提出的问题，营业员应以诚恳、实事求是的态度回答，通过详细的介绍、透彻的说明、客观公正的评判来激发顾客的购买欲望。

当顾客对价格便宜的商品的质量不放心时，营业员要介绍该商品的担保措施，增强顾客的购买信心；当顾客反映商品价格高时，营业员不能简单地说"不贵"，而要突出介绍商品的功能、质量和性能方面的优点，使顾客确信价格虽然高一点，但物有所值；当顾客沉默考虑时，营业员不要妨碍顾客思索，可预计一下顾客在想什么，在顾客提出问题后有针对性地作出解释和回答。总之，营业员要通过宣传介绍，使顾客意识到他所需要的商品如今已找到，是当机立断马上购买的时候了；同时，营业员还要使顾客感觉到，购买这种商品后，自己不仅满足了需要，还从中得到了享受和乐趣。营业员通过客观评判，还要让顾客认识到购买这种商品的决策是合理的、正确的，不论是商品的性能、质量，还是价格、服务，都会达到预期的效果。

顾客听取营业员的介绍说明和公正评判后，加上自己的比较选择，就会产生购买欲望和行为。一旦顾客作出购买决定，营业员就要抓住时机，马上报价收款。在收取货款时，一定要更加仔细地看一下商品标签，把价格大声报出。收取现金时，必须当面点清，"唱收唱付"。

5）包扎商品，礼貌送客

营业员收取货款后，就要为顾客包扎商品。包扎前，还要仔细核实商品的规格、品牌和数量，看有无差错，有无破损。包扎时，营业员可以根据顾客的要求，进行不同的包扎，但总的原则是包扎牢固、外形美观、携带方便。

营业员包扎好商品后，应用双手将商品递交给顾客。如果顾客购买的商品较多，营业员应把它们捆扎在一起，递交给顾客，便于顾客携带。当顾客买到称心如意的商品，准备离开时，营业员不应忘记接待顾客的最后一个环节——有礼貌地与顾客告别，说一句"谢谢您，欢迎以后再来"。

还会有一些顾客经过询问、比较，最后还是没有作出购买商品的决定，营业员绝不可因此而改变态度或发出"最后通牒"，而应进一步了解顾客的要求、困难和反应，并同样礼貌地送客，开创新的销售机会。

【推销宝库10-1】

零售店注重无形服务的同时要追求有形价值

零售业经营者可选择与众不同的建筑装潢来设计零售门店，诸如家居风格、别墅风格或者怀旧风格等，在建筑装潢设计中突出和商品协调一致的特殊元素，让顾客能够第一时间就产生强烈印象；同样，经营者还可以使用高档纸张来制作宣传单页，让员工穿上漂亮的制服，或者在店内使用有特色的照明设备等。注意提高这些元素的价值，能够满足顾客对整个零售环境的极致追求，使顾客拥有感官、情感、思考和行为等方面的美好购物体验。

资料来源　张鹏，峥嵘. 从1.0到4.0：移动互联网时代的零售就该这样做［M］. 北京：人民邮电出版社，2016：71.

10.3 店堂推销应注意的问题

10.3.1　判断顾客的类型

一般可把顾客分为3种类型：已决定要购买某种商品的顾客；有较为明确的需求但尚未决定买何种商品的顾客；随意浏览的顾客。营业员要提高推销效率首先就要正确判断和接待不同类型的顾客。

1）已决定要购买某种商品的顾客

这种顾客清楚地知道自己要买什么产品，或者因为亲朋好友曾向他推荐了这种产品，或者因为在决定购买以前曾多次寻购，对该种商品的性能、质量、价格等已经心中有数。因此，这种顾客购物时大多会痛快地作出决定。

营业员可以根据走路的姿态、面部表情、眼神、说话的方式和声音来识别此类顾客。这类顾客往往会目不斜视地快步直奔该产品的销售区域，看到该产品后会仔细审视，会以准确肯定的语气询问或要求营业员递上该产品，或毫不犹豫地从陈列架上取下该产品认真观察。

接待这类顾客时，营业员通常不需要对此种产品做全面的介绍，除非顾客自己提出要求；对顾客有关产品质量、性能、产地方面的提问，营业员只需要准确而简要地回答即可；营业员一定要仔细倾听这类顾客的话语，以便对他的要求作出准确及时的回应，同时不要忘记向这类顾客"顺带"推荐配套使用的相关产品；营业员可以直接接近这类顾客。

如果顾客不是直接求购，营业员可通过适当的交谈来了解他的真实想法。例如，问他以前是否使用过类似产品，亲朋好友是否向他推荐过这种产品，他最关心的是欲购产品的哪些方面等。

【微型案例10-4】
服装店如何挖掘顾客的需求
在一个阳光明媚的午后，一位顾客带着朋友走进来，导购马上迎了上去。

导购："两位美女，你们好，欢迎光临××服装店，看你们穿着都很有品位，一看就知道你们对于服装搭配还是很懂的。"（赞美顾客）

顾客笑道："嗯，谢谢。"

导购："你们随便看看，我想都不用我推荐，以你们的搭配功底和眼光一定能在本店挑出满意的衣服。"（肯定顾客）

顾客在导购的心理暗示下，开始挑选衣服。

此时，导购开始与顾客的朋友聊天。（不用特地跟着买衣服的人，有时候她的朋友也是你的潜在顾客，也要花心思维护好）

导购："小姐姐你还蛮好的啊！陪朋友一起过来逛街。说实话，逛街还挺消耗体力的。"（拉近与顾客朋友的距离）

顾客朋友："还好啦，她上星期也陪我去买衣服啦。我们关系蛮好的，累是累了点儿，但她值得我这样做。"

导购："真美慕你们这种关系啊，希望你们越来越好啦。"

顾客朋友："哈哈哈，谢谢你哈。"此时，那位女顾客挑选好了一条裙子。

导购："美女，这件裙子很搭您的气质啊，我就说您的眼光很不错吧，可以先去试一下，上身会更显效果哟。"

顾客试衣出来。（在这里，先不着急去赞美与点评，因为前面的赞美够多了。如果在这个时候赞美可能会起到反效果，别忘了她还有位朋友）

导购："看上去挺搭您的气质，可以让您的朋友也帮你看看，合不合适。"（在这个时候，可以拉上她的朋友，但要记住这是个假象，这是为了后面做铺垫）

顾客朋友："看上去还不错。"

导购："我冒昧问一下，您买这套衣服想在哪个场合穿呢？"（此时是深入了解顾客需求的最佳时机，只有了解顾客需求，才能为下一步推荐服装做准备）

顾客："就平时穿的，没有什么特定的场合。"

导购："如果是平时穿的话，那这个款式还蛮适合你的，简约而不失时尚感。天气冷的时候，随便搭一件西装外套或者一件长款大衣。穿一双靴子都会显得特别地融合，凸显时尚'潮'范儿，而且又能拉长您的身高比例。刚好我说的这些商品，我店里也都有，您可以顺便看一下，喜不喜欢。"（突出衣服价值，引导如何穿搭，又能体现专业性，顺带推销其他衣服）

顾客："听你说的还蛮专业的，你刚才说的商品在哪儿呢？我看看。"

顾客再一次从试衣间出来。

导购："嗯，效果不错，一下子把腿都拉长了！镜子在这儿，您来照一下。"顺便帮她整理了一下衣服。（导购服务得贴心到位）

顾客朋友："哎呀呀，你咋一下子比我都高了！这穿搭有点专业，我感觉还不错。"

此时，引导成交。（特色服务，留下客户数据，为成交做准备）

顾客："老板，我这身多少钱？"

导购："裙子99，大衣199，靴子99。平时这身儿都得397。这样子吧，咱们也是第一次合作，跟你们聊得也挺投缘的，当交个朋友好了，给你打个八五折，给我337就可以了。你是要微信支付呢，还是支付宝呢？"（暗示下单方式，不给客户犹豫的机会）

客户留下了联系方式，办了VIP卡，成交！

此时结束销售了吗？没有！

导购："两位美女，我们店里这段时间推出了一个好闺蜜活动，是免费赠送给陪朋友逛街买衣服的闺蜜，来，这个礼物送给你的朋友，另外一个送给你。"（把她的陪伴者当成潜在顾客进行一次人文关怀）

导购："我们每一套服装都是经过精心挑选的，品质做工都不错的。而且我们有搭配师搭配，每一套都能体现客户独特气质，我们的宗旨就是闪亮客户的气质。欢迎下次光临哈。"（亮出独特卖点与价值）

两位美女听完满意地微笑，提着衣服有说有笑，开心地走了。

资料来源 佚名. 服装店如何挖掘顾客的需求？这个销售案例告诉你［EB/OL］.（2021-12-11）［2023-11-15］. https://baijiahao.baidu.com/s? id=1718841945140916635&wfr=spider&for=pc.

思考题：我们从这家服装店导购的言行举止学到了什么？

2）有较为明确的需求但尚未决定买何种商品的顾客

有些顾客打算购买某些产品，但尚未决定购买何种品牌、规格、样式。例如，一位想买彩电的顾客和另一位想买电脑的顾客，他们上门的目的在于寻找合适的品牌、价格、款式、规格。这类顾客进门后也会直奔相关的商品区域，对与自己需要相符的产品逐一观察，并对这些产品进行仔细的审查比较。这类顾客是最需要营业员发挥推销技能、说服他们购买的对象。可以说，营业员销售绩效的优劣基本上取决于对此类顾客的说服能力的高低。

接待这类顾客时，营业员要根据顾客的支付能力、使用产品的条件、职业、家庭状况等介绍并推荐合适的产品。例如，向那位要购买彩电的顾客介绍并推荐一种规格、质量和价格均符合他的家庭收入状况和住房面积的彩电；向那位要买电脑的顾客详细介绍并推荐一种适合其使用要求和支付能力的品牌和型号等。对待这类顾客，营业员要努力帮助他们逐步缩小选择范围，鼓励他们即时作出购买决定，并推荐相关的配套产品。切忌把整个推销过程仅仅局限在介绍产品而不是努力促成顾客采取购买行动上，切忌接二连三地向顾客推荐过多产品。营业员如果犯了这类错误，要么错失成交良机，要么让顾客面对众多商品无所适从，最终导致生意落空。

3）随意浏览的顾客

随意浏览的顾客没有明确的要求，更没有购买某种商品的打算，只是随便看看，了解了解行情，看看有何新产品问世，甚至只是想感受一下店堂里人来人往的商业氛围。但是，这些顾客也可能在浏览的过程中产生购买欲望，从而产生交易的可能性，所以营业员对这类顾客也不可小视，仍要妥善接待，至少使顾客对营业员的服务、对本店及本柜台销售的产品留下一个深刻而美好的印象。这样，当该顾客决定购买某种产品时，他会把本店、本柜台作为首选的购物去处。

这类顾客进店后，其眼神及走路的姿态有别于前两类顾客，他们显得漫无目的，步履悠悠，不紧不慢，随意驻足，也随意走动。

对这类顾客，营业员在热情接待的同时，千万不能对他们施加压力，要让他们尽情地、随心所欲地浏览，只有在他们驻足于某一商品前仔细观赏时，才宜于接近。

【思考与研讨10-1】

　　英国的"一镑店"是英国最大的廉价商品连锁店，非常引人注目。店内陈列着琳琅满目的日用小商品，从廉价的帽子、袜子到纽扣等，凡是大百货店不经销而居民又十分需要的小商品应有尽有。这些小商品一律售价一英镑。这种商店门庭若市，生意十分好。你认为这类商店主要是吸引（　　　　）。

A.理智型顾客　　　　B.经济型顾客　　　　C.冲动型顾客　　　　D.从众型顾客

【答案】B

10.3.2　有效利用营业时间

　　店堂的营业时间是有限的，单个营业员当班的时间也是有限的，交易的高峰时间也是有限的。为了提高销售绩效，每个营业员都必须有效地利用营业时间。

　　首先，营业员要不断认识和总结不同顾客的购买特点和需求偏好，提高针对不同顾客的说服力，从而缩短每一次交易的时间。

　　其次，营业员要掌握同时接待多位顾客的能力和技巧，以便有效地应对客流高峰期。在每一个营业日，客流高峰期是十分短暂的。事实上，一般而言，一天的大部分营业额都是在客流高峰期完成的。因此，营业员掌握同时接待多位顾客的能力和技巧既有利于在短暂的客流高峰期满足较多顾客的要求，更有利于造成一种踊跃购买的势头，从而刺激更多顾客采取购买行动。

　　最后，在非客流高峰期，营业员应创造条件（当然企业也要提供相应的条件）向那些老顾客、有潜在需求的顾客介绍新到的产品，向他们致以真诚的问候，甚至与他们交朋友，建立长期联系。事实证明，如果营业员善于利用各种方法，例如在非客流高峰期通过电话和其他方式向潜在顾客报告新的商品信息、联络感情，其销售业绩一定会大大提高。

10.3.3　有效利用新媒体

　　移动互联网的出现改变了推销环境。新媒体，新推销，新零售。店堂推销不只是线下的"狂欢"，还有线上的互动。对大多数零售店而言，今后要创造一种新的产品和服务销售方式，把原来离线的客户在线化、智能化和网络化，实现在线广告、在线零售和在线社交，与客户进行持续的互动，这样才能实时记录客户的反馈信息，也才能优化算法、优化服务，保持良好的客户关系。众所周知，互联网推销的意义在于，在维系老客户的同时增加新客户，而实现这一意义最好的手段就是新媒体，因此，店堂售货员，除了了解和掌握传统的推销理念、方法和技巧以外，还要了解和掌握移动互联网时代的店堂推销理念和方法。例如，微淘能基于客户的收货地址和地理位置信息为线下商店带来更多的线上客户。在"双十一"期间，客户在线下扫描二维码就可进行线上折扣支付。因此，店堂销售员在客户来访时，可以让客户扫描并关注品牌的官方微淘号，借助淘宝消费大数据分析店堂客源的消费行为，做好二次精准推销服务，提高复购率，同时还可以在线上的店铺进行精准的推销，形成线上线下无缝对接。

可以说，现在的移动互联网"无二维码不欢"，二维码已经成为一种必不可少的工具。二维码既是一种便捷的支付手段，又是一把"数据钥匙"，推销人员和顾客都可通过二维码获得大量的数据信息，以便作出明智的决策。

【观念应用10-2】
改变传统的经营思路，实体店才有出路

孩子王儿童用品有限公司近年来取得零售业绩的迅猛突破，从2009年成立以来，该企业以妈妈们的需求为导向，顺应互联网潮流的发展，建立了连锁门店、直购和电子商务三大渠道，其门店在全国已达到110家，覆盖了全国将近一半的省份。

为了让企业获得更大的销售渠道空间，孩子王App提供社区模块，供客户们在线上交流育婴心得、父母经验，并且还利用自身所拥有的强大团队，向父母们提供专门知识解答。而社区中另一个重要栏目"亲子大巴"则对应线下门店，能够直接进行"新妈妈学员""生日会""幼儿学堂""爬爬比赛"等会员互动活动报名。

资料来源　张鹏，峥嵘. 从1.0到4.0：移动互联网时代的零售就该这样做［M］. 北京：人民邮电出版社，2016：251.

思考题：从孩子王儿童用品有限公司销售成功的做法，我们学习到什么？

本章小结

在线下零售店时代，店铺的位置就是一切；在线上零售店时代，顾客的位置就是一切。现在尽管零售业态千变万化，但其本质没变，那就是满足顾客购物、社交和娱乐三方面的体验需求，为顾客提供具有良好价值与体验的产品。顾客选择到哪儿购物，取决于零售商提供给他们的购物、娱乐和社交三方面的体验组合如何，而对这种体验组合的感受受顾客自身所处环境的影响。因此，无论是线上零售商，还是线下零售商，他们都必须关注顾客的个体差异。遵照这个原则，即使在移动互联网普及的新零售时代，店堂也不会消失，店堂推销也不会消失。

以店堂推销的形式接待顾客，是传统推销的重要途径之一，店堂推销与其他途径相比有其自身的特点。它要求推销人员在接待顾客时，要认真研究顾客的购买心理，掌握基本的店堂推销方式，根据不同顾客的特点采用不同的接待方法，遵循一定的店堂推销步骤，接待好顾客，促使商品成交。

传统店堂推销的主要特点是顾客主动上门，并且往往带有较为明确的购买目标。店堂推销的售卖方式有柜台售货、开架与自选售货、展销售货等。推销人员在接待顾客时，要善于察言观色，寻觅时机；主动接近，热情服务；展示商品，激发欲望；客观评判，促成购买。在店堂推销中，推销人员要注意判断顾客的类型，有效地利用营业时间和移动互联网时代的新媒体，取得更好的推销绩效。

总之，传统零售业在科技和市场的巨变和冲击下，亟需转型和升级。而消费者消

费方式和消费习惯的变化，也促使店堂调整商业模式和服务方式。店堂推销人员只有顺应移动互联网时代零售业的变化趋势，深入思考与选择，自觉学习、了解和应用移动互联网的新思维、新理念和新技术，在"干中学、学中干"，才能使自己的推销技术得到提高，创造最大的顾客价值。

主要概念和观念

□ 主要概念

　　店堂推销　柜台售货　开架与自选售货　展销售货

□ 主要观念

　　店堂推销的特点。

　　店堂推销的基本方式。

　　店堂推销的具体步骤。

基本训练

□ 知识题

　　10.1　阅读理解

客户的口碑是零售的生命线

　　在甘肃天水，当地最重要的建材卖场是麦积区桥南建材城。在卖场内，陶瓷精品馆总共有26家，卖场更是将准入门槛设置得很高，提出了严格的规定：每家最多只能经营两个品牌，而且必须是具有一定知名度的品牌，产品质量也必须过硬。

　　在这个高端品牌云集的建材卖场之中，有一家名为裕景陶瓷专卖店的零售门店，其销售额始终保持在前三名的位置，在业绩最好时，每天的零售额能够达到10万元以上。

　　这家门店的万老板介绍说，裕景陶瓷专卖店的业绩之所以如此优秀，完全靠多年积累的口碑。好的产品品质是良好口碑的一部分，同时，周到的售后服务也让客户感觉放心。多年来，这家门店没有收到一起恶意投诉，即使在销售过程中出现了一点小问题，门店的工作人员也都及时帮助客户解决。

　　资料来源　张鹏，峥嵘. 从1.0到4.0：移动互联网时代的零售就该这样做［M］. 北京：人民邮电出版社，2016：50-51.

　　10.2　知识应用

　　1）店堂推销的含义是什么？

　　2）面对主动上门、具有较明确需求的顾客，营业员应如何接待？

　　3）对于开架与自选售货方式下的顾客，营业员应如何应对？

　　4）当顾客对价格便宜的商品的质量不放心时，营业员需要重点介绍该商品的（　　　　）。

　　A.质量　　　　　　　　　B.价格　　　　　　　　　C.式样

　　D.包装　　　　　　　　　E.性能

5）大多数顾客只能根据个人好恶和（　　）作出购买决策。

A.智慧　　　　　　B.经验　　　　　　C.感觉　　　　　　D.能力

6）在店堂推销过程中，顾客买的就是态度。对上门的顾客，推销员通常应表现出（　　）态度或行为较为有效。

A.热情　　　　　　B.高效　　　　　　C.耐心　　　　　　D.真诚

7）店堂推销是指将商品陈列于货柜、货架上，当顾客选购商品时，必须由营业员传递的售卖方式。这种表述是否正确？

8）一般把进入商场的顾客分为三种类型：已决定要购买某种商品的顾客；有较为明确的需求但尚未决定购买何种商品的顾客；随意浏览的顾客。这种表述是否正确？

9）店堂推销主要是引导顾客购买的过程。这种表述是否正确？

10）百货店和专卖店的销售技巧都是一样的。这种表述是否正确？

11）新零售就是单一的线上销售。这种表述是否正确？

12）线上的零售店时代，顾客的位置就是一切。这种表述是否正确？

□ 技能题

10.1　规则复习

1）面对主动上门的顾客，营业员主要是做好服务工作。

2）店堂推销的步骤：察言观色，寻觅时机→主动接近，热情服务→展示商品，激发欲望→客观评判，促成购买→包扎商品，礼貌送客。

3）推断顾客类型：已决定要购买某种商品的顾客、有较为明确的需求但尚未决定购买何种商品的顾客、随意浏览的顾客。

10.2　操作练习

1）实务题

选择你所在城市的任意一家超市或购物中心，在商场入口、货架、收银台及商场出口处仔细观察顾客和营业员的言行，撰写一份3 000字左右的顾客心理与店堂销售的调研报告，并制作成PPT在课堂上分享、交流。

2）综合题

你如何推断前来商场的购买者属于哪种类型？

□ 能力题

10.1　案例分析

购买汽车

一个星期天，一对夫妻带着他们的孩子走进广州一家4S店，销售员小张热情地上前打招呼，并与这对夫妻分别握手，诚恳地问："有什么需要帮助的吗？"这对夫妻说他们来看看某品牌的新车。小张就耐心友好地询问："谁开车？喜欢什么颜色的？什么款式的？"在倾听了他们的要求后，小张向他们推荐了该品牌的一款新车。看到他们的小孩在那儿好奇地东张西望，小张就邀请孩子进到车里，坐到驾驶座位感受一下。那个看起来只有七八岁的孩子高兴地坐到驾驶座位上，像个小大人似的这里摸摸，那里看看，还用手在方向盘上比划着，最后，高兴地说："爸爸妈妈，我们就买这辆吧，我看到很多小朋友的爸爸都开这种车送他们上学，你们买这辆送我上学就好啦。"说完，这小孩脸上还带着得意的笑容。

这对夫妻看起来对汽车非常在行，他们在互联网上搜索了关于这款车的各种信息，也曾去过几家汽车经销店对这款车做了充分的了解。听了孩子的话后，他们就向小张询问价格，小张邀请这对夫妻到办公室详谈。最后，这对夫妻决定购买。他们告诉小张，本来打算先看看，比较比较，过一阵儿再买，不过，既然孩子也喜欢，就买了吧。

问题：从小张店堂推销的成功经验我们能得到什么启示？

案例分析提示

10.2 网上调研

在本校的校园网上做一次问卷调查，了解学生对校园便利店的设置有哪些要求和意见。

10.3 单元实践

结合本章所学内容，与身边的几位同学合伙开办一家校园便利店，主要经营书籍、文具等学习用品和日常用品。

第①章

推销管理

学习目标 ◎

知识目标：理解制订推销计划的依据和推销控制的含义，熟悉推销控制的程序、内容和战略控制的重点，了解推销人员甄选、培训、日常管理与激励工作的基本内容。

技能目标：能制订合理的推销计划，并恰当地对推销计划进行分解和修正，掌握实施推销过程控制的具体方法和激励推销人员的方法，知晓推销绩效评估的指标体系。

能力目标：明确推销管理的基本内容，掌握推销管理的方法，能够制订和实施推销计划，有效地控制推销活动，准确客观地评估推销绩效。

引例 @　　　　　销售运营部门应当把市场情报管理好

在某工业设备公司的一次年度计划（business plan，BP）质询的过程中，某产品线销售总监在陈述他的销售策略时说道："我今年的主要策略是锁定我们最大竞争对手Top 30的客户，建立关系，捕捉他们的需求，渗透、进攻，力争实现8 000万元的销售额。"我说："这个思路非常棒！那么请问你现在清楚竞争对手这Top 30家客户的名单了吗？"销售总监回答说："还没有。"我接着问："那么你什么时候能够获得这30家客户的名单呢？是本月底1月31日？还是季度末3月31日？还是上半年末6月30日？还是年底12月31日？"销售总监接着回答："不知道。"

……

点评：

在这个例子中，显然1月1日获悉竞争对手头部30家客户的名单和1月31日、3月31日、6月30日、12月31日才获得这份名单差别甚大。如果是1月1日已拿到名单，那么可以认为有12个月的时间可以组织、开展销售工作，可以认为8 000万元的市场目标有较大的把握可以实现；而如果是6月30日才拿到名单，就只剩下半年时间可以开展工作，那么市场目标实现概率就要打对半折。如果考虑到工业设备销售周期平均在4个月以上，假设获得客户名单的时间晚于8月31日，则可以认为这8 000万元的市场目标完全是"浮云"了……

在这个例子里，如果有专业的销售运营部门能够给销售总监提供关于竞争对手的情报，相信能指导销售总监更靠谱地管理业务，该业务当年也能取得更大的进展。这个例子还印证了市场情报是市场目标的指挥棒，没有充足的市场情报，市场目标很可能是空中楼阁、水月镜花，更不要说基于市场目标进行的人力、财务、激励等各种资源的管理和调配了，整个销售组织必陷于无方向、无组织的无序状态。

本章知识结构图 ⬈

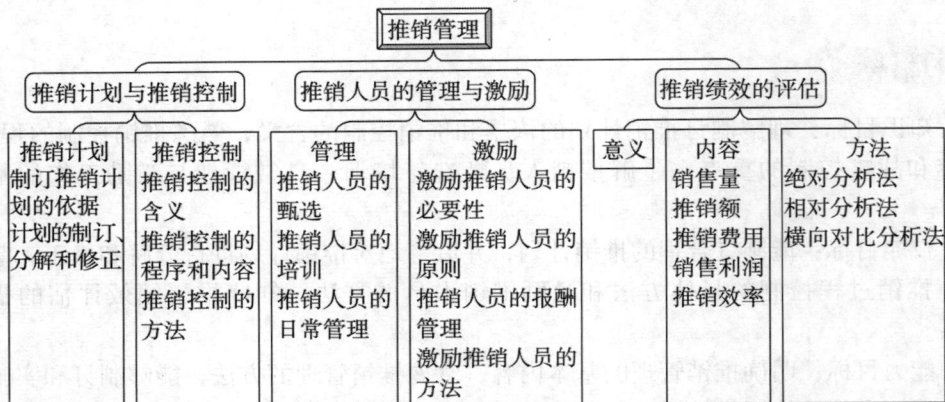

```
                          推销管理
        ┌──────────────────┼──────────────────────┐
   推销计划与推销控制    推销人员的管理与激励        推销绩效的评估
   ┌──────┬──────┐      ┌──────┬──────────┐      ┌────┬──────┬──────────┐
  推销计划  推销控制    管理      激励        意义   内容    方法
  制订推销  推销控制的  推销人员的 激励推销人员的        销售量  绝对分析法
  计划的依据 含义      甄选      必要性              推销额  相对分析法
  计划的制订 推销控制的  推销人员的 激励推销人员的        推销费用 横向对比分析法
  分解和修正 程序和内容  培训      原则                销售利润
            推销控制的  推销人员的 推销人员的报酬        推销效率
            方法      日常管理   管理
                               激励推销人员的
                               方法
```

推销管理是以推销人员为中心的销售组织管理，而整个销售组织存在的主要价值就是要完成企业的销售目标，包括收入、回款、利润、占有率、客户满意度等。无疑，推销管理关系到企业自身的生存和发展。推销管理的范围相当广泛，包括制订与实施推销计划，控制推销活动；招聘、甄选、培训、指导和激励推销人员；评估推销绩效等。

11.1 推销计划与推销控制

推销管理工作要求规划、指导和控制推销活动。推销管理部门的基本任务就是要提出推销目标、制订推销计划，并监督、控制推销计划的实施。

11.1.1 推销计划

推销计划就是推销管理部门根据企业的生产经营实际情况，确定推销目标、销售利润和销售费用以及实现目标的方式和步骤。推销计划是企业生产经营计划的重要组成部分，是指导推销活动的依据，也是推销管理的重要内容。制订推销计划对推销工作具有重要意义，它不仅是企业考核推销人员的依据，也是推销人员取得良好推销业绩的前提和基础。推销计划与企业的各项生产经营计划有着紧密的联系，生产计划中的生产进度、生产数量要根据推销计划中的销售量来确定，财务计划中的利润指标也要与推销计划中的销售量、销售额相协调。

1）制订推销计划的依据

推销管理部门在制订推销计划时，主要的依据有：

（1）宏观经济环境，包括国家经济运行形势、宏观调控政策、物价、利率、经济增长率等因素。

（2）企业的总体规划，包括企业的长远规划、年度计划，以及实施计划的策略、方针和步骤。

（3）本行业基本动态，包括行业内各企业的销售量、市场占有率及各自的营销目标与营销策略，以及竞争对手的实力和新产品开发情况。

（4）企业基本状况，包括企业近年来的销售量、费用水平、利润率变化状况和发展趋势，以及现有人员、机构、设备和资金状况。

（5）企业的营销决策和促销措施，包括广告、宣传、公关、推销、价格、分销渠道等方面的决策及相关的促销措施。

2）计划的制订、分解和修正

（1）在充分调研的基础上制订计划。在制订推销计划之前，要做好市场调查和预测。要使推销计划符合推销工作的实际情况，必须充分掌握企业的营销环境和企业内部资源情况，为编制计划提供基础资料。为了使计划能在相当一段时间内起到指导作用，还必须对市场需求及市场竞争态势作出科学的预测。在充分调研、搜集资料的基础上，确定年度推销计划。

【推销宝库11-1】

制订推销计划的几种方法

（1）根据销售增长率确定

$$销售增长率 = (\frac{计划年度(次年)推销配额}{预计本年推销额} - 1) \times 100\%$$

确定销售增长率时，可参照经济增长率或行业增长率。

（2）根据市场占有率确定

$$市场占有率 = \frac{企业销售收入}{行业销售收入} \times 100\%$$

（3）根据实质增长率确定

$$实质增长率 = \frac{本企业增长率}{行业增长率} \times 100\%$$

（2）、（3）两种方法都可依据全行业销售预测指标来确定。

（4）根据每人平均销售收入确定

可以以企业销售收入总目标为基础计算，也可根据以往趋势预测下年度销售收入增长率并以此为基准计算。

（5）根据每人平均毛利额确定

$$每人平均毛利额 = \frac{销售收入目标值 \times 毛利率}{人数}$$

（6）根据推销人员的申报确定

要求申报时尽量避免过分保守或夸大，并需要检查申报内容是否符合市场发展变化趋势。

（2）确定推销配额。为了避免推销工作陷入漫无目的、缺乏奋斗目标而难以有所作为的境况，也为了避免推销人员之间缺乏沟通，造成个人努力重叠现象的产生，必须设定一个明确的具有科学性和合理性的推销配额，即推销管理部门根据企业销售目标设定年度销售预定额，再按月份、地区、推销人员、推销品等逐步细分，使推销配额成为一个组织化和日常化的控制标准。

【观念应用11-1】

推销配额的作用

推销配额是推销人员在一定时期内应完成的销售任务。配额的主要作用是：

（1）提供了定量的任务标准。量化指标可以为推销人员指明努力方向，并为评价推销人员的工作提供标准。

（2）为推销人员提供激励。如果配额设置合理并具有挑战性，可以产生很大的激励作用，鼓励推销人员为实现目标作出最大的努力。

（3）可以作为发放薪金的标准。有些公司将佣金、津贴或工资与销售配额挂钩，完成配额的情况直接决定推销人员收入的多少。

（4）可以用于推销竞赛。竞赛配额的设置，能为所有推销人员提供取胜的机会。

（5）有利于控制销售费用。设定配额可以实现对销售费用率的控制，从而增加利润。

思考题：推销配额对推销人员的激励作用体现在哪些方面？

（3）确定毛利目标。在确定推销配额的同时必须规定毛利目标。如果没有毛利目标的约束，有可能在年度终结时，推销配额达到了目标，而企业却亏了本。这是由于推销人员在推销配额单一目标的驱使下，往往为了自身经济利益单纯追求个人推销业绩，盲目采取减价、折扣、附加赠品及给予其他优惠条件等手段，或搞强行推销，损害了企业的整体利益和长远利益。为避免这个缺陷，必须同时确定推销配额和毛利目标，对推销人员个人和整个推销工作实行双重约束。

【推销宝库11-2】

销售部门制定目标的SMART原则

销售部门最重要的目标：一是把产品尽可能以较高的价格尽快销售出去；二是把货款尽早收回来。因此，销售部门追求的指标就是：销售额、毛利率、回款率。具体制定目标时应遵循以下原则：

S（specific）——明确性，即具体、清楚地说明想要达到的行为标准，而不能有抽象、模糊的语言和内容。

M（measurable）——可衡量性，即有明确的数量标准作为衡量是否实现目标的依据，不可用模糊词语。

A（achievable）——可实现性，即目标是执行计划的人能够承担和接受的。

R（relevant）——相关性，即目标与执行人的本职工作及其他目标是相关联的。

T（time-bound）——时限性，即实现目标是有时间限制的。

资料来源 威尔纳. 成功销售管理的7大秘诀：销售经理手册［M］. 刘新宇，译. 北京：中国财政经济出版社，2003：39-41.

（4）修正推销计划。企业制订推销计划以后，应督促推销部门及人员组织实施计划，并在计划实施过程中及时进行检查和考核，修正计划中脱离实际的内容，纠正偏离推销目标的问题。

11.1.2 推销控制

在推销计划的执行过程中，市场格局和销售环境的变化是在所难免的，为了确保推销工作高效率地展开，企业及推销部门必须及时对推销活动进行控制。

1）推销控制的含义

所谓推销控制，就是企业将推销机构各部门、各环节的活动约束在企业经营方针及发展目标和计划要求的轨道上，对各推销要素的运动态势及各要素相互间的协调状况进行的监督与考察、审计与评估、操纵与把握等一系列规范化约束行为的总称。推销控制的目的是确保企业营销目标的实现，使推销活动取得最佳效益。推销控制的本质在于对推销活动的操纵与把握，主要是通过对推销活动的每一个行为和事件的测度来检验它是否符合原定的计划、指令和原则。如果发生偏差，应立即采取调整、修正措施，以保证沿着合理的路径实现推销计划所预定的目标。

2）推销控制的程序和内容

推销控制要按照一定的程序完成相应的工作。一般来说，推销控制的程序及工作内容如下：

（1）确定评价对象。推销控制的系统应包括推销成本、推销收入和推销利润三个方面，测评的范围应该包括推销人员的工作绩效、新产品开发与推销成绩、广告投资收益率及市场调查的效果等。对市场调研、广告、推销、咨询及相关服务等推销活动均要通过控制标准来评价其效率，对新产品开发、特别促销、试销等专门项目则往往采用临时性的控制措施。

管理者在确定测评范围时，应根据各推销组织及人员的具体情况而定。在确定评价对象时，要考虑必要性和经济性。测评的业务范围越大、频率越高，所需要的费用也就越多。有的组织、个人或推销环节对企业整个推销绩效的影响重大，或容易脱离计划，或情况不稳定，这就需要对有关推销活动做全面测评，以加强控制；反之，则可以只抽查几个主要方面。

（2）确定控制标准。它是指根据已确定将予以测评的推销业务活动来选择具体的衡量标准。科学而合理的衡量标准，是检测、评价工作实绩的客观尺度，也是管理者对具体推销活动实施控制的主要依据。

控制标准有质和量两个方面的规定性。控制标准的质是指标准的特定内涵，即对标准所反映的性质的界定，通常是指一系列具有针对性的可以反映某种行为内在本质的指标规范。例如，推销人员的工作绩效可以用销量增长率、顾客年增加率等来说明；市场调查效果可以用每进行一次用户访问的费用来表示；宣传促销效果可以用潜在顾客中记住广告内容的视听者占全部视听者的百分比来表示等。控制标准的量是指对指标加以量化，即确定各项控制指标的定额。

多数企业在确定控制标准时通常选用综合性的工作绩效标准，一般来说，考虑的因素有：①推销人员所推销产品的具体特征；②推销人员推销区域内的销售潜量；③推销人员推销区域内竞争产品的竞争力；④推销人员所推销产品的广告强度；⑤推销人员的业务熟练程度；⑥推销人员的推销费用等。

（3）检测工作绩效。要采用各种方法检查实际工作，客观地了解和掌握测评对象的实际情况。检查工作可以采取直接观察的方式，也可以根据推销管理信息系统所提供的资料和各种原始记录来进行。例如，通过月度销售量资料检查推销进度，通过推销人员招待费用的报销凭证检查推销人员支用招待费有无违规行为，通过用户购物订单检查实际销售量等。然后，将工作实绩资料与控制标准进行比较，了解预期目标的实现情况。

（4）分析偏差原因，采取改进措施。工作实绩与控制标准如果不相符，就说明企业推销部门及其人员存在问题，企业应当进一步进行绩效分析，找出工作实绩与控制标准出现偏差的原因。如果控制标准脱离了推销实际，就应修正控制标准；如果控制标准是科学合理的，就要从推销活动中找出具体原因，以便采取相应的措施加以调整。

3）推销控制的方法

推销控制是连续不断、周而复始的运动过程。企业在确定了具体的控制对象和合理的控制程序后，还必须根据不同的对象科学地选用控制方法，以保证对推销活动实施有效的控制。推销控制的基本方法有战略控制、过程控制和预算控制等，这些方法从不同的角度实现对企业推销活动的控制。

（1）战略控制。战略控制的目的在于使企业的营销目标及所采用的策略与推销环境相适应，以保证企业推销任务的顺利完成。它是指企业的最高管理层通过多种手段，对企业的推销环境、内部推销系统和各项推销活动定期进行全面而系统的考核。战略控制的重点有三个方面：

①考核推销环境。考核的对象包括：

A.市场状况。企业目前所面对的市场，细分市场状况，市场特性与发展前景。

B.顾客情况。顾客对本企业的认识与看法，顾客作出购买决策的依据与过程，顾客当前需求状况与发展趋势。

C.竞争状况。企业主要竞争对手状况，当前竞争态势与可预见的竞争趋势。

D.宏观环境。可能对本企业产生影响的政治、经济、社会、法律与科技发展因素。

②考核企业内部推销系统。考核的对象有：

A.目标。企业长期、短期营销目标与销售目标是什么，目标是否明确、合理，是否全面反映了企业的竞争能力，是否把握了有利时机。

B.策略。企业借以实现目标的核心策略是什么，其成功率有多大，企业是否能够调配足够的资源完成计划任务，各种要素的配置是否得当。

C.计划。企业是否制订了完善、有效的年度推销计划，是否按期执行控制步骤以确保计划目标的实现，企业的推销情报系统是否能满足各级人员对推销业务进行计划与控制的需要。

D.推销组织及人员。企业中从事推销活动的人员在数量、素质上是否合乎要求，对各级推销人员是否有进一步培养、激励或监督的必要，推销组织结构是否能适应不同产品、不同市场与各类推销活动的需要。

③考核各项推销活动。考核的对象包括：

A.产品。企业的主要产品和一般产品，产品系列中应淘汰或增加哪些产品，从整体上看各项产品的情况是否正常。

B.定价。产品定价是否全面考虑了成本、需求与竞争因素，价格变动可能产生的反响，顾客对产品价格的反应。

C.推销。各推销分部是否按最佳分工方式组建，是否都能实现企业目标；整个推销组织的士气、能力与成果是否相协调；评价劳动成果的目标体系是否合理。

D.广告宣传。是否有完整的计划，所制定的目标是否切合实际，媒体选择是否恰当，费用支出是否合理，效果如何。

（2）过程控制。过程控制的核心在于实行目标管理，即将计划目标细分为若干小目标，分层落实，及时纠正偏差。实施过程控制的具体方法有：

①销售分析。其目的在于衡量与评估实际销售额与计划销售额之间的差距，常用方法有以下两种：

A.销售差距分析。这种方法主要用于判断不同因素对实现销售目标的影响程度。例如，计划三月份以10元的价格销售某种牙膏40 000支，总销售额为400 000元，而到三月底，仅以8元的价格售出30 000支，总销售额为240 000元。造成与计划额相差40%的销售差距即160 000元的原因是销量不足和售价降低，但这两个原因对销售额产生的影响是不同的，可以通过计算予以说明：

售价降低造成的差距=（10-8）×30 000=60 000（元）

60 000÷160 000×100%=37.5%

由于实际价格低于计划价格，销售额比计划数少了37.5%。

销量降低造成的差距=10×（40 000-30 000）=100 000（元）

100 000÷160 000×100%=62.5%

由于实际销售量达不到计划数，销售额比计划数少了62.5%。

这说明销量降低是影响销售计划实现的主要原因，必须进一步找出根源，采取应对措施加以解决。

B.产品或地区销售量分析。这种方法主要用于判断导致销售差距的是哪种产品或哪些地区。例如，某企业在甲、乙、丙三个地区的计划销售量分别为400件、800件与1 000件，但实际销售量却分别为360件、840件和560件，与销售目标相比销售差距分别为-10%、+5%和-44%，据此分析可得出结论：导致销售差距的原因主要是在丙地区的销售业绩不佳。

②市场占有率分析。销售分析不能反映企业在市场竞争中的地位，而通过市场占有率的分析则可以清楚地掌握企业同其竞争者在市场竞争中的相互关系。例如，企业仅仅是销售额增加而市场占有率不变，其原因可能是宏观经济环境改善，并不能说明企业竞争地位提高。企业的销售额下降而市场占有率保持不变，说明整个行业受到了宏观经济环境的不利影响。要进行市场占有率的分析，必须注意定期搜集、整理全行业销售资料。

③销售费用率分析。实施过程控制时，要注意在确保实现销售目标的同时销售费用不能超支。管理人员应注意把各项推销费用控制在计划额度以内，重点考核广告费用与人员推销费用。

（3）预算控制。预算控制是按照事先分配给各项推销活动的费用计划对推销活动实施的控制。管理者可以采用效率测量的方法，分析研究企业推销资源可产生的推销效益；也可以采用制定推销预算的方法，根据企业总预算核算实现销售目标所必须支付的费用水平，用预算防止费用超支，并对推销成效进行测量。

11.2 推销人员的管理与激励

销售管理者应当把企业和团队的利益放在首要位置，做好几个方面的工作：甄选、培训、栽培人才；制定策略，带领团队打硬仗，争取最佳业绩；制定奖惩制度，凝聚人心，保证团队战斗力。

11.2.1 推销人员的管理

推销人员直接面对激烈的市场竞争，肩负着销售企业产品、实现企业产品价值的重任。在各自负责的推销区域内，推销人员既是企业的首席代表，也是与顾客联系的友好使者，这些因素使得他们在企业内外受到普遍的关注，也使得他们的工作更具有重要性和特殊性。而推销工作的性质决定了推销人员通常要独当一面，部门经理乃至高层领导不便对他们做具体指导。企业在放手让推销人员外出开拓市场、为他们的工作提供种种便利条件的同时，更要加强与规范对推销人员的管理。

对推销人员的管理工作主要包括甄选、培训、日常管理。

1）推销人员的甄选

选拔优秀的推销人员对于企业开拓市场、赢得利润至关重要，如果好的推销人才被竞争者挖走，那么企业遭受的是双重的损失。如果选拔失误，那么企业非但不能期望该推销员创造良好的推销业绩，对企业发展作出贡献，还可能要担忧企业的形象和声誉会因此受到损害。企业的推销人员，可以选自企业内部，也可对外公开招聘。从企业内部选拔，由于被选人员已经具备企业产品技术知识，对企业的经营状况、营销目标及策略均有所了解，因而，可以缩短培训时间，减少培训内容，迅速增强销售队伍的力量。

甄选时，招聘部门应撰写明确的职位描述，招聘人员数量、条件，并与人力资源部门合作制定公平的销售薪酬计划。应聘人员先填写应聘表格，包括年龄、性别、受教育程度、健康状况、工作经历、本人特长、联络方式等基本项目，企业可以据此判断应聘人是否符合事先要求的候选人的基本条件，然后进行面试。面试可由企业销售经理、人事负责人和资深推销员主持，主要考查应试者的语言能力、仪表风度、推销态度、临场应变能力、健康状况、知识的深度和广度等。

除此之外，甄选推销人员还可利用心理测验的方法，辅助测试。心理测验的基本类型和内容是：

（1）能力测验。它用于了解一个人全心全意从事一项工作的结果，也称最佳工作表现测验，包括语言的运用归纳能力、理解能力，解决难题的能力等方面的测验，也包括知觉能力、反应灵敏度、稳定性及控制能力等特殊资质方面的测验。

（2）性格测验。它用于了解应试人员在未来的推销工作中将如何做他每天的工作，也称典型工作表现测验，包括对工作条件、待遇、晋升等的看法与意见的态度测验，以及个性测验和兴趣测验。

（3）成就测验。它用于了解一个人对某一项工作或某个问题所掌握知识的多少。因为不同的工作需要不同的知识和技巧，必要时，企业应设计特殊的测验项目。

2）推销人员的培训

对新选拔的推销人员要认真地加以培训，这样才可以让他们担任企业的代表，从事推销工作。即使是对原有的推销人员，企业也应定期组织集训，使他们掌握企业新的营销计划、营销策略和有关新产品的知识。

推销人员培训的目标是：以一定的成本获得最大的销售量；稳定推销队伍，降低推销人员的流动率；建立良好的公共关系，提高公关能力。在这种总目标下，还要根据推销人员的任务或推销工作中出现的问题，确定培训项目，将这种细化了的特定目标作为每一阶段培训的特殊目标。

对推销人员的培训，要根据培训目标、参加培训人员的原有水平和企业的营销策略等拟订培训计划，确定培训的具体内容。培训的内容一般包括：

（1）产品资料。这是推销训练的基础。推销人员必须对本企业的产品有透彻的认识，熟悉产品的特性、功能、使用方法、制造程序、生产成本及利润情况等，只有这样，在推荐、介绍产品时，推销人员才能取得顾客的信任。

（2）企业资料。新进推销人员熟悉企业的发展历史、组织结构、经营方法、财务制度、营销目标和策略，主要产品的销售情况、价格及策略，运输、安装和服务的政策与程序，能尽快地消除陌生感，增强销售信心。

（3）市场资料。它包括消费者地区分布及经济状况，消费者购买动机与购买习惯，影响消费者购买的有关因素，用户喜欢的产品形态，企业在市场竞争中所处的地位等。

（4）竞争资料。它包括竞争对手的推销战略及新产品开发情况，竞争产品的特点、性能、成本、利润、使用方法及与本企业产品的比较分析等。

（5）推销技巧。介绍销售程序和责任，讲授推销实务，进行推销实践训练（示范、演示、观察等），分析和把握顾客心理等。

（6）交易知识。介绍记账、使用支票、提款、汇款、计算利息等一般银行业务知识，以及有关分期付款、寄售等的知识。

对推销人员的培训，其形式可以分为集体培训与个别培训。集体培训的方法有专题演讲与示范教学，按学习纲要进行考试与测评，分组研讨，职位演练，角色模拟训练等；个别培训的方法有在职训练，个别谈话，函授课程，利用各种书面资料和视听辅教器材开展学习等。

3）推销人员的日常管理

为了避免推销人员工作范围的重叠或疏漏，企业必须对推销人员进行科学而周密的分工。如果企业产品差别不大且专业技术性不强，那么对推销人员可采用地区分工法，即按产品推销的区域市场，把推销人员分为若干个小组，每个小组负责向一个区域市场推销企业产品。如果企业产品有显著差异且专业技术性强，那么对推销人员可以采取产品分工法，即根据企业产品的不同类别，将推销人员相应地分成若干个小组，各自完成一类产品的推销任务。除此之外，企业还可按顾客的不同类型或综合上述几种因素对推销人员进行分工。

对推销人员的日常管理可采取的具体措施有：

（1）制定推销手册。具体解释或示范推销产品的方法以指导推销工作。

（2）组织推销会议。定期召开公司、地区、大区及全国性的会议，以加强对推销人员的指导和管理，同时增进推销人员之间的联系和友谊。

（3）编制简报。用定期编制业务简报、内部刊物或不定期发出信函等方式，向推销人员通报情况，并加强与他们的联系。

（4）按规定填写推销报告、推销记录。企业规定推销人员填写推销报告和推销记录，可按日、周、月汇报推销工作情况及市场行情，还可要求推销人员填写顾客登记卡，以便掌握顾客基本情况和推销人员走访结果。

【观念应用11-2】
一字之差，丈量从"销售"到"销冠"的距离

1）看山是山，看水是水

还记得第一次作为销售人员向客户介绍你的产品吗？是否也是不知道是坐还是站？第一句话说什么？客户又究竟想听到什么？在什么时候把产品抛出去？是的，那些年的"销售小白"青涩生疏，目光停留于"业绩、订单和回款"。

2）看山不是山，看水未必是水

若干年后，你终于成为管理者，背负着更多压力与责任。换种视角回看当年，你会清晰地看到每份订单背后的全流程，也开始逐步理解行业，感知客户的诉求，找到价值持续挖潜的宝藏。是的，跳开数据，此时的你正回归自身的成长。

3）看山还是山，看水仍是水

武林高手，大多出招于无形。再次经历数载的沉淀和打磨，你终于可以带领着更强大的"铁军"驰骋某一赛道，褪去了尖锐鲁莽，此时的你也愈加从容谦逊，更宽的视角下，你领悟到了销售的本质，你看向推销过程"漏斗"整体，看到更远的未来。

4）销售含量变低？并非坏事

对中间商销售说难也不难，首先，你一定要了解客户的过去、现在和将来，充分吸收其战略目标、战略路径、战略考量，而后进行战术分解，判断客户最需要的是构建不同的产品线还是补齐销售团队？抑或是优化组织结构？这时，你便可以结合手中的产品和服务"出谋划策"。当某天你开始质疑"我究竟是一个销售还是顾问"，恭喜你成功出师！

5）请你沉浸下去，再迭代上来，逐步建立"个人生态"

回想一下你开源的方式？如果只是依靠平台或团队已有的线索，那么你便很有可能成为"落实文化"的一员，相反，你更需要的是去主动匹配气候土壤温度与湿度，运营独属的圈层，进行核心"粉丝"的裂变，到那时，你便从陪跑者进阶为主导者。

6）你是一个好的团队领导吗？提供：方向+方法+策略

第一，你需要给到团队成员"大致正确"的方向，并非一定正确，最大化激发其自驱力与创造性；第二，方法并非理论，是要经过实践验证且可复制的；第三，事必躬亲，而非单一指挥，要身临一线示范协作，共生共赢。

资料来源　郭曼卿. 一字之差，丈量从"销售"到"销冠"的距离［EB/OL］.（2022-09-22）［2023-11-23］. https：//mp.weixin.qq.com/s/2ClJqVVCxkKjIph464p88w.

思考题：销售主管应从哪些方面做好量化考核与定性考评的平衡？

11.2.2　推销人员的激励

1）激励推销人员的必要性

企业销售目标的实现有赖于推销人员积极努力的工作，如果推销人员的主动性、创造性得到充分的调动，就能创造良好的推销业绩。对于大多数推销人员来说，经常给予他们表彰和激励是非常必要的。从主观上来说，绝大多数人的本性是追求舒适轻松的工作和生活，而回避需要付出艰苦努力的劳动。只有给予物质的或精神的激励，人们才能克服自身的惰性，克服种种困难，满腔热情地投入工作。从客观上来说，推销工作的性质使得推销人员常年奔波在外，脱离企业、同事和家人，极易产生孤独感；推销工作的时间没有规律，会对推销人员的身心健康产生不利影响；推销工作竞争性很强，推销人员常常和竞争对手直接接触，时时感受到竞争的压力；推销人员在工作中被顾客拒绝是常有的事，即使付出艰苦的努力也不一定能得到订单，经常受到挫败会使他们的自信心受到伤害。推销管理部门只有充分认识推销工作的特殊性，经常不断地给推销人员激励，才能使推销人员保持旺盛的工作热情。另外，推销人员经常出差，不能很好地照顾家庭，可能引起家庭矛盾或导致婚姻危机，推销人员个人也会被身体健康状况或债务等多方面问题所困扰。推销管理部门想要有效地激励推销人员，应当加深对推销人员的了解，针对他们的需求制定奖励措施。比如：及时、客观的评价和认可，丰厚的物质奖励，能够有效地调动推销人员的工作积极性；晋升、培训、荣誉等，能够让他们关注自身的发展，预见到良好的发展空间，促进团队的士气提升。

2）激励推销人员的原则

激励推销人员的措施必须具有科学性和合理性，否则将会产生副作用，不仅起不到调动推销人员工作积极性的作用，还会挫伤其原有的工作热情。推销管理部门在对推销人员进行激励时，应当根据企业、产品、销售地区、推销环境和推销人员的不同情况制订出合理的激励方案。激励推销人员应遵循以下原则：

（1）公平合理。它是指所制定的奖励标准和所给予的奖赏必须公平合理。奖励的标准必须恰当，过高或过低都会缺乏驱动力。所给予的奖赏，应考虑到推销人员工作条件的不同和付出努力的差别。

（2）明确公开。推销管理部门实行奖励的有关规定必须很明确，并公开宣布，让推销人员充分了解和掌握奖励目标和奖励方法，促使他们自觉地为实现目标而努力；否则，就不可能产生积极的效果。

（3）及时兑现。对推销人员的奖励，应当按预先的规定实行，一旦有人达到奖励目标就兑现承诺，使达标者及时得到奖赏。如果拖延奖励时间，给推销人员造成开空头支票的感觉，将会严重打击他们的积极性。

3）推销人员的报酬管理

建立合理的报酬制度，对于调动推销人员的积极性和主动性，保证推销目标的实现，有着重要意义。推销人员的工作能力、工作经验和完成任务的情况是确定报酬的基本依据。企业付给推销人员的报酬主要有三种形式：

（1）薪金制，即给推销人员固定的报酬。这种制度简便易行，可简化管理部门的工作，推销人员也因收入稳定而有安全感，不必担心没有推销业务时影响个人收入。但这种制度缺少对推销人员的激励，容易形成吃"大锅饭"的局面。

（2）佣金制，即企业按推销人员实现销售量或利润的大小支付相应的报酬。这种制度比薪金制有更强的激励性，可以使推销人员充分地发挥自己的才能，管理部门也可根据不同的产品和推销任务更灵活、更有针对性地运用激励的手段。但这种制度不能保障企业对推销人员的有效控制，推销人员往往不愿接受非销售性工作，而且常常出现为追逐自身经济利益而忽视企业长远利益的现象。

（3）薪金加奖励制，即企业在给推销人员固定薪金的同时又给不定额的奖金。这种形式实际是上述两种形式的结合，一般来讲，它兼有薪金制和佣金制的优点，既能保障管理部门对推销人员的有效控制，又能起到激励推销人员的作用。但这种形式实行起来较为复杂，增加了管理部门的工作难度。由于这种制度比较有效，目前大部分企业采用这种方式。

4）激励推销人员的方法

管理部门可以根据企业自身情况和内部人员状况灵活地运用多种激励手段，激发推销人员的潜能，保证推销目标的实现，促进企业的发展。具体地说，激励推销人员的方法主要有以下几种：

（1）目标激励法。企业首先建立一些重要的推销目标，如销售数量指标、推销人员一定时期内访问顾客的次数、订货单位平均批量增加额等。这样使推销人员感觉工作有目标、有方向，体会到自己的价值与责任，从而增加努力上进的动力，使企业的目标变成推销人员的自觉行动。采用这种方法，必须将目标与报酬紧密联系起来，推销人员达到目标就及时给予兑现。

（2）强化激励法。强化激励法有两种方式。一是正强化，对推销人员的业绩与发展给予肯定和奖赏；二是负强化，对推销人员的消极怠工和不正确行为给予否定和惩罚。通过奖惩分明、奖勤罚懒，激励推销人员不断地努力。

（3）反馈激励法。管理部门定期把上一阶段各项推销指标的完成情况、考核成绩及时反馈给推销人员，以此增强他们的工作信心和成就感。

（4）推销竞赛法。管理部门根据企业经营、市场和推销人员的具体情况组织多种推销竞赛，激励推销人员作出比平常更大的努力去创造良好业绩，促进销售任务的完成。

11.3 推销绩效的评估

11.3.1 推销绩效评估的意义

推销绩效的评估指企业或推销人员对一定时期内推销工作的状况进行衡量、检查、评定。其目的在于总结经验和教训，进一步制订新的推销计划，改进推销工作，取得更好的推销业绩。

推销绩效的评估是现代推销技术的一个重要组成部分。现代推销技术和传统推销技术的一个重要区别就是，现代推销技术强调推销的科学性，运用科学的方法和手段对推销计划的执行情况和推销工作绩效进行分析和评估，通过绩效评估找出推销工作成功和失败的原因，以便提高推销人员的工作能力和推销绩效。

11.3.2 推销绩效评估的内容

推销人员的推销业绩可以通过销售量、推销额、推销费用、销售利润和推销效率等几个方面来进行评估。

1）销售量

销售量是推销绩效评估的主要内容之一，推销人员推销出去的产品越多，其推销成绩就越好。

要正确评估销售量，第一，要对销售量的范围进行准确的界定，确定销售量所包含的内容，运用统一的口径。销售量是指企业或推销人员在一定时期内实际推销出去的产品数量。它包括合同供货方式和现货供货方式，已售出的产品数量以及尚未到合同交货期而提前在报告期内交货的产品数量，但要扣除销售退回的产品数量。第二，要运用一定的方法考察销售量的变化，准确地评价推销人员的工作业绩，例如，通过对产品推销计划的完成情况、不同品种的销售量、对新老用户的销售量等进行考察，进一步分析其原因以及销售量和市场占有率的变化趋势等。

2）推销额

推销额以价值形式反映产品销售情况，既考虑产品数量，也考虑产品价格。在评估销售额时，应先根据各推销产品的不同价格和销售量计算出不同的区域或推销人员、不同产品、不同消费者群或推销对象的销售额，累加求出总的销售收入，再依据一定的方法进行比较分析。

3）推销费用

推销费用是在推销产品的过程中发生的费用。考核推销人员为完成推销任务所支出的直接和间接费用，可以及时发现费用开支中的问题，有利于把费用控制在预算范围内，提高费用使用效率。进行推销费用评估常用的指标有：

（1）产品推销费用率。它是指一定时期内推销费用与推销额的比例。推销费用包括与产品推销活动紧密相关的成本、费用开支，如推销项目可行性调研费用、有关资料的印刷费和广告费、交通费、通信费、业务招待费、展销场地租赁费等。

（2）推销费用降低率。它是指一定时期内推销人员实际支出的推销费用与计划核定的推销费用限额相比降低的比例，它反映推销费用节约或超支的程度。

费用的评估可以按总费用或各分类费用，结合各类别的费用配额进行比较分析。

4）销售利润

销售利润是推销成果的集中体现。将销售收入与销售成本和费用进行比较，就可以看出推销人员为企业创造的利润有多少。在分析销售利润时，不仅要分析销售利润的计划完成情况，而且要进一步分析其变化的原因，分析不同因素如销售量、产品价格、销售成本和销售结构等对销售利润的影响，以便及时发现问题，提出改进的措施。利润的评估也可以按总利润及各分类利润进行分析。利润评估可以加强高利润区域、高利润产品、高利润消费者群的工作，保证企业利润目标的实现。毛利目标实现情况的考核公式为：

$$毛利目标实现率 = \frac{实现毛利额}{毛利额目标} \times 100\%$$

5）推销效率

评估推销效率可以更全面地评价推销人员的工作完成程度和效果，掌握推销人员之间存在的主客观差距，并通过奖勤罚懒提高推销人员的工作努力程度，促进推销业绩的提升。

评估推销效率的指标主要有推销配额完成率、推销人员人均推销额、用户访问完成率、订单平均订货量（额）、订货合同完成率等。

（1）推销配额完成率。它反映推销人员对计划或定额推销任务的实际完成情况，公式为：

$$推销配额完成率 = \frac{实际完成销售量(额)}{计划推销量(额)（或配额推销量(额)）} \times 100\%$$

（2）推销人员人均推销额。它是衡量销售部门平均工作成绩的指标，推销人员了解人均推销额，就可以将自己的推销成果与它对照分析，更好地激励自己努力工作，赶超先进水平，公式为：

$$推销人员人均推销额 = \frac{一定时期内商品销售总额}{推销人员总人数}$$

（3）用户访问完成率。它是指一定时期内推销人员访问用户的实际次数或数量与计划访问次数或数量的比率。考核推销人员的用户访问完成率可以从推销活动过程来衡量推销人员的工作努力程度，公式为：

$$用户访问完成率 = \frac{实际访问用户次数}{计划访问用户次数} \times 100\%$$

或

$$用户访问完成率 = \frac{实际访问用户数}{计划访问用户数} \times 100\%$$

（4）订单平均订货量（额）。它是指一定时期内获得的订单或合同订货量（额）与订单或合同总数的比值。这一指标可以衡量推销人员获取的订单的数量与质量，公式为：

$$订单平均订货量（额）= \frac{订单订货总量（额）}{订单总份数}$$

（5）订货合同完成率。它又被称为履约率，主要衡量订货合同的执行情况。通过订货合同完成率的高低可以评价推销人员的工作效率和质量，公式为：

$$订货合同完成率 = \frac{合同期交货数}{合同期订货数} \times 100\%$$

其中，合同期交货数=实际交货数-（合同期欠交数+合同期超交数）。

此外，还可以通过每天平均访问用户数、每户平均成交额、现金回收率、应收账款回收率、每户平均访问费用、平均每次访问销售额等指标来评估推销绩效。

【推销宝库11-3】

11个关键销售管理指标

1）营销合格线索数量

没有营销合格线索（marketing qualified lead，MQL），销售人员就无法获得订单。监控营销合格线索数量以确保销售团队拥有足够大的"池子"，这样做有助于提升销售额。

在B2B企业中，如果在下个季度开始前，营销合格线索数量少，就会出现红色预警，则您季度任务的完成会非常危险。这个时候应该制定获取营销合格线索的解决方案。

2）MQL到SQL的转化率

MQL到SQL（销售合格线索，sales qualified lead，SQL）的转化率是一种非常有效的工具，公司可以使用它来衡量其销售团队的绩效。评估这一指标还有助于评估营销工作的有效性和提高转化率。

MQL到SQL的转化率如果非常低，就表明销售和营销团队对合格线索的理解不一致。如果发生这种情况，就可以让销售和营销开跨部门会议，对合格线索达成一定共识。

3）商机赢单率

这是指对转化为商机的客户，有多少赢单的比例，它是用来衡量销售水平的指标，建议至少按月或者按季度来跟进这个指标。研究此指标并复盘每个商机的跟进策略，可以帮助管理层发现销售堵点，优化销售流程。

如果您的商机赢单率在季度结束时很高，但您的总销售额目标没有完成，则可能存在营销问题，而不是销售问题，这个时候应该加大营销力度，这样就可以带来更多的潜在客户。

4）客户获取成本

客户获取成本（customer acquisition cost，CAC）是衡量获得新客户的销售和营销成本的指标。当然客户获取成本越低越好。当CAC很高时，在销售业务的费用方面，可能需要按顺序进行更改。

5）总销售额

总销售额即最后赢单的总合同金额，这是B2B企业的最核心指标。总销售额=商机数量×商机赢单率×每客户平均销售额。

在不考虑变化不大的成本的情况下，总销售额代表了企业规模的大小，是企业制定增长目标的最核心指标。

6）客户终身价值

客户终身价值（life time value，LTV）是衡量每个客户在您的业务关系过程中的价值的指标。对于电子商务公司来说，这是一个特别重要的指标，因为电子商务公司严重依赖来自相同客户的经常性购买。

7）LTV与CAC比率

LTV与CAC的比率是衡量您获取客户的效率的指标。如果您的LTV与CAC之比为5:1，这意味着每花费1元，您就可以获得5元的客户终身价值。如果这一比率只有1:1，您可能不会赚钱。如果您有一个惊人的5:1的比例，那么可能是时候在营销上投入更多的钱了，因为您有一个高效的业务，只需要更多的潜在客户来保持增长。

8）赢单周期

了解赢单周期长度后，您可以识别出并跟进有问题的商机。专注于那些商机跟进时间超过平均赢单周期长度的交易，尝试找出问题，制定战略，了解如何让交易更快地进行。

9）每客户平均销售额（平均客单价）

这是衡量目标客户价值的指标。

每客户平均销售额=总销售额/客户数

也许您的目标企业是小型、中型和大型企业，不过一般较大的企业才是您的主要收入来源。因此提升平均客单价的途径主要有两个：一是通过对老客户的精细化运营产生增购来提升每客户销售额；二是应该增加雇佣更加专业的客户经理的预算，来开拓大型企业客户。

10）每销售人员的销售额

在按销售人员查看时，您可以了解谁是表现最好的销售。与表现最好的人交谈，了解他们正在做什么（如果有的话）。将您的学习应用到您的销售培训过程中。

11）丢单原因

通过了解丢单原因，推销人员可以纠正错误并完成更多交易。将每一笔失去的交易都视为一次学习的经历。对丢单原因进行复盘、分析，并归类，这样可以很好地避免犯同样的错误。

资料来源　纷享销客CRM. 2023年要跟踪的11个销售管理关键指标［EB/OL］.（2023-01-29）

[2023-11-26]. https://mp.weixin.qq.com/s/G8zoJCgatPO6N_sxHh2BBA.

11.3.3 推销绩效评估的方法

推销绩效评估的方法有很多，常用的方法有以下三种：

1）绝对分析法

绝对分析法是通过推销指标绝对数值的比较确定数量差异的一种方法，其作用在于揭示客观存在的差距，发现值得研究的问题，为进一步分析原因指明方向。依据分析的不同要求主要可做三种比较分析：将实际资料与计划资料对比，说明计划完成情况；将当期资料与前期资料对比，考察推销活动的发展变化；将现有资料与先进资料对比，找出差距和原因，挖掘潜力。表11-1是绝对分析法的示例。

表11-1 　　　　　　　　　　　推销人员绩效的纵向比较

评 价 因 素	20×6年	20×7年	20×8年	20×9年
（1）产品A销售额（元）	251 300	253 200	270 000	263 100
（2）产品B销售额（元）	423 200	439 200	553 900	561 900
（3）销售总额（元）[（1）+（2）]	674 500	692 400	823 900	825 000
（4）产品A推销定额完成率（%）	95.6	92.0	88.0	84.7
（5）产品B推销定额完成率（%）	120.4	122.3	134.8	139.8
（6）产品A毛利（元）	50 260	50 640	54 000	52 620
（7）产品B毛利（元）	42 320	43 920	55 390	56 190
（8）总毛利（元）[（6）+（7）]	92 580	94 560	109 390	108 810
（9）销售费用（元）	10 200	11 100	11 600	13 200
（10）销售费用率（%）[（9）÷（3）]	1.5	1.6	1.4	1.6
（11）访问顾客次数	1 675	1 700	1 680	1 666
（12）每次访问成本（元/次）[（9）÷（11）]	6.09	6.53	6.90	7.92
（13）顾客平均数	320	324	328	334
（14）新增顾客数	13	14	15	20
（15）失去顾客数	8	10	11	14
（16）每一顾客平均销售额（元）[（3）÷（13）]	2 108	2 137	2 512	2 470
（17）每一顾客平均毛利（元）[（8）÷（13）]	289	292	334	326

由表11-1可见：销售总额逐年上升，主要是因为产品B的销售额增幅大；毛利率高的A产品20×9年销售额由升转降，导致总毛利下降；每次访问成本上升，是费用逐年增加的重要因素；新顾客虽逐年增加，但也失去了一些老顾客；每一顾客的平均销售额及毛利的增减，与产品销量增减和结构变化紧密相关。

2）相对分析法

相对分析法是通过计算、对比销售指标比率，确定相对数差异的一种分析方法。

利用这一方法，可以把某些不同条件下不可比的指标变为可比指标，进行对比分析。依据分析的不同目的和要求，可计算出各种不同的比率进行对比，主要有：

（1）相关比率分析，即两个性质不同而又相关的指标数值相比，求出比率，从销售活动的客观联系中进行研究分析。例如，净利润与企业全部投资相比，求出投资收益率；销售费用与销售收入相比，求出销售费用率等。

（2）构成比率分析，即计算某项销售指标占总体的比重，分析构成比率的变化，掌握该项销售指标的变化情况。例如，某一种产品的销售额与企业总的销售额相比，求出它所占比率，再与它的前期所占比率和其他产品所占的比率比较，发现该种产品销售的变化情况和变化趋势。

（3）动态比率分析，即某项销售指标不同时期的数值相比，求出比率，以观察其动态变化过程和增减变化的速度。动态比率有两种，即定基动态比率和环比动态比率。定基动态比率是指以某一时期的数值固定为基期数值计算的动态比率；环比动态比率是指以每一比较期的前期数值为基期数值计算的动态比率。

3）横向对比分析法

对推销人员绩效的横向对比分析，就是对企业所有推销人员的工作业绩加以比较，具体方法见表11-2。

表11-2　　　　　　　　　　推销人员绩效的横向比较

评价因素	推销员甲	推销员乙	推销员丙
因素一：销售收入			
（1）权数	0.50	0.50	0.50
（2）目标（元）	200 000	400 000	300 000
（3）完成（元）	160 000	360 000	300 000
（4）效率［（3）÷（2）］	0.80	0.90	1.00
（5）绩效水平［（1）×（4）］	0.40	0.45	0.50
因素二：订单平均订货额			
（1）权数	0.30	0.30	0.30
（2）目标（元）	500	600	400
（3）完成（元）	450	480	320
（4）效率［（3）÷（2）］	0.90	0.80	0.80
（5）绩效水平［（1）×（4）］	0.27	0.24	0.24
因素三：每周平均访问次数			
（1）权数	0.20	0.20	0.20
（2）目标（次）	25	40	30
（3）完成（次）	20	30	27
（4）效率［（3）÷（2）］	0.80	0.75	0.90
（5）绩效水平［（1）×（4）］	0.16	0.15	0.18
绩效水平合计	0.83	0.84	0.92
综合绩效（%）	83	84	92

表 11-2 中，评价甲、乙、丙三个推销员的因素为销售收入、订单平均订货额和每周平均访问次数，由于这三个因素在推销绩效考核中的重要性不同，分别给予它们0.5、0.3 和 0.2 的权数，同时，根据各自情况制定不同的目标。例如，乙所在地区潜在顾客较多，竞争对手力量不强，故其销售收入目标为 400 000 元，高于甲和丙。通过各个推销员各项目标的完成情况，可计算出各项相应的绩效水平，然后再累加得出各个推销员的综合绩效。推销员丙的综合绩效最高，为 92%。

运用横向对比分析法，要求在充分考虑到各地区市场潜量、工作量、竞争激烈程度、企业促销配合情况等因素的基础上制定出合理的目标。在实际评估中，推销管理部门很难面面俱到地考虑到所有的影响因素，在目标的制定上有一定的主观偏差，如果仅用这种分析方法，就容易引起误解。因此，在横向对比分析的基础上，配合纵向对比分析，能够更全面、准确地评估推销绩效。

【微型案例 11-1】
年终绩效考评的争议与解决办法

A 公司有 2 个销售团队，每个团队 10 个人，一个售卖铅笔，一个售卖橡皮，该公司采用强制分布的方式进行绩效评估，分为好、中、差三个等级。铅笔团队的小张全年有 3 个好、9 个中，年平均 90 分；橡皮团队的小李同年有 2 个好、10 个中，年平均也是 90 分。年终绩效评估的时候，考虑两个团队都是做销售的，所以就放到一起评估，他们的上级认为小李最近表现不错，所以给小李评为好，小张评为中。小张认为不公平，所以投诉至人事行政部。

争议之处：小张和小李分数相同，小张过程的绩效比小李好，但是年终评估却没有小李的结果好。

解决办法：

（1）考虑误区。绩效评价是考虑全年的绩效结果，而不仅仅是"近期"的表现。小张月度中好的个数较多，已经说明了，他过程中做得更好。

（2）评价分组。两个销售团队各 10 个人，建议分开评估，虽然都是销售产品，但是由于产品的类型不同，推销人员的绩效不一定有可比性。

首先，两个团队分别评价。其次，建议对月度的好、中、差进行赋值，比如好5分、中3分、差2分，然后用月度的得分乘以月度的评价等级得出年终的绩效结果，按照这个得分进行强制分布。最后，要调整对导购员的考核体系，用一些有效的激励手段鼓励导购员尽快转型，应当特别鼓励导购员尝试新的传播手段，并给予相应的奖励。

资料来源　职场新萌圈. 绩效评估实例分享［EB/OL］.（2019-11-29）［2023-11-27］. https：//baijiahao.baidu.com/s？id=1651518362028253367&wfr=spider&for=pc.

本章小结

推销管理的内容相当广泛，包括制订和实施推销计划、有效地控制推销活动、科学地评估推销绩效等方面。

推销计划指企业推销管理部门根据企业生产经营实际情况，确定推销目标、销售费用和利润，以及实现目标的方式和步骤，是企业生产经营计划的重要组成部分。制订推销计划的主要依据是宏观经济环境和行业发展动态、企业的总体规划、本行业基本动态、企业基本情况、企业的营销决策和促销措施。

推销控制是企业对各推销要素的运动态势及各要素相互间的协调状况进行的监督与考察、审计与评估以及操纵与把握等一系列规范化约束行为的总称，其本质是通过对推销行为的测度来检验该行为是否符合预定的原则、计划和指令。

推销控制分为战略控制、过程控制和预算控制等。推销管理的重点是对推销人员的管理，主要包括甄选、培训、日常管理和激励。从甄选到激励的多种多样的管理方法，都必须结合行业与企业的特点，创造性地加以运用，并在管理过程中不断总结经验，推陈出新。

推销绩效评估指企业对推销部门或推销人员一定时期内的推销工作状况进行的衡量、检查、评定，以利于总结经验，吸取教训，从而取得更好的业绩。

主要概念和观念

□ 主要概念

推销计划　推销配额　推销控制　战略控制　过程控制　预算控制　推销绩效评估

□ 主要观念

制订推销计划的依据。

推销控制的程序和内容。

推销控制的基本方法。

激励推销人员的原则。

基本训练

□ 知识题

11.1　阅读理解

1）什么是推销计划？怎样制订推销计划？

2）什么是推销控制？如何实施推销控制？

3）如何甄选推销人员？

4）组织和实施推销人员培训的目标是什么？

5）如何对推销人员进行日常管理？

6）激励推销人员的意义、原则和方法是什么？

7）评估推销绩效的内容和方法是什么？

11.2 知识应用

1）为保证企业的营销目标及所采取的策略与推销环境相适应，企业应采取的推销控制的基本方法是（   ）。

    A.过程控制　　　　　　　B.战略控制　　　　　　　　C.预算控制

2）某电冰箱厂把产品卖给若干个细分市场，如家庭、小型餐饮企业、大型餐饮企业等，不同的推销小组负责不同细分市场的推销工作，这种分工方法是（   ）。

    A.地区分工法　　　　　　　　　　B.产品分工法

    C.市场分工法　　　　　　　　　　D.职能分工法

3）为什么要给推销人员确定推销配额和毛利目标？

4）如何确定推销控制的衡量标准？

5）推销人员的报酬形式有哪几种？分别适用于什么情况？

□ 技能题

11.1 规则复习

1）对推销人员进行管理的工作主要包括甄选、培训、日常管理与激励。

2）推销控制包括战略控制、过程控制和预算控制。

3）激励推销人员的原则：公平合理、明确公开、及时兑现。

11.2 操作练习

1）实务题

（1）某著名配电变压器公司的销售部经理张三，领导着一批优秀的推销人员，他们热爱推销工作，积极肯干，有上进心，并且都具有工学学士以上学位。但许多销售人员并不十分了解本公司配电变压器的性能和主要优点，不能抓住本公司优质、优价的促销优势，对销售旺势难以持续没有心理准备，也没有必要的销售计划。试分析问题出在哪里，应如何解决。

（2）实施推销控制，应如何确定评价对象和测评范围？

（3）为什么许多企业愿意从内部员工中选拔推销人员？

（4）如何根据企业具体情况，对推销人员实行科学的分工？

2）综合题

讨论推销管理的职责应包括哪些，应如何实施推销管理。

□ 能力题

11.1 案例分析

新东方准备"孵化"更多董宇辉

"我特别希望我能勤奋聪明一些，等新东方好的时候，把他们再接回来。"2022年6月15日，在一次东方甄选的直播中，主播董宇辉在聊到前同事时，多次哽咽落泪说道。那时，董宇辉刚刚大"火"，东方甄选也刚开始在转型中找到一些门路。

两个月后，董宇辉的愿望实现了。

"我们目前最主要的收入来自东方甄选，东方甄选近三个月的商品交易总额（gross merchandise volume，GMV）应该在20亿元左右。"2022财年财报发布电话会上，新东方在线执行董事兼CFO尹强分享了新东方在线转型的成果。新东方在线执行董事兼CEO孙东旭在财报电话会中也表示："8月，东方甄选多次突破单日3 000万元GMV。"

新东方在线2022财年（截至2022年5月31日）财报显示，新东方在线的直播电商业务营收2 460万元，营收成本为1 530万元，毛利为930万元，毛利率为37.8%。董宇辉和东方甄选是在6月9日之后大"火"的，东方甄选此后每天的销售额能抵此前半年。所以2022财年（截至2022年5月31日）的财报，显然不是"爆火"之后东方甄选的营收水平。

根据抖音直播电商数据分析平台蝉妈妈的数据，东方甄选账号直播间在6、7、8三个月的售额排行都在榜首，这三个月的GMV为18.54亿元，同期交个朋友的GMV为9.89亿元，东方甄选的GMV是交个朋友的近2倍。

为此，尹强直接提前透露："我能比较确定地告诉大家，从6月份开始，正好是2023财年的第一个月开始，不管是现金流，还是损益，我们都是正的，这个是肯定的。"此外，尹强还透露："虽然俞老师说允许东方甄选每年亏1个亿，但是没想到今年就盈利了。"

随着名气与营收暴增，最近几个月，新东方围绕东方甄选确实已经开始紧锣密鼓地招兵买马，开始新动作。

资料来源 赵东山. 销售额连续三月霸榜达20亿，新东方准备孵化更多董宇辉［EB/OL］.（2022-08-31）［2023-11-27］. http：//www. iceo. com. cn/article/9679bad1-ee1b-472f-aada-e1a8fd0448ae.

问题：

1）新东方为何在此时急于"孵化"更多董宇辉？

2）董宇辉的成功是否纯属个人因素？

案例分析提示

11.2 网上调研

就联想、华为的推销管理、推销控制、推销人员培训进行网上调研。

11.3 单元实践

讨论如何做一个高效率的销售经理。

综合案例

为什么她能左右客户的决策

适坞是上海一家专门从事办公室室内装修设计的公司，在业内非常有名，波音、惠普等跨国公司在上海的办公室都是委托适坞设计、监理并完成装修的。陈欣然是适坞公司的销售顾问，许多跨国公司客户都是她一手签下的。办公室室内装修讲究办公环境的舒适、自然以及使用面积安排合理，甚至员工办公效率的高低也是衡量的一个指标。设计依托的首先是设计师的实力，其次是销售顾问，销售顾问不仅要有相当资深的行业资质，还要拥有非常高超的销售技巧。

这种业务没有明显的淡旺季，公司每个月总有一两个客户需要跟进，陈欣然手上从来就不缺少找上门的客户。一天，她接到一个电话，那人告诉她某银行的项目已经有眉目了，确定在两个月内完成，下午行长助理肯定会给她打电话。

项目背景

这家银行不久前签了 1 800 平方米的新办公楼，两个月内要完成装修并投入使用，打来电话的人是银行的工作人员，他把这则信息提供给了陈欣然。

初见决策层

果然，陈欣然下午接到了这家银行行长助理的电话。做好初步的准备后，陈欣然预约了第一次拜访。

拜访非常顺利。陈欣然见到了参与这个项目决策的 4 个主要人物：张行长、主管行政的副行长、行政办公室主任和财务部主任。但是，对这个项目最有影响力的是银行上级部门。在拜访中陈欣然得知，还有几家装修公司，实力强劲，也将参与投标，究竟哪家更好，决策层已经各有倾向。至此，项目出现了比较复杂的局面，是否要进行下去，以及应该从哪里寻找突破口，成为摆在陈欣然面前的挑战。

一个月后，该项目招标工作已经接近尾声，最后一轮只有 3 家公司入围，陈欣然接到通知，要做最后一次标书展示。通常办公室室内装修设计行业的产品展示除了展示设计图外，还要详细讲解施工的被委托方、材料选用、照明效果等，另外还要详细说明报价的各个环节，以证明价格的合理性，再有就是可能会面对客户在设计风格、价格及完工日期上的苛刻要求。对此，陈欣然都做好了准备。

出人意料

经过充分准备的设计图动态展示成功完成了，在陈欣然一个小时的介绍中，银行没有提出任何疑问。展示结束后，张行长率先发问。

张行长："小陈呀，设计都没有问题，看得出来，你们的确非常了解银行的情况，员工办公环境、客户大厅，包括员工食堂都考虑得非常恰当和完善。在设计上我们都是外行，我们还是关注最近大家都比较关心的环保问题呀。你们在材料上是如何准备的呢？"

陈欣然："张行长问的恰好就是我们设计的关键。在所有的装修材料选择上，我们都是在同类产品中选择符合国家环保标准的供应商，而且设计采用的所有产品的清单都详细列明在合同中，包括这些产品的环保指标，这样可以在相当严格的情况下确保将来室内环境的安全和健康。在最后交工时，我们还会请知名高校环保专业的专家来现场，用设备检验环保水平，以防止施工部门用错材料。总之，在这一点上，我们给其他银行，提供的都是有一流质量保证的设计和施工，行业内也是有口皆碑的。张行长，不知道我解释得是否清楚？"

张行长："看样子你们考虑得还真是周到，我没有什么问题了，你看黄行长还有什么疑问吗？"

黄副行长说："有关价格的问题，能否请你们公司重新考虑我们的预算，这个标书中的报价，远远高出我们的预算了。"

陈欣然："其实我们也考虑了，整个装修工程既要在选用的材料上确保高质量，也要在设计上体现银行的规范和高雅，甚至包括大厅的设计都要体现富丽堂皇，让客户进来就感受到我们银行的雄厚实力，这些都是需要较高的费用的。"

此时，财务部王主任说话了："要是这样，恐怕我们就不大可能采用你们的方案了。你可能不知道，我们其实非常欣赏你们的设计，也知道你们的口碑，但是其他两家设计公司的方案在价格上可是有相当大的优势，设计风格也是见仁见智，我们看不出高低，就只能看价格了。"

陈欣然犹豫了一下说："如果预算是影响贵行与我们合作的主要问题的话，我也是没有办法。我们公司还是要确保质量第一的，因为在价格上的让步最终会带来质量上的让步，这也不是我们公司的宗旨。这样，有关价格问题我们可以再找个机会来谈，我们公司老板邀请各位参观我们设计的××银行总部，以及××分行，这是我们公司比较有代表性的银行客户，而且他们也已经同意你们去参观，一切都已经准备好了。我们老板也会陪同，那时再谈价格也容易。行长，您看呢？"

张行长："如果能去参观倒是好事，让我们也开开眼界，参观著名的××银行，这个建议不错。"

黄副行长："张行长，价格问题还是要谈一下，毕竟后面还有两家呢，人家的报价实在是有竞争力。我们进行这么大的项目，3个月后审计部门也是要核查的呀。"

陈欣然看到客户之间出现了一些分歧，也意识到客户决策人之间互有不同的关注点。她不得不拿出最后的手段。

没等张行长回答，她接过话说："黄行长考虑得深远。如果预算的确有困难，我们也完全可以理解。我们还有一个方案，就是将1 800平方米的项目拆分成3个部分。第一个部分是高管层的办公室，大约有600平方米。这部分很重要，不仅将来重要的客户有可能要来访，上级机构也可能来访，因此这个部分不能将就。将这个部分交给我们来做，报价也就是××万元左右。第二个部分就是800平方米的办公区，包括将来的营业大厅，这个部分主要在意的是实用，不必采用多么奢豪的材料和装潢，只要得体、雅致、简约即可，同时也可以节省一定的费用。这个部分可以交给其他公司来执行。如果你们还是认为我们的设计方案好，我们可以提供给他们采用，酌情收一些设计费就行了，大约××万元。第三个部分是员工食堂，大约400平方米，这就更加简单了，也可以交给其他公司来执行。如果用我们的设计方案，这个部分我们不收费，让他们按这个设计直接施工就可以了。这样一来，3家竞标公司各展所长，都有项目做，也可以体现不同区域的不同级别。"

陈欣然话音刚落，王主任就说："这是一个好办法，3家公司都有活儿做。"

此时黄副行长也频频点头，陈欣然接着说："张行长，这个方案是否可以还要听你们的意见，我今天来除了展示方案以外，就是确定一下我们去参观的时间。您看，什么时间合适？确定了时间也方便我们通知那边。"

这次谈话后不到一个月，这个项目最终确定了下来，完全按照陈欣然建议的模式进行，银行方面与3家公司都签了合同。

自陈因果

为什么陈欣然可以左右客户的最终决定呢？有关人士带着这个问题与陈欣然做了深度沟通。

陈欣然解释说："其实不是我们左右客户，主要还是我们充分分析了客户的实际情况。如果把项目完全交给我们，他们受到预算的限制，也肯定做不成。所以，在'全部得到'或者'完全没有'的情况下，我们还是主动选择拆分吧。这个策略是从客户的角度来考虑的，所以特别符合他们的心理预期。"

"这样做，你们公司的销售收入不就减少了吗？"

"因为客户的预算有限，我们其实是不可能收到客户全部报价的，所以不能用这个数字来比较现在的结果。现在的销售额，其实已经是最好的了。整个项目拆分以后，我们是最大的赢家。所以，好的沟通效果基于对客户采购习惯的事先了解，充分的准备是成功沟通的前提。"

我们以前将销售沟通的重点放在了销售过程中的对话上，认为提高对话中的倾听能力和说话的技巧就可以提高销售业绩，这种看法有其局限性。对于一般的销售过程来说，的确是提高表面的技巧就可以了，但是，要真正获得客户的深层次认可，需要的沟通绝不仅仅是说话、听音这么简单，还要对客户采购习惯进行深度的分析和了解，就如同陈欣然所说的，"充分的准备是成功沟通的前提"。

资料来源　圣路可商务顾问公司. 身陷被动，为什么她能左右客户的决策？[J]. 销售与市场，2004（32）：30-32.

问题：

1）本案例中陈欣然所搜集到的推销信息属于哪一类？有何特点？

2）陈欣然做了哪些推销准备？这项工作对推销成功有何意义？

3）陈欣然在推销洽谈中是如何处理顾客异议的？这样做效果如何？

相关音视频资源推荐

视频

[1] 沃顿商学院销售的讲座，https://www.bilibili.com/video/av7687412/? from=search&seid=8427581188435600341.

[2] 顶级商学院 EMBA 课程，https://www.bilibili.com/video/BV1KJ411k7bH/? spm_id_from=333.337.search-card.all.click.

[3] 销售与说服的技巧，https://www.bilibili.com/video/BV16X4y1R7wA/? spm_id_from=333.337.search-card.all.click.

[4] 暨南大学"数字营销：走进智慧的品牌"国家精品课程，https://www.bilibili.com/video/BV1g441187NN/? spm_id_from=333.337.search-card.all.click.

[5] 斯图尔特·戴蒙德：沃顿商学院最受欢迎的谈判课教授，https://www.bilibili.com/video/BV1qg4y1i7xP/? spm_id_from=333.337.search-card.all.click.

[6] 看小李子如何推销产品，https://www.bilibili.com/video/BV1ED4y1V7LC/? spm_id_from=333.337.search-card.all.click.

[7] 销售该怎么做陌生拜访，https://www.bilibili.com/video/BV1dz4y137Bi/? spm_id_from=333.337.search-card.all.click.

[8] 销售和"小白"之间的差别在于会不会发问，你是一个会问问题的销售吗，https://www.bilibili.com/video/BV16N411w7Lo/? spm_id_from=333.337. search-card. all. click.

[9] 新零售转型战略：打造数字化时代持续性盈利的商业模式，https://www.bilibili.com/video/BV1EL411G7sh/? spm_id_from=333.337.search-card.all.click.

音频

[10] 认识商业，https://ximalaya.com/album/57464784.

[11] 曾鸣·智能商业20讲，https://ximalaya.com/album/15455860.

[12] Selling for Dummies，https://www.ximalaya.com/album/18059937.

主要参考文献

［1］徐晖，齐洋钰．大客户销售：谋攻之道［M］．2版．北京：中国人民大学出版社，2022.

［2］陈守则．现代推销学教程［M］．2版．北京：机械工业出版社，2018.

［3］吴健安．现代推销理论与技巧［M］．4版．北京：高等教育出版社，2018.

［4］韩光军，周宏，等．现代推销学［M］．7版．北京：首都经济贸易大学出版社，2018.

［5］张雁白，陈焕明．现代推销学［M］．3版．北京：中国人民大学出版社，2018.

［6］易开刚．现代推销学［M］．上海：上海财经大学出版社，2017.

［7］科特勒，凯勒．营销管理［M］．何佳讯，于洪彦，牛永革，等译．15版．上海：格致出版社，上海人民出版社，2016.

［8］科特勒，凯勒．营销管理：精要版［M］．王永贵，华迎，译．6版．北京：清华大学出版社，2016.

［9］JOHNSTON M W，MARSHALL G W. Contemporary selling：building relationships，creating value［M］．5th ed. New York：Routledge，2016.

［10］霍金斯．世界上最成功的销售方法Ⅱ［M］．刘伟，译．北京：电子工业出版社，2011.

［11］FUTRELL C M. Fundamentals of selling［M］．12th ed. New York：McGraw-Hill Higher Education，2010.

［12］KING G. The secrets of selling：how to win in any sales situation［M］．2nd ed. New York：Prentice Hall，2010.

［13］马尔霍特拉．市场营销研究：应用导向［M］．涂平，译．5版．北京：电子工业出版社，2009.

［14］科特勒，凯勒．营销管理［M］．王永贵，于洪彦，何佳讯，等译．13版．上海：格致出版社，上海人民出版社，2009.

［15］聂元昆．商务谈判学［M］．北京：高等教育出版社，2009.

［16］李先国．现代推销理论与实务［M］．北京：首都经济贸易大学出版社，2008.

［17］吉拉德，舒克．怎样成交每一单［M］．刘志军，熊璞刚，韩冰，译．北京：中国人民大学出版社，2007.

［18］黄恒学．现代高级推销理论与技术［M］．北京：北京大学出版社，2005.

［19］伊格拉姆，拉弗格，阿维拉，等．专业化销售：基于信任的方式［M］．刘似臣，等译．北京：中信出版社，2003.

[20] 范韦克. 纯粹销售 [M]. 贺昆，译. 北京：新华出版社，2003.

[21] 王旭. 市场营销数据化研究 [M]. 昆明：云南科技出版社，2003.

[22] 金博尔. 美国营销协会成功推销指南 [M]. 祁阿红，徐珏，尹礼荣，译. 上海：上海译文出版社，2002.

[23] 曼宁，里斯. 当代推销学：建立质量伙伴关系 [M]. 吴长顺，等译. 8版. 北京：电子工业出版社，2002.

[24] 斯蒂芬斯，亚当斯. 成功的销售实践 [M]. 张金成，刘雅静，余倩，译. 北京：电子工业出版社，2002.

[25] 马克斯. 人员推销 [M]. 郭毅，江林，徐蔚琴，等译. 北京：中国人民大学出版社，2002.

[26] 吴浩. 中华人民共和国合同法释义及标准样本 [M]. 北京：改革出版社，1999.

[27] 富特雷尔. 销售学入门 [M]. 5版（英文影印版）. 北京：机械工业出版社，1998.

[28] 吴健安. 实用推销学 [M]. 北京：中国商业出版社，1996.

[29] 陈禹. 经济信息管理概论 [M]. 北京：中国人民大学出版社，1996.

[30] 郭思智. 推销理论与技术 [M]. 昆明：云南科技出版社，1996.

[31] RUSSELL F A，BEACH F H，BUSKIRK R H. Selling：principles and practices [M]. New York：McGraw-Hill Publishing Company，1988.

[32] 中村卯一郎. 接待顾客的技巧 [M]. 吴川，吴宪，译. 北京：中国财政经济出版社，1985.

[33] 戈德曼. 推销技巧——怎样赢得顾客 [M]. 谢毅斌，王为州，张国庆，译. 修订本. 北京：中国农业机械出版社，1984.